高职高专金融专业应用系列教材

证券投资基础与实务
（第二版）

丁辉关 谢鑫建 刘晓波 主编

清华大学出版社
北京

内 容 简 介

本书依据高职高专的教学要求和特点编写而成。在内容上,力求"理论以够用为度,重视实践应用能力的培养",全面系统地介绍证券投资学的基础知识和实务知识,力求实现理论联系实际,突出实践操作,并满足改革后证券从业资格证书考试的需要。本书结构严谨,语言生动,案例丰富,各章均设有学习目标、课前导读、本章小结、自测题、真题训练等栏目,充分体现"实用性、新颖性、趣味性"。

本书可作为应用型本科院校、高等职业院校、高等专科院校、成人高校的财经类和经济管理类专业的核心教材,适合于金融学、投资学、经济学、财务管理学和会计学等专业本科生和专科生使用。同时,也可作为电大、远程教育及其他专业学生学习证券投资基础知识的实用教材,还可作为经济、金融、投资、管理等从业人员的参考书。

本书配套开发了教学课件、自测题参考答案、证券资格考试题库及答案、证券市场大事记、阅读材料、证券法规等相关资源,可从清华大学出版社官网下载。本书运用二维码技术,读者可以使用移动终端扫码观看与知识点关联的小贴士和投资小技巧。

本书封面贴有清华大学出版社防伪标签,无标签者不得销售。

版权所有,侵权必究。举报:010-62782989,beiqinquan@tup.tsinghua.edu.cn。

图书在版编目(CIP)数据

证券投资基础与实务/丁辉关,谢鑫建,刘晓波主编. —2版. —北京:清华大学出版社,2019(2022.1重印)
(高职高专金融专业应用系列教材)
ISBN 978-7-302-52155-6

Ⅰ. ①证… Ⅱ. ①丁… ②谢… ③刘… Ⅲ. ①证券投资—高等学校—教材 Ⅳ. ①F830.91

中国版本图书馆 CIP 数据核字(2019)第 013866 号

责任编辑:左卫霞
封面设计:傅瑞学
责任校对:赵琳爽
责任印制:沈　露

出版发行:清华大学出版社
网　　址:http://www.tup.com.cn,http://www.wqbook.com
地　　址:北京清华大学学研大厦 A 座　　邮　编:100084
社 总 机:010-62770175　　邮　购:010-62786544
投稿与读者服务:010-62776969,c-service@tup.tsinghua.edu.cn
质量反馈:010-62772015,zhiliang@tup.tsinghua.edu.cn
课件下载:http://www.tup.com.cn,010-62770175-4278
印 装 者:三河市天利华印刷装订有限公司
经　　销:全国新华书店
开　　本:185mm×260mm　　印　张:20.5　　字　数:471 千字
版　　次:2013 年 2 月第 1 版　　2019 年 8 月第 2 版　　印　次:2022 年 1 月第 3 次印刷
定　　价:58.00 元

产品编号:079781-02

第二版前言

本书第一版自2013年2月出版以来，我国证券市场出现了新的发展和变化，沪港通、深港通、基金互认、债券通相继推出，上证50ETF期权上市交易，中欧国际交易所开业，沪伦通进一步推进，A股纳入MSCI新兴市场指数。2015年7月，证券业从业人员资格考试制度进行了较大调整和改革。证券市场处于快速发展之中，新业务、新规则不断推出，理论也在不断创新。为了适应新形势发展的需要，在清华大学出版社的支持下，本次再版对部分内容进行了修改、补充和完善。

本次再版，在保留原有风格和特色的基础上，根据国内外金融市场发展的最新变化和证券从业资格考试的新大纲，对第一版的内容和体系作了全面的修改、补充和调整，尽力将证券市场的最新数据、最新案例和重大现实问题融入教材，使其更具时代性、可读性和实用性。第二版删除了实业投资、国际投资两章，增补了金融衍生工具一章，每章最后增加了"真题训练"板块，目的是使教材内容更符合财经类专业教学的实际需要，满足学生参加证券从业资格考试的要求。为方便教学，我们完善了教材课件，并提供章节习题答案、证券从业资格考试参考资料和试题库及答案、阅读材料、证券法规等丰富的教学资源。全书共分八章，内容包括证券投资工具、金融衍生工具、证券市场运行、有价证券的投资价值分析、证券投资基本分析、证券投资技术分析、证券投资收益与风险、现代证券组合管理理论。

本书由南京工业职业技术学院丁辉关副教授负责组织和设计，江苏经贸职业技术学院谢鑫建副教授和南京信息工程大学刘晓波副教授参与了修订，三人承担了主要编写与修订工作。本书由绿地金融投资控股集团证券投资部投资总监、资深投资人李享博士和南京工业职业技术学院王雅丽博士、徐洪波博士担任主审。在编写过程中，山东招金投资股份有限公司总经理蔡建生先生给予了大力支持。同时，郭晓晶、邹烈刚、邓衡三位教师参加了第一版的编写工作，在此一并表示诚挚的感谢。具体编写分工如下：丁辉关编写第1、2、7、8章；谢鑫建编写第3、6章；刘晓波编写第4、5章。丁辉关负责编写提纲的修订，并对全书进行总纂和定稿。

本书的修订和再版，参阅了国内外大量的最新著作和研究成果，在此向所有作者一并表示真诚的谢意。由于编者水平有限，书中难免有疏漏之处，敬请读者提出宝贵意见。

编　者
2019年4月

第一版前言

投资学是财经类各专业的专业基础课,是经济管理类专业的主干课程。随着我国加入 WTO 和社会主义市场经济的发展,经济金融化步伐加快,金融投资在国民经济发展中发挥着越来越重要的作用。中国资本市场经过二十多年的发展,现在已逐渐向国际成熟市场靠拢。随着权证、融资融券、股指期货、房屋贷款抵押证券等一系列金融衍生产品的推出,中国资本市场体系进一步健全和完善,资产证券化趋势进一步加强,我国金融领域需要一大批掌握现代金融投资理论,同时熟悉金融投资实务的高素质专业人才。目前,"投资学"已成为国内外高等院校经济管理类专业普遍设置的课程。

本书的编写以金融全球化以及我国加入 WTO 后的金融改革和实践为背景,以适应 21 世纪高职高专教育高素质、高技能、应用型人才培养为目标,全面、系统地介绍投资学基础知识和实务知识,并反映我国金融改革的新实践以及学科新的知识和动向。本书语言生动,案例丰富,内容新颖,系统性、逻辑性强,形式生动活泼,并精心设计了案例阅读和技能训练项目,力求在体系结构上体现新颖性、系统性,在内容上体现实用性和可读性。

本书与其他同类教材相比,有以下几个特点。

一是注重培养学生的实际技能。不论是理论的讲解还是例题、案例,都以帮助学生更好地理解投资的基本理论、掌握投资的实务知识为宗旨。特别是本书每章均精心设计了"技能训练"板块,以加强对学生专业知识和技能的训练。

二是理论讲解、案例阅读、技能训练、自测题相结合。本书通过大量的例题和案例强化学生实际技能的训练,通过技能训练和自测题加深学生对专业知识的理解与掌握,使学生在实践中融会贯通、举一反三,提高其解决问题的能力,从而增强高职高专教学的实用性和针对性。

三是体系新颖,案例丰富,便于教学。为了方便学生的学习,各章均设有学习目标、课前导读、本章小结、技能训练、自测题等板块,体系新颖。大量案例增强了可读性和趣味性,技能训练和自测题方便学生课后消化所学内容与期末复习。另外,本书还配有教学课件,方便教师的备课和辅导。

全书分4篇，共10章。第1篇为投资导论，内容包括投资概述；第2篇为实业投资实务，内容包括实业投资、国际投资；第3篇为金融投资实务，内容包括证券投资工具、证券市场、证券理论价值分析、证券投资基本分析、证券投资技术分析；第4篇为现代投资理论，内容包括投资的收益与风险、现代投资组合理论。教师可根据不同专业的需要和学生的实际情况选取教学内容。

本书可作为应用型本科院校、高等职业院校、高等专科院校、成人高校的财经类和经济管理类专业的核心教材，适合于经济学、金融学、投资学、财政学、会计学和财务管理学等专业本科生和专科生使用。同时，也可作为电大、远程教育、证券从业资格证书考试及其他专业学生学习证券投资基础知识的实用教材，还可作为经济、金融、投资、管理等从业人员的参考书。

本书由南京工业职业技术学院丁辉关老师、郭晓晶教授和南京信息工程大学刘晓波老师担任主编；江苏经贸职业技术学院谢鑫建老师、南京工业职业技术学院邹烈刚老师、浙江长征职业技术学院邓衡老师担任副主编；南京工业职业技术学院秦殿军教授、张加乐教授担任主审。在编写过程中，江苏经贸职业技术学院王金凤教授、南京信息工程大学丁江贤老师、浙江长征职业技术学院樊西峰老师、山东招金投资股份有限公司总经理蔡建生先生、招商证券无锡营业部总经理周彩娟女士等给予了大力支持，江苏省安全生产科学研究院牛艳霞女士做了大量工作。全书共10章。具体分工如下：丁辉关编写第1章、第10章；谢鑫建编写第2章、第3章；邹烈刚编写第4章、第5章；刘晓波编写第6章、第7章；邓衡编写第8章；郭晓晶、丁辉关编写第9章。丁辉关负责拟订编写提纲，修改初稿，并对全书进行总纂和定稿。

在本书编写过程中，参阅了许多专家学者的最新著作和研究成果，并得到了有关部门和有关专家的大力支持，在此一并表示诚挚的谢意。由于编者水平有限，难免有疏漏或不当之处，恳请各位专家和读者提出宝贵意见。同时，本书配备有教师教学课件，可到清华大学出版社网站下载，网址为 http://www.wenyuan.com.cn。

编　者

2012 年 12 月

第1章 证券投资工具 ……………………………………………… 1

1.1 证券与有价证券 ……………………………………………… 2
1.1.1 证券的概念和种类 …………………………………… 2
1.1.2 有价证券的特征和分类 ……………………………… 3
1.2 股票 …………………………………………………………… 6
1.2.1 股票的概念与特征 …………………………………… 6
1.2.2 股票的分类 …………………………………………… 7
1.2.3 我国目前的股票分类 ………………………………… 11
1.3 债券 …………………………………………………………… 13
1.3.1 债券的定义与特征 …………………………………… 13
1.3.2 债券的分类 …………………………………………… 16
1.3.3 几种常见的债券 ……………………………………… 18
1.4 证券投资基金 ………………………………………………… 25
1.4.1 证券投资基金概述 …………………………………… 25
1.4.2 证券投资基金的主要类型 …………………………… 28
1.4.3 证券投资基金当事人 ………………………………… 34
1.4.4 证券投资基金的运作与管理 ………………………… 36
本章小结 …………………………………………………………… 39
自测题 ……………………………………………………………… 40
真题训练 …………………………………………………………… 43

第2章 金融衍生工具 …………………………………………… 46

2.1 金融衍生工具概述 …………………………………………… 47
2.1.1 金融衍生工具的定义和特征 ………………………… 47
2.1.2 金融衍生工具的分类 ………………………………… 48
2.1.3 金融衍生工具的产生与发展现状 …………………… 50
2.2 金融期货 ……………………………………………………… 52
2.2.1 金融期货的定义与特征 ……………………………… 52
2.2.2 金融期货的主要交易制度和交易机制 ……………… 53
2.2.3 金融期货的主要种类 ………………………………… 57

  2.2.4 金融期货的功能 …………………………………………………… 61
 2.3 金融期权 ……………………………………………………………………… 63
  2.3.1 金融期权的定义与特征 …………………………………………… 63
  2.3.2 金融期权与金融期货的区别 ……………………………………… 64
  2.3.3 金融期权的分类 …………………………………………………… 65
 2.4 其他衍生工具 ………………………………………………………………… 67
  2.4.1 认股权证 …………………………………………………………… 67
  2.4.2 可转换证券 ………………………………………………………… 71
  2.4.3 存托凭证 …………………………………………………………… 73
  2.4.4 新型衍生产品简介 ………………………………………………… 76
本章小结 …………………………………………………………………………… 78
自测题 ……………………………………………………………………………… 79
真题训练 …………………………………………………………………………… 83

第3章 证券市场运行 ………………………………………………………… 85

 3.1 证券市场概述 ………………………………………………………………… 86
  3.1.1 证券市场的特征和功能 …………………………………………… 86
  3.1.2 证券市场主体 ……………………………………………………… 88
  3.1.3 证券市场的产生与发展 …………………………………………… 90
 3.2 证券发行市场 ………………………………………………………………… 93
  3.2.1 证券发行市场概述 ………………………………………………… 93
  3.2.2 股票发行 …………………………………………………………… 96
  3.2.3 债券发行市场 ……………………………………………………… 99
 3.3 证券流通市场 ………………………………………………………………… 101
  3.3.1 证券交易所 ………………………………………………………… 101
  3.3.2 证券交易方式和程序 ……………………………………………… 104
  3.3.3 证券上市与退市制度 ……………………………………………… 107
  3.3.4 场外交易市场 ……………………………………………………… 108
 3.4 证券价格指数 ………………………………………………………………… 111
  3.4.1 股价指数的分类和编制方法 ……………………………………… 111
  3.4.2 我国主要的证券价格指数 ………………………………………… 113
  3.4.3 国际主要证券价格指数 …………………………………………… 114
 3.5 证券市场监管 ………………………………………………………………… 115
  3.5.1 证券市场监管概述 ………………………………………………… 115
  3.5.2 证券市场监管的主要内容 ………………………………………… 118
  3.5.3 证券市场的自律管理 ……………………………………………… 120
本章小结 …………………………………………………………………………… 120
自测题 ……………………………………………………………………………… 121

真题训练 ………………………………………………………………………… 124

第4章　有价证券的投资价值分析 ………………………………………………… 128
　4.1　有价证券的理论价值 ……………………………………………………… 128
　　　4.1.1　货币时间价值 ……………………………………………………… 128
　　　4.1.2　有价证券理论价值的决定 ………………………………………… 130
　4.2　债券的投资价值分析 ……………………………………………………… 131
　　　4.2.1　影响债券投资价值的因素 ………………………………………… 131
　　　4.2.2　债券内在价值的计算 ……………………………………………… 132
　4.3　股票的投资价值分析 ……………………………………………………… 133
　　　4.3.1　影响股票投资价值的因素 ………………………………………… 133
　　　4.3.2　股票内在价值的计算 ……………………………………………… 135
　　　4.3.3　股票市场价格的评估 ……………………………………………… 138
　4.4　投资基金和金融衍生工具的投资价值分析 ……………………………… 139
　　　4.4.1　投资基金的投资价值分析 ………………………………………… 139
　　　4.4.2　金融衍生工具的投资价值分析 …………………………………… 141
　本章小结 ………………………………………………………………………… 145
　自测题 …………………………………………………………………………… 146
　真题训练 ………………………………………………………………………… 150

第5章　证券投资基本分析 ………………………………………………………… 153
　5.1　证券投资分析概述 ………………………………………………………… 153
　　　5.1.1　证券投资分析的意义和信息来源 ………………………………… 153
　　　5.1.2　证券投资分析的主要流派和方法 ………………………………… 156
　5.2　宏观经济分析 ……………………………………………………………… 158
　　　5.2.1　宏观经济分析概述 ………………………………………………… 158
　　　5.2.2　宏观经济运行分析 ………………………………………………… 161
　　　5.2.3　宏观经济政策分析 ………………………………………………… 163
　　　5.2.4　国际金融市场环境分析 …………………………………………… 165
　5.3　行业和区域分析 …………………………………………………………… 166
　　　5.3.1　行业分析概述 ……………………………………………………… 166
　　　5.3.2　行业的一般特征分析 ……………………………………………… 167
　　　5.3.3　影响行业兴衰的因素和行业选择 ………………………………… 171
　　　5.3.4　区域分析 …………………………………………………………… 172
　5.4　公司分析 …………………………………………………………………… 173
　　　5.4.1　公司基本素质分析 ………………………………………………… 173
　　　5.4.2　公司财务分析 ……………………………………………………… 175
　　　5.4.3　公司重大事项分析 ………………………………………………… 178

本章小结 …………………………………………………………………………… 179
　　自测题 ……………………………………………………………………………… 180
　　真题训练 …………………………………………………………………………… 184

第 6 章　证券投资技术分析 …………………………………………………………… 187

　6.1　技术分析概述 ……………………………………………………………………… 188
　　6.1.1　技术分析的基本假设与要素 ……………………………………………… 188
　　6.1.2　技术分析方法的分类与应用 ……………………………………………… 189
　　6.1.3　技术分析软件操作指南 …………………………………………………… 190
　6.2　技术分析理论与方法 ……………………………………………………………… 195
　　6.2.1　道氏理论 …………………………………………………………………… 195
　　6.2.2　K 线理论 …………………………………………………………………… 196
　　6.2.3　切线理论 …………………………………………………………………… 203
　　6.2.4　形态理论 …………………………………………………………………… 206
　　6.2.5　波浪理论 …………………………………………………………………… 214
　6.3　技术指标分析 ……………………………………………………………………… 216
　　6.3.1　技术指标方法概述 ………………………………………………………… 216
　　6.3.2　趋势型指标 ………………………………………………………………… 218
　　6.3.3　超买超卖型指标 …………………………………………………………… 220
　　6.3.4　人气型指标 ………………………………………………………………… 223
　　6.3.5　大势型指标 ………………………………………………………………… 225
　　本章小结 …………………………………………………………………………… 227
　　自测题 ……………………………………………………………………………… 228
　　真题训练 …………………………………………………………………………… 231

第 7 章　证券投资收益与风险 ………………………………………………………… 233

　7.1　证券投资收益及其衡量 …………………………………………………………… 234
　　7.1.1　投资收益的概念及计量方法 ……………………………………………… 234
　　7.1.2　股票收益及其衡量 ………………………………………………………… 238
　　7.1.3　债券收益及其衡量 ………………………………………………………… 240
　7.2　证券投资风险及其衡量 …………………………………………………………… 243
　　7.2.1　证券投资风险的概念与种类 ……………………………………………… 243
　　7.2.2　证券投资风险的衡量方法 ………………………………………………… 249
　7.3　投资收益与风险的关系 …………………………………………………………… 252
　　7.3.1　投资收益与风险的一般关系 ……………………………………………… 252
　　7.3.2　证券投资风险管理 ………………………………………………………… 254
　　7.3.3　投资收益与风险间的权衡 ………………………………………………… 257
　7.4　投资组合的收益与风险 …………………………………………………………… 262

  7.4.1 投资组合及其收益的衡量 ………………………………………… 262
  7.4.2 投资组合风险的衡量 ……………………………………………… 265
本章小结 …………………………………………………………………………… 270
自测题 ……………………………………………………………………………… 271
真题训练 …………………………………………………………………………… 275

第8章 现代证券组合管理理论 …………………………………………………… 277
 8.1 证券组合理论 ……………………………………………………………… 278
  8.1.1 现代证券组合理论的产生与基本假设 …………………………… 278
  8.1.2 证券组合的可行集和有效集 ……………………………………… 279
  8.1.3 最优证券组合的决定 ……………………………………………… 284
 8.2 资本资产定价模型 ………………………………………………………… 286
  8.2.1 资本资产定价模型概述 …………………………………………… 286
  8.2.2 资本市场均衡的实现 ……………………………………………… 287
  8.2.3 资本资产定价模型的导出及应用 ………………………………… 291
 8.3 套利定价理论 ……………………………………………………………… 298
  8.3.1 套利定价理论概述 ………………………………………………… 298
  8.3.2 因素模型 …………………………………………………………… 300
  8.3.3 套利定价模型 ……………………………………………………… 303
本章小结 …………………………………………………………………………… 309
自测题 ……………………………………………………………………………… 310
真题训练 …………………………………………………………………………… 314

参考文献 ………………………………………………………………………………… 316

第 1 章

证券投资工具

学习目标

- 掌握证券与有价证券定义、分类和特征。
- 掌握股票的定义、性质、特征和分类；熟悉普通股票与优先股票的区别和特征；了解我国股票的基本分类及概念。
- 掌握债券的定义、票面要素、特征、分类；熟悉债券与股票的异同点；掌握政府债券、金融债券、公司债券和国际债券的定义、特征和分类。
- 掌握证券投资基金的定义、分类和特征；掌握基金与股票、债券的区别；熟悉基金的基本当事人及相互间关系；熟悉证券投资基金的运作与管理。

课前导读

《期货日报》2010年3月2日发表徐凌的文章，节选以下部分："就我国的金融产品结构而言，主要还是处于基础金融产品的层次上，以股票、债券、基金、外汇等基础金融产品为主体，辅助其他结构性金融产品，金融衍生产品的创新相对落后。HS300指数期货可以说是国内推出的第一款正式的金融衍生产品，而像股指期货、利率期货期权、外汇期货期权、股票期权等金融衍生产品的推出则时日尚早，并且已有一些可和股指期货进行风险对冲的金融工具也不发达，如 ETF 基金就是如此。ETF 基金可与股指期货进行套利交易，也可以作为股指期货的风险对冲工具。但我国的 ETF 基金只有上证 180ETF、上证 50ETF 和深证 100ETF，并且交易量极其不活跃；相反，中国香港市场却首先推出了沪深 300ETF。可见，国内金融产品结构层次低，衍生金融产品不发达，这将严重阻碍股指期货上市初期与之相关的交易策略的研究和实践。"这段文字分析了当时我国证券市场工具的现状，到 2018 年，我国证券市场有了重大发展，新的金融工具不断推出。

本章内容包括股票、债券、证券投资基金等证券市场基础工具的定义、性质、特征和分类。通过本章的学习，要求熟练掌握传统证券投资工具的基础知识和实务知识。

1.1 证券与有价证券

1.1.1 证券的概念和种类

1. 证券的概念

证券(security)是各类财产所有权或债权凭证的通称,是用来证明证券持有人有权依据券面所载内容,取得相应权益的凭证。如股票、公债券、基金证券、票据、提单、保险单、存款单等都是证券。从一般意义上来说,证券是各类记载并代表一定权利的法律凭证,是用以证明或设定权利所做成的书面凭证。在现代经济社会里,财产权利和证券已密不可分,两者融为一体,证券把财产权利表现在证券上,使权利与证券相结合,权利体现为证券,即权利的证券化。虽然证券持有人并不实际占有财产,但可以通过持有证券,在法律上拥有有关财产的所有权或债权。凡根据一国政府有关法规发行的证券都具有法律效力。证券可以采取纸面形式或证券监管机构规定的其他形式。

证券本质上是一种信用凭证或金融工具,它是商品经济和信用经济发展的产物。如债券就是一种信用凭证,是经济主体为筹措资金而向投资者出具的、承诺到期还本付息的债权债务凭证。股票就是股份有限公司发行的用以证明股东的身份和权益,并据以获得股息的凭证。股份制是一种特殊的信用形式,即通过信用将分散的资金集中起来有效地使用。没有信用的发展,就难有大规模的集资,也不会有股票的发行与交易,股份制就难以确立。基金证券则是同时具有股票和债券的某些特征的证券。投资基金本身就是集资的一种形式,是由投资基金发起人向社会公众公开发行基金凭证,将分散的资金集中起来进行组合投资,证券持有人则对基金拥有财产所有权、收益分配权和剩余财产分配权。这些作为资本信用手段的证券能定期领取利息、红利或到期收回本金,且具有买卖价格,可以在证券市场上进行转让和流通。此外,作为货币证券的商业票据不仅是一种信用工具,还可在一定范围内周转流通,发挥流通手段和支付手段等货币职能。近年来,金融创新的推动是证券投资工具种类增加和复杂程度加深的直接推动力。

2. 证券的主要种类

证券的概念有广义和狭义之分。广义上,按照是否能给使用者带来收入,证券可分为无价证券和有价证券两类。人们通常所说的证券,是指狭义的证券,即有价证券。

(1) 无价证券

无价证券是指证券本身不能给持券人或第三者带来一定收入的证券。政府或国家法律通常限制无价证券在市场上流通,并且规定持有人不得通过流通转让无价证券来增加收益。它又可以分为证据证券和凭证证券两类。证据证券是指只是单纯地证明某一特定事实的文件,主要有借条证、证据(书面证明)等。凭证证券是指认定持证人是某种私权的合法权利者,证明对持证人所履行的义务是有效的文件,如存款单、借据、收据、定期存款存折、土地所有权证书等。其特点:它是代表所有权的凭证,但不能流通转让,不能真正独立地作为所有权证书来行使权利。

(2) 有价证券

有价证券主要是指对某种有价物具有一定权利,可以自由让渡的证明书或凭证。它能为持券人带来一定收益,其区别于无价证券的主要特征是可以让渡,具有市场流通性。有价证券又有广义与狭义两种概念。广义的有价证券通常被分为商品证券、货币证券和资本证券三类。狭义的有价证券仅指资本证券。证券的主要种类如图 1-1 所示。

图 1-1 证券的主要种类

1.1.2 有价证券的特征和分类

1. 有价证券的定义和性质

有价证券(negotiable securities)是指标有票面金额,能为持券人带来收益,并可在市场上自由转让或买卖的所有权或债权凭证。这类证券不是劳动产品,其自身并没有价值,但由于它代表着一定的财产权利,持有人可凭该证券直接取得一定量的商品、货币,或是取得利息、股息等收入,因而可以在证券市场上买卖和流通,客观上具有交易价格,有价证券价格实际上是资本化了的收入。

有价证券不是一种真实的资本,而是虚拟资本的一种形式,是筹措资金的重要手段。虚拟资本(virtual capital)是指以有价证券的形式存在,并能给持有者带来一定收益的资本。它是独立于实际资本之外的一种资本存在形式,本身不能在实体经济运行过程中发挥作用。虚拟资本本身没有价值,但它是真实资本的代表,因而具有价格。通常,虚拟资本的价格总额并不等于所代表的真实资本的账面价格,甚至与真实资本的重置价格也不一定相等。在一般情况下,虚拟资本的价格总额总是大于实际资本额,因而它的变化并不能完全反映实际资本额的变化。

有价证券是商品经济和社会化大生产发展到一定阶段的产物。从资本主义经济发展历程来看,有价证券的正常交易能起到自发地分配货币资金的作用。通过有价证券,可以吸收暂时闲置的社会资金,作为长期投资分配到国民经济各部门,从而优化资源配置。同时,由于有价证券的行市受主客观及国内外多种因素的影响,有价证券的价格经常出现暴涨暴跌、起伏不定的现象,由此引起的投机活动会造成资本市场的虚假供求和混乱局面,这又会造成社会资源的巨大浪费。在我国,有价证券及其相关市场的建设与发展在社会主义市场经济中发挥了非常重要的作用。要充分发挥有价证券的积极作用,尽可能减少有价证券运行过程中可能产生的不利影响。

2. 有价证券的主要特征

有价证券具有作为金融工具的共有的特征：收益性、流动性、风险性和期限性。

（1）收益性

证券的收益性是指持有证券本身可以获得一定数额的收益，这是投资者转让资本所有权或使用权的回报。证券代表的是对一定数额的某种特定资产的所有权或债权，投资者持有证券也就同时拥有取得这部分资产增值收益的权利，因而证券本身具有收益性。有价证券的收益表现为利息收入、红利收入和买卖证券的差价。收益的多少通常取决于该资产增值数额的多少和证券市场的供求状况。

（2）流动性

证券的流动性是指证券变现的难易程度。证券持有人可按自己的需要灵活地转让证券以换取现金，流动性是证券的生命力所在。证券的期限性约束了投资者的灵活偏好，但其流动性以变通的方式满足了投资者对资金的随机需求。证券具有极高的流动性必须满足三个条件：很容易变现、变现的交易成本极小、本金保持相对稳定。证券的流动性可通过到期兑付、承兑、贴现、转让等方式实现。不同证券的流动性是不同的。证券的流动性的强弱，受证券期限、利率水平及计息方式、信用度、知名度、市场便利程度等多种因素的制约。

（3）风险性

证券的风险性是指证券收益的不确定性。证券持有者面临着预期投资收益不能实现，甚至使本金也受到损失的可能，这是由证券的期限性和未来经济状况的不确定性所导致的。从整体上说，证券的风险与其收益成正比。通常，风险越大的证券，投资者要求的预期收益越高；风险越小的证券，投资者要求的预期收益越低。不同的证券种类，其风险程度大不相同。

（4）期限性

证券的期限性又称偿还性，是指证券发行主体或债务人按期还本付息的特征。信用工具一般规定有明确的偿还期限，债务人到期必须偿还信用凭证上记载的债务。不同证券的期限是不同的。债券一般有明确的还本付息期限，以满足不同筹资者和投资者对融资期限以及与此相关的收益率需求。债券的期限具有法律约束力，是对融资双方权益的保护。股票和永久性债券没有还本期限，其偿还期可视为无限长。在证券投资基金中，封闭式基金有明确的期限约定，即封闭式基金的存续期；开放式基金没有明确的期限约定，投资者可以根据自身的实际情况进行赎回。

3. 有价证券的分类

有价证券的种类多种多样，可以从不同的角度按不同的标准进行分类。

（1）按其所表明的财产权利的不同性质，可分为商品证券、货币证券和资本证券

① 商品证券又称货物证券，是对货物有提取权的凭证。它是证明某种商品所有权的凭证，持有人可凭单提取单据上所列的货物，取得这种证券就等于取得这种商品的所有权。属于商品证券的有提货单、运货单、仓库栈单等。

② 货币证券是指对货币有请求权的凭证。它是证明某种商品的所有权转化为对货

币的索取权的凭证。这种证券因商品交易而产生，代表着索取与某种商品价值相符的货币的权利。货币证券是可以用来代替货币使用的有价证券，是商业信用工具，主要包括汇票、支票和本票等。其功能主要是用于单位之间的商品交易、劳务报酬的支付，以及债权债务的清算等经济往来。现在各银行发行的信用卡，其实质也是一种货币证券。

③ 资本证券是指对收益有请求权的凭证。它是证明投资这一事实以及投资者拥有相应权利的凭证，由与金融投资或与金融投资有直接联系的活动产生，持有人有一定的收入请求权，如股票、债券、认股权证、基金券及期货、期权等金融衍生工具。资本证券是有价证券的主要形式，狭义的有价证券通常仅指资本证券，在证券市场上交易的证券基本上就是资本证券。在日常生活中，人们通常把资本证券直接称为有价证券乃至证券。本书中的有价证券即指资本证券。

（2）按发行主体的不同，可分为政府证券、政府机构证券和公司证券

政府证券通常是指由中央政府或地方政府发行的债券。中央政府债券也称国债，通常由一国财政部发行。地方政府债券由地方政府发行，以地方税或其他收入偿还。政府机构证券是由经批准的政府机构发行的证券。公司证券是公司为筹措资金而发行的有价证券，公司证券包括的范围比较广泛，有股票、公司债券及商业票据等。此外，在公司证券中，通常将商业银行及非银行金融机构发行的证券称为金融证券，主要包括金融债券、大额可转让定期存单、基金证券、股票等，其中金融债券尤为常见。

（3）按是否在证券交易所挂牌交易，可分为上市证券和非上市证券

上市证券又称挂牌证券，是指经证券主管机关核准发行，并经证券交易所依法审核同意，允许在证券交易所内公开买卖的证券。为了保护投资者利益，证券交易所对申请上市的公司都有一定的要求，满足了这些要求才准许上市。当上市公司不能满足证券交易所关于证券上市的条件时，交易所有权取消该公司证券挂牌上市的权利。证券上市可以扩大上市公司的社会影响，提高公司的名望和声誉，使其能以较为有利的条件筹集资本，扩大经济实力。非上市证券也称非挂牌证券、场外证券，是指未申请上市或不符合证券交易所挂牌交易条件的证券。非上市证券不允许在证券交易所内交易，但可以在交易所以外的"场外交易市场"发行和交易。凭证式国债、电子式储蓄国债、普通开放式基金份额和非上市公众公司的股票属于非上市证券。一般来说，非上市证券的交易比上市证券的交易要多，在交易所里上市的证券种类非常有限，只占整个证券市场证券种类的很小部分。

（4）按募集方式分类，可分为公募证券和私募证券

公募证券是指发行人通过中介机构向不特定的社会公众投资者公开发行的证券，审核较严格并采取公示制度。私募证券是指向少数特定的投资者发行的证券，其审查条件相对宽松，投资者也较少，不采取公示制度。目前，我国信托投资公司发行的信托计划以及商业银行和证券公司发行的理财计划均属私募证券，上市公司如采取定向增发方式发行的有价证券也属私募证券。

（5）按所代表的权利性质分类，可分为股票、债券、基金证券和证券衍生产品

股票是指股份有限公司为筹集公司资本而依法发行的，用以证明股东身份和权益的凭证。债券是指发行人为筹措资金而依法发行的，承诺在一定时期内还本付息的债权债务凭证。基金证券又称投资基金证券，是将分散的资金集中起来创设一个基金，委托专门

的投资机构从事组合投资的有价证券。股票、债券和投资基金是证券市场三种最基本和最主要的品种,其中,股票在性质上是一种财产所有权凭证;债券是一种债权债务凭证;投资基金是一种信用委托凭证。证券衍生产品也称衍生证券,是在金融创新过程中在传统金融工具的基础上衍生出来的金融工具,如金融期货、金融期权、可转换证券、权证等。

1.2 股　　票

1.2.1 股票的概念与特征

1. 股票的概念和性质

股票(stock)是股份有限公司签发的证明股东所持股份的凭证。股票是股份的表现形式,股份公司将筹集的资本划分为股份,每一股份金额相等,公司股份采取股票的形式。投资者购买股票即成为公司的股东,股票实质上代表了股东对股份公司资产的所有权,股东可以定期获得公司的股息和红利,参加股东大会并行使自己的权利,同时也承担相应的责任和风险。同种类的每一股份具有同等权利。

股票是金融市场上主要的、长期的信用工具,一般具有以下性质。

① 股票是一种有价证券。股票本身没有价值,但它是一种代表财产权的有价证券,它包含着股东可以依其持有的股票要求股份公司按规定分配股息和红利的请求权。同时,股票与它所代表的财产权不可分割,两者合为一体,即行使股票权利必须以持有股票为条件,股东权利的转让应与股票转移同时进行,股票转让就是股东权利的转让。

② 股票是一种要式证券。股票作为一种所有权凭证,有一定的格式。《中华人民共和国公司法》(以下简称《公司法》)规定,股票采用纸面形式或国务院证券监督管理机构规定的其他形式。股票应载明的事项主要有公司名称、公司成立的日期、股票种类、票面金额及代表的股份数、股票的编号。股票由法定代表人签名,公司盖章。发起人的股票,应当标明"发起人股票"字样。股票应具备《公司法》规定的有关内容,如果缺少规定的要件,股票就无法律效力。

③ 股票是一种证权证券。证券可以分为设权证券和证权证券。证权证券是指证券是权利物化的外在形式,它是权利的载体,权利是已经存在的。股票代表的是股东权利,它的发行是以股份的存在为前提的,股票只是把已存在的股东权利表现为证券的形式,它的作用不是创造股东的权利,而是证明股东的权利。

④ 股票是一种资本证券。股份公司发行股票是吸引认购者投资以筹措公司自有资本的手段,购买股票就是一种投资行为,股票是投入股份公司资本份额的证券化,属于资本证券。但是,股票又不是一种现实的资本,它本身并没有任何价值,是一种独立于实际资本之外的虚拟资本。

⑤ 股票是一种综合权利证券。股票持有者作为股份公司的股东,享有独立的股东权利。股东权是一种综合权利,股东依法享有资产收益、重大决策、选择管理者等权利。股东作为公司部分财产的所有人,是公司内部的构成分子,享有种种权利,但是,股东只是基

于股票享有股东权,不能直接支配处理公司财产。所以,股票不属于物权证券,也不属于债权证券。

2. 股票的特征

(1) 收益性

收益性是股票最基本的特征,它是指股票可以为持有人带来收益的特性。持有股票的目的在于获取收益。股票的收益来源可分成两类:一是来自股份公司。股东作为公司财产的所有者,享有公司的经营成果,有权从公司领取股息或红利。二是来自股票流通。投资者可以持股票到依法设立的证券交易场所进行交易,可以赚取买卖价差利润。

(2) 风险性

股票风险的内涵是股票投资收益的不确定性,或者说实际收益与预期收益之间的偏离。股票价格要受到公司经营状况、市场利率以及国内外经济、政治、社会、大众心理等多种因素的影响而不断波动。正是由于这种不确定性,使股票投资者可能遭受损失。价格波动的不确定性越大,投资风险也越大。因此,股票是一种高风险的金融产品。

(3) 流动性

流动性是指股票可以通过依法转让而变现的特性,即在本金保持相对稳定、变现的交易成本极小的条件下,股票很容易变现的特性。不同股票都具有不同的流动性。通常,判断股票的流动性强弱主要分析三个方面:一是市场深度。如果买卖盘在每个价位上均有较大报单,则投资者无论买进或是卖出股票都会较容易成交,不会对市场价格形成较大冲击。二是报价紧密度。如果买卖盘各价位之间的价差较小,则新的买卖发生时对市场价格的冲击也会比较小,股票流动性就比较强。三是股票的价格弹性或者恢复能力。交易价格受大额交易冲击而变化后,价格恢复能力越强,股票的流动性越高。

(4) 永久性

股票是一种无偿还期限的有价证券,投资者认购了股票后,就不能再要求退股,只能到二级市场卖给第三者。股票的转让只意味着公司股东的改变,并不减少公司资本。股票与股份公司是并存的关系,公司存在,其股票就存在,股票期限等于公司存续的期限。

(5) 参与性

参与性是指股票持有人有权参与公司重大决策的特性。股东有权出席股东大会,选举公司董事会,参与公司的重大决策。股票持有者的投资意愿和享有的经济利益,通常是通过行使股东参与权来实现的。股东参与公司决策权利的大小取决于其所持有股份数量的多少。如果某股东持有的股份达到有效多数时,就能实质性地影响公司的经营方针。

1.2.2 股票的分类

股票种类很多,名称不同,权益各异,分类方法也多种多样。常见的股票类型如下。

1. 按照股东享有权利的不同,分为普通股票和优先股票

(1) 普通股票

普通股票(common stock)是最基本、最常见的一种股票,其持有者享有股东基本权

利和义务。其基本特点是投资收益不是在购买时约定,而是完全根据公司的经营业绩来确定。若公司经营业绩好,普通股股东可获得较高的股利收益,但在公司盈利和剩余财产的分配顺序上列在债权人和优先股股东之后,故其承担的风险也较高。

普通股票是标准的股票,通过发行普通股票所筹集的资金,成为股份公司注册资本的基础。普通股票的持有者是股份公司的基本股东,公司股东作为公司财产的所有者,依法享有资产收益、参与重大决策和选举管理者等权利。①公司重大决策参与权。股东基于股票的持有而享有股东权,这是一种综合权利,其中首要的是可以以股东身份参与股份公司的重大事项决策。作为普通股股东,行使这一权利的途径是参加股东大会、行使表决权。②公司资产收益权和剩余资产分配权。普通股股东拥有公司盈余和剩余资产分配权,这一权利直接体现了其在经济利益上的要求。这一要求又可以表现在两个方面:一是普通股股东有权按照实缴的出资比例分取红利,但是全体股东约定不按照出资比例分取红利的除外;二是普通股股东在股份公司因解散或破产进行清算时,有权要求取得公司的剩余资产。除了上面两种基本权利外,普通股股东还可以享有由法律和公司章程所规定的其他权利,主要包括以下方面:一是知情权,即有权查阅公司章程、股东名册、公司债券存根、股东大会会议记录、董事会会议决议、监事会会议决议、财务会计报告;二是表述权,即有权对公司的经营提出建议或者质询;三是股份转让权,即股东持有的股份可依法转让;四是优先认股权,即当股份公司增加发行新的股票时,原普通股股东享有的按其持股比例,以低于市价的某一特定价格优先认购一定数量新发行股票。

股东在享有相关权利的同时,也要履行相应的义务。《公司法》规定,公司股东应当遵守法律、行政法规和公司章程,依法行使股东权利,不得滥用股东权利损害公司或其他股东的利益;不得滥用公司法人独立地位和股东有限责任损害公司债权人的利益。股东滥用股东权利给公司或者其他股东造成损失的,应当依法承担赔偿责任。

小贴士 1-1

(2)优先股票

优先股票(preferred stock)与普通股票相对应,是指股东享有某些优先权利的股票。相对于普通股票而言,优先股票在其股东权利上附加了一些特殊条件,是特殊股票中最重要的一个品种。它兼有股票和债券的若干特点。一方面,优先股票作为一种股权证书,代表着对公司的所有权,但优先股股东又不具备普通股股东所具有的基本权利,它的有些权利是优先的,有些权利又受到限制。另一方面,优先股票在发行时事先确定固定的股息率,像债券的利息率事先固定一样。因此,优先股票和债券都属于固定收益证券。

优先股票具有以下基本特征。①股息率固定。普通股票的股息是不固定的,它取决于股份公司的经营状况和盈利水平。而优先股票在发行时就约定了固定的股息率,且股息率不受公司经营状况和盈利水平的影响。由于股息率固定,优先股票的价格容易受到利率变动的影响,而较少受到公司利润变动的影响。②优先分派股息和清偿剩余资产。各国公司法一般都规定,公司盈利首先应支付债权人的本金和利息,缴纳税金;其次支付优先股股息;最后才分配普通股股利。因此,从风险角度看,优先股票的风险小于普通股票。当股份公司因解散或破产进行清算时,在对公司剩余资产的分配上,优先股股东排在债权人之后、普通股股东之前。即优先股股东可优先于普通股股东分配公司的剩余资产,但一般是按优先股票的面值清偿。③一般无表决权。优先股股东权利是受限制的,如一般没有选举权和被选举权、对公司的重大经营无投票权等。普通股股东参与股份公司的经营决策主要通过参加股东大会行使表决权,而优先股股东在一般情况下没有投票表决权,不享有公司的决策参与权,其实质是以收益分配和剩余资产清偿的优先权作为无表决权的补偿。只有在特殊情况下,如讨论涉及优先股股东权益的议案时,他们才能行使表决权。④一般可由公司赎回。优先股股东不能要求退股,但可以依照优先股票上所附的赎回条款,由公司予以赎回。

根据股票具体所包含的权利的不同,优先股票又有各种不同的类别。①按股息能否补发分类,可分为累积优先股票和非累积优先股票。累积优先股票是指可将以往营业年度内未支付的股息累积起来,由以后营业年度的盈利一起支付的优先股票。它是一种常见的、发行范围非常广泛的优先股票。非累积优先股票是指股息当年结清、不能累积发放的优先股票。②按能否参与剩余盈利的分配分类,可分为参与优先股票和非参与优先股票。参与优先股票是指优先股股东除了按规定分得本期固定股息外,还有权与普通股股东一起参与本期剩余盈利分配的优先股票。非参与优先股票是指除了按规定分得本期固定股息外,无权再参与对本期剩余盈利分配的优先股票。非参与优先股票是一般意义上的优先股票。③按能否转换成其他品种分类,可分为可转换优先股票和不可转换优先股票。可转换优先股票是指发行后在一定条件下允许持有者将它转换成普通股票或另一种优先股票的优先股票。国际上目前较为流行的是可转换优先股票,发行这种股票可以吸引更多的投资者。不可转换优先股票是指发行后不允许其持有者将它转换成其他种类股票的优先股票。④按能否赎回分类,可分为可赎回优先股票和不可赎回优先股票。可赎回优先股票是指在发行后一定时期,可按特定的赎买价格由发行公司收回的优先股票。大多数优先股票是可赎回的。不可赎回优先股票是指发行后根据规定不能赎回的优先股票。⑤按股息率是否允许变动分类,可分为股息率可调整优先股票和股息率固定优先股票。股息率可调整优先股票是指股票发行后,股息率可以根据情况按规定进行调整的优先股票。但是,其股息率的变化一般又与公司经营状况无关,主要是随市场上其他证券价格或者银行存款利率的变化作调整。股息率固定优先股票是指发行后股息率不再变动的优先股票。大多数优先股票的股息率都是固定的。

小贴士 1-2

2. 按照是否记载股东姓名,分为记名股票和无记名股票

(1) 记名股票

记名股票(registered stock)是指在股票票面和股份公司的股东名册上记载股东姓名的股票。很多国家的公司法都对记名股票的有关事项作出了具体规定。一般来说,如果股票是归某人单独所有,应记载持有人的姓名,如果股票持有者因故改换姓名或者名称,就应到公司办理变更姓名或者名称的手续。我国《公司法》规定,股份有限公司向发起人、国家授权投资的机构、法人发行的股票,应当是记名股票,应当记载该发起人、机构或者法人的名称。对社会公众发行的股票,可以是记名股票,也可以是无记名股票。发行记名股票的,应当置备股东名册,记载下列事项:股东的姓名或者名称及住所、各股东所持股份数、各股东所持股票的编号、各股东取得股份的日期。

记名股票有以下特点。①股东权归属于记名股东。对于记名股票来说,只有记名股东或其正式委托授权的代理人才能行使股东权。除了记名股东以外,其他持有者不具有股东资格。②可以一次或分次缴纳出资。基于记名股票所确定的股份公司与记名股东之间的特定关系,有些国家也规定允许记名股东在认购股票时可以无须一次缴足股款。③转让相对复杂或受限制。记名股票的转让必须依据法律和公司章程规定的程序进行,而且要服从规定的转让条件。我国《公司法》规定,记名股票由股东以背书方式或者法律、行政法规规定的其他方式转让;转让后由公司将受让人的姓名或名称及住所记载于股东名册。④便于挂失,相对安全。记名股票与记名股东的关系是特定的,因此,如果股票遗失,记名股东的资格和权利并不消失,并可依据法定程序向股份公司挂失,要求公司补发新的股票。

(2) 无记名股票

无记名股票(bearer stock)也称不记名股票,是指在股票票面和股份公司股东名册上均不记载股东姓名的股票。它与记名股票的主要差别不是在股东权利等方面,而是在股票记载方式上。无记名股票发行时一般留有存根联。我国《公司法》规定,股份有限公司如对社会公众发行无记名股票,公司应当记载其股票数量、编号及发行日期。

无记名股票有以下特点。①股东权利归属股票的持有人。不记名股票股东资格的确认,不是以特定的姓名记载为依据,而是依据占有的事实。不记名股票股东权利的行使也是以持有股票为根据,只要向公司出示股票,即可在股东大会上行使表决权,凭股票所附息票可领取股息等。②认购股票时要求一次缴纳出资。无记名股票上不记载股东姓名,若允许股东缴纳部分出资即发给股票,以后实际上无法催缴未缴纳的出资,所以认购者必须缴足出资后才能领取股票。③转让相对简便。与记名股票相比,无记名股票的转让较为简单与方便,原持有者只要向受让人交付股票便发生转让的法律效力,受让人取得股东资格不需要办理过户手续。④安全性较差。因无记载股东姓名的法律依据,无记名股票一旦遗失,原股票持有者便丧失股东权利,且无法挂失。

3. 按照股票票面上是否标明金额,分为有面额股票和无面额股票

(1) 有面额股票

有面额股票(par value stock)是指在股票票面上记载一定金额的股票,此金额也称为票面金额、票面价值或股票面值。股票票面金额为资本总额除以股份数,实际上很多国家通过法规予以直接规定,而且一般限定了这类股票的最低票面金额。另外,同次发行的有面额股票其每股票面金额应该是等同的。大多数国家的股票都是有面额股票。我国《公司法》规定,股份有限公司的资本划分为股份,每一股的金额相等。有面额股票的特点是可以明确表示每一股所代表的股权比例,票面金额为股票发行价格的确定提供依据。我国《公司法》规定,股票发行价格可以超过或等于票面金额,但不得低于票面金额。这样,有面额股票的票面金额就成为发行价格的最低界限。

(2) 无面额股票

无面额股票(non-par value stock)又称为比例股票、份额股票,是指票面上不记载金

额,只记载股数以及占总股本的比例的股票。无面额股票的价值随着股份有限公司净资产和预期未来收益的增减而相应增减,公司净资产和预期未来收益增加,每股价值上升;反之,则每股价值下降。无面额股票淡化了票面价值的概念,但仍然有内在价值,它与有面额股票的差别仅在表现形式上。也就是说,它们都代表着股东对公司资本总额的投资比例,股东享有同等的股东权利。目前,世界上多数国家包括我国都不允许发行无面额股票。无面额股票的特点是发行或转让价格较灵活,便于股票分割。由于没有票面金额,因而发行价格和市场价格不受票面金额的限制,如需分割股份也比较容易进行。

1.2.3 我国目前的股票分类

1. 按投资主体的性质分类

在我国,按投资主体的不同性质,可将股票划分为国家股、法人股、社会公众股和外资股等不同类型。

(1) 国家股

国家股是指有权代表国家投资的部门或机构以国有资产向公司投资形成的股份,包括公司现有国有资产折算成的股份。国家股从资金来源上看,主要有三个方面:第一,现有国有企业改组为股份公司时所拥有的净资产。第二,现阶段有权代表国家投资的政府部门向新组建的股份公司的投资。第三,经授权代表国家投资的投资公司、资产经营公司、经济实体性总公司等机构向新组建股份公司的投资。国家股是国有股权的一个组成部分。国家股的股权所有者是国家,国有资产管理部门是国有股权行政管理的专职机构。国有股权可由国家授权投资的机构持有,也可由国有资产管理部门持有或由国有资产管理部门代政府委托其他机构或部门持有。国有股股利收入由国有资产管理部门监督收缴,依法纳入国有资产经营预算,并根据国家有关规定安排使用。国家股股权可以转让,但应符合国家的有关规定。

(2) 法人股

法人股是指企业法人或具有法人资格的事业单位和社会团体以其依法可支配的资产投入公司形成的股份。法人相互持股所形成的也是一种所有权关系,是法人经营自身财产的一种投资行为。法人股股票以法人记名。如果是具有法人资格的国有企业、事业单位及其他单位以其依法占用的法人资产向独立于自己的股份有限公司出资形成或依法定程序取得的股份,可称为国有法人股。国有法人股属于国有股权。国家股和国有法人股统称为国有股权。作为发起人的企业法人或具有法人资格的事业单位和社会团体在认购股份时,可以用货币出资,也可以用其他形式的资产,如实物、工业产权、非专利技术、土地使用权等作价出资。但对其他形式资产必须进行评估作价,核实财产,不得高估或者低估作价。

(3) 社会公众股

社会公众股是指社会公众依法以其拥有的财产投入公司时形成的可上市流通的股份。在社会募集方式下,股份有限公司发行的股份,除了由发起人认购一部分外,其余部分应该向社会公众公开发行。《中华人民共和国证券法》(以下简称《证券法》)规定,公司申请股票上市的条件之一:向社会公开发行的股份达到公司股份总数的25%以上;公司股本总额超过人民币4亿元的,向社会公开发行股份的比例为10%以上。

(4) 外资股

外资股是指股份有限公司向外国和我国香港、澳门、台湾地区投资者发行的股票。这是我国股份有限公司吸收外资的一种方式。外资股按上市地域,可以分为以下两类。

① 境内上市外资股,又称B股,是指股份公司向境外投资者募集并在我国境内上市的股份,投资者限于外国的自然人、法人和其他组织;我国香港、澳门、台湾地区的自然人、法人和其他组织;定居在国外的中国公民等。B股采取记名股票形式,以人民币标明股票面值,以外币认购、买卖,在境内证券交易所上市交易。但从2001年2月对境内居民个人开放B股市场后,境内投资者逐渐成为B股市场的重要投资主体,B股的外资股性质发生了变化。境内居民个人可以用现汇存款和外币现钞存款以及从境外汇入的外汇资金从事B股交易,但不允许使用外币现钞。境内居民个人与非居民之间不得进行B股协议转让。境内居民个人所购B股不得向境外转托管。经有关部门批准,境内上市外资股或者其派生形式,如认股权凭证和境外存股凭证,可以在境外流通转让。公司向境内上市外资股股东支付股利及其他款项,以人民币计价和宣布,以外币支付。

② 境外上市外资股,是指股份公司向境外投资者募集并在境外上市的股份。它也采取记名股票形式,以人民币标明面值,以外币认购。在境外上市时,可以采取境外存股凭证形式或者股票的其他派生形式。在境外上市的外资股除了应符合我国的有关法规外,还须符合上市所在地国家或者地区证券交易所制定的上市条件。依法持有境外上市外资股、其姓名或者名称登记在公司股东名册上的境外投资人,为公司的境外上市外资股股东。公司向境外上市外资股股东支付股利及其他款项,以人民币计价和宣布,以外币支付。境外上市外资股主要由H股、N股、L股、S股等构成。H股是指注册地在我国内地、在我国香港联合交易所上市的外资股。"香港"的英文是Hong Kong,取其首字母,在香港上市的外资股被称为H股。依此类推,在纽约证券交易所(NYSE)上市的股票为N股,在伦敦证券交易所(LSE)上市的股票为L股,在新加坡证券交易所(SGX)上市的股票为S股。

2. 按发行地和上市地分类

我国上市公司的股票有A股、B股、H股、N股、S股等的区分。这一区分主要依据股票的上市地点和所面对的投资者而定。A股(A share)的正式名称是人民币普通股票。它是由我国境内的公司发行,供境内机构、组织或个人(不含港、澳、台投资者)以人民币认购和交易的普通股票。B股(B share)的正式名称是人民币特种股票。它是以人民币标明面值,将人民币折合成外汇以外币认购和买卖,在境内证券交易所上市交易的。B股公司的注册地和上市地都在境内,上海证券交易所的B股是以美元认购;深圳证券交易所的B股是以港币认购。A股和B股在票面面额和股权内容上都是一样的。H股即注册地在内地、上市地在香港的外资股。同样,注册地在内地,在纽约、新加坡、伦敦上市的外资股分别称为N股、S股、L股。

小贴士 1-3

3. 按流通受限与否分类

(1) 已完成股权分置改革公司股份的分类

已完成股改公司的股份,按流通受限与否可分为有限售条件股份和无限售条件股份。

有限售条件股份是指股份持有人依照法律、法规规定或按承诺有转让限制的股份,包括因股权分置改革暂时锁定的股份、内部职工股、董事、监事、高级管理人员持有的股份等。具体包括:①国家持股,是指有权代表国家投资的机构或部门(如国有资产授权投资机构)持有的上市公司股份。②国有法人持股,是指国有企业、国有独资公司、事业单位以及第一大股东为国有及国有控股企业且国有股权比例合计超过50%的有限责任公司或股份有限公司持有的上市公司股份。③其他内资持股,是指境内非国有及国有控股单位(包括民营企业、中外合资企业、外商独资企业等)及境内自然人持有的上市公司股份。其中,又分为境内法人持股和境内自然人持股两类。④外资持股,是指境外股东持有的上市公司股份。其中,又分为境外法人持股和境外自然人持股两类。

无限售条件股份是指流通转让不受限制的股份。具体包括:①人民币普通股,即A股,含向社会公开发行股票时向公司职工配售的公司职工股。②境内上市外资股,即B股。③境外上市外资股,即在境外证券市场上市的普通股,如H股。④其他。

(2) 未完成股权分置改革公司股份的分类

未完成股改公司的股份,按流通受限与否可分为未上市流通股份和已上市流通股份。

未上市流通股份是指尚未在证券交易所上市交易的股份。具体包括:①发起人股份。发起人股份包括国家持有股份、境内法人持有股份、境外法人持有股份、其他。②募集法人股份。是指在《公司法》实施之前成立的定向募集公司所发行的、发起人以外的法人认购的股份。③内部职工股。是指在《公司法》实施之前成立的定向募集公司所发行的、在报告时尚未上市的内部职工股。④优先股或其他。是指上市公司发行的优先股或无法记入其他类别的股份。

已上市流通股份是指已在证券交易所上市交易的股份,具体包括:①境内上市人民币普通股票,即A股,含向社会公开发行股票时向公司职工配售的公司职工股。②境内上市外资股,即B股。③境外上市外资股,即在境外证券市场上市的普通股,如H股。④其他。

小贴士1-4

1.3 债　　券

1.3.1 债券的定义与特征

1. 债券的定义与性质

债券(bond)是社会各类经济主体为筹集资金而向债券投资者出具的,承诺按一定利率定期支付利息并到期偿还本金的债权债务凭证。债券所规定的借贷双方的权利义务关系包含四方面的含义:①发行人是借入资金的经济主体;②投资者是出借资金的经济主体;③发行者必须在约定的时间付息还本;④债券反映了发行者和投资者之间的债权债务关系,而且是这一关系的法律凭证。由于债券的利息通常是事先确定的,所以,债券又被称为固定收益证券。债券具有以下基本性质。

(1) 债券属于有价证券

首先,债券反映和代表一定的价值。债券本身有一定的面值,通常它是债券投资者投入资金的量化表现;另外,持有债券可按期取得利息,利息也是债券投资者收益的价值表现。其次,债券与其代表的权利联系在一起,拥有债券就拥有了债券所代表的权利,转让债券也就将债券代表的权利一并转移。

(2) 债券是一种虚拟资本

债券尽管有面值,代表了一定的财产价值,但它也只是一种虚拟资本,而非真实资本。因为债券的本质是证明债权债务关系的证书,在债权债务关系建立时所投入的资金已被债务人占用,债券是实际运用的真实资本的证书。债券的流动并不意味着它所代表的实际资本也同样流动,债券独立于实际资本之外。

(3) 债券是债权的表现

债券代表债券投资者的权利,这种权利不是直接支配财产权,也不以资产所有权表现,而是一种债权。拥有债券的人是债权人,债权人不同于公司股东。在现代公司制中,股东是公司财产所有人,可以视作公司的内部构成分子;而债权人是与公司相独立的,是公司的外部利益相关者。债权人除了按期取得本息外,不能干预公司的经营管理活动。

2. 债券的票面要素

债券作为证明债权债务关系的凭证,一般以有一定格式的票面形式来表现,在内容上都要包含一些基本的要素。债券的票面要素是指发行的债券上必须载明的基本债券内容,是明确债权人和债务人权利与义务的主要约定。通常,债券票面上有四个基本要素。

(1) 票面价值

债券票面价值是债券票面标明的货币价值,是债券发行人承诺在债券到期日偿还给债券持有人的金额,也是发行人向债券持有人按期支付利息的计算依据。债券票面价值包括规定票面价值的币种和金额两个方面,一般来说,在本国发行的债券通常以本国货币作为面值的计量单位,在国际金融市场发行债券则通常以债券发行地所在国家的货币或以国际通用货币为计量标准;而债券票面金额的确定要根据债券的发行对象、市场资金供给情况及债券发行费用等因素综合考虑。

(2) 到期期限

债券到期期限是指债券上载明的偿还债券本金的期限,即债券从发行之日起至偿清本息之日止的时间。各种债券有不同的偿还期限,短则几个月,长则几十年,习惯上有短期债券、中期债券和长期债券之分。发行人在确定债券期限时,要考虑多种因素的影响,主要有资金使用方向、市场利率变化、债券的变现能力、证券交易市场的发达程度等。

(3) 票面利率

债券票面利率也称名义利率,是债券年利息与债券票面价值的比率,通常年利率用百分数表示。利率是债券票面要素中不可缺少的内容,它是发行人承诺以后一定时期支付给债券持有人报酬的计算标准。在实际经济生活中,债券利率有多种形式,如单利、复利和贴现利率等。债券利率也受很多因素影响,主要有借贷资金市场的利率水平、发行者的资信状况、债券期限的长短等。

(4) 发行人名称

发行人名称指明了该债券的债务主体,既明确了债券发行人应履行对债权人偿还本息的义务,也为债权人到期追索本金和利息提供了依据。

需要说明的是,以上四个要素虽然是债券票面的基本要素,但它们并非一定在债券票面上印制出来。在许多情况下,债券发行者是以公布条例或公告形式向社会公开宣布某债券的期限与利率,只要发行人具备良好的信誉,投资者也会认可接受。

小贴士 1-5

3. 债券的特征

作为一种重要的融资手段和金融工具,债券具有以下四个特征。

(1) 偿还性

偿还性是指债券有规定的偿还期限,债务人必须按期向债权人支付利息和偿还本金。这一特征与股票的永久性有很大的区别。当然,债券的偿还性也曾经有例外,如无期公债或永久性公债。这种公债不规定到期时间,债权人也不能要求政府清偿,只能按期支取利息。历史上,只有英、法等少数国家在战争期间为筹措军费而采用过。

(2) 流动性

流动性是指债券持有人可按需要和市场的实际状况,灵活地转让债券,以提前收回本金和实现投资收益。流动性首先取决于市场为转让所提供的便利程度;其次取决于债券在迅速转变为货币时,是否在货币价值上蒙受损失。高流动性债券的特点是发行人信誉度高,且偿还期短。债券的流动性一般仅次于储蓄存款。

(3) 安全性

安全性是指债券持有人的收益相对稳定,不随发行者经营收益的变动而变动,并且可按期收回本金。一般来说,具有高度流动性的债券同时也是较安全的。但是债券也可能遭受以下两种风险:一是信用风险,即债务人不能按时足额按约定的利息支付或者偿还本金;二是市场风险,即债券在市场上转让时因价格下跌而承受损失。债券的市场价格与利率呈反方向变化。市场利率上升,债券价格下降;市场利率下降,债券价格上升。

(4) 收益性

收益性是指债券能为投资者带来一定的收入。在实际经济活动中,债券收益主要表现在两个方面:一是债券持有人可以定期从债券发行者那里获得固定的利息收入;二是投资者可以利用债券价格的变动,买卖债券赚取差额。

4. 债券与股票的比较

(1) 债券与股票的相同点

① 两者都属于有价证券。债券和股票作为有价证券,是虚拟资本,它们本身无价值,但又都是真实资本的代表。持有债券或股票,都有可能获取一定的收益,并能行使各自的

权利。债券和股票都在证券市场上交易,是各国证券市场的两大支柱类投资工具。

② 两者都是筹措资金的手段。债券和股票都是有关经济主体为筹资需要而发行的有价证券,都是筹资手段。与向银行贷款间接融资相比,发行债券和股票筹资的数额大,时间长,成本低,且不受贷款银行的条件限制。

③ 两者的收益率相互影响。从单个债券和股票看,它们的收益率经常会产生差异,而且有时差距还很大。但是,总体而言,如果市场是有效的,则债券和股票的平均收益率会大体保持相对稳定的关系,其差异反映了两者风险程度的差别。这是因为,在市场规律的作用下,一种证券收益率的变动会引起另一证券收益率发生同向变动。

(2) 债券与股票的区别

① 权利不同。债券是一种债权债务凭证,持有者与发行人之间的经济关系是债权债务关系,债券持有者只可按期获取利息及到期收回本金,无权参与公司的经营决策。股票是一种所有权凭证,持有人即为公司股东,享有参加经营管理的权利。

② 目的不同。发行债券是公司追加资金的需要,它属于公司的负债,不是资本金。发行股票则是股份公司创立和增加资本的需要,筹措的资金列入公司资本。而且发行债券的经济主体很多,中央政府、地方政府、金融机构、公司企业等一般都可以发行债券,但能发行股票的经济主体只有股份有限公司。

③ 期限不同。债券一般在发行时都明确规定偿还期限,期满时,发行人必须按时偿还本金;而股票通常是无须偿还的,一经购买,则不能退股,投资人只能通过市场转让的方式收回投资资金。

④ 收益不同。债券通常有规定的票面利率,投资者可按约定获得固定的利息。股票投资者可获得股息和红利,数量不固定,一般视公司经营情况而定。同时,债券和股票投资者都可获得买卖差价的收益,债券市场价格比较稳定,差价收益小;股票价格波动频繁,差价收益较大。与风险水平相对应,股票期望收益较高,债券期望收益相对较低。

⑤ 风险不同。债券利息是公司的固定支出,无论公司经营好坏,债券持有人均可以按照规定定期获得利息,并且在公司破产清偿时新股东有优先受偿的权利;股票的股息红利是公司利润的一部分,股利的多少要取决于公司的经营状况,而且在债券利息支付和纳税之后支付。倘若公司破产,可能连股本都损失掉。并且,在二级市场上,由于债券利息率固定,票面金额固定,偿还期限固定,其市场价格相对稳定。而股票无固定的期限和利息,其价格受公司经营状况、国内外局势、公众心理以及供求状态等多种因素影响,涨跌频繁并且幅度较大。因此,股票风险较大,债券风险相对较小。

1.3.2 债券的分类

债券种类很多,在债券的历史发展过程中出现过许多不同品种的债券,各种债券共同构成了一个完整的债券体系。债券可以依据不同的标准进行分类。

1. 按发行主体分类

按发行主体不同,债券可分为政府债券、金融债券、公司债券和国际债券。政府债券是政府为筹集财政资金而发行的债券。它可分为中央政府债券、地方政府债券和政府保证债券,其中,中央政府债券称为国债。国债因其信誉好、利率优、风险小而又被称为"金边债券"。金融债券是由银行和非银行金融机构发行的债券。金融机构一般有雄厚的资金实力,信用度较高,因此,金融债券往往也有良好的信誉。金融债券的期限以中期较为多见。公司债券是公司按照法定程序发行的,约定在一定期限还本付息的有价证券。公司发行债券的目的是为了满足经营的需要。公司债券的风险相对于政府债券和金融债券要大一些。公司债券有中长期的,也有短期的,视公司的需要而定。国际债券是由外国政府、外国法人或国际组织和机构发行的债券。它包括外国债券和欧洲债券两种形式。

2. 按偿还期限分类

按偿还期限不同,债券可分为短期债券、中期债券、长期债券和永久债券。各国对短期债券、中期债券、长期债券的期限划分不完全相同。一般的标准:期限在1年或1年以下的为短期债券;期限在1年以上、10年以下的为中期债券;期限在10年以上的为长期债券。永久债券也叫无期债券,它并不规定到期期限,持有人也不能要求清偿本金但可以按期取得利息,政府可以随时从市场上买入而将其注销。永久债券一般仅限于政府债券,而且是在不得已的情况下才采用。

3. 按付息方式分类

按付息方式不同,债券可分为附息债券、贴现债券和息票累积债券。附息债券是指债券券面上附有各种息票的债券。息票上标明利息额、支付利息的期限和债券号码等内容。息票一般以六个月为一期。债券到期时,持有人从债券上剪下息票并据此领取利息。按照计息方式的不同,贴现债券又称贴水债券,是指在票面上不规定利率,发行时按某一折扣率,以低于票面金额的价格发行,发行价与票面金额之差额即为贴现债券的利息,到期时按面额偿还本金的债券。息票累积债券与附息债券相似,也规定了票面利率,但是,债券持有人必须在债券到期时一次性获得还本付息,存续期间没有利息支付。

4. 按有无抵押担保分类

按担保性质不同,债券可分为信用债券和担保债券。信用债券也称无担保债券,是指仅凭债务人的信用发行的,没有抵押品作担保的债券。信用债券一般包括政府债券和金融债券,少数信用良好的公司也可发行。担保债券是指以抵押财产为担保而发行的债券。按担保品不同,担保债券又分为抵押债券、质押债券和保证债券。抵押债券是指以土地、房屋、机器、设备等不动产为抵押品而发行的债券。质押债券以动产或权利作担保,通常以股票、债券或其他证券为担保。发行人主要是控股公司,用作质押的证券可以是它持有的子公司的股票或债券、其他公司的股票或债券,也可以是公司自身的股票或债券。保证债券是以第三人作为担保的债券,担保人或担保全部本息,或仅担保利息。这种债券的担保人一般为银行或非银行金融机构或公司的主管部门,个别的是由政府担保。

5. 按债券票面形态分类

按债券票面形态不同,债券可分为实物债券、凭证式债券和记账式债券。实物债券是一种具有标准格式实物券面的债券。在标准格式的债券券面上，一般印有债券面额、债券利率、债券期限、债券发行人全称、还本付息方式等各种债券票面要素。无记名国债就属于这种实物债券，它以实物债券的形式记录债权、面值等，不记名、不挂失、可上市流通。凭证式债券是债权人认购债券的一种收款凭证，而不是债券发行人制定的标准格式的国债。凭证式债券主要通过银行承销，各金融机构向企事业单位和个人推销债券，同时向买方开出收款凭证。这种凭证式债券可记名、可挂失，但不可上市流通，持有人可以到原购买网点办理提前兑付手续。记账式债券是没有实物形态的票券，它利用证券账户，通过计算机系统完成债券发行、交易及兑付的全过程。它主要通过证券交易所来发行，发行成本最低。我国 1994 年开始发行记账式国债。其可记名、可挂失、可上市流通，安全性高。

债券的划分方法很多，一张债券可以归于许多种类。如国债 998，它属于政府债券，它还是附息债券、长期债券、上市债券，同时还可归于无担保债券和公募债券。

小贴士 1-6

1.3.3 几种常见的债券

1. 政府债券

（1）政府债券的定义和性质

政府债券又称国家债券、公债，是指政府为筹措财政资金，凭其信誉按照一定程序向投资者出具的，承诺在一定时期支付利息和到期偿还本金的债权债务凭证。政府债券的举债主体是国家。根据政府债券发行主体的不同，又可分为中央政府债券（国债）和地方政府债券。中央政府发行的债券称为国债，地方政府发行的债券称为地方政府债券。

政府债券的性质主要表现在两方面。从形式上看，政府债券也是一种有价证券，它具有债券的一般性质。政府债券本身有面额，投资者投资于政府债券可以取得利息。从功能上看，政府债券最初仅是政府弥补赤字的手段，但在现代市场经济条件下，政府债券已成为政府筹集资金、扩大公共开支的重要手段，并且随着金融市场的发展，逐渐具备了金融商品和信用工具的职能，成为国家实施宏观经济政策、进行宏观调控的工具。

（2）政府债券的特征

① 安全性高。政府债券是政府发行的债券，由政府承担还本付息的责任，是国家信用的体现。在各类债券中，中央政府债券的信用等级是最高的，通常称为金边债券。当然，其利率也较一般债券要低。

② 流通性强。政府债券是一国政府的债务，它的发行量一般都非常大，同时，由于政府债券的信用好，竞争力强，市场属性好，所以，许多国家政府债券的二级市场十分发达，一般不仅允许在证券交易所上市交易，还允许在场外市场进行买卖。发达的二级市场为政府债券的转让提供了方便，使其流通性大大增强。

③ 收益稳定。投资者购买政府债券可以得到一定的利息。其付息由政府保证，信用度最高，风险最小，所以，政府债券收益比较稳定。此外，政府债券的本息大多固定且有保障，交易价格一般不会出现大的波动，二级市场的交易双方均能得到相对稳定的收益。

④ 免税待遇。政府债券是政府自己的债务,为了鼓励人们投资政府债券,大多数国家规定,对于购买政府债券所获得的收益,可以享受免税待遇。《中华人民共和国个人所得税法》规定,个人投资的公司债券利息、股息、红利所得应纳个人所得税,但国债和国家发行的金融债券的利息收入可免纳个人所得税。

(3) 国家债券

国家债券简称为国债,是中央政府根据信用原则,以承担还本付息责任为前提发行的债务凭证。国债发行量大、品种多,是政府债券市场上最主要的投资工具。

按照不同的标准,国债有不同分类。①按偿还期限,国债可分为短期国债、中期国债和长期国债。短期国债一般是指偿还期限为1年或1年以内的国债,具有周期短及流动性强的特点,在货币市场上占有重要地位。中期国债是指偿还期限在1年以上、10年以下的国债。政府发行中期国债筹集的资金或用于弥补赤字,或用于投资,不再用于临时周转。长期国债是指偿还期限在10年或10年以上的国债。长期国债由于期限长,政府可以较长时间占用资金,所以常被用作政府投资的资金来源。长期国债在资本市场上有着重要地位。②按资金用途,国债可分为赤字国债、建设国债、战争国债和特种国债。赤字国债是指用于弥补政府预算赤字的国债。发行国债常被政府用作弥补赤字的主要方式。建设国债是指发债筹措的资金用于建设项目的国债。战争国债专指用于弥补战争费用的国债。特种国债是指政府为了实施某种特殊政策而发行的国债。③按流通性,国债可分为流通国债和非流通国债。流通性是债券的特征之一,也是国债的基本特点,但也有一些国债是不能流通的,流通国债是指可以在流通市场上交易的国债。非流通国债是指不允许在流通市场上交易的国债。在不少国家,流通国债占国债发行量的大部分。④按发行本位,国债可分为实物国债和货币国债。实物国债是指以某种商品实物为本位而发行的国债。货币国债是指以某种货币为本位而发行的国债。货币国债又可以进一步分为本币国债和外币国债。本币国债以本国货币为面值发行,外币国债以外国货币为面值发行。在现代社会,绝大多数国债属于货币国债,实物国债已非常少见。

新中国成立以后,中央政府曾在1950年发行过人民胜利折实公债,并于1956年11月30日全部还清本息。1954—1958年,我国又连续5次发行了国家经济建设公债,于1968年年底全部还清。在20世纪60年代和70年代,我国停止发行国债。随着改革开放的发展,我国政府于1981年起又开始发行国库券,1981—1994年,面向个人发行的国债一直只有无记名国库券一种。1987年后,财政部发行多种其他类型的国债,主要有国家重点建设债券、国家建设债券、财政债券、特种债券、保值债券、基本建设债券等。1994年我国面向个人发行的债种从单一型(无记名国库券)逐步转向多样型(凭证式国债和记账式国债等)。随着2000年国家发行的最后一期实物券(1997年3年期债券)的全面到期,无记名国债宣告退出国债发行市场的舞台。1998年以来,财政部还发行了特别国债、长期建设国债等。2006年财政部研究推出新的储蓄债券品种——储蓄国债(电子式)。

(4) 地方政府债券

地方政府债券简称地方债券、地方公债或地方债,是指由地方政府发行并负责偿还的债券。地方政府债券的发行主体是地方政府,它是地方政府根据本地区经济发展和资金需求状况,以承担还本付息责任为前提,向社会筹集资金的债务凭证。筹集的资金一般用于弥补地方财政资金的不足,或者地方兴建大型项目。

地方政府债券按资金用途和偿还资金来源,通常分为一般债券(普通债券)和专项债券(收益债券)。前者是地方政府为缓解资金紧张或解决临时经费不足而发行的债券;后者是为筹集资金建设某项具体工程而发行的债券。对于一般债券的偿还,地方政府通常以本地区的财政收入作担保;而对专项债券,地方政府往往以项目建成后取得的收入作保证。

在新中国成立初期,地方政府债券就已经存在。早在1950年,东北人民政府就发行过东北生产建设折实公债,但1981年恢复国债发行以来,却从未发行过地方政府债券。1995年起实施的《中华人民共和国预算法》规定,地方政府不得发行地方政府债券(除法律和国务院另有规定外)。此后,国债发行总规模中有少量中央政府代地方政府发行的债券。1998—2004年实施积极财政政策时,中央政府代地方政府举债并转贷地方用于国家确定项目的建设。2014年5月21日,地方债自发自还开始试点,上海、浙江、广东、深圳、江苏、山东、北京、江西、宁夏、青岛十个地区被批准试点地方政府债券自发自还。2015年3月12日,财政部印发《地方政府一般债券发行管理暂行办法》,自印发之日起施行。根据财政部官网数据,截至2017年12月末,全国地方政府债券余额164 706亿元,其中地方政府债券为147 448亿元。

2. 金融债券

(1) 金融债券的特征与分类

金融债券是指银行及非银行金融机构依照法定程序发行并约定在一定期限内还本付息的有价证券。金融机构通过发行金融债券,有利于对资产和负债进行科学管理,实现资产和负债的最佳组合。发行金融债券的目的主要有两个:一是筹资用于某种特殊用途;二是改变本身的资产负债结构。发行金融债券期限灵活,资金稳定性好,发行金融债券是金融机构筹措稳定的资金来源的重要途径。

金融债券作为由金融机构发行的一种特种债券,具有以下特征:①金融债券与公司债券相比,具有较高的安全性。由于金融机构在经济中有较大的影响力和较特殊的地位,各国政府对于金融机构的运营都有严格的规定,并且制定了严格的金融稽核制度。因此,一般金融机构的信用要高于非金融机构类公司。②与银行存款相比,金融债券的盈利性比较高。由于金融债券的流动性要低于银行存款,因此,一般来说,金融债券的利息率要高于同期银行存款。

在西方国家,由于商业银行和其他金融机构多采用股份公司形式,所以这些金融机构发行的债券一般归类于公司债券。我国和日本则将金融机构发行的债券定义为金融债券,以突出金融机构作为证券市场发行主体的地位。金融债券根据利息的支付方式,可分为附息金融债券和贴现金融债券;根据发行条件,可分为普通金融债券和累进利息金融债券。我国对于金融债券的发行和管理有不同于企业债券的特殊规定。

(2) 我国的金融债券

新中国成立之后的金融债券发行始于改革开放。1982年,中国国际信托投资公司率先在日本的东京证券市场发行了外国金融债券。1985年,中国工商银行、中国农业银行获准发行金融债券,开办特种贷款,这是我国经济体制改革以后国内发行金融债券的开端。此后,四大国有银行又多次发行金融债券。1988年,部分非银行金融机构开始发行金融债券。1993年,中国投资银行被批准在境内发行外币金融债券,这是我国首次发行境内外币金融债券。1994年,我国政策性银行成立后,发行主体从商业银行转向政策性银行。1997年和1998年,经中国人民银行批准,部分金融机构发行了特种金融债券。2007年6月,境内政策性银行和商业银行经批准可在香港发行人民币债券。近年来,我国金融债券市场发展较快,金融债券品种不断增加,主要有以下种类。

① 中央银行票据。它又简称央票,是央行为调节基础货币而向金融机构发行的票据,是一种重要的货币政策日常操作工具,期限在3个月～3年。2002年以来,为进行公开市场操作,中国人民银行发行了规模较大的中央银行票据。

② 政策性金融债券。它是政策性银行在银行间债券市场发行的金融债券。1999年以后,我国金融债券的发行主体集中于政策性银行,其中,以国家开发银行为主,金融债券已成为其筹措资金的主要方式。

③ 商业银行债券。它包括商业银行普通债券、次级债券、混合资本债券和小微企业专项债券。商业银行次级债券是指商业银行发行的、本金和利息的清偿顺序列于商业银行其他负债之后、先于商业银行股权资本的债券。我国的混合资本债券是指商业银行为补充附属资本发行的、清偿顺序位于股权资本之前但列在普通债券和次级债券之后、期限在15年以上、发行之日起10年内不可赎回的债券。小微企业专项债券是申请发行的商业银行需书面承诺发行债券所筹集的资金全部用于发放小型微型企业贷款。

④ 证券公司债券。它包括普通债券、短期融资债券和次级债券。证券公司短期融资债券是指证券公司以短期融资为目的、在银行间债券市场发行的约定在一定期限内还本付息的金融债券。证券公司次级债务是指证券公司经批准向股东或其他符合条件的机构投资者定向借入的、清偿顺序在普通债务之后、股权资本之前的债务。

⑤ 保险公司次级债券。它是指保险公司为了弥补临时性或阶段性资本不足,经批准募集、期限在5年以上(含5年),且本金和利息的清偿顺序列于保单责任和其他负债之后、先于保险公司股权资本的保险公司债务。中国保监会依法对保险公司次级债券的募集、管理、还本付息和信息披露行为进行监督管理。

⑥ 财务公司债券。它是企业集团财务公司依规定条件和程序,在银行间债券市场发行的公司债券。根据规定,财务公司发行金融债券应当经中国银监会批准,由财务公司的母公司或其他有担保能力的成员单位提供相应担保。

⑦ 金融租赁公司和汽车金融公司的金融债券。中国人民银行对金融租赁公司和汽车金融公司在银行间债券市场发行和交易金融债券进行监督管理;中国银监会对金融租赁公司和汽车金融公司发行金融债券的资格进行审查。

⑧ 资产支持债券。它是指由银行业金融机构作为发起机构,将信贷资产委托给受托机构,由受托机构发行的、由该财产所产生的现金支付其收益的受益证券。

3. 公司债券

(1) 公司债券的定义与特征

公司债券是公司依照法定程序发行的、约定在一定期限还本付息的有价证券。在西方国家,公司债券即企业债券。公司发行债券,筹资期限长,数量大,成本较低,资金使用自由,对市场要求也低,因此是许多公司偏好的一种筹资方式。

公司债券具有债券的一般性质,与其他债券相比还具有以下特征:①风险性较大。公司债券的还款来源是公司的经营利润。如果公司经营不善,就会使投资者面临利息甚至是本金损失的风险。因此在发行公司债券时,对发债公司要进行严格的信用审查或进行财产抵押,以保护投资者的利益。②收益率较高。投资于公司债券要承担较高的风险,其票面利率也较高。正是这一原因吸引了许多的投资者。③部分公司债券的发行者与持有者之间可以相互给予一定的选择权,如在可转换债券中,发行者给予持有者将债券兑换成本公司股票的选择权;在可赎回公司债券中,持有者给予发行者在到期日前提前偿还本金的选择权。当然,获得该种选择权的当事人必须向对方支付一定的费用。

(2) 公司债券的类型

各国在实践中曾创造出许多种类的公司债券,常见的公司债券主要有以下类型。

① 信用公司债券。它是一种不以公司任何资产作担保而发行的债券,属于无担保证券范畴。一般公司的信用状况要比政府和金融机构差,所以,大多数公司发行债券被要求提供某种形式的担保。但少数大公司经营良好,信誉卓著,也发行信用公司债券。信用公司债券实际上是发行人将公司信誉作为担保。信用公司债券一般期限短,但利率较高。

② 不动产抵押公司债券。它是以公司的不动产(如房屋、土地)作抵押而发行的债券,是抵押证券的一种。公司以房契或地契作抵押,如果发生了公司不能偿还债务的情况,抵押的财产将被出售,所得款项用来偿还债务。

③ 保证公司债券。它是公司发行的由第三者作为还本付息担保人的债券,是担保证券的一种。担保者是发行者以外的其他人,如政府、信誉好的银行或举债公司的母公司。投资者一般比较愿意购买保证公司债券。实践中,保证行为常见于母子公司之间。

④ 收益公司债券。它是以发行公司收益状况为条件而支付利息的公司债券。这是一种具有特殊性质的债券,同时具有债券和股票性质,其利息支付取决于发行公司的经营状况,只在公司有盈利时才支付利息,未付利息可累加,待公司收益增加后再补发。所有应付利息付清后,才可对股东分红。

⑤ 可转换公司债券。它是指发行人依照法定程序发行、在一定期限内依据约定的条件可以转换成股份的公司债券。这种债券附加转换选择权,在转换前是公司债券形式,转换后相当于增发了股票。可转换公司债券兼有债权投资和股权投资的双重优势。

⑥ 附认股权证公司债券。它是公司发行的一种附有认购该公司股票权利的债券。这种债券的购买者可以按预先约定的条件在公司发行股票时享有优先购买权。预先约定的条件主要是指股票的购买价格、认购比例和认购期间。按照附新股认股权和债券本身能否分开来划分,这种债券有可分离交易型和非分离交易型两种类型。

⑦可交换债券。它是指上市公司的股东依法发行、在一定期限内依据约定的条件可以交换成该股东所持有的上市公司股份的公司债券。

(3) 我国的企业债券和公司债券

企业债券是指在中华人民共和国境内具有法人资格的企业在境内依照法定程序发行、约定在一定期限内还本付息的有价证券。但是,金融债券和外币债券除外。我国的企业债券早在1984年就已出现,当时主要是企业自发向社会和内部职工发行债券,债券很不规范。1987年,国务院颁布《企业债券管理暂行条例》,企业债券的发行和管理逐步走向规范化。1993年,国务院重新制定了《企业债券管理条例》。我国的企业债券主要有六种:重点企业债券、地方企业债券、企业短期融资债券、企业内部债券、住宅建设债券和地方投资公司债券。重点企业债券从1987年开始发行,目的是弥补国家计划内重点建设资金的不足,后来成为国家投资公司债券。地方企业债券从1985年开始发行,一般为1~5年期。企业短期融资债券1987年开始在上海首先发行,发行目的是为企业筹集短期流动资金。期限多为3个月、6个月和9个月,发行对象是单位和个人。企业内部债券从1988年开始发行,发行对象主要是企业内部职工。住宅建设债券从1992年开始发行,所筹资金主要用于地方的居民住宅建设。地方投资公司债券是从1992年开始发行的一种新的企业债券,筹资主体是一些地方性的投资公司,筹措资金主要用于地方重点建设项目。近年来,我国企业债券的品种不断丰富,出现了短期融资债券、分离交易的可转换公司债券、非金融企业债务融资工具(中期票据)、中小非金融企业集合票据、非公开定向发行债券等。

小贴士1-7

我国的公司债券是指公司依照法定程序发行、约定在1年以上期限内还本付息的有价证券。公司债券的发行人是依照《公司法》在中国境内设立的有限责任公司和股份有限公司。2007年8月,中国证监会颁布实施《公司债券发行试点办法》,标志着我国公司债券发行工作的正式启动,对于发展我国的债券市场、拓展企业融资渠道、丰富证券投资品种、完善金融市场体系、促进资本市场协调发展具有十分重要的意义。

我国证券市场上同时存在企业债券和公司债券,它们在发行主体、监管机构以及规范的法规上有一定区别。

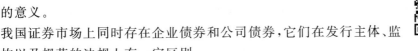

小贴士1-8

(4) 我国的中小企业私募债券

中小企业私募债券是指中小微型企业在中国境内以非公开方式发行和转让,约定在一定期限还本付息的公司债券。

中小企业私募债券属于私募债券的发行,不设行政许可。中小企业私募债券的投资者将实行严格的投资者适当性管理。在风险控制措施方面,将采取严格的市场约束,同时,要求券商在承销过程中进行核查,发行人按照发行契约进行信息披露,承担相应的信息披露责任。同时,投资方和融资方在契约上比较灵活,可以自主协商条款,参照海外的经验,采取提取一定资金作为偿债资金、限制分红等条款。

中小企业私募债券具有以下特征:①它是一种便捷高效的融资方式;②发行审核采取备案制,审批周期更快;③募集资金用途相对灵活,期限较银行贷款长,一般为2年;④其综合融资成本比信托资金和民间借贷低,部分地区还能获得政策贴息。

4. 国际债券

(1) 国际债券的概念和特点

国际债券(international bond)是指一国借款人在国际证券市场上以外国货币为面值、向外国投资者发行的债券,分为外国债券和欧洲债券两类。其发行者主要是各国政府、政府所属机构、银行或其他金融机构、工商企业及一些国际组织等,其投资者主要是银行或其他金融机构、各种基金会、工商财团和自然人。国际债券的发行者与发行地点不属于同一国家,其发行者与投资者分属于不同的国家,它是一种国际的直接融资工具。

国际债券是一种跨国发行的债券,涉及两个或两个以上的国家。国际债券同国内债券相比,具有以下特点。①资金来源广、发行规模大。发行国际债券是在国际证券市场上筹措资金,发行对象为各国的投资者,因此,资金来源比国内债券广泛得多。并且在发行人资信状况得到充分肯定的情况下,国际债券的发行规模一般也都比较大。②存在汇率风险。发行国际债券,筹集到的资金是外国货币,汇率一旦发生波动,发行人和投资者都有可能蒙受意外损失或获取意外收益,所以,汇率风险是国际债券的重要风险。③有国家主权保障。在国际债券市场上筹集资金,通常可以得到一个主权国家政府最终偿债的承诺保证,这也使得国际债券市场有较高的安全性。④以自由兑换货币作为计价货币。国际债券的计价货币往往是国际通用货币,一般以美元、英镑、欧元、日元和瑞士法郎为主。

(2) 国际债券的种类

① 外国债券(foreign bond)。它是发行人在外国发行的,以当地货币为面值发行的债券。它的特点是债券发行人属于一个国家,债券的面值货币和发行市场则属于另一个国家。外国债券是一种传统的国际债券,一般都有特定的称谓,如美国的扬基债券(Yankee bond),它是由非美国发行人在美国债券市场发行的吸收美元资金的债券;英国的猛犬债券(Bulldog bond),它是由非英国发行人在英国债券市场发行的以英镑为面值的债券;日本的武士债券(Samurai bond),它是由非日本发行人在日本债券市场发行的以日元为面值的债券。一般来说,外国债券偿还期限长,所筹资金可以自由运用,但发行时既要受到本国外汇管理条例的制约,也要得到发行地所在国货币当局的批准,遵守当地的有关债券的管理规定,因此手续比较烦琐,限制也比较多。外国债券的发行方式主要有两种:公募发行与私募发行。目前,大多数的外国债券都是公募债券。

近年来,随着人民币国际地位的提高,以人民币计价的国际债券在境内外市场发行步伐正在加快。2005年2月,中国政府允许符合条件的国际开发机构在中国发行人民币债券——熊猫债券(Panda bond),它是指境外发债主体在中国国内债券市场发行的以人民币为面值的债券。2005年10月,中国人民银行批准国际金融公司和亚洲开发银行在全国银行间债券市场分别发行人民币债券11.3亿元和10亿元。这是中国债券市场首次引入外资机构发行主体。此后熊猫债券发债规模实现了大幅增长。根据中国人民银行的报告,截至2017年7月末,熊猫债券累计发行额为1 940.4亿元,发债主体已包括境外非金融企业、金融机构、国际开发机构以及外国政府等。

② 欧洲债券(Eurobond)。它是发行人在国外债券市场上以第三国

小贴士 1-9

货币为面值发行的债券。如欧洲美元债券、亚洲美元债券等。欧洲债券是自20世纪60年代欧洲国家在美国境外发行美元债券而出现和发展起来的,发展极其迅速。目前,欧洲债券在国际债券市场上所占的比例远大于外国债券所占的比例,欧洲债券已成为各经济体在国际资本市场上筹措资金的重要手段。

欧洲债券的特点是债券发行者、债券发行地点和债券面值所使用的货币可以分别属于不同的国家。由于它不以发行市场所在国的货币为面值,故也称无国籍债券。欧洲债券票面使用的货币一般是可自由兑换的货币,主要为美元,其次还有欧元、英镑、日元等;也有使用复合货币单位的,如特别提款权。

欧洲债券和外国债券在很多方面有一定的差异。在发行方式方面,外国债券一般由发行地所在国的证券公司、金融机构承销,而欧洲债券则由一家或几家大银行牵头,组织十几家或几十家国际性银行在一个国家或几个国家同时承销。在发行法律方面,外国债券的发行受发行地所在国有关法规的管制和约束,并且必须经官方主管机构批准,而欧洲债券在法律上所受的限制比外国债券宽松得多,它不需要官方主管机构的批准,也不受货币发行国有关法令的管制和约束。在发行纳税方面,外国债券受发行地所在国的税法管制,而欧洲债券的预扣税一般可以豁免,投资者的利息收入也免缴所得税。

(3) 我国国际债券的发行概况

对外发行债券是我国吸引外国资金的一个重要渠道,20世纪80年代初期,在改革开放的政策指导下,为利用国外资金,加快经济建设步伐,我国开始利用国际债券市场筹集资金。1982年1月,中国国际信托投资公司以私募方式在日本东京发行了100亿元的日本武士债券,标志着我国金融机构开始进入国际债券市场。1987年10月,中国财政部在德国法兰克福发行了3亿德国马克的公募债券,这是我国经济体制改革后政府首次在国外发行债券。截至2003年12月底,我国共发行各种国际债券200多亿美元。我国国际债券的发行地遍及亚洲、欧洲、美洲等地,债券的期限结构有1年、5年、7年、10年、30年等数个品种。2007年,中石化在境外发行15亿美元可转换为境外上市外资股的可转换公司债券。中国保持了在国际资本市场上经常发行人的地位,向国际金融社会展示了中国经济的活力,树立了我国政府和金融机构的国际形象,在国际资本市场确立了我国主权信用债券的地位和等级,并对我国金融业的对外开放起到了重要的推动作用。

1.4 证券投资基金

1.4.1 证券投资基金概述

1. 证券投资基金的概念和性质

证券投资基金(securities investment fund)是指通过公开发售基金份额募集资金,由基金托管人托管,由基金管理人管理和运用资金,为基金份额持有人的利益,以资产组合方式进行证券投资的一种利益共享、风险共担的集合投资方式。作为一种大众化的信托投资工具,各国和地区对证券投资基金的称谓不尽相同,如美国称共同基金(mutual fund),英国和我国香港地区称单位信托基金(unit trust fund),日本和我国台湾地区则称证券投资信托基金等。证券投资基金为中小投资者提供了较为理想的间接投资工具,大大拓宽了中小投资者的投资渠道,有利于证券市场的稳定和发展。

证券投资基金的性质有以下几方面:①它是一种集合投资制度。证券投资基金是一种积少成多的整体组合投资方式,从广大投资者那里聚集巨额资金,组建投资管理公司进行专业化管理和经营。在这种制度下,资金的运作受到多重监督。②它是一种信托投资方式。与一般金融信托关系一样,它主要有委托人、受托人、受益人三个关系人,其中受托人与委托人之间订有信托契约。但证券投资基金作为金融信托业务的一种形式,又有自己的特点。如其主要当事人中还有一个不可缺少的托管机构,它与受托人(基金管理公司)不能由同一机构担任,而且基金托管人一般是法人。③它是一种金融中介机构。证券投资基金存在于投资者与投资对象之间,把投资者的资金转换成金融资产,通过专门机构在金融市场上再投资,从而使货币资产得到增值。基金管理者对投资者的资金负有经营管理的职责,而且必须按照合同(或契约)确定资金投向,保证投资者的资金安全和收益最大化。④它是一种证券投资工具。证券投资基金与股票、债券一起,构成有价证券的三大品种。投资者通过购买基金份额完成投资行为,并凭之分享证券投资基金的投资收益,承担证券投资基金的投资风险。

2. 证券投资基金的产生与发展

基金最早起源于19世纪的英国。1868年英国政府出面组建了世界上第一个基金机构,即"海外和殖民地政府信托组织"。当时,产业革命与海外扩张积累大量社会财富,国内资金过剩,大量的资金为追逐高额利润而转向海外市场。首创的这家投资基金机构专以分散投资于殖民地的公司债为主,投资地区远及南北美洲、中东、东南亚以及意大利、葡萄牙和西班牙等国。现代意义上的基金是1924年在美国出现的。此后的几十年中,基金得到了充分的发展与繁荣。1924年,美国的第一个共同基金——"马萨诸塞投资信托基金"在波士顿设立。"二战"后,基金业务进入了一个新的发展阶段,美国经济高速增长,基金业稳定、健康、快速发展,并在世界各地都取得了广泛发展。20世纪50年代,"亚洲四小龙"引进了基金业务,与澳大利亚、新西兰等形成独具特色的亚太地区基金市场。20世纪70年代以来,随着世界投资规模的剧增、现代金融业的创新,品种繁多、名目各异的基金风起云涌,形成了一个庞大的产业。如今,投资基金已成为美国最普遍的投资方式,2006年年底,美国共同基金的净资产总额已达10.4万亿美元,超过了商业银行的资产规模。基金业已与银行业、证券业、保险业并驾齐驱,成为现代金融体系的四大支柱之一。

证券投资基金在我国发展的时间还比较短,但在证券监管机构的大力扶植下获得了突飞猛进的发展。1987年,中国银行和中国国际信托投资公司首先开展了这一业务。从1991年开始,基金业务有了实质性进展。1991年10月,武汉证券公司发起设立了我国第一家基金——"武汉证券投资基金"。1992年,我国开始出现了投资基金热潮,沈阳、大连、上海、广东、浙江、黑龙江等地推出了多个不同种类的基金。1992年11月,由中国农村发展信托投资公司和淄博市信托投资公司等机构发起的"淄博乡镇企业投资基金"由中国人民银行总行批准设立,这是我国第一家规范化的国内基金,其整套运作均按国际惯例进行。1997年11月,国务院颁布《证券投资基金管理暂行办法》。1998年3月,两只封闭式基金——基金金泰、基金开元设立,分别由国泰基金管理公司和南方基金管理公司管理。2004年6月1日,我国《证券投资基金法》正式实施,成为中国证券投资基金业发展史上的一个重要里程碑。2000年10月8日,中国证监会发布了《开放式证券投资基金试点办法》。2001年9月,我国第一只开放式基金诞生。此后,我国基金业进入开放式基金发展阶段,开放式基金后来居上,逐渐成为基金设立的主要形式。同时,基金产品差异化日益明显,基金的投资风格也趋于多样化。我国的基金产品除股票型基金、债券基金、货币市场基金外,保本基金、指数基金、分级基金、QDII基金等纷纷问世。根据《中国证券投资基金业年报(2016)》,截至2016年年底,我国(除港、澳、台地区)共有公募基金管理人122家;管理公募基金产品3 805只,其中,封闭式基金29只,开放式基金3 776只;管理公募基金资产9.16万亿元,相当于当年GDP总量的12.31%,相当于年末股市流通市值的22.45%。

3. 证券投资基金的特征

与股票、债券、外汇等投资工具一样,证券投资基金也为投资者提供了一种投资渠道。作为一种现代化投资工具,证券投资基金具有以下特征。

(1) 集合投资

基金的特点是将众多投资者的资金集中起来,委托基金管理人进行共同投资,表现出一种集合理财的特点。因此,基金可以最广泛地吸收社会闲散资金,积少成多,汇成规模巨大的投资资金。在参与证券投资时,资本越雄厚,优势越明显,而且可能享有大额投资在降低成本上的相对优势,从而获得规模效益的好处。

(2) 分散风险

以科学的投资组合降低风险、提高收益是基金的另一大特点。在投资活动中,风险和收益总是并存的,因此,"不能将鸡蛋放在一个篮子里"。基金凭借其集中的巨额资金,在法律规定的范围内进行科学组合,分散投资于多种证券。通过多元化的投资组合,一方面借助于资金庞大和投资者众多的优势使每个投资者面临的投资风险变小;另一方面,利用不同投资对象之间收益率变化的相关性,达到分散投资风险的目的。

(3) 专业理财

将分散的资金集中起来以信托方式交给专业机构进行投资运作,既是证券投资基金的一个重要特点,也是它的一个重要功能。基金实行专业理财制度,由基金管理人进行投资管理和运作。基金管理人一般拥有大量的专业投资研究人员和强大的信息网络,能够更好地对证券市场进行跟踪与分析,制定投资策略和投资组合方案,从而可避免投资决策失误,提高投资收益。投资于基金可以使中小投资者分享基金管理人在市场信息、投资经验、金融知识和操作技术等方面所拥有的优势,享受到专业化的投资管理服务。

4. 证券投资基金与股票、债券的区别

作为有价证券,证券投资基金有着与股票、债券共同的特征。基金自身并没有价值,

但由于它代表着证券持有人的资产所有权、收益分配权以及剩余财产分配权等诸多权益，因而也能在市场上进行交易，并在交易过程中形成自己的价格。同时，基金又有着与股票、债券之间的明显区别，主要体现在以下几个方面。

(1) 所反映的经济关系不同

股票是一种所有权凭证，反映的是所有权关系，其持有人是股份公司的股东，有权参与公司的经营管理决策。债券是一种债权债务凭证，反映的是债权债务关系，其持有人是该公司的债权人。基金是一种信托凭证，反映的是信托关系，基金投资者是基金的所有者和受益人，与基金管理人和基金托管人之间是信托关系。基金投资收益在扣除基金托管人和基金管理人收取的托管费和管理费后的盈余全部归基金投资者所有，并依据各投资者所持有的基金份额比例进行分配。

(2) 所筹集资金的投向不同

股票和债券是直接投资工具，筹集的资金主要投向实业领域，而基金是间接投资工具，筹集的资金主要投向股票、债券等有价证券。

(3) 投资收益与风险大小不同

通常情况下，股票价格的波动性较大，是一种高风险、高收益的投资品种。债券利率一般是事先确定的，可以给投资者带来较稳定的利息收入，价格波动也较股票小，是一种低风险、低收益的投资品种。基金投资于众多股票等有价证券，能有效分散风险，是一种风险相对适中、收益相对稳健的投资品种。

(4) 价格取向不同

在宏观政治、经济环境一致的情况下，基金的价格主要决定于资产净值，而影响债券价格的主要因素是利率，股票价格则受供求关系和公司经营和财务状况的影响巨大。

(5) 投资回收方式不同

债券有一定的存续期限，期满后收回本金。股票一般无存续期限，除公司破产、清算等法定情形外，投资者不得从公司收回投资，他们只能在证券交易市场上按市场价格变现。而投资于基金则因所持有的基金形态而异：封闭式基金有一定的期限，投资者在封闭期内可在交易市场上变现，期满后可按持有的份额分得相应的剩余资产；开放式基金一般没有期限，投资者可随时向基金管理人要求赎回。

小贴士 1-10

1.4.2 证券投资基金的主要类型

证券投资基金的一大特色就是数量众多，品种丰富，可以较好地满足投资者的投资需要。科学合理的基金分类，无论是对投资者正确选择基金，还是对维护基金业的公平竞争，都有重要意义。根据不同的分类方式可以将证券投资基金划分为不同的类型。

1. 按基金的组织形式划分，可分为契约型基金和公司型基金

(1) 契约型基金

契约型基金(contractual fund)又称为单位信托基金，是指将投资者、管理人、托管人三者作为信托关系的当事人，通过签订基金契约的形式发行受益凭证而设立的一种基金。

契约型基金起源于英国,后来在中国香港、新加坡、印度尼西亚等国家和地区十分流行。契约型基金是基于信托原理而组织起来的代理投资方式,不订立基金章程,也不设公司董事会,而是通过基金契约来规范三方当事人的行为。基金管理人负责基金的管理操作;基金托管人作为基金资产的名义持有人,负责基金资产的保管和处置,对基金管理人的运作实行监督。目前,我国的基金全部是契约型基金。

(2) 公司型基金

公司型基金(corporate fund)是依据基金公司章程设立,在法律上具有独立法人地位的股份投资公司。公司型基金以发行股份的方式募集资金,投资者购买基金公司的股份后,以基金持有人的身份成为基金公司的股东,凭其持有的股份依法享有投资收益。美国的绝大多数基金是公司型基金。公司型基金在组织形式上与股份有限公司类似,由股东选举董事会,由董事会选聘基金管理公司,基金管理公司负责管理基金的投资业务。

(3) 契约型基金与公司型基金的主要区别

契约型基金和公司型基金都是把投资者的资金集中起来,按照基金设立时所规定的投资目标和策略,将基金资产分散投资于众多的金融产品上,获取收益后再分配给投资者的投资方式。对投资者来说,投资于公司型基金和契约型基金并无多大区别。从世界基金业的发展趋势看,公司型基金除了比契约型基金多了一层基金公司组织外,其他各方面都与契约型基金有趋同化的倾向。两者在以下方面存在不同之处。①法律依据不同。契约型基金是依照基金契约组建,信托法是其设立的依据;公司型基金是按照公司法组建的。②组织形式不同。契约型基金本身不具有法人资格,不订立基金章程,不设公司董事会;公司型基金具有法人资格,订立基金章程,选举董事会。③资金的性质不同。契约型基金的资金是通过发行基金份额筹集起来的信托财产;公司型基金的资金是通过发行普通股票筹集的公司法人的资本。④投资者的地位不同。契约型基金的投资者购买基金份额后成为基金契约的当事人之一,投资者既是基金的委托人,又是基金的受益人;公司型基金的投资者购买基金公司的股票后成为该公司的股东,因此,公司型基金的投资者对基金运作的影响比契约型基金的投资者大。⑤基金的营运依据不同。契约型基金依据基金契约营运基金;公司型基金依据基金公司章程营运基金。

小贴士 1-11

2. 按基金的运作方式划分,可分为封闭式基金和开放式基金

(1) 封闭式基金

封闭式基金(closed-end fund)是指经核准的基金份额总额在基金合同期限内固定不变,基金份额可以在依法设立的证券交易场所交易,但基金份额持有人不得申请赎回的基金。由于封闭式基金在封闭期内不能追加认购或赎回,投资者只能通过证券经纪商在二级市场上进行基金的买卖。基金期限届满即为基金终止,管理人应组织清算小组对基金资产进行清产核资,并将清产核资后的基金净资产按照投资者的出资比例进行公正合理的分配。

(2) 开放式基金

开放式基金(open-end fund)是指基金份额总额不固定,基金份额可以在基金合同约

定的时间和场所申购或者赎回的基金。为了满足投资者赎回资金、实现变现的要求,开放式基金一般都从所筹资金中拨出一定比例,以现金形式保持这部分资产。这虽然会影响基金的盈利水平,但作为开放式基金来说是必需的。从发达国家金融市场来看,开放式基金已成为世界投资基金的主流。世界基金发展史从某种意义上说就是从封闭式基金走向开放式基金的历史。

（3）封闭式基金与开放式基金的主要区别

① 期限不同。封闭式基金有固定的存续期,通常在 5 年以上,一般为 10 年或 15 年,经受益人大会通过并经监管机构同意可以适当延长期限;如果基金在运行中因某些特殊情况无法进行运作,报经主管部门批准,也可以提前终止。开放式基金没有固定期限,投资者可随时向基金管理人赎回基金份额,若大量赎回甚至会导致基金清盘。

② 发行规模限制不同。封闭式基金的基金规模是固定的,在封闭期限内未经法定程序认可不能增加发行。开放式基金没有发行规模限制,投资者可随时提出申购或赎回申请,基金规模随之增加或减少。

③ 基金份额交易方式不同。封闭式基金的基金份额在封闭期限内不能赎回,持有人只能在证券交易场所出售,交易在基金投资者之间完成。开放式基金的投资者则可以在首次发行结束一段时间(多为 3 个月)后,随时向基金管理人或其销售代理人提出申购或赎回申请,买卖方式灵活。绝大多数开放式基金不上市交易,交易在投资者与基金管理人或其销售代理人之间进行。

④ 基金份额的交易价格计算标准不同。封闭式基金与开放式基金的基金份额除了首次发行价都是按面值加一定百分比的购买费计算外,以后的交易计价方式不同。封闭式基金的买卖价格受市场供求关系的影响,常出现溢价或折价现象,并不必然反映单位基金份额的净资产值。开放式基金的交易价格则取决于每一基金份额净资产值的大小,其申购价一般是基金份额净资产值加一定的购买费,赎回价是基金份额净资产值减去一定的赎回费,不直接受市场供求影响。

⑤ 基金份额资产净值公布的时间不同。封闭式基金一般每周或更长时间公布一次;开放式基金一般在每个交易日连续公布。

⑥ 交易费用不同。投资者在买卖封闭式基金时,在基金价格之外要支付手续费;投资者在买卖开放式基金时,则要支付申购费和赎回费。

⑦ 投资策略不同。封闭式基金在封闭期限内基金规模不会减少,因此可进行长期投资,基金资产的投资组合能有效地在预定计划内进行;开放式基金因基金份额可随时赎回,为应付投资者随时赎回兑现,所募集的资金不能全部用来投资,更不能全部用于长期投资,在投资组合中必须保留一部分现金和高流动性的金融工具以保持基金资产的流动性。

小贴士 1-12

3. 按基金的投资标的划分,可分为债券基金、股票基金、货币市场基金等

债券基金(bond fund)是指一种以债券为主要投资对象的基金。由于债券利率固定,这类基金的风险较低,适合于稳健型投资者。债券基金的收益会受市场利率的影响,当市场利率下调时,其收益会上升;反之,若市场利率上调,其收益将下降。此外,汇率也会影

响基金的收益,管理人在购买国际债券时,往往还需在外汇市场上进行套期保值。我国《证券投资基金运作管理办法》规定,80%以上的基金资产投资于债券的,为债券基金。

股票基金(stock fund)是指以上市股票为主要投资对象的基金。股票基金的投资目标侧重于追求资本利得和长期资本增值。股票基金是最重要的基金品种,它的优点是资本的成长潜力较大,投资者不仅可以获得资本利得,还可以通过它将较少的资金投资于各类股票,从而实现在降低风险的同时保持较高收益的投资目标。由于股票基金聚集了巨额资金,几只甚至一只大规模的基金就可以引发股市动荡,所以各国政府对股票基金的监管都十分严格,不同程度地规定了基金购买某一家上市公司的股票总额不得超过基金资产净值的一定比例,防止基金过度投机和操纵股市。我国《证券投资基金运作管理办法》规定,60%以上的基金资产投资于股票的,为股票基金。目前,国内所有上市交易的封闭式基金及大部分开放式基金都是股票基金。

货币市场基金(money fund)是将筹措来的资金全部投向货币市场工具的基金,其投资对象期限较短,一般在1年以内,包括银行短期存款、国库券、公司短期债券、银行承兑票据及商业票据等货币市场工具。通常,货币基金的收益会随着市场利率的下跌而降低,与债券基金正好相反。其收益率一般要比银行等机构的各种现金投资工具的获利水平高。货币市场基金的优点是资本安全性高、购买限额低、流动性强、收益较高、管理费用低,有些还不收取赎回费用。因此,货币市场基金通常被认为是低风险的投资工具。

小贴士 1-13

指数基金(index fund)是一种选取特定证券价格指数的成分股作为投资对象的基金。它是20世纪70年代以来出现的基金品种。指数基金具有透明性的特点,其投资组合模仿某一股价指数或债券指数,收益随着即期的价格指数上下波动。当价格指数上升时,基金收益增加;反之,基金收益减少。由于指数基金投资非常分散,可以完全消除投资组合的非系统风险,而且可避免由于基金持股集中带来的流动性风险,因此风险较小。同时,在以机构投资者为主的市场中,指数基金可获得市场平均收益率,可为投资者提供比较稳定的投资回报,并可成为他们避险套利的重要工具。由于指数基金收益率的稳定性、投资的分散性以及高流动性,特别适于社保基金等数额较大、风险承受能力较低的资金投资。

黄金基金是指以黄金或其他贵金属及其相关产业的证券为主要投资对象的基金。其收益率一般随贵金属的价格波动而变化。

衍生证券基金是一种以衍生证券为投资对象的基金,包括期货基金、期权基金、认股权证基金等。这种基金风险大,因为衍生证券基金一般是高风险的投资品种。

混合基金是指同时投资于股票、债券和货币市场等工具,并且股票和债券投资的比例不符合债券基金、股票基金规定的基金。其风险低于股票基金,预期收益则高于债券基金。

4. 按基金的投资目标划分,可分为成长型基金、收入型基金和平衡型基金

成长型基金(growth fund)是指以追求基金资产的长期增值为目标,基金资产投资于信誉度较高、有长期成长前景或长期盈余的成长公司股票的基金。它是基金中最常见的一种,收益较高,风险也较大。成长型基金又可分为稳健成长型基金和积极成长型基金。

收入型基金(income fund)是指以获取当期的最大收入为目的,主要投资于可带来现金收入的有价证券的基金。收入型基金资产的成长潜力较小,损失本金的风险相对也较低,一般可分为固定收入型基金和股票收入型基金。固定收入型基金的主要投资对象是债券和优先股,因而尽管收益率较高,但长期成长的潜力很小,而且当市场利率波动时,基金净值容易受到影响。股票收入型基金的成长潜力比较大,但易受股市波动的影响。

平衡型基金(balanced fund)是指既要谋取当期的收入,又要追求资金的长期成长。将资产分别投资于两种不同特性证券的基金。平衡型基金在以取得收入为目的的债券及优先股和以资本增值为目的的普通股之间进行平衡。这种基金一般将25%~50%的资产投资于债券及优先股以得到适当的利息收益,其余资产投资于普通股以获得股票升值收益。投资者既可获得当期收入,又可得到资金的长期增值。平衡型基金的特点是风险比较低;缺点是成长的潜力不大。

5. 按基金的募集方式划分,可分为公募基金和私募基金

公募基金(public offering fund)是指受政府主管部门监管的,向社会公众公开发行销售的证券投资基金。公募基金的投资金额要求较低,适合中小投资者参与,基金必须遵守有关的法律、法规,接受监管机构的监管并定期公开相关信息。公募基金发行的优点在于以大众投资者为发行对象,证券发行数量多,募集资金的潜力大,可避免发行的证券过于集中或被少数人操纵,而且可以增强证券的流动性,有利于提高发行人的社会信誉。但公募基金发行条件比较严格,程序比较复杂,费用也比较高。

私募基金(private placement fund)是相对于公募基金而言的,是指不面向所有的投资者,而向特定的投资者发售的基金。私募基金具有以下优势:①私募基金采取非公开方式发行,面向少数特定的投资者,能够根据客户的特殊需求提供量身定制的投资服务产品;②一般来说,私募基金所需的各种手续和文件较少,受到的限制也较少,因此投资更具灵活性;③在信息披露方面,私募基金不必像公募基金那样定期披露详细的投资组合,一般只需半年或一年私下公布投资组合及收益即可,因而投资更具有隐蔽性,获得高收益回报的机会也更大。但是,私募基金也存在明显的缺陷:私募基金受到政府监管相对较宽松,操作缺乏透明度,有可能出现内幕交易、操纵市场等违规行为,将不利于基金持有人利益的保护,在可能取得较高收益的同时,蕴藏着较大的投资风险。此外,私募基金一般规模不大,流动性较差,且不能上市交易。

6. 按基金的资本来源和流向划分,可分为国内基金和国际基金

国内基金(domestic fund)是指基金资本来源于国内并投资于国内金融市场的投资基金。国内基金的资金来源于国内投资者,基金资产的运用也在境内进行。一般而言,国内基金在一国基金市场上应占主导地位。

国际基金(international fund)是指基金资本来源于国内,主要投资于境外金融市场的投资基金。通过国际基金的跨国投资,可以为本国资本带来更多的投资机会以及在更大范围内分散投资风险,但国际基金的投资成本和费用一般也较高。国际基金有多种。除了主要投资于外国证券之外,也对本国证券进行投资的国际基金被称为"环球基金";完

全投资于外国证券的国际基金则被称作"海外基金"。国际基金当中还有一类以基金投向国或投向国某地命名的"国家基金",如印度基金、加拿大基金、日本基金等。1990年11月,由法国东方汇理银行与上海市合作,在我国香港和欧洲设立了"上海基金",成为以我国内地的证券为投资对象的第一个国际基金。

7. 特殊类型的基金

(1) ETF(交易型开放式指数基金)

ETF是英文"exchange traded funds"的缩写,它是指经依法募集的,投资特定证券指数所对应组合证券,可在交易所上市交易的一种开放式基金。它以某一选定的指数所包含的成分证券为投资对象,依据构成指数的证券种类和比例,采用完全复制或抽样复制的方法进行被动投资的指数型基金。ETF是一种在交易所上市交易的证券投资基金产品,交易手续与股票完全相同。可以用现金通过股票账户买卖,也可以用组合证券进行申购和赎回。可见,ETF结合了封闭式基金与开放式基金的运作特点,既可以像封闭式基金一样在交易所二级市场进行买卖,又可以像开放式基金一样在柜台一级市场申购、赎回。

ETF最大的特点是实物申购、赎回机制,即它的申购是用一篮子股票换取ETF份额,赎回时是以基金份额换回一篮子股票而不是现金。ETF有"最小申购、赎回份额"的规定,通常最小申购、赎回单位是50万份或100万份,申购、赎回必须以最小申购、赎回单位的整数倍进行,一般只有机构投资者才有实力参与一级市场的实物申购与赎回交易。ETF实行一级市场和二级市场并存的交易制度。这种交易方式使该类基金存在一、二级市场之间的套利机制,可有效防止类似封闭式基金的大幅折价现象。

ETF是一种特殊形式的开放式指数基金,出现于20世纪90年代初期。它集封闭式基金可上市交易、开放式基金可自由申购或赎回、指数基金高度透明等优点于一身,克服了封闭式基金折价交易、开放式基金不能上市交易并且赎回压力较大、主动性投资缺乏市场择机和择股能力等缺陷,同时又最大限度地降低了投资者的交易成本。

(2) LOF(上市开放式基金)

LOF即上市开放式基金(listed open-ended funds),是一种可以同时在场外市场进行基金份额申购、赎回,又可以在交易所进行基金份额交易和基金份额申购或赎回,并通过份额转托管机制将场外市场与场内市场有机地联系在一起的一种开放式基金。LOF是深圳证券交易所推出的一种特殊基金产品,在世界范围内具有首创性。

LOF与ETF都是可在交易所上市交易的开放式基金,但两者有明显的区别。LOF不一定采用指数基金模式,也可以是主动管理型基金;同时,申购和赎回均以现金进行,对申购和赎回没有规模上的限制,可以在交易所申购、赎回,也可以在代销网点进行。LOF所具有的可以在场内外申购、赎回,以及场内外转托管的制度安排,使LOF不会出现封闭式基金大幅度折价交易的现象。2004年10月14日,南方基金管理公司募集设立了南方积极配置证券投资基金(LOF),并于2004年12月20日在深圳证券交易所上市交易。

小贴士 1-14

(3) 保本基金

保本基金(guaranteed fund)是指通过采用投资组合保险技术，保证投资者在投资到期时至少能够获得投资本金或一定回报的证券投资基金。保本基金的投资目标是在锁定下跌风险的同时力争有机会获得潜在的高回报。投资保本基金并不等于将资金作为存款存放在银行或存款类金融机构，保本基金在极端情况下仍然存在本金损失的风险。我国也有保本基金。保本基金可以投资于股票、债券、货币市场工具、权证、股指期货及中国证监会允许投资的其他金融工具。

小贴士 1-15

(4) QDII 基金

QDII 基金是指在一国境内设立，经该国有关部门批准从事境外证券市场的股票、债券等有价证券投资的基金。QDII 是合格的境内机构投资者（qualified domestic institutional investors）英文的首字缩写。它为国内投资者参与国际市场投资提供了便利。2007 年我国推出了首批 QDII 基金。

(5) 分级基金

分级基金(structured fund)又称为结构型基金、可分离交易型基金，是指在一只基金内部通过结构化的设计或安排，将普通基金份额拆分为具有不同预期收益与风险的两类（级）或多类（级）份额，并可分离上市交易的一种基金产品。

1.4.3 证券投资基金当事人

在基金市场上，存在许多不同的参与主体。根据所承担的职责与作用的不同，基金的参与主体可分为基金当事人、基金市场服务机构、监管与自律机构三大类。证券投资基金当事人主要包括基金份额持有人、基金管理人和基金托管人。

1. 证券投资基金的基本当事人

(1) 基金份额持有人(fund unit holder)

基金份额持有人即基金投资者，是基金的出资人、基金资产的所有者和基金投资回报的受益人。基金份额持有人的基本权利包括对基金收益的享有权、对基金份额的转让权和在一定程度上对基金经营决策的参与权。《中华人民共和国证券投资基金法》（以下简称《证券投资基金法》）规定，基金份额持有人享有下列权利：分享基金财产收益；参与分配清算后的剩余基金财产；依法转让或者申请赎回其持有的基金份额；按照规定要求召开基金份额持有人大会；对基金份额持有人大会审议事项行使表决权；查阅或者复制公开披露的基金信息资料；对基金管理人、基金托管人、基金份额发售机构损害其合法权益的行为依法提起诉讼；基金合同约定的其他权利。同时，投资者应承担遵守基金契约、缴纳基金认购款项及规定的费用、承担基金亏损或终止的有限责任、在封闭式基金存续期间不得要求赎回基金份额等基本义务。

(2) 基金管理人(fund manager)

基金管理人是负责基金发起设立与经营管理的专业性机构，不但负责基金的投资管理，而且承担着产品设计、基金营销、基金注册登记、基金估值、会计核算和客户服务等多方面的职责。《证券投资基金法》规定,基金管理人由依法设立的基金管理公司担任。基金管理公司通常由证券公司、信托投资公司或其他机构等发起成立,具有独立法人地位。基金管理人作为受托人,必须履行"诚信义务"。基金管理人的目标函数是受益人利益的最大化,因而,不得出于自身利益的考虑损害基金持有人的利益。

基金管理人是基金的经营机构,负责基金的具体投资操作和日常管理,收取管理费作为业务收入。我国对基金管理公司实行市场准入管理,《证券投资基金法》规定,设立基金管理公司,应当具备下列条件,并经国务院证券监督管理机构批准:有符合本法和《公司法》规定的章程;注册资本不低于1亿元人民币,且必须为实缴货币资本;主要股东具有从事证券经营、证券投资咨询、信托资产管理或者其他金融资产管理的较好的经营业绩和良好的社会信誉,最近3年没有违法记录,注册资本不低于3亿元人民币;取得基金从业资格的人员达到法定人数;有符合要求的营业场所、安全防范设施和与基金管理业务有关的其他设施;有完善的内部稽核监控制度和风险控制制度;法律、行政法规规定的和经国务院批准的国务院证券监督管理机构规定的其他条件。

目前,我国基金管理公司的业务主要包括证券投资基金业务、受托资产管理业务和投资咨询服务;此外,基金管理公司还可以作为投资管理人从事社保基金管理和企业年金管理业务、QDII业务等。其中,证券投资基金业务是基金管理公司最核心的一项业务,主要包括基金募集与销售、基金的投资管理和基金营运服务。

(3) 基金托管人(fund custodian)

基金托管人又称基金保管人,是依据基金运行中"管理与保管分开"的原则对基金管理人进行监督和对基金资产进行保管的机构。基金托管人是基金持有人权益的代表,通常由有实力的商业银行或信托投资公司担任。基金托管人与基金管理人签订托管协议,在托管协议规定的范围内履行自己的职责并收取一定的报酬。基金托管人在基金的运行过程中起着不可或缺的作用。我国《证券投资基金法》规定,基金托管人只能由依法设立并取得基金托管资格的商业银行担任。

我国《证券投资基金法》规定,基金托管人应当履行下列职责:安全保管基金财产;按照规定开设基金财产的资金账户和证券账户;对所托管的不同基金财产分别设置账户,确保基金财产的完整与独立;保存基金托管业务活动的记录、账册、报表和其他相关资料;按照基金合同的约定,根据基金管理人的投资指令,及时办理清算、交割事宜;办理与基金托管业务活动有关的信息披露事项;对基金财务会计报告、中期和年度基金报告出具意见;复核、审查基金管理人计算的基金资产净值和基金份额申购、赎回价格;按照规定召集基金份额持有人大会;按照规定监督基金管理人的投资运作;国务院证券监督管理机构规定的其他职责。

2. 证券投资基金当事人之间的关系

(1) 持有人与管理人之间的关系

在基金的当事人中,基金份额持有人通过购买基金份额或基金股份,参加基金投资并将资金交给基金管理人管理,享有基金投资的收益权,是基金资产的终极所有者和基金投资收益的受益人。基金管理人则是接受基金份额持有人的委托,负责对所筹集的资金进行具体的投资决策和日常管理,并有权委托基金托管人保管基金资产的金融中介机构。因此,基金份额持有人与基金管理人之间的关系是委托人、受益人与受托人的关系,也是所有者和经营者之间的关系。

(2) 管理人与托管人之间的关系

基金管理人与托管人的关系是相互制衡的关系。基金管理人由投资专业人员组成,负责基金资产的经营;托管人由主管机关认可的独立于基金管理人的金融机构担任,负责基金资产的保管,依据基金管理机构的指令处置基金资产并监督管理人的投资运作是否合法合规。在基金运行中,基金托管人处理有关证券、现金收付的具体事务,基金管理人专心从事资产的运用和投资决策。基金管理人和基金托管人均对基金份额持有人负责。他们的权利和义务在基金合同或基金公司章程中已预先界定清楚,任何一方有违规之处,对方都应当监督并及时制止,直至请求更换违规方。这种相互制约、监督的制衡机制,有利于基金信托财产的安全和基金运用的绩效,保护了投资者的利益。

(3) 持有人与托管人之间的关系

基金份额持有人与托管人的关系是委托与受托的关系,也就是说,基金份额持有人将基金资产委托给基金托管人保管。对持有人而言,将基金资产委托给专门的机构保管,可以确保基金资产的安全;对基金托管人而言,必须对基金份额持有人负责,监管基金管理人的行为,使其经营行为符合法律、法规的要求,为基金份额持有人的利益而勤勉尽责,保证资产安全,提高资产的报酬。

1.4.4 证券投资基金的运作与管理

1. 证券投资基金的费用与资产估值

(1) 证券投资基金的费用

在投资基金的酝酿、发行、日常经营过程中,要发生各种各样的费用,这些费用从基金资产中扣除,即由投资者来承担;同时,这些费用又分别是基金管理人、基金托管人等的收入来源。一般来讲,与基金有关的费用主要有以下几方面。

① 基金管理费。基金管理费是指从基金资产中提取的、支付给基金管理人的费用,即管理人为管理和操作基金而收取的费用。基金管理费通常按照每个估值日基金净资产的一定比率(年率)逐日计提,累计至每月月底,按月支付。管理费率通常与基金规模成反比,与风险成正比。基金规模越大,风险越小,管理费率就越低;反之,则越高。目前,我国基金大部分按照1.5%的比例计提基金管理费,债券基金的管理费率一般低于1%,货币基金的管理费率为0.33%。管理费通常从基金的股息、利息收益或从基金资产中扣除,不另向投资者收取。

② 基金托管费。基金托管费是指基金托管人为保管和处置基金资产而向基金收取的费用。托管费通常按照基金资产净值的一定比率提取,逐日计算并累计,按月支付给托管人。目前,我国封闭式基金按照0.25%的比例计提基金托管费,开放式基金根据基金合同的规定比例计提,通常低于0.25%;股票基金的托管费率要高于债券基金及货币市场基金的托管费率。我国规定,基金托管人可磋商酌情调低基金托管费,经中国证监会

核准后公告,无须为此召开基金持有人大会。

③ 其他费用。证券投资基金的费用还包括封闭式基金上市费用;证券交易费用;基金信息披露费用;基金持有人大会费用;与基金相关的会计师、审计师、律师等中介机构费用;基金分红手续费;清算费用;法律、法规及基金契约规定可以列入的其他费用。上述费用由基金托管人根据法律、法规及基金合同的相应规定,按实际支出金额支付。

(2) 基金资产净值

基金资产净值是指基金资产总值减去负债后的价值。基金资产总值是指基金所拥有的所有资产(包括股票、债券、银行存款和其他投资等)的价值总和。基金总负债是指基金运作及融资时所形成的负债,包括应付给他人的各项费用、应付资金利息等。基金份额净值是指某一时点上某一投资基金每份基金份额实际代表的价值。基金资产净值和基金份额净值计算公式如下:

$$基金资产净值 = 基金资产总值 - 基金负债总值$$

$$基金份额净值 = \frac{基金资产净值}{基金总份额}$$

基金份额净值是衡量一个基金经营业绩的主要指标,也是基金份额交易价格和内在价值的计算依据。一般情况下,基金份额价格与份额净值趋于一致,即基金资产净值增长,基金份额价格也随之提高。尤其是开放式基金,其基金份额的申购或赎回价格都直接按基金份额净值计价。封闭式基金在证券交易所上市,其价格除取决于基金份额净值外,还受到市场供求状况、经济形势、政治环境等多种因素的影响,所以其价格与基金资产净值常发生偏离。

(3) 证券投资基金的估值

基金资产估值是通过对基金所拥有的全部资产及所有负债按一定的原则和方法进行估算,进而确定基金资产公允价值的过程。基金资产估值的目的是客观、准确地反映基金资产的价值。经基金资产估值后确定的基金资产净值而计算出的基金份额净值,是计算基金份额转让价格尤其是计算开放式基金申购与赎回价格的基础。基金资产估值对象为基金依法拥有的各类资产,如股票、债券、权证等。基金管理人应于每个交易日当天对基金资产进行估值,但遇到规定的特殊情况时可以暂停估值。

按照我国《企业会计准则》和中国证监会相关规定,估值的基本原则如下。

① 对存在活跃市场的投资品种,如估值日有市价的,应采用市价确定公允价值。估值日无市价的,但最近交易日后经济环境未发生重大变化,应采用最近交易市价确定公允价值;估值日无市价的,且最近交易日后经济环境发生了重大变化的,应参考类似投资品种的现行市价及重大变化因素,调整最近交易市价,确定公允价值。

② 对不存在活跃市场的投资品种,应采用市场参与者普遍认同且被以往市场实际交易价格验证具有可靠性的估值技术确定公允价值。

③ 有充足理由表明按以上估值原则仍不能客观反映相关投资品种的公允价值的,基金管理公司应根据具体情况与托管银行进行商定,按最能恰当反映公允价值的价格估值。

2. 证券投资基金的收入来源与利润分配

(1) 证券投资基金的收入来源

证券投资基金收入是基金资产在运作过程中所产生的各种收入,主要包括股票股利收入、利息收入、证券买卖差价收入、其他收入等。基金资产估值引起的资产价值变动作为公允价值变动损益计入当期损益。

(2) 证券投资基金的利润分配

证券投资基金利润也称基金收益,是指基金在一定会计期间的经营成果,包括收入减去费用后的净额、直接计入当期利润的利得和损失等。证券投资基金在获取投资收入扣除费用后,须将利润分配给受益人。基金利润分配通常有两种方式:一是分配现金,这是最普遍的分配方式;二是分配基金份额,即将应分配的净利润折为等额的新的基金份额送给受益人。按照《证券投资基金管理办法》的规定,封闭式基金的利润分配每年不得少于一次,年度利润分配比例不得低于基金年度已实现收益的90%,一般采用现金方式分红。开放式基金的基金合同应当约定每年基金利润分配的最多次数和基金利润分配的最低比例。开放式基金的分红方式有现金分红和分红再投资转换为基金份额两种。根据规定,基金利润分配应当采用现金方式。基金当年收益应先弥补上一年度亏损,然后才可进行当年收益分配;如果基金投资当年亏损,则不进行收益分配;每一基金份额享有同等分配权。

对货币市场基金的利润分配,中国证监会有专门的规定。《货币市场基金管理暂行规定》第九条规定:"对于每日按照面值进行报价的货币市场基金,可以在基金合同中将收益分配的方式约定为红利再投资,并应当每日进行收益分配。"2005年3月25日中国证监会下发的《关于货币市场基金投资等相关问题的通知》规定:"当日申购的基金份额自下一个工作日起享有基金的分配权益,当日赎回的基金份额自下一个工作日起不享有基金的分配权益。"具体而言,货币市场基金每周五进行利润分配时,将同时分配周六和周日的利润;每周一至周四进行分配时,则仅对当日利润进行分配。投资者于周五申购或转换转入的基金份额不享有周五和周六、周日的利润;投资者于周五赎回或转换转出的基金份额享有周五和周六、周日的利润。

3. 证券投资基金的投资

(1) 证券投资基金的投资范围

《证券投资基金法》规定,基金财产应当用于下列投资:第一,上市交易的股票、债券;第二,国务院证券监督管理机构规定的其他证券品种。目前,我国的基金主要投资于国内依法公开发行上市的股票、非公开发行股票、国债、企业债券和金融债券、公司债券、货币市场工具、资产支持证券、权证等。

(2) 证券投资基金的投资限制

对基金投资进行限制的主要目的:一是引导基金分散投资,降低风险;二是避免基金操纵市场;三是发挥基金引导市场的积极作用。目前,对证券投资基金的限制主要包括对基金投资范围的限制、投资比例的限制等方面。

按照《证券投资基金法》和其他相关法规的规定,基金财产不得用于下列投资或者活动:承销证券;向他人贷款或者提供担保;从事承担无限责任的投资;买卖其他基金份额,但是国务院另有规定的除外;向其基金管理人、基金托管人出资或者买卖其基金管理人、基金托管人发行的股票或者债券;买卖与其基金管理人、基金托管人有控股关系的股东或者与其基金管理人、基金托管人有其他重大利害关系的公司发行的证券或者承销期内承销的证券;从事内幕交易、操纵证券交易价格及其他不正当的证券交易活动;依照法律、行政法规有关规定,由国务院证券监督管理机构规定禁止的其他活动。

根据《证券投资基金运作管理办法》及有关规定,基金投资应符合以下有关方面的规定:股票基金应有60%以上的资产投资于股票;债券基金应有80%以上的资产投资于债券;货币市场基金仅投资于货币市场工具,不得投资于股票、可转债、剩余期限超过397天的债券、信用等级在AAA级以下的企业债券、国内信用等级在AAA级以下的资产支持证券、以定期存款利率为基准利率的浮动利率债券;基金不得投资于有锁定期,但锁定期不明确的证券。货币市场基金、中短债基金不得投资于流通受限证券。封闭式基金投资于流通受限证券的锁定期不得超过封闭式基金的剩余存续期;基金投资的资产支持证券必须在全国银行间债券交易市场或证券交易所交易。

此外,基金管理人运用基金财产进行证券投资,不得有下列情形:①一只基金持有一家上市公司的股票,其市值超过基金资产净值的10%;②同一基金管理人管理的全部基金持有一家公司发行的证券,超过该证券的10%;③基金财产参与股票发行申购,单只基金所申报的金额超过该基金的总资产,单只基金所申报的股票数量超过拟发行股票公司本次发行股票的总量;④违反基金合同关于投资范围、投资策略和投资比例等约定;⑤中国证监会规定禁止的其他情形。完全按照有关指数的构成比例进行证券投资的基金品种可以不受第①、②项规定的比例限制。

本 章 小 结

本章知识点

本章主要阐述了证券投资工具概述,债券、股票、证券投资基金等相关知识,要求重点掌握证券的特征及有价证券的分类,债券的特征及主要种类,股票的特征与分类,证券投资基金的特点、类型及运作与管理等内容。本章内容基本框架如图1-2所示。

主要术语

证券	有价证券	商品证券	货币证券	资本证券
债券	政府债券	金融债券	公司债券	实物债券
凭证式债券	记账式债券	国际债券	外国债券	欧洲债券
熊猫债券	股票	普通股	优先股	国家股
法人股	社会公众股	外资股	A股	B股
H股	N股	S股	蓝筹股	红筹股
证券投资基金	基金管理人	基金托管人	契约型基金	公司型基金

```
                        ┌ 证券与有价证券 ┬ 证券的概念和种类
                        │                └ 有价证券的特征和分类
                        │          ┌ 股票的概念与特征
                        │ 股票 ────┤ 股票的分类
                        │          └ 我国目前的股票分类
证券投资工具 ───────────┤          ┌ 债券的定义与特征
                        │ 债券 ────┤ 债券的分类
                        │          └ 几种常见的债券
                        │                ┌ 证券投资基金概述
                        │                │ 证券投资基金的主要类型
                        └ 证券投资基金 ──┤ 证券投资基金当事人
                                         └ 证券投资基金的运作与管理
```

图 1-2　第 1 章内容基本框架

封闭式基金　　开放式基金　　成长型基金　　收入型基金　　平衡型基金
ETF　　　　　　LOF　　　　　基金资产净值　基金资产估值

自 测 题

1. 填空题

（1）有价证券不是真实资本而是_____的一种形式，本质上是一种_____。

（2）有价证券按募集方式分为_____和_____。

（3）债券的票面要素一般包括_____、_____、_____、_____。

（4）国债和国家发行的金融债券的利息收入可_____个人所得税。

（5）优先股的优先权体现在_____和_____两个方面。

（6）在股票票面和股份公司的股东名册上记载股东姓名的股票是_____股票。

（7）我国《证券法》规定，公司股本总额超过人民币 4 亿元的，向社会公众发行股份的比例应在_____以上。

（8）证券投资基金由_____负责托管，由_____负责管理和运用资金。

（9）LOF 和 ETF 都属于_____基金。

（10）股票是一种_____凭证，债券是一种_____凭证，基金是一种_____凭证。

2. 单项选择题

（1）狭义的有价证券仅指（　　）。

　　A. 凭证证券　　　B. 商品证券　　　C. 货币证券　　　D. 资本证券

（2）股票应记载一定的事项，其内容应全面真实，这些事项应通过法律的形式予以确认，这体现了股票的（　　）特征。

　　A. 综合权利证券　　　　　　　　　B. 要式证券

  C. 有价证券   D. 证权证券

(3) 我国的股票中,以下不属于境外上市外资股的是(　　)。
  A. A股   B. N股   C. S股   D. H股

(4) 股份有限公司进行破产清算时,资产清偿的先后顺序是(　　)。
  A. 债权人、优先股股东、普通股股东   B. 普通股股东、优先股股东、债权人
  C. 优先股股东、债权人、普通股股东   D. 债权人、普通股股东、优先股股东

(5) 债券反映的经济关系是筹资者和投资者之间的(　　)关系。
  A. 物权   B. 所有权   C. 债权债务   D. 信托

(6) 以下被称为"金边债券"的是(　　)。
  A. 地方政府债券   B. 国债   C. 金融债券   D. 公司债券

(7) 熊猫债券是外国政府、国际金融机构和境外企业在_____发行的人民币债券,它是一种_____。(　　)
  A. 中国内地;外国债券   B. 中国香港;外国债券
  C. 中国内地;欧洲债券   D. 中国香港;欧洲债券

(8) 证券投资基金的资金主要投向(　　)。
  A. 有价证券   B. 实业   C. 邮票   D. 珠宝

(9) (　　)是指经核准的基金份额总额在基金合同期限内固定不变,基金份额可以在依法设立的证券交易所交易。
  A. 公司型基金   B. 契约型基金   C. 封闭式基金   D. 开放式基金

(10) 投资者作为公司股东,有权对公司重大投资决策发表意见,进行表决的是(　　)。
  A. 公司型投资基金   B. 契约型投资基金
  C. 股票型投资基金   D. 货币市场基金

3. 多项选择题

(1) 根据证券所体现的经济性质,有价证券可分为(　　)。
  A. 证据证券   B. 商品证券   C. 货币证券
  D. 资本证券   E. 凭证证券

(2) 对股票定义的描述,正确的是(　　)。
  A. 股票是股份有限公司签发的证明股东所持股份的凭证
  B. 股票实质上代表了股东对股份有限公司的所有权
  C. 股票是一种有价证券
  D. 股票发行人定期支付利息并到期偿付本金
  E. 股票实质上代表了股东对股份公司的债权

(3) 股票具有价值,主要原因是(　　)。
  A. 股票是现实资产所有权的证明   B. 股票能够为持有人带来股息
  C. 股票能够为持有人带来资本利得   D. 股票是债权的凭证
  E. 股票风险性比债券低

(4) 我国按投资主体的不同性质,将股票划分为(　　)。

A. 国家股 B. 外资股 C. 法人股
D. 社会公众股 E. 优先股

(5) 下列关于债券的叙述中,说法错误的是( )。
    A. 流通性是债券的特征之一,也是国债的基本特点,所有国债都是可流通的
    B. 债券所代表的债券投资者权利不是直接支配财产权,而是资产所有权
    C. 债券有面值,代表了一定价值,但它只是一种虚拟资本,而非真实资本
    D. 长期债券的票面利率肯定高于短期债券的票面利率
    E. 若债券持有人要在到期前将其转换为现金,则只能到流通市场上将其转让

(6) 债券的发行人有( )。
    A. 中央政府 B. 政府机构 C. 企业
    D. 金融机构 E. 自然人

(7) 债券的特点有( )。
    A. 期限性 B. 安全性 C. 收益性
    D. 流动性 E. 不可偿还性

(8) 证券投资基金按组织形式可分为( )。
    A. 公司型基金 B. 契约型基金 C. 封闭式基金
    D. 开放式基金 E. 股票基金

(9) 对基金管理人的概念认知,正确的是( )。
    A. 设立基金管理公司必须经国务院批准
    B. 基金管理公司通常由证券公司、信托投资公司或其他机构等发起成立
    C. 基金管理人的主要业务是发起设立基金和管理基金
    D. 基金管理人的目标是受益人利益最大化,处理业务时不得考虑自己利益
    E. 基金管理人负责对基金资产进行保管

(10) 以下关于我国证券投资基金投资限制的说法,正确的是( )。
    A. 股票基金应有60%以上的资产投资于股票
    B. 债券基金应有80%以上的资产投资于债券
    C. 货币市场基金仅投资于货币市场工具
    D. 一只基金持有一家上市公司股票的市值不得超过基金资产净值的10%
    E. 同一基金管理人管理的全部基金持有一家公司的证券不得超过该证券的10%

4. 判断题

(1) 股票风险较大,股息红利不固定;债券风险较小,通常有规定的利率。 ( )
(2) 债券和股票一般都有期限性。 ( )
(3) 国债产生的直接原因是因为政府支出的需要。 ( )
(4) 地方政府债券具有本金安全、收益稳定的特点,投资地方政府债券的投资者是不用承担信用风险的。 ( )
(5) 公司债券的发行主体是股份公司和金融机构。 ( )

(6) 任何公司债券都存在着信用风险,但也有某些公司债券的安全性不低于地方政府债券甚至高于某些政府债券。（ ）

(7) 基金最早起源于19世纪的英国,而现代基金是1924年在美国出现的。（ ）

(8) 封闭式基金有固定的封闭期,通常在5年以内。（ ）

(9) 基金份额净值是衡量一个基金经营业绩的主要指标,也是基金份额交易价格和内在价值的计算依据。（ ）

(10) 契约型基金是指将投资者、管理人、托管人三者作为基金的当事人,通过签订契约的形式发行受益凭证而设立的一种基金。（ ）

5. 简答题

(1) 股票有哪些性质？

(2) 契约型基金和公司型基金有什么区别？

真 题 训 练

以下题目为证券从业资格考试改革前《证券市场基础知识》科目和改革后《金融市场基础知识》科目中涉及本章内容的考题。

(1)【2014年11月真题·组合选择】下列关于股票的表述,正确的有(　　)。

Ⅰ. 公司向法人发行的股票,既可以记载该法人的名称,也可以记载法定代表人的姓名；Ⅱ. 公司向法人发行的股票,应当为记名股票；Ⅲ. 公司发行的股票,可以为记名股票,也可以为无记名股票；Ⅳ. 发起人的股票,应当标明发起人股票字样。

A. Ⅰ、Ⅱ、Ⅲ　　B. Ⅰ、Ⅲ、Ⅳ　　C. Ⅰ、Ⅱ、Ⅳ　　D. Ⅱ、Ⅲ、Ⅳ

(2)【2014年11月真题·组合选择】下列表述中,符合我国《公司法》关于公司股东权利的规定的有(　　)。

Ⅰ. 有权对公司的经营提出质询；Ⅱ. 有权查阅公司财务会计报告；Ⅲ. 有权查阅公司章程；Ⅳ. 持有的股份可以依法转让。

A. Ⅰ、Ⅲ　　B. Ⅱ、Ⅲ　　C. Ⅰ、Ⅱ、Ⅳ　　D. Ⅰ、Ⅱ、Ⅲ、Ⅳ

(3)【2016年3月真题·单选】相对于投资普通股而言,投资优先股的收益_____,风险_____。(　　)

A. 不稳定；大　　B. 稳定；小　　C. 稳定；大　　D. 不稳定；小

(4)【2015年3月真题·组合选择】下列关于优先股的表述,正确的有(　　)。

Ⅰ. 优先股作为一种股权证书代表着对公司的所有权；Ⅱ. 优先股的风险小于普通股；Ⅲ. 优先股股东与普通股股东拥有一样的表决权；Ⅳ. 公司破产清算时,优先股股东可优先于普通股股东分配公司剩余资产。

A. Ⅰ、Ⅱ、Ⅲ　　B. Ⅰ、Ⅲ、Ⅳ　　C. Ⅰ、Ⅱ、Ⅳ　　D. Ⅱ、Ⅲ、Ⅳ

(5)【2016年10月真题·单选】可以参与发行人的经济决策的是(　　)。

A. 期权持有者　　　　　　　　B. 股票所有者

C. 证券投资基金持有者　　　　　D. 债券持有者

(6)【2016年10月真题·单选】债券票面利率也称(　　　)。

A. 单利　　　　B. 名义利率　　　　C. 实际利率　　　　D. 市场利率

(7)【2013年12月真题·组合选择】债券和股票的主要区别有(　　　)。

Ⅰ. 收益不同；Ⅱ. 期限不同；Ⅲ. 风险不同；Ⅳ. 红利不同。

A. Ⅰ、Ⅱ、Ⅲ　　　B. Ⅰ、Ⅱ、Ⅳ　　　C. Ⅰ、Ⅲ、Ⅳ　　　D. Ⅱ、Ⅲ、Ⅳ

(8)【2016年10月真题·单选】一般来说，风险最小且收益较为稳定的投资产品是(　　　)。

A. 可转换债券　　　B. 政府债券　　　C. 公司债券　　　D. 股票

(9)【2013年12月真题·组合选择】对我国记账式国债，下列表述正确的有(　　　)。

Ⅰ. 不可以上市交易；Ⅱ. 通过无纸化方式发行，以电子记账方式记录债权；Ⅲ. 可以流通转让；Ⅳ. 由财政部面向全社会各类投资者发行。

A. Ⅰ、Ⅱ、Ⅲ　　　B. Ⅰ、Ⅱ、Ⅳ　　　C. Ⅰ、Ⅲ、Ⅳ　　　D. Ⅱ、Ⅲ、Ⅳ

(10)【2013年12月真题·组合选择】记账式国债的特点包括(　　　)。

Ⅰ. 上市后价格随行就市，具有一定的风险；Ⅱ. 可以记名、挂失、以无券形式发行；Ⅲ. 期限可长可短，但更适合长期国债的发行；Ⅳ. 可上市转让，流动性好。

A. Ⅰ、Ⅱ、Ⅲ　　　B. Ⅰ、Ⅱ、Ⅳ　　　C. Ⅰ、Ⅲ、Ⅳ　　　D. Ⅱ、Ⅲ、Ⅳ

(11)【2016年7月真题·单选】地方政府根据本地区经济发展和资金需求状况，以承担还本付息责任为前提，向社会筹集资金的债务凭证为(　　　)。

A. 公司债券　　　B. 无期债券　　　C. 金融债券　　　D. 地方政府债券

(12)【2017年11月真题·单选】地方政府债券以当地政府的(　　　)作为还本付息的担保。

A. 到期续发收入　　B. 国企收入　　　C. 税收能力　　　D. 公共设施收入

(13)【2017年11月真题·单选】不能发行金融债券的主体是(　　　)。

A. 证券公司　　　B. 国有商业银行　　C. 政策性银行　　　D. 中国人民银行

(14)【2017年11月真题·组合选择】与一般的公司债务相比，公司债券的特点有(　　　)。

Ⅰ. 公司债券是公司与不特定的社会公众形成的债权债务关系；Ⅱ. 公司债券是一种可转让的债权债务关系；Ⅲ. 公司债券通过债券的方式表现；Ⅳ. 同次发行的公司债券的偿还期是一样的。

A. Ⅱ、Ⅲ　　　B. Ⅰ、Ⅱ、Ⅲ、Ⅳ　　　C. Ⅰ、Ⅳ　　　D. Ⅰ、Ⅱ、Ⅲ

(15)【2016年5月真题·组合选择】证券投资基金的特点有(　　　)。

Ⅰ. 基金管理人管理；Ⅱ. 基金托管人托管；Ⅲ. 受益人为基金份额持有人；Ⅳ. 以资产组合方式进行证券投资。

A. Ⅰ、Ⅳ　　　B. Ⅱ、Ⅲ、Ⅳ　　　C. Ⅰ、Ⅱ、Ⅲ　　　D. Ⅰ、Ⅱ、Ⅲ、Ⅳ

(16)【2015年3月真题·单选】以科学的投资组合降低风险是证券投资基金(　　　)的特点。

A. 收益共享　　　B. 风险共享　　　C. 集合投资　　　D. 分散风险

(17)【2015年3月真题·单选】投资基金由＿＿＿＿管理、＿＿＿＿托管、投资收益

归_____所有。（   ）

A. 基金份额持有人；托管人；管理人

B. 托管人；管理人；基金份额持有人

C. 管理人；托管人；基金份额持有人

D. 管理人；托管人；管理人

(18)【2018年3月真题·单选】契约型基金发售基金份额筹集的资金是（   ）。
A. 自有资金　　　B. 借入资金　　　C. 信托财产　　　D. 公司资本

(19)【2015年3月真题·单选】以下不是公募基金特点的是（   ）。

A. 基金在运作和信息披露方面所受的限制和约束较少

B. 基金募集对象不固定

C. 可以向社会公众宣传推广

D. 基金份额的投资金额要求较低

(20)【2016年7月真题·组合选择】公募基金的基金管理人不得进行的行为包括（   ）。
Ⅰ. 将其固有财产或者他人财产独立于基金财产从事证券投资；Ⅱ. 不公平地对待其管理的不同基金财产；Ⅲ. 以基金的名义代表基金份额持有人利益行使诉讼权利；Ⅳ. 计算并公告基金资产净值，确定基金份额申购、赎回价格。

A. Ⅰ、Ⅳ　　　B. Ⅱ、Ⅲ　　　C. Ⅰ、Ⅲ　　　D. Ⅱ、Ⅳ

(21)【2016年6月真题·组合选择】给出下列选项中（   ）的数据，可以计算出基金负债。
Ⅰ. 基金总份额；Ⅱ. 基金份额净值；Ⅲ. 申购基金份额；Ⅳ. 基金资产总值。

A. Ⅰ、Ⅱ、Ⅳ　　　B. Ⅱ、Ⅳ　　　C. Ⅰ、Ⅲ　　　D. Ⅱ、Ⅲ、Ⅳ

(22)【2017年11月真题·组合选择】除了基金管理费之外，证券投资基金所支付的费用还包括（   ）。
Ⅰ. 基金交易费；Ⅱ. 基金运作费；Ⅲ. 基金托管费；Ⅳ. 基金销售服务费。

A. Ⅰ、Ⅱ、Ⅲ　　　B. Ⅰ、Ⅱ、Ⅲ、Ⅳ　　　C. Ⅱ、Ⅰ、Ⅳ　　　D. Ⅰ、Ⅱ、Ⅳ

(23)【2017年11月真题·组合选择】以下有关证券投资基金的说法，正确的有（   ）。
Ⅰ. 有封闭式和开放式两类投资基金；Ⅱ. 封闭式基金可以在二级市场上交易；Ⅲ. 开放式基金必须对基金资产净值进行估值；Ⅳ. 开放式基金的买卖与股票、债券相同。

A. Ⅰ、Ⅱ、Ⅲ　　　B. Ⅱ、Ⅲ、Ⅳ　　　C. Ⅰ、Ⅳ　　　D. Ⅰ、Ⅱ、Ⅲ、Ⅳ

(24)【2017年11月真题·组合选择】在我国，遇到下列（   ）情形时，可以暂停基金估值。
Ⅰ. 基金代销机构暂停营业；Ⅱ. 证券交易所暂停营业；Ⅲ. 基金投资的某只股票非正常原因停牌；Ⅳ. 因不可抗力情形致使基金管理人无法准确评估基金资产价值。

A. Ⅰ、Ⅱ、Ⅲ、Ⅳ　　　B. Ⅰ、Ⅲ、Ⅳ　　　C. Ⅱ、Ⅳ　　　D. Ⅰ、Ⅱ、Ⅲ

(25)【2018年3月真题·单选】证券投资基金资产估值的对象是（   ）。

A. 基金的负债　　　　　　　　B. 基金的净资产

C. 基金的净资本　　　　　　　D. 基金依法拥有的各类资产

第 2 章

金融衍生工具

学习目标

- 掌握金融衍生工具的概念、基本特征和分类;了解金融衍生工具的发展动因和发展现状。
- 掌握金融期货的定义;了解金融期货的主要种类;掌握金融期货的主要交易制度和基本功能。
- 掌握金融期权的定义和特征;熟悉金融期货与金融期权的区别;了解金融期权的主要种类。
- 了解认股权证、可转换债券、存托凭证、资产证券化、结构化金融衍生产品的概念、特征和分类。

课前导读

中国金融信息网 2018 年 2 月 9 日报道,证监会公告称,原油期货将于 2018 年 3 月 26 日在上海期货交易所子公司——上海国际能源交易中心挂牌交易。人民币计价原油期货不仅将作为中国期货市场全面对外开放的起点,也将承担争取大宗商品定价权及推动人民币国际化的重任。据上海国际能源交易中心网站刊登的原油期货标准合约显示,交易品种为中质含硫原油,交易单位为 1 000 桶/手,报价单位为元人民币/桶。最后交易日为交割月份前第一月的最后一个交易日。原油期货标准合约最低交易保证金为合约价值的 5%,交易代码为 SC。原油期货采用实物交割,交割品质为中质含硫原油,基准品质为 API 度 32.0,硫含量 1.5%。期货标准合约的交割单位为 1 000 桶,交割数量为交割单位的整数倍。合约交割月份为最近 1~12 个月为连续月份以及随后八个季月。交割日期为最后交易日后连续五个交易日,交割地点是上海国际能源交易中心指定交割仓库。目前中国在国际原油定价上几乎没有话语权,这与中国全球第一大石油净进口国和第二大石油消费国的地位极不相称。在目前的大宗商品交易中,美元是主要计价结算货币。当前中国发展"石油人民币"不是取代"石油美元"体系,而是期望构建起"石油美元""石油欧元"及"石油人民币"多元化的石油计价结算体系,为全球石油贸易提供公平竞争、自由选择的计价和结算基准。

本章内容包括金融期货、金融期权和可转换证券等金融衍生工具的定义、特征、组成要素、分类等。通过本章的学习,要求学生熟练掌握证券市场中金融衍生工具的基础知识和基本理论。

2.1 金融衍生工具概述

2.1.1 金融衍生工具的定义和特征

1. 金融衍生工具的定义

金融衍生工具(financial derivative instruments)又称金融衍生证券、金融衍生产品，是与基础金融产品相对应的一个概念，是指建立在基础产品或基础变量之上，其价格取决于基础金融产品价格(或数值)变动的派生金融产品。它是一种为交易者转移风险的双边合约，是在金融创新过程中在货币、股票、债券等传统金融工具基础上衍化和派生出来的，以杠杆和信用交易为特征的新型金融工具。金融衍生工具以传统金融工具为存在前提，以这些金融工具为交易对象，价格也由这些金融工具决定。如股票期权就是建立在股票之上的衍生产品，它的价值取决于股票价格的变化。那些能够产生金融衍生工具的传统金融工具被称为基础工具或基础产品(underlying instruments)。这些基础产品不仅包括现货金融产品(如债券、股票、银行定期存款单等)，也包括金融衍生工具。作为金融衍生工具基础的变量种类繁多，主要是各类资产价格、价格指数、利率、汇率、费率、通货膨胀率以及信用等级等。近些年来，某些自然现象(如气温、降雪量、霜冻、飓风)甚至人类行为(如选举、温室气体排放)也逐渐成为金融衍生工具的基础变量。

在实践中，为了更好地确认衍生工具，各国及国际权威机构给衍生工具下了比较明确的定义。1998年，美国财务会计准则委员会(FASB)发布的第133号会计准则——《衍生工具与避险业务会计准则》是首个具有重要影响的文件，该准则将金融衍生工具划分为独立衍生工具和嵌入式衍生工具两大类，并给出了较为明确的识别标准和计量依据，尤其是所谓公允价值的应用，对后来各类机构制定衍生工具计量标准具有重大影响。2001年，国际会计准则委员会(IASC)发布的第39号会计准则——《金融工具：确认和计量》和2006年2月我国财政部颁布的《企业会计准则第22号——金融工具确认和计量》均基本沿用了FASB133的衍生工具定义。

2. 金融衍生工具的基本特征

(1) 跨期性

金融衍生工具是交易双方通过对利率、汇率、股价等因素变动趋势的预测，约定在未来某一时间按照一定条件进行交易或选择是否交易的合约。无论是哪一种金融衍生工具，都会影响交易者在未来一段时间内或未来某时点上的现金流，跨期交易的特点十分突出。这就要求交易双方对利率、汇率、股价等价格因素的未来变动趋势作出判断，而判断的准确与否直接决定了交易者的交易盈亏。

(2) 杠杆性

金融衍生工具交易采用保证金(margin)制度，即一般只需支付少量的保证金或权利金就可签订远期大额合约或互换不同的金融工具。例如，若期货交易保证金为合约金额的 5%,则期货交易者可以控制 20 倍于所投资金额的合约资产,实现以小博大的效果。在收益可能成倍放大的同时,投资者所承担的风险与损失也会成倍放大,基础工具价格的轻微变动也许就会带来投资者的大盈大亏。金融衍生工具的杠杆效应一定程度上决定了它的高投机性和高风险性。

(3) 联动性

联动性是指金融衍生工具的价值与基础产品或基础变量紧密联系、规则变动。通常,金融衍生工具与基础变量相联系的支付特征由衍生工具合约规定,其联动关系既可以是简单的线性关系,也可以表达为非线性函数或者分段函数。

(4) 高风险性

金融衍生工具的交易结果取决于交易者对基础工具(变量)未来价格(数值)预测和判断的准确程度。基础工具价格的不确定性和衍生工具本身的杠杆性决定了金融衍生工具具有高风险性。基础工具价格不确定性仅仅是金融衍生工具风险性的一个方面,国际证监会组织(IOSCO)在 1994 年 7 月公布的一份报告(IOSCOPD35)中,认为金融衍生工具还伴随着以下风险:①交易中对方违约,没有履行承诺造成损失的信用风险;②因资产或指数价格不利变动可能带来损失的市场风险;③因市场缺乏交易对手而导致投资者不能平仓或变现所带来的流动性风险;④因交易对手无法按时付款或交割可能带来的结算风险;⑤因交易或管理人员的人为错误或系统故障、控制失灵而造成的运作风险;⑥因合约不符合所在国法律,无法履行或合约条款遗漏及模糊导致的法律风险。

2.1.2 金融衍生工具的分类

1. 按照产品形态分类

按照产品形态,金融衍生工具可分为独立衍生工具和嵌入衍生工具。

独立衍生工具是指本身即为独立存在的金融合约。根据我国《企业会计准则第 22 号——金融工具确认和计量》的规定,衍生工具包括远期合同、期货合同、互换和期权,以及具有远期合同、期货合同、互换和期权中一种或一种以上特征的工具。

嵌入衍生工具(embedded derivatives)是指嵌入非衍生工具(主合同)中,使主合同的部分或全部现金流量将按照特定利率、金融工具价格、汇率、价格或利率指数、信用等级或信用指数,或类似变量的变动而发生调整的衍生工具。嵌入衍生工具与主合同构成混合工具,它使主合同的部分或全部条款因一定的条件发生调整,例如,目前公司债券条款中可能包含赎回条款、返售条款、转股条款、重设条款等。

2. 按照交易场所分类

按照交易场所,金融衍生工具可分为交易所交易的衍生工具和 OTC 交易的衍生工具。

交易所交易的衍生工具是指在有组织的交易所上市交易的衍生工具。例如,在股票交易所交易的股票期权产品,在期货交易所和专门的期权交易所交易的各类期货合约、期权合约等。

OTC交易的衍生工具是指不在交易所集中交易，而是通过各种通信方式，实行分散的、一对一交易的衍生工具。例如，金融机构之间、金融机构与大规模交易者之间进行的各类互换交易和信用衍生产品交易。近年来，这类衍生产品的交易量逐年增大，已经超过交易所市场的交易额，市场流动性也得到增强，还发展出专业化的交易商。

3. 按照基础工具种类分类

按照基础工具种类，金融衍生工具可分为股权式衍生工具、货币衍生工具、利率衍生工具、信用衍生工具和其他衍生工具。

股权式衍生工具是指以股票或股票指数为基础工具的金融衍生工具，主要包括股票期货、股票期权、股票指数期货、股票指数期权以及上述合约的混合交易合约。

货币衍生工具是指以各种货币为基础工具的金融衍生工具，主要包括远期外汇合约、货币期货、货币期权、货币互换以及上述合约的混合交易合约。

利率衍生工具是指以利率或利率的载体为基础工具的金融衍生工具，主要包括远期利率协议、利率期货、利率期权、利率互换以及上述合约的混合交易合约。

信用衍生工具是指以基础产品所蕴含的信用风险或违约风险为基础变量的金融衍生工具。它用于转移或防范信用风险，是20世纪90年代以来发展最为迅速的一类衍生产品，主要包括信用互换、信用联结票据等。

除以上四类金融衍生工具之外，还有相当数量金融衍生工具是在非金融变量的基础上开发的，例如，用于管理气温变化风险的天气期货、管理政治风险的政治期货、管理巨灾风险的巨灾衍生产品等。

4. 按照金融衍生工具自身交易的方法及特点分类

按照其自身交易的方法及特点，金融衍生工具可分为金融远期合约、金融期货、金融期权、金融互换和结构化金融衍生工具。

金融远期合约(financial forward contract)是指交易双方在场外市场上通过协商，按约定价格(称为远期价格)在约定的未来日期(交割日)买卖某种标的金融资产(或金融变量)的合约。金融远期合约是最基础的金融衍生产品，主要包括远期利率协议、远期外汇合约和远期股票合约。由于采用了一对一交易的方式，交易双方能根据具体需求来协商确定未来交割对象的期限和数量，这不仅规避了价格风险，也更能满足交易者的各种不同需要，因此，金融机构或大型工商企业通常利用远期交易作为风险管理手段。但是，由于远期合约的内容是不规范的，非集中交易同时也带来了买卖搜索困难、交易成本较高、存在对手违约风险等缺点，因此，在此基础上产生了金融期货。

金融期货(financial futures)是指交易双方在集中的交易场所以公开竞价方式进行的标准化金融期货合约的交易。金融期货是以金融工具(或金融变量)为基础工具的期货交易，主要包括外汇期货、利率期货、股票指数期货和股票期货四种。近年来，不少交易所又陆续推出更多新型的期货品种，例如，房地产价格指数期货、通货膨胀指数期货等。

金融期权(financial options)是指合约买方向卖方支付一定费用(期权费)，在约定日期内(或约定日期)享有按事先确定的价格向合约卖方买卖某种金融工具的权利的契约,包括现货期权和期货期权两大类。除交易所的标准化期权、权证之外,还存在大量场外交易的期权,这些新型期权通常被称为奇异型期权。

金融互换(financial swaps)是指两个或两个以上的当事人按共同商定的条件,在约定的时间内定期交换现金流的金融交易,包括货币互换、利率互换、股权互换、信用违约互换等类别。

前述四种常见的金融衍生工具通常也被称作建构模块工具,它们是最简单和最基础的金融衍生工具,而利用其结构化特性,通过相互结合或者与基础金融工具相结合,能够开发设计出更多具有复杂特性的金融衍生产品,后者通常被称为结构化金融衍生工具,或简称为结构化产品。例如,在股票交易所交易的各类结构化票据、目前我国各家商业银行推广的外汇结构化理财产品等都是其典型代表。

2.1.3 金融衍生工具的产生与发展现状

1. 金融衍生工具的产生与发展动因

金融衍生工具是从20世纪70年代开始发展起来的,它们的产生与发展既是经济发展推动的结果,也是金融业自身生存与发展的内在需要。从20世纪60年代开始,随着布雷顿森林体系的解体和世界性石油危机的发生,利率和汇率出现了剧烈波动。宏观经济环境的变化,使金融机构的原有经营模式和业务种类失去市场,同时又给它们创造了开发新业务的机会和巨大的发展空间。与此同时,计算机与通信技术的长足发展及金融理论的突破促使金融机构的创新能力突飞猛进,而创新成本却日益降低。在此背景下,金融机构通过大量的创新活动,冲破来自内外部的各种约束,形形色色的新业务、新市场、新机构风起云涌,各种金融衍生工具应运而生。金融衍生工具的出现,带来了世界金融业的一场革命,它一方面促进了金融市场的证券化,大大地推动了国际债券和货币市场的发展,促使金融产品不断丰富,金融机构不断完善,金融服务不断提高,从而推进了金融的国际化进程。另一方面,金融衍生工具又给金融体系带来了一些负面影响。它不仅改变了金融总量和结构,还对金融体制产生了猛烈的冲击,对货币政策和宏观调控提出了严峻挑战,导致国际金融市场动荡不安,增加了金融监管的难度。

(1) 金融衍生工具产生的最基本原因是避险

20世纪70年代以来,随着美元的不断贬值,布雷顿森林体系崩溃,国际货币制度由固定汇率制走向浮动汇率制。1973年和1978年两次石油危机使西方国家经济陷于滞胀。为对付通货膨胀,美国不得不运用利率工具,这又使金融市场的利率波动剧烈。利率的升降会引起证券价格的反方向变化,并直接影响投资者的收益。面对利市、汇市、债市、股市发生的前所未有的波动,市场风险急剧放大,迫使商业银行、投资机构、企业寻找可以规避市场风险、进行套期保值的金融工具,金融期货、期权等金融衍生工具便应运而生。

(2) 金融自由化进一步推动了金融衍生工具的发展

金融自由化是指20世纪80年代以来出现的,政府或有关监管当局对限制金融体系的现行法令、规则、条例及行政管制予以取消或放松,以形成一个较宽松、自由、更符合市场运行机制的新的金融体制。金融自由化一方面使利率、汇率、股价的波动更加频繁剧烈,使得投资者迫切需要可以回避市场风险的工具;另一方面,金融自由化促进了金融竞争。由于允许各金融机构业务交叉、相互渗透,多元化的金融机构纷纷出现,直接或迂回地夺走了银行业很大一块阵地;再加上银行业本身业务向多功能、综合化方向发展,同业竞争激烈,存贷利差趋于缩小,使银行业不得不寻找新的收益来源,改变以存贷款业务为主的传统经营方式,把金融衍生工具视作未来的新增长点。

(3) 利润驱动是金融衍生工具产生和迅速发展的又一重要原因

金融机构通过金融衍生工具的设计开发以及担任中介,显著地推进了金融衍生工具的发展。金融机构积极参与金融衍生工具的发展主要有两方面原因:一是在金融机构进行资产负债管理的背景下,金融衍生工具业务属于表外业务,既不影响资产负债表状况,又能带来手续费等项收入;二是金融机构可以利用自身在金融衍生工具方面的优势,直接进行自营交易,扩大利润来源。为此,金融衍生工具市场吸引了为数众多的金融机构。

(4) 新技术革命为金融衍生工具的产生与发展提供了物质基础与手段

由于计算机和通信技术突飞猛进的发展,计算机网络、信息处理在国际金融市场的广泛应用,使得个人和机构从事金融衍生工具交易如虎添翼,甚至轻而易举。

2. 金融衍生工具的发展现状

金融衍生工具极强的派生能力和高度的杠杆性使其发展速度十分惊人,目前,基础金融产品与衍生工具之间已经形成了倒金字塔结构,单位基础产品所支撑的衍生工具数量越来越大。近年来,金融衍生产品市场的发展呈现出以下几个特点:①金融衍生工具以场外交易为主。全球金融衍生产品市场近年来出现了明显的增长态势,但在发展速度和市场规模方面,场外金融衍生产品市场已经远超交易所市场。近年来,全球电子交易网络和自动清算系统迅速发展,进而推动场外市场的扩张,并逐渐成为金融衍生产品交易的主要场所。②按基础产品比较,利率衍生产品无论在场内还是场外,均是名义金额最大的衍生产品种类,其中,场外交易的利率互换占所有衍生产品名义金额的半数以上,是最大的单个衍生产品种类。③按产品形态比较,远期和互换这两类具有对称性收益的衍生产品比收益不对称的期权类产品大得多,但是,在交易所市场上则正好相反。④金融危机发生后,衍生产品交易的增长趋势并未改变,但市场结构和品种结构发生了较大变化。

2007年10月,起源于美国的次贷危机对全球金融市场造成严重冲击,并将全球经济带入下降通道。美联储估计原本规模约1 000亿美元的美国次级贷款,经过金融衍生产品放大了数倍,最终造成了一场波及全球大量金融机构的"金融海啸"。很多人将其归咎于金融衍生产品的泛滥和难以估值、无法约束。早在2002年,巴菲特就在其致股东信中断言衍生产品是"魔鬼""定时炸弹",甚至是"大规模杀伤武器"。金融衍生产品是一把双刃剑。尽管近年来震动世界金融体系的危机和风波似乎都与金融衍生产品有关,但金融衍生产品仍处于一个良好的发展态势之中。

2.2 金融期货

2.2.1 金融期货的定义与特征

1. 金融期货的定义

金融期货也称金融期货合约,是指交易双方在有组织的交易所内以公开竞价的形式达成的,约定在将来某一特定时间按成交时约定的价格交割一定数量的特定金融工具的标准化协议。金融期货合约的基础工具是各种金融工具(或金融变量),如外汇、债券、股票、股价指数等。换言之,金融期货是以金融工具(或金融变量)为基础工具的期货交易。在期货合约中,交易的品种、规格、数量、期限、交割地点等都已标准化,唯一需要商定的是价格,这大大加强了期货合约的流动性。期货合约的这一特点使得合约在到期时只有不到5%的合约最终进行实物交割,绝大多数交易者在到期前就通过购买一份内容相同、方向相反的合约来对冲。因此,期货合约实质上是一种标准化的远期合约。

金融期货交易产生于20世纪70年代的美国市场。1972年5月,美国芝加哥商品交易所(CME)在该交易所内另设专门从事金融期货业务的部门,即国际货币市场(IMM),并首次上市标准化通货期货合约,这是第一笔金融期货合约在交易所内上市交易,使期货交易产品从实物商品扩展到金融商品。继CME首次推出通货期货合约之后,1975年10月,美国芝加哥期货交易所(CBOT)上市第一笔利率期货合约。随后,其他类型的期货合约也纷纷被引入场内进行交易。到20世纪70年代末期,这项由美国市场引发的创新工具因许多国际性大银行和证券公司的积极运用而开始走向国际市场。1981年,CME开始引进3月期的欧洲美元存款利率期货合约。随后,伦敦国际金融期货交易所(LIFFE)、东京股票交易所(TSE)以及新加坡国际货币交易所(SIMEX)都引入了欧洲美元利率期货合约。1982年2月,美国堪萨斯期货交易所(KCBT)首次推出股价指数期货,随后,LIFFE也开始上市股价指数期货。1986年5月,香港期货交易所推出恒生指数期货;同年10月,SIMEX开始交易日经225种股票指数期货。到20世纪80年代中期,已有美国、英国、德国、法国、荷兰、加拿大、澳大利亚、新西兰、日本、新加坡、中国香港及巴西12个国家和地区的交易所进行了金融期货交易。由于金融期货交易具有成本低、流动性强以及杠杆作用大等特征,目前许多金融期货的交易额都已经超过了与之相对应的现货市场交易额。

2. 金融期货的特征

金融期货作为期货交易中的一种,具有期货交易的一般特点。由于金融期货是以特定的金融工具(或金融变量)为基础工具的期货,因而它具有既区别于金融现货又区别于非金融期货的特征。与金融现货交易相比,金融期货的特征具体表现在以下方面。

(1) 金融期货的交易对象是标准化的金融期货合约

金融现货交易的对象是某一具体形态的金融工具。通常,它是代表着一定所有权或债权关系的股票、债券或其他金融工具,而金融期货交易的对象是金融期货合约。金融期货合约是由期货交易所设计的一种对指定金融工具的种类、规格、数量、交收月份、交收地点都作出统一规定的标准化书面协议。

(2) 金融期货交易的主要目的是套期保值

金融工具现货交易的首要目的是筹资或投资,即为生产和经营筹集必要的资金,或为暂时闲置的货币资金寻找生息获利的投资机会。金融期货交易的主要目的是套期保值,即为不愿承担价格风险的生产经营者提供稳定成本的条件,从而保证生产经营活动的正常进行。与现货交易相似,金融期货交易也可以用来进行套利、投机活动,但通常后者具有更高的交易杠杆。

(3) 金融期货的交易价格代表对金融现货未来价格的预期

金融现货的交易价格是在交易过程中通过公开竞价或协商议价形成的,这一价格是实时的成交价,代表在某一时点上供求双方均能接受的市场均衡价格。金融期货的交易价格也是在交易过程中形成的,但这一交易价格是对金融现货未来价格的预期,这相当于在交易的同时发现了金融现货基础工具(或金融变量)的未来价格。因此,从这个意义上看,期货交易过程也就是未来价格的发现过程。当然,价格发现并不是绝对的,学术界有很多证据表明,出于各种原因,期货价格与未来的现货价格之间可能存在一定偏离。

(4) 金融期货交易实行保证金制度

金融工具现货交易一般要求在成交后的几个交易日内完成资金与金融工具的全额结算,成熟市场中通常也允许进行保证金买入或卖空,但所涉及的资金或证券缺口部分系由经纪商出借给交易者,要收取相应利息。金融期货交易则实行保证金交易和逐日盯市制度,交易者并不需要在成交时拥有或借入全部资金或基础金融工具。

(5) 金融期货交易绝大多数采用对冲平仓的结算方式

金融现货交易通常以基础金融工具与货币的转手而结束交易活动。而在金融期货交易中,仅有极少数的期货合约到期进行实物交收,绝大多数的期货合约是通过做相反交易实现对冲而平仓的。

小贴士 2-1

2.2.2 金融期货的主要交易制度和交易机制

期货市场是一种高度组织化的市场,为了保障期货交易有一个"公开、公平、公正"的环境,保障期货市场平稳运行,对期货市场的高风险实施有效控制,期货交易所制定了一系列的交易规则和交易制度。与现货市场、远期市场相比,期货交易制度是较为复杂和严格的,这些规则是期货交易正常进行的制度保证,也是期货市场运行机制的外在体现。交易者在入市之前务必透彻掌握相关规定。

1. 集中交易制度

金融期货在期货交易所或证券交易所进行集中交易(centralized trading)。期货交易所是专门进行期货合约买卖的场所,是期货市场的核心。期货交易所为期货交易提供交易场所和必要的交易设施,制定标准化的期货合约,为期货交易制定规章制度和交易规则,监督交易过程,控制市场风险,保证各项制度和规则的实施,提供期货交易的信息,承担着组织、监督期货交易的重要职能。期货交易所一般实行会员制度（近年来出现了公司化倾向），只有交易所的会员才能直接进场进行交易，而非会员交易者只能委托属于交易所会员的期货经纪商参与交易。由于直接交易限于会员之间，而会员同时又是结算会员，缴纳保证金，因而交易的信用风险小，安全保障程度高。

期货交易的撮合成交方式分为做市商方式和竞价方式两种。做市商方式又称报价驱动方式，是指交易的买卖价格由做市商报出，交易者在接受做市商的报价后，即可与做市商进行买卖，完成交易，而交易者之间的委托不直接匹配撮合。竞价方式又称指令驱动方式，是指交易者的委托通过经纪公司进入撮合系统后，按照一定的规则（如价格优先、时间优先）直接匹配撮合，完成交易。无论采取哪种方式，期货交易必须遵循"公开、公平、公正"原则，以保证期货交易正常、有序地进行。

2. 标准化的期货合约和对冲机制

期货合约是由交易所设计、经主管机构批准后向市场公布的标准化合约。期货合约对基础金融工具的品种、交易单位、最小变动价位、每日限价、合约月份、交易时间、最后交易日、交割日、交割地点、交割方式等都作了统一规定，除某些合约品种赋予卖方一定的交割选择权外，唯一的变量是基础金融工具的交易价格。交易价格是在期货交易所以公开竞价的方式产生的。

期货合约设计成标准化的合约是为了便于交易双方在合约到期前分别做一笔相反的交易进行对冲，从而避免实物交收。标准化的合约和对冲机制（hedging mechanism）使期货交易对套期保值者和投机者产生强大的吸引力，他们利用期货交易达到为自己的现货商品保值或从中获利的目的。实际上绝大多数的期货合约并不进行实物交割，通常在到期日之前即已对冲平仓。

3. 保证金及其杠杆作用

期货交易采用保证金制度（margin system）。为了控制期货交易的风险和提高效率，期货交易所的会员经纪公司必须向交易所或结算所缴纳结算保证金，而期货交易双方在成交后都要通过经纪人向交易所或结算所缴纳一定数量的保证金。设立保证金的主要目的是当交易者出现亏损时能及时制止，防止出现不能偿付的现象。期货交易的保证金是买卖双方履行其在期货合约中应承担义务的财力担保，起履约保证作用。保证金制度使每一笔期货交易都有与其所面临的风险相适应的资金作财力保证，并能及时处理交易中发生的盈亏。这一制度为期货合约的履行提供了安全可靠的保障。

由于在期货交易中买卖双方都有可能在最后结算时发生亏损，所以双方都要缴纳保证金。双方成交时缴纳的保证金叫初始保证金（initial margin），以后每天都要以结算所公布的结算价格与成交价格加以对照，调整保证金账户余额。因市场行情的变化，交易者的保证金账户会产生浮动盈亏，因而保证金账户中实际可用于弥补亏损和提供担保的资金就会随时发生变动。保证金账户必须保持一个最低的水平，称为维持保证金（maintains margin），该水平由交易所规定。当交易者连续亏损，保证金余额不足以维持最低水平时，结算所会通过经纪人发出追加保证金的通知，要求交易者在规定时间内追缴保证金达至初始保证金水平。交易者如果不能在规定时间内补足保证金,期货交易所有权将交易者的期货合约平仓了结,所导致的亏损由交易者承担。

保证金水平由交易所或结算所制定,一般初始保证金的比率为期货合约价值的5%~10%,但也有低至1%,或高达18%的情况。由于期货交易的保证金比率很低,因此有高度的杠杆作用,这一杠杆作用使套期保值者能用少量的资金为价值量很大的现货资产找到回避价格风险的手段,也为投机者提供了用少量资金获取盈利的机会。

4. 结算所和无负债结算制度

结算所是期货交易的专门清算机构,通常附属于交易所,但又以独立的公司形式组建。结算所通常也采取会员制。所有的期货交易都必须通过结算会员由结算机构进行,而不是由交易双方直接交收清算。结算所的职责是确定并公布每日结算价及最后结算价,负责收取和管理保证金,负责对成交的期货合约进行逐日清算,对结算所会员的保证金账户进行调整平衡,监督管理到期合约的实物交收以及公布交易数据等有关信息。

结算所实行无负债的每日结算制度,又被称为逐日盯市制度(marking to market),就是以每种期货合约在交易日收盘前规定时间内的平均成交价作为当日结算价,与每笔交易成交时的价格作对照,计算每个结算所会员账户的浮动盈亏,进行随市清算。如果交易过程中的保证金比例低于维持保证金比例,那么将收到追加保证金通知(margin call),如果投资者没有及时追加保证金,其将被强行平仓。由于逐日盯市制度以1个交易日为最长的结算周期,对所有账户的交易头寸按不同到期日分别计算,并要求所有的交易盈亏都能及时结算,从而能及时调整保证金账户,控制市场风险。

在期货交易中,所有的交易都记载在结算所的账户上,结算所成为所有交易者的对手,充当了所有买方的卖方,又是所有卖方的买方;当合约对冲或到期平仓时,结算所又负责一切盈亏清算。这种结算制度为期货交易提供了一种简便高效的对冲机制和结算手续,从而提高了期货交易的效率和安全性。由于结算所成了所有交易者的对手,也就成了所有成交合约的履约担保者,并承担了所有的信用风险,这样就可以省去成交双方对交易对手的财力、资信情况的审查,也不必担心对方是否会按时履约。这种结算制度使期货市场不存在潜在的信用风险,提高了期货市场的流动性和安全性。

5. 限仓制度和大户报告制度

限仓制度(position limit system)是交易所为了防止市场风险过度集中和防范操纵市场的行为,而对交易者持仓数量加以限制的制度。根据不同的目的,限仓可以采取根据保证金数量规定持仓限额、对会员的持仓量限制和对客户的持仓量限制等几种形式。通常,限仓制度还实行近期月份严于远期月份、对套期保值者与投机者区别对待、对机构与散户区别对待、总量限仓与比例限仓相结合、相反方向头寸不可抵销等原则。

大户报告制度(major reporting system)是交易所建立限仓制度后,当会员或客户的持仓量达到交易所规定的数量时,必须向交易所申报有关开户、交易、资金来源、交易动机等情况,以便交易所审查大户是否有过度投机和操纵市场行为,并判断大户交易风险状况的风险控制制度。通常,交易所规定的大户报告限额小于限仓限额,所以大户报告制度是限仓制度的一道屏障。以防止大户操纵市场的违规行为。对于有操纵市场嫌疑的会员或客户,交易所有权随时限制其建立新的头寸或要求其平仓。如果会员或客户不在交易所规定的时间内自行平仓,交易所有权对其强行平仓。

限仓制度和大户报告制度是降低市场风险,防止人为操纵,提供公开、公平、公正市场环境的有效机制。

6. 涨跌停板制度及熔断制度

涨跌停板制度(price limit regime)又称每日价格最大波动限制,是指期货合约在一个交易日中的交易价格波动不得高于或者低于规定的涨跌幅度,超过该涨跌幅度的报价无效,不能成交。它是为了防止期货价格出现过大的非理性波动而设立的。涨跌停板一般是以合约上一交易日的结算价为基准确定的。

熔断制度(circuit breaker)是指在期货交易中,交易所规定了一系列涨跌幅限制,当价格波幅触及所规定的限幅时交易暂停,十余分钟后交易可以继续进行,但价幅不能超过规定幅度之外的一种交易制度。由于这种情况与保险丝在过量电流通过时会熔断而使得电器受到保护相似,故形象地称为熔断制度。熔断制度是一项重要的风险管理制度,其目的是给市场充分时间消化特定信息的影响,更好地控制风险。

小贴士 2-2

7. 强行平仓制度

强行平仓制度(system of forced liquidation)是与持仓限额制度和涨跌停板制度等相互配合的风险管理制度。当交易所会员或客户的交易保证金不足并未在规定时间内补足,或当会员或客户的持仓量超出规定的限额,或当会员或客户违规时,交易所为了防止风险进一步扩大,将对其持有的未平仓合约进行强制性平仓处理,这就是强行平仓制度。

8. 强制减仓制度

强制减仓是期货交易出现涨跌停板、单边无连续报价等特别重大的风险时,交易所为迅速、有效化解市场风险,防止会员大量违约而采取的措施。强制减仓是指交易所将当日以涨跌停板申报的未成交平仓报单,以当日涨跌停板价格与该合约净持仓盈利客户按照持仓比例自动撮合成交。由于强制减仓会导致投资者的持仓量以及盈亏发生变化,因此需要投资者引起特别注意。

9. 风险准备金制度和信息披露制度

风险准备金制度是指为了维护期货市场正常运转提供财务担保和弥补因不可预见风险带来亏损而提取的专项资金的制度。

信息披露制度(information disclosure system)是指期货交易所按有关规定定期公布期货交易有关信息的制度。期货交易所公布的信息主要包括在交易所期货交易活动中产生的所有上市品种的期货交易行情、各种期货交易数据统计资料、交易所发布的各种公告信息以及中国证监会制定披露的其他相关信息。

2.2.3 金融期货的主要种类

按照基础工具划分,金融期货主要有外汇期货、利率期货、股权类期货三种类型。另外,芝加哥期货交易所还开设有互换的期货,芝加哥商业交易所开设有消费者物价指数期货(该交易所将其归类为利率期货)和房地产价格指数期货,这些品种较为少见。

1. 外汇期货

外汇期货(foreign exchange futures)也称货币期货,是以外汇为基础工具的期货合约,是金融期货中最先产生的品种,主要用于规避外汇风险。随着国际贸易的不断增长和世界各国经济联系的日益密切,不同国家的货币交换也在频繁地进行,而且规模日益扩大。汇率作为一种货币与另一种货币的交换比例和价格,其波动和变化对世界各国经济的影响日益重要。

20世纪70年代初以来,国际外汇体制发生了重大变化,原来以美元为中心的固定汇率制由于美国经济的严重滞胀、美国国际收支状况的日益恶化、美元的迅速贬值而宣告崩溃。1973年3月起,西方各工业化国家开始实行浮动汇率制,各国政府都不再规定本国货币的含金量,也不维持本国货币对外币的汇价。浮动汇率制普遍实行之后,国际外汇市场上的汇率波动日趋剧烈而频繁,这就给从事国际贸易和国际融资的企业及投资者带来了极大的汇率风险。为了有效地规避外汇汇率风险,期货交易机制就被引入了外汇市场,从而为广大工商企业、金融机构和投资大众提供了一种规避汇率风险的有效工具。

外汇期货交易是在外汇现货交易基础上发展起来的,它与现货交易相互结合、相互补充、共同发展。现货交易通过期货交易转移风险并进行保值,期货交易又进一步促进了现货交易的不断增长。世界上第一张标准化的外汇期货合约是1972年5月由芝加哥商品交易所(CME)所属的国际货币市场(IMM)首先推出的。此后,外汇期货交易被迅速推广到世界各地的期货市场,在短短二十多年的时间内,交易量迅猛增加,并逐渐超过了许多传统商品期货的交易量。以CME为例,上市品种不仅包括以美元标价的外币期货合约(如欧元期货、日元期货、瑞士法郎期货、英镑期货等),还包括外币兑外币的交叉汇率期货(如欧元兑日元、欧元兑英镑、欧元兑瑞士法郎等)以及CME自行开发的美元指数期货。2005年,CME推出了以美元、日元、欧元报价和现金结算的人民币期货及期货期权交易。CME主要币种期货合约规格见表2-1。目前,中国金融期货交易所仿真交易业务有欧元兑美元(EUR/USD)期货、澳元兑美元(AUD/USD)期货两种外汇合约。

2. 利率期货

(1) 利率期货概述

利率期货(interest rate futures)是以与利率相关的某种金融资产为基础工具的期货合约,主要用于规避利率风险。利率期货合约是指由交易双方签订的,约定在将来某一时间按双方事先商定的价格,交割一定数量与利率相关的金融资产的标准化合约。其基础资产主要是各类固定收益金融工具。

表 2-1 芝加哥商品交易所（CME）主要币种期货合约规格

币种	商品代码	合约规模	最小变动价位	每日价格波动限制
欧元	6E	125 000 欧元	0.000 1 每合约 12.50 美元	200 点 每合约 2 500 美元
英镑	6B	62 500 英镑	0.000 2 每合约 12.50 美元	400 点 每合约 2 500 美元
日元	6J	12 500 000 日元	0.000 01 每合约 12.50 美元	150 点 每合约 1 875 美元
瑞士法郎	6S	125 000 瑞郎	0.000 1 每合约 12.50 美元	150 点 每合约 1 875 美元
加拿大元	6C	100 000 加元	0.000 1 每合约 10 美元	100 点 每合约 1 000 美元
澳大利亚元	6A	100 000 澳元	0.000 1 每合约 10 美元	150 点 每合约 1 500 美元
人民币	CNH	100 000 美元	0.000 1 每合约 1.60 美元	2 000 点 每合约 3 200 美元

资料来源：中国金融期货交易所（http://www.cffex.com/）.

利率期货的产生是缘于规避利率风险的需要。在金融市场上，借款人向贷款人开具的载明借款金额、利率水平和还款日期的单据是一种金融凭证，这种金融凭证是一种生息资产，可以在市场上买卖。既然可以买卖，就必然有价，其价格取决于多种因素，但基本因素是市场利率。当市场利率高于凭证上标明的利率时，凭证的价格就会下跌；反之，其价格就会上涨。因此，当市场利率波动较大时，就给凭证的买卖双方带来了风险，这就是利率风险。利率风险的存在，使买卖双方都有可能遭受损失。因此，金融市场上的借贷双方、金融凭证的买卖双方都迫切需要一种工具来减少甚至避免这种利率风险。

小贴士 2-3

利率期货最早出现在 20 世纪 70 年代的美国。由于石油危机的冲击，美国及其他西方国家经济开始出现"滞胀"。为此，美国政府大幅度提高了资金利率。这虽然暂时延缓了通胀的速度，但又加剧了美国经济的停滞，造成失业率上升和产业结构不平衡。金融部门又不得不降低利率，以求经济发展速度的回升。利率的频繁波动使金融市场上国家债券买卖双方的风险越来越大。1975 年 10 月，CME 首次推出了利率期货——美国国民抵押协会的抵押证期货。1976 年，CME 又推出了 90 天期的美国国库券期货交易，次年又推出了长期债券的期货交易。美国推出利率期货之后，西方各国竞相效仿，英国伦敦、日本东京等也相继开办了利率期货。1990 年 2 月 7 日，香港期货交易所开办了港元利率期货。

（2）利率期货的种类

利率期货品种主要包括债券期货和参考利率期货。

① 债券期货。以国债期货为主的债券期货是各主要交易所最重要的利率期货品种。国债按期限分为短期国库券和中长期国债，因此，国债期货也分为国库券期货和中长期国

债期货。国库券市场是货币市场的核心,其收益率水平能敏感地反映货币市场的短期利率,所以,国库券期货为交易者提供了一种重要的回避货币市场利率风险的工具。美国是世界上最大的利率期货交易市场,交易品种多,交易规模大。特别是美国联邦政府和地方当局目前发行的短期国库券、中期政府债券、长期政府债券、市政债券以及抵押证券等,建立在这些基础工具上的利率期货品种具有十分重要的代表性。目前,中国金融期货交易所上市有5年期和10年期国债期货两个品种。5年期国债期货合约见表2-2。

表2-2 5年期国债期货合约

合约标的	面值为100万元人民币、票面利率为3%的名义中期国债
可交割国债	发行期限不高于7年、合约到期月份首日剩余期限为4~5.25年的记账式附息国债
报价方式	百元净价报价
最小变动价位	0.005元
合约月份	最近的三个季月(3月、6月、9月、12月中的最近三个月循环)
交易时间	09:15—11:30,13:00—15:15
最后交易日交易时间	09:15—11:30
每日价格最大波动	上一交易日结算价的±1.2%
最低交易保证金	合约价值的1%
最后交易日	合约到期月份的第二个星期五
最后交割日	最后交易日后的第三个交易日
交割方式	实物交割
交易代码	TF
上市交易所	中国金融期货交易所

资料来源:中国金融期货交易所(http://www.cffex.com.cn/).

② 参考利率期货。国际金融市场存在若干重要的参考利率,它们是市场利率水平的重要指标,同时也是金融机构制定利率政策和设计金融工具的主要依据。除国债利率外,常见的参考利率包括伦敦银行间同业拆放利率(LIBOR)、香港银行间同业拆放利率(HIBOR)、欧洲美元定期存款单利率、联邦基金利率等。为方便金融机构进行利率风险管理,有关期货交易所推出了采用这些利率的固定收益工具为基础资产的期货合约。

小贴士2-4

3. 股权类期货

股权类期货是以单只股票、股票组合或者股票价格指数为基础资产的期货合约。其主要种类包括股票价格指数期货、单只股票期货、股票组合的期货。

(1) 股票价格指数期货

股票价格指数期货(stock index futures)是以股票价格指数为基础变量的期货交易。它是为适应人们控制股市风险,尤其是系统性风险的需要而产生的,是目前金融期货市场最热门和发展最快的期货交易。股指期货不涉及股票本身的交割,其交易单位等于基础指数的数值与交易所规定的每点价值(合约乘数)之乘积,采用现金形式进行结算。

股票市场是一个风险相当大的金融市场,股市风险主要有两大类:一类是微观风险,与上市公司的财务经营状况有关,也称非系统性风险,投资者可以通过股票组合投资的方式加以分散;另一类是宏观风险,与整个社会、经济、政治形势及股民的群体心理因素有关,也称系统性风险,投资者可以通过股指期货来缓解。股指期货交易实际上是一种间接买卖股票的经济活动,利用股指期货合约可对整个市场的股票进行保值,因为股票价格指数变动基本上代表了整个市场股价变动的趋势和幅度。相对于具体股票的交易而言,股指期货交易具有规避风险能力强、投资成本低、盈利水平高以及手续相对简单等优势。

1982年,美国堪萨斯期货交易所(KCBT)首先推出价值线指数期货,此后全球股票价格指数期货品种不断涌现,几乎覆盖了所有的基准指数。其中比较重要的有芝加哥商业交易所(CME)的标准普尔股票价格指数期货系列、纽约期货交易所(NYBOT)的纽约证券交易所综合指数期货系列、芝加哥期货交易所(CBOT)的道•琼斯指数期货系列、伦敦国际金融期权期货交易所(LIFFE)的金融时报证券交易所100种股票价格指数期货系列、新加坡交易所(SGX)的日经225指数期货、中国香港交易所(HKEX)的恒生指数期货、中国台湾证券交易所(TWSE)的台湾股票指数期货等。2006年9月5日,新加坡交易所(SGX)推出以新华富时50指数为基础变量的全球首个中国A股指数期货。

2006年9月8日,中国金融期货交易所(CFFEX)正式成立,计划推出以沪深300指数为基础资产的首个中国内地股指期货,并于2006年10月开始了仿真交易。2010年4月16日,沪深300股指期货合约(IF)在CFFEX正式挂牌交易。2015年4月16日,CFFEX又推出上证50股指期货(IH)和中证500股指期货(IC)。沪深300股指期货合约见表2-3。

表2-3 沪深300股指期货合约

合约标的	沪深300指数
合约乘数	每点300元人民币
报价单位	指数点
最小变动价位	0.2点
合约月份	当月、下月及随后两个季月
交易时间	9:30—11:30,13:00—15:00
每日价格最大波动限制	上一个交易日结算价的±10%
最低交易保证金	合约价值的8%
最后交易日	合约到期月份的第三个周五,遇国家法定节假日顺延
交割日期	同最后交易日
交割方式	现金交割
交易代码	IF
上市交易所	中国金融期货交易所

资料来源:中国金融期货交易所(http://www.cffex.com.cn/).

(2) 单只股票期货

单只股票期货(single-stock futures)是以单只股票作为基础工具的期货,买卖双方约定,以约定的价格在合约到期日买卖规定数量的股票。事实上,股票期货均实行现金交割,买卖双方只需按规定的合约乘数乘以价差,盈亏以现金方式进行交割。为防止操纵市场行为,并不是所有上市交易的股票均有期货交易,交易所通常会选取流通盘较大、交易比较活跃的股票推出相应的期货合约,并且对投资者的持仓数量进行限制。香港交易所2018年4月发布的数据显示,有39只上市股票有期货交易。

(3) 股票组合的期货

股票组合的期货(stock portfolio futures)是金融期货中最新的一类,是以标准化的股票组合为基础资产的金融期货,CME 基于美国证券交易所 ETF 的期货最具代表性。目前,有3只交易所交易基金的期货在 CME 上市交易。

2.2.4 金融期货的功能

金融期货之所以能迅猛发展,与它所具有的多方面功能密切相关。金融期货具有套期保值、价格发现、投机和套利四项基本功能。

1. 套期保值功能

套期保值(hedge)是指通过在现货市场与期货市场建立相反的头寸,从而锁定未来现金流的交易行为。套期保值功能又被称为风险管理功能,套期保值是金融衍生工具市场最早具有的基本功能。期货交易套期保值的基本原理在于:某一特定商品或金融工具的期货价格和现货价格受相同经济因素的制约和影响,从而它们的变动趋势大致相同;而且现货价格与期货价格在走势上具有收敛性,即当期货合约临近到期日时,期现价格将逐渐趋同。因此,若同时在现货市场和期货市场建立数量相同、方向相反的头寸,则到期时不论现货价格上涨还是下跌,两种头寸的盈亏恰好抵销,使套期保值者避免承担风险损失。

套期保值的基本做法:在现货市场买进或卖出某种金融工具的同时,做一笔与现货交易品种、数量、期限相当但方向相反的期货交易,以期在未来某一时间通过期货合约的对冲,以一个市场的盈利来弥补另一个市场的亏损,从而规避现货价格变动带来的风险,实现保值的目的。

期货交易的对象是标准化产品,因此套期保值者很可能难以找到与现货头寸在品种、期限、数量上均恰好匹配的期货合约。如果选用替代合约进行套期保值操作,则并不能完全锁定未来现金流,由此带来的风险称为基差风险。

例 2-1 股票指数期货套期保值。

某年3月9日,某投资者持有价值为1 000万美元的 SPDR(以 S&P500 指数为模板的交易所交易基金),为防范在6月之前出现系统性风险,可卖出 CME 的6月 S&P500 指数期货进行保值。3月9日,S&P500 指数期货报价为1 282.25 点。该合约名义金额为 $1\,282.25\times250=320\,562.5$(美元),若卖出31份合约($10\,000\,000\div320\,562.5=31.2\approx31$),则基本可以规避6月之前 S&P500 指数大幅下跌的风险。

2. 价格发现功能

价格发现功能(price discovering)是指在一个公开、公平、高效、竞争的期货市场中,通过集中竞价形成期货价格的功能。期货价格具有预期性、连续性和权威性的特点,能够比较准确地反映未来商品价格的变动趋势。期货市场之所以具有价格发现功能,是因为期货市场将众多影响供求关系的因素集中于交易所内,通过众多买方和卖方的公开竞价,形成一种市场均衡价格。这一价格包含了影响期货价格的所有信息,体现了参加交易各方对期货商品的来源、市场供求以及对利率、汇率变化的看法,综合了大多数交易者的预测结果,因而能够比较真实、客观地反映现货市场的供求状况及其变动趋势,加上期货价格又具有连续性和公开性的特点,因此,在期货市场上形成的价格就成为一种权威性的报价,成为经济生活中重要的参考价格。这一价格通过现代化的通信手段迅速传递到世界各地,又形成了世界性的价格,成为国内贸易定价的重要依据和世界商情研究的重要对象。

因为期货价格与现货价格的走势基本一致并逐渐趋同,所以今天的期货价格可能就是未来的现货价格,这一关系使世界各地的套期保值者和现货经营者都利用期货价格来衡量相关现货商品的近、远期价格发展趋势,利用期货价格和传播的市场信息来制定各自的经营决策。这样,期货价格成了世界各地现货成交价的基础。当然,期货价格并非时时刻刻都能准确地反映市场的供求关系,但这一价格克服了分散、局部的市场价格在时间上和空间上的局限性,具有公开性、连续性、预期性的特点。应该说它比较真实地反映了一定时期世界范围内供求关系影响下的商品或金融工具的价格水平。

价格发现并不意味着期货价格必然等于未来的现货价格,正好相反,多数研究表明,期货价格不等于未来现货价格才是常态。由于资金成本、仓储费用、现货持有便利等因素的影响,理论上说,期货价格要反映现货的持有成本,即便现货价格不变,期货价格也会与之存在差异。

3. 投机功能

与所有有价证券交易相同,期货市场上的投机者也会利用对未来期货价格走势的预期进行投机交易(speculation),预计价格上涨的投机者会建立期货多头;反之则建立空头。投机者的存在对维持市场流动性具有重大意义,当然,过度的投机必须受到限制。

与现货市场投机相比较,期货市场投机有两个重要区别:一是目前我国股票市场实行T+1清算制度,而期货市场是T+0,可以进行日内投机;二是期货交易的保证金制度导致期货投机具有较高的杠杆率,盈亏相应放大,具有更高的风险性。

例2-2 股票指数期货投机。

2018年3月16日,沪深300指数开盘报价为4 096.89点,9月期货合约(IF1809)开盘报价为4 030.8点,若期货投机者预期当日期货报价将上涨,开盘即多头开仓,并在当日最高价4 044.6点进行平仓。假设期货公司要求的初始保证金等于交易所规定的最低交易保证金8%。则

当日即实现盈利:(4 044.6−4 030.8)×300=4 140(元)

该策略投入资金:4 030.8×300×8%=96 739.2(元)

当日投机的收益率:4 140÷96 739.2×100%=4.28%

4. 套利功能

套利(arbitrage)是指利用不同市场或不同形式的同类或相似金融产品的价格差异谋利,套利的理论基础在于经济学中的一价定律,即忽略交易费用的差异,同一商品只能有一个价格。套利一般可分为跨期限套利、跨市场套利和跨品种套利三类。跨期限套利是套利交易中最普遍的一种,是利用同一商品不同交割月份之间正常价格差距出现异常变化时进行对冲而获利;跨市场套利是利用同一期货商品价格在不同交易所之间的差异进行套利的行为;跨品种套利是利用两种不同的、但相关联商品之间的价差获利,这两种商品之间具有相互替代性或受同一供求因素制约,如金融产品之间、农产品之间都可以进行套利交易。对于股价指数等品种,还可以和成分股现货联系起来进行指数套利。期货套利机制的存在对于提高金融市场的有效性具有重要意义。

2.3 金融期权

2.3.1 金融期权的定义与特征

1. 金融期权的定义

金融期权(financial option)是指以金融工具或金融变量为基础工具的期权交易形式。具体地说,期权合约买方向卖方支付一定费用(期权费),在约定日期内(或在约定日期)享有按事先确定的价格向合约卖方买进或卖出某种金融工具的权利。

期权交易实际上是一种权利的单方面有偿让渡。期权的买方以支付一定数量的期权费(premium)为代价而拥有了这种权利,但不承担必须买进或卖出的义务,是否行使这种权利由买方根据收益大小来衡量;期权的卖方则在收取了期权费后,在一定期限内必须无条件服从买方的选择并履行成交时的允诺。金融期权与金融期货有着类似的功能。从一定的意义上说,金融期权是金融期货功能的延伸和发展,具有与金融期货相同的套期保值和价格发现的功能,是一种行之有效的风险控制工具。

金融期权是在商品期权的基础上产生的。早在20世纪20年代,美国就已经出现了股票期权交易,只是由于当时的交易环境和交易条件太差,因而成交量非常有限,交易规模很小,对股票市场的影响也不大。那时,金融期权的交易很少,并且几乎都是在场外市场进行。到了20世纪70年代,动荡不安的国际金融形势和世界经济形势,以及跌宕起伏的利率和汇率刺激了期权交易向规范化的场内市场方向发展。1973年4月26日,美国芝加哥期权交易所(CBOE)成立,推出了标准化的股票期权并正式挂牌交易,这标志着现代意义上的金融期权的诞生。以后,美国各大交易所都开办了股票期权业务,交易规模也越来越大。1982年10月,CBOE又推出了期货合约的期权交易,为进一步扩大期权业务开辟了新的天地。伦敦、阿姆斯特丹、蒙特利尔、费城、悉尼以及中国香港等地都相继引进了金融期权交易,这一交易已在全球范围内迅速展开。目前,芝加哥的三大交易所已经成为世界上最大的金融期权交易市场,全球70%以上的金融期权交易都在这里进行。

2. 金融期权的特征

与金融期货相比,金融期权的主要特征在于它仅仅是买卖双方权利的交换。期权的买方在支付了期权费后,就获得了期权合约所赋予的权利,即在期权合约规定的时间内,以事先确定的价格向期权的卖方买进或卖出某种金融工具的权利,但并没有必须履行该期权合约的义务。期权的买方可以选择行使他所拥有的权利;期权的卖方在收取期权费后则必须承担在规定时间内履行该期权合约的义务,即当期权的买方选择行使权利时,卖方必须无条件地履行合约规定的义务,而没有选择的权利。

2.3.2 金融期权与金融期货的区别

金融期权和金融期货买卖的都是远期交货的标准化合约,都要通过公开竞价进行交易,这是两者的共性。但两者也存在明显的区别,主要体现在以下方面。

1. 基础资产不同

金融期权与金融期货的基础资产不尽相同。一般地说,凡可作期货交易的金融工具都可作期权交易,而可作期权交易的金融工具却未必可作期货交易。在实践中,只有金融期货期权,而没有金融期权期货,即只有以金融期货合约为基础资产的金融期权交易,而没有以金融期权合约为基础资产的金融期货交易。一般而言,金融期权的基础资产多于金融期货的基础资产。随着金融期权的日益发展,其基础资产还有日益增多的趋势,不少金融期货无法交易的金融产品均可作为金融期权的基础资产,甚至连金融期权合约本身也成了金融期权的基础资产,即复合期权。

2. 交易者权利与义务的对称性不同

金融期货交易双方的权利与义务对称,即对任何一方而言,都既有要求对方履约的权利,又有自己对对方履约的义务。金融期货交易双方都要承担合约到期交割的义务,如果不愿实际交割,则必须在有效期内对冲。而金融期权交易双方的权利与义务存在着明显的不对称性,期权的买方只有权利没有义务,而金融期权的卖方只有义务没有权利。

3. 履约保证不同

金融期货交易双方均需开立保证金账户,并按规定缴纳履约保证金。而在金融期权交易中,只有期权出售者,尤其是无担保期权的出售者才需开立保证金账户,并按规定缴纳保证金,以保证其履约的义务。至于期权购买者,因期权合约未规定其义务,无须开立保证金账户,也无须缴纳保证金。

4. 现金流转不同

金融期货交易双方在成交时不发生现金收付关系,但在成交后,由于实行逐日结算制度,交易双方将因价格的变动而发生现金流转,即盈利方的保证金账户余额将增加;而亏损方的保证金账户余额将减少。盈利方可提取多余保证金,而亏损方当保证金账户余额低于规定的维持保证金时必须按规定及时缴纳追加保证金。因此,金融期货交易双方都必须保有一定的流动性较高的资产,以备不时之需。而在金融期权交易中,在成交时,期权购买者为取得期权合约所赋予的权利,必须向期权出售者支付一定的期权费;但在成交后,除了到期履约外,交易双方将不发生任何现金流转。期权费是期权的价格,为交易商品或期货合约价格的5%～10%。期权合约可以流通,其期权费要根据交易商品或期货合约市场价格的变化而变化。

5. 盈亏特点不同

金融期货交易双方都无权违约,也无权要求提前交割或推迟交割,而只能在到期前的任一时间通过反向交易实现对冲或到期进行实物交割。而在对冲或到期交割前,价格的变动必然使其中一方盈利而另一方亏损,其盈利或亏损的程度决定于价格变动的幅度。因此,从理论上说,金融期货交易中双方潜在的盈利和亏损都是无限的。而在金融期权交易中,由于期权购买者与出售者在权利和义务上的不对称性,他们在交易中的盈利和亏损也具有不对称性。从理论上说,期权购买者在交易中的潜在亏损是有限的,仅限于他所支付的期权费,而他可能取得的盈利却是无限的;相反,期权出售者在交易中所取得的盈利是有限的,仅限于他所收取的期权费,而他可能遭受的损失却是无限的。

6. 套期保值的作用与效果不同

金融期权与金融期货都是人们常用的套期保值工具,但它们的作用与效果是不同的。人们利用金融期货进行套期保值,在避免价格不利变动造成损失的同时,也必须放弃价格有利变动可能获得的利益。人们利用金融期权进行套期保值,若价格发生不利变动,套期保值者可通过执行期权来避免损失;若价格发生有利变动,套期保值者又可通过放弃期权来保护利益。这样,通过金融期权交易,既可避免价格不利变动造成的损失,又可在相当程度上保住价格有利变动而带来的利益。但是,这并不是说金融期权比金融期货更为有利。如从保值角度来说,金融期货通常比金融期权更为有效,也更为便宜,而且要在金融期权交易中真正做到既保值又获利,事实上也并非易事。

所以,金融期权与金融期货各有长短。在现实的交易活动中,人们往往将二者结合起来,通过一定的组合或搭配来实现某一特定目标。

2.3.3 金融期权的分类

1. 按照选择权的性质不同

按照选择权的性质不同,金融期权可以分为看涨期权和看跌期权。

看涨期权(call option)也称认购权,是指期权的买方具有在约定期限内(或合约到期日)按协定价格(也称敲定价格或行权价格)买入一定数量基础金融工具的权利。交易者之所以买入看涨期权,是因为他预期基础金融工具的价格在合约期限内将会上涨。如果判断正确,按协定价格买入该项金融工具并以市价卖出,可赚取市价与协定价格之间的差额;如果判断失误,则放弃行权,仅损失期权费。

看跌期权(put option)也称认沽权,是指期权的买方具有在约定期限内按协定价格卖出一定数量基础金融工具的权利。交易者之所以买入看跌期权,是因为他预期基础金融工具的价格在近期内将会下跌。如果判断正确,可从市场上以较低的价格买入该项金融工具,再按协定价格卖给期权的卖方,可赚取协定价格与市价之间的差额;如果判断失误,则放弃行权,仅损失期权费。

2. 按照合约所规定的履约时间不同

按照合约所规定的履约时间不同,金融期权可以分为欧式期权、美式期权和修正的美式期权。欧式期权(European style option)是指买入期权的一方必须在期权到期日当天才能行使的期权。美式期权(American style option)是指买入期权的一方可以在到期日当天或之前任一交易日提出执行的期权。修正的美式期权也称百慕大期权(Bermuda option)或大西洋期权,是指可以在期权到期日之前的一系列规定日期执行的期权。

3. 按照金融期权基础资产性质的不同

按照金融期权基础资产性质的不同,金融期权可以分为股权类期权、利率期权、货币期权、金融期货合约期权、金融互换期权等。

与股权类期货类似,股权类期权也包括三种类型:单只股票期权、股票组合期权和股票指数期权。单只股票期权简称股票期权,是指买方在交付了期权费后,即取得在合约规定的到期日或到期日以前按协定价买入或卖出一定数量相关股票的权利。股票组合期权是以一揽子股票为基础资产的期权,代表性品种是交易所交易基金(ETF)的期权。股票指数期权是以股票指数为基础资产,买方在支付了期权费后,即取得在合约有效期内或到期时以协定指数与市场实际指数进行盈亏结算的权利。股票指数期权没有可作实物交割的具体股票,只能采取现金轧差的方式结算。

利率期权是指买方在支付了期权费后,即取得在合约有效期内或到期时以一定的利率(价格)买入或卖出一定面额的利率工具的权利。利率期权合约通常以政府短期、中期、长期债券,欧洲美元债券,大面额可转让存单等利率工具为基础资产。

货币期权又称外币期权、外汇期权,是指买方在支付了期权费后,即取得在合约有效期内或到期时以约定的汇率购买或出售一定数额某种外汇资产的权利。货币期权合约主要以美元、欧元、日元、英镑、瑞士法郎、加拿大元及澳大利亚元等为基础资产。

金融期货合约期权是一种以金融期货合约为交易对象的选择权,它赋予其持有者在规定时间内以协定价格买卖特定金融期货合约的权利。

金融互换期权是以金融互换合约为交易对象的选择权,它赋予其持有者在规定时间内以规定条件与交易对手进行互换交易的权利。

2013年11月8日,中国金融期货交易所开始沪深300股指期权合约仿真交易。目前,中金所仿真交易业务有沪深300股指期权和上证50股指期权两种股指期权合约。2015年2月9日,经中国证监会批准,上海证券交易所上市交易上证50ETF期权合约品种。中金所沪深300股指期权仿真交易合约见表2-4。

表 2-4　中金所沪深 300 股指期权仿真交易合约

合约标的	沪深 300 指数	
合约乘数	每点 100 元人民币	
合约类型	看涨期权、看跌期权	
报价单位	指数点	
最小变动价位	0.2 点	
每日价格最大波动限制	上一个交易日沪深 300 指数收盘价的±10%	
合约月份	当月、下 2 个月及随后 2 个季月	
行权价格间距	当月与下 2 个月合约	季月合约
	50 点	100 点
行权方式	欧式	
交易时间	9:30—11:30,13:00—15:00	
最后交易日	合约到期月份的第三个周五,遇国家法定节假日顺延	
交割日期	同最后交易日	
交割方式	现金交割	
交易代码	IO	
上市交易所	中国金融期货交易所	

资料来源：中国金融期货交易所(http://www.cffex.com.cn/).

4. 按照标的资产的不同

按照标的资产的不同,金融期权可以分为现货期权和期货期权。现货期权是以现货为标的资产的期权,包括利率期权、股票期权、外汇期权和股票指数期权等。期货期权是以期货为标的资产的期权,包括利率期货期权、外汇期货期权和股票指数期货期权。

小贴士 2-5

此外,与标准的交易所交易相比,还存在奇异型期权(exotic option)的期权类产品。奇异型期权通常在选择权性质、基础资产以及期权有效期等内容上与标准化的交易所交易期权存在差异,种类庞杂,较为流行的就有数十种之多。例如,有的期权合约具有两种基础资产,可以择优执行其中一种(任选期权);有的可以在规定的一系列时点行权(百慕大期权);有的对行权设置一定条件(障碍期权);有的行权价格可以取基础资产在一段时间内的平均值(平均期权),等等。

2.4　其他衍生工具

2.4.1　认股权证

1. 认股权证的概念和特点

(1) 认股权证的概念

认股权证(stock warrant)是由股份有限公司发行的可认购其股票的一种买入期权。

它赋予持有者在特定的时间内按照特定的价格购买一定数量该公司股票的权利。权证交易实质是一种期权的买卖,权证持有者在支付权利金后获得的是一种权利,而非义务;而权证的发行人在权证持有者行权时负有必须履约的义务。对于筹资公司而言,发行认股权证是一种特殊的筹资手段。认股权证本身含有期权条款,其持有者在认购股份之前,对发行公司既不拥有债权也不拥有股权,而只是拥有股票认购权。一般来说,股份有限公司可以在发行公司债券、优先股股票以及普通股股票的同时发行认股权证。但在实践中,认股权证多与公司债券或优先股股票同时发行。20 世纪 80 年代以来才逐渐出现与普通股股票同时发行的认股权证,通常做法是每一股普通股附一股认股权证。

认股权证自出现以来,受到了包括发行公司、公司股东以及投资者的欢迎,因为它在客观上能发挥其独特的作用。认股权证可以帮助公司筹措资金,培养潜在增资来源;可以弥补债券持有者的损失,维护债券持有者的利益;可补偿股东利益。由于公司股票的市场价格通常要高于认股权证确定的特定买价,因此,认股权证本身也可以形成市场价格。股份有限公司通过发行认股权证,就可以顺利地筹集到大笔资金。不过,由于认股权证的价格要随公司股值的变化而波动,因此,认股权证的持有者就要承担相当大的风险。

小贴士 2-6

(2) 认股权证的特点

从产品属性看,权证是一种期权类金融衍生产品。权证与交易所交易期权的主要区别在于,交易所挂牌交易的期权是交易所制定的标准化合约,具有同一基础资产、不同行权价格和行权时间的多个期权形成期权系列进行交易;而权证则是权证发行人发行的合约,发行人作为权利的授予者承担全部责任。认股权证的基本特点如下。

① 认股权证的持有者与标的物的持有者享有不同权利。对以股票为标的物的认股权证而言,由于认股权证的持有者不是上市公司的股东,所以认股权证的持有者不享有股东的基本权利,如投票权、参与分红等。

② 风险有限,可控性强。从投资风险看,认股权证的最大损失是权证买入价,其风险锁定,便于投资者控制。

③ 权证为投资者提供了杠杆效应。如果投资人对标的资产的后市走势判断正确,则权证投资回报率往往会远高于标的资产的投资回报率。反之,则权证投资将血本无归。

④ 结构简单、交易方式单一。认股权证是一种个性化的、最简单的期权。它的认购机理简单、交易方式与股票相同,产品创新的运作成本相对较低。

⑤ 具有时效性。权证与股票不同,有一定的存续期间,且其时间价值会随着到期日的临近而迅速递减。

小贴士 2-7

2. 认股权证的种类

(1) 按持有者权利的性质不同,可分为认购权证和认沽权证

认购权证(call warrant)是一种买进权利,该权证持有者有权于约定期间(或到期日当天),以约定价格买进约定数量的标的资产。例如,宝钢股份(600019)在股权分置改革

方案中,提出的给流通股东每10股1份认股权证,规定在股权登记日获得认股权证的股东,在权证第378天到期日,可以以4.50元的价格购买宝钢股份股票。

认沽权证(put warrant)则属一种卖出权利,该权证持有者有权于约定期间(或到期日当天),以约定价格卖出约定数量的标的资产。例如,在宝钢股份的前期方案中,曾提出给流通股东每10股5份认沽权证,规定在股权登记日获得认沽权证的股东,在权证第365天到期日,可以以5.12元的价格卖出宝钢股份股票。

(2) 按行权时间不同,可分为美式权证、欧式权证和百慕大权证

美式权证(American style warrant)是指权证持有者可以在权证到期失效日前任一交易日行权。欧式权证(European style warrant)是指权证持有者只能于权证到期失效日当天行权。例如,宝钢股份规定的认购权证到期日(行权日)就是在股权登记日后的第378天。百慕大权证(Bermuda style warrant)介于欧式权证和美式权证之间,权证持有者在到期失效日前具有多个行权日或一段行权期,如到期日前5日。

(3) 按发行人不同,可分为股本权证和备兑权证

股本权证(equity warrant)属于狭义的认股权证,它是由基础证券的发行人发行,行权时上市公司增发新股售予认股权证的持有者。20世纪90年代初,我国证券市场曾经出现过的飞乐、宝安等上市公司发行的认股权证以及配股权证、转配股权证,就属于此类权证。

备兑权证(covered warrant)属于广义的认股权证,它是由上市公司以外的第三方(一般为投资银行或证券公司)发行的,其所认兑的股票不是新发行的股票而是已经在市场上流通的股票,所以不增加股份公司的股本。

3. 认股权证的要素

股份有限公司发行认股权证,都要从多个方面对认股权证进行约定。认股权证一般包括以下几个基本要素。

(1) 发行人

股本权证的发行人为标的上市公司,而备兑权证的发行人为标的公司以外的第三方,一般为投资银行或证券公司。

(2) 权证类别

权证类别即标明该权证属认购权证或认沽权证。当权证持有者拥有从发行人处购买标的证券的权利时,该权证为认购权证。反之,当权证持有者拥有向发行人出售标的证券的权利时,该权证为认沽权证。

(3) 行权价格

行权价格(exercise price)是指发行人发行权证时所约定的,权证持有者在行使权利时向发行人购买或出售标的证券的价格。行权价格的确定一般以认股权证发行时,发行公司的股票价格为基础,或者以公司股价的轻微溢价发行。若标的证券在发行后有除息、除权等事项,通常要对认股权证的认股价格进行调整。

(4) 存续期限

权证的存续时间即权证的有效期,超过有效期,认股权自动失效,权证持有者便不能

行使相关权利,权证的价值也变为零。上海证券交易所、深圳证券交易所均规定,权证自上市之日起存续时间为6个月以上24个月以下。认股期限的长短不同,市场差异很大,多为3～10年。一般来说,认股期限越长,认股价格就越高。

(5) 行权方式

在美式执行方式下,持有者在到期日以前的任何时间均可行权;而在欧式执行方式下,持有者只有在到期日当天才可行权。

(6) 行权结算方式

行权结算方式分为证券给付结算方式和现金结算方式两种。前者是指权证持有者行权时,发行人有义务按照行权价格向权证持有者出售或购买标的证券。后者是指行权时,发行人按照约定向权证持有者支付行权价格与标的证券市场价格之间差额的现金。

(7) 权证价格

权证价格由内在价值和时间价值两部分组成。当标的证券市场价格高于认股价时,内在价值为两者之差;而当标的证券市场价格低于认股价时,内在价值为零。但如果权证尚没有到期,标的证券的市场价格还有机会高于认股价,此时权证仍具有市场价值,这种价值就是时间价值。

(8) 行权比例

行权比例是指一份权证可以购买或出售的标的证券数量。如行权比例为0.1,就表示每10份权证可认购1股标的股票。

(9) 杠杆比率

杠杆比率(leverage ratio)是正股市价与购入一股正股所需权证的市价之比,即杠杆比率=标的证券价格×行权比例÷权证价格。杠杆比率可用来衡量"以小博大"的放大倍数,杠杆比率越高,投资者盈利率也越高,当然,其可能承担的亏损风险也越大。

例 2-3 2005年8月18日,上海宝钢集团公司发布认购权证上市公告书,该权证的基本要素如下。

(1) 权证类别:认购权证。

(2) 行权方式:欧式,仅可在权证存续期间的最后一个交易日行权。

(3) 权证交易代码:580000,权证交易简称:"宝钢JTB1"。

(4) 标的证券代码:600019,标的证券简称:"宝钢股份"。

(5) 行权价格:4.50元。

(6) 行权比例:1,即1份认购权证可按行权价格向本公司购买1股公司A股股票。

(7) 行权结算方式:证券给付方式结算,即认购权证持有者行权时,应支付依行权价格及行权比例计算的价款,并获得相应数量的宝钢股份公司A股股票。

(8) 权证存续期间:2005年8月18日至2006年8月30日,共计378天。

(9) 行权日:2006年8月30日。

(10) 权证上市总数:38 770万份。

(11) 上市时间:2005年8月22日。

(12) 上市地点:上海证券交易所。

2.4.2 可转换证券

1. 可转换证券的概念和特点

（1）可转换证券的概念

可转换证券(convertible security)是指证券持有者可以在一定时期内按一定比例或价格将其转换成一定数量的另一种证券的证券。它可分为可转换债券和可转换优先股票两种。可转换债券(convertible bond)是指证券持有者依据一定的转换条件，可将信用债券转换成发行人普通股票的证券。可转换优先股票(convertible preferred stock)是指证券持有者可依据一定的转换条件，将优先股票转换成发行人普通股票的证券。

当公司发行债券和优先股缺乏良好的投资信誉，而且预期普通股的前景较为乐观的时候，有两种改善其发行条件的方法可供选择，以提高债券和优先股的吸引力，这就是发行可转换证券和认股权证。这两种方法都有可能使债券和优先股通过增加收益与股息获得高于普通股的收益。可转换证券发行后，持有者可以根据自己的意愿在公司债券或优先股与普通股之间作出选择。可转换证券是一种兼有债权和股权双重性质的独特的融资工具，它既可使证券发行公司以较低利率低成本筹措资金，又可使投资者在低风险下获得高收益。

从国内外的情况看，可转换证券一般是指可转换公司债券，可转换公司债券通常是转换成普通股票，当股票价格上涨时，可转换公司债券的持有者行使转换权比较有利。因此，可转换公司债券实质上是嵌入了普通股票的看涨期权，即在发行公司债券的基础上，附加了一份买入指定公司股票的期权。我国可转换债券工作起步较晚，从1991年8月起，先后有琼能源、成都工益、深宝安、中纺机、深南玻等发行了可转换债券。1997年3月25日国务院证券委发布了《可转换公司债券管理暂行办法》。2006—2015年，我国共发行72只可转换债券，发行规模合计 2 506.91 亿元。据统计，1993—2017 年 7 月末，我国共计发行了 154 只可转换债券，累计发行金额 4 326.03 亿元。

（2）可转换债券的特点

可转换债券兼有债券和股票的特征，具有股票和债券的双重优点，具有以下三个特点。

① 债权性。可转换债券是一种附有转股权的特殊债券。在转换以前，它是一种公司债券，具备债券的一切特征，有规定的利率和期限，体现的是债权债务关系，持有者是债权人。投资者可选择持有债券到期，收取本息。不过，可转换债券的票面利率通常要低于同等条件下的普通债券，以此来反映出可转换债券转换期权的价值。

② 股权性。可转换债券在转换成股票之前是纯粹的债券，但在转换成股票之后，它变成了股票，具备股票的一般特征，体现所有权关系，持有者由债权人变成了公司的股东，有权参与公司的经营决策和红利分配，收益的大小则受公司业绩的影响。当然，对于上市流通的可转换债券，在公司股票价格上扬时，债券持有者也可以在证券市场上抛售债券来实现收益，并不一定要转换成股票，但在实质上，这种收益还是源于其股权性。

③ 可转换性。可转换性是可转换债券的重要特征。转股权是投资者享有的选择权，

投资者可自行选择是否转股。如果持有者看好发债公司股票增值潜力,可以行使转换权,按照预定的转换价格将债券转换成股票。可转换债券的转换期权可以确保债券持有者分享股票持有者的任何未来的增长利益。正因为具有可转换性,可转换债券的利率一般低于普通公司债券利率,企业发行可转换债券可以降低筹资成本。

2. 可转换债券的要素

可转换债券有若干要素,这些要素基本决定了可转换债券的转换条件、转换价值、市场价格等总体特征。

(1) 有效期限和转换期限

有效期限是指可转换债券从发行之日起至偿清本息之日止的存续期间。转换期限是指可转换债券转换为普通股票的起始日至结束日的期间。大多数情况下,发行人都规定一个特定的转换期限,在该期限内,允许持有者按转换比例或转换价格转换成发行人的股票。我国《上市公司证券发行管理办法》规定,可转换公司债券的期限最短为1年,最长为6年,自发行结束之日起6个月后方可转换为公司股票。

(2) 票面利率

票面利率是指可转换债券作为一种债券的票面利率,由发行人根据当前市场利率水平、债券资信等级和发行条款确定,一般低于相同条件的不可转换公司债券。可转换债券应半年或1年付息1次,到期后5个工作日内应偿还未转股债券的本金及最后一期利息。

(3) 转换比例或转换价格

转换比例是指一定面额可转换债券可转换成普通股票的股数。转换价格是指可转换债券转换为每股普通股份所支付的价格。转换比例等于可转换债券面值除以转换价格。从实质上看,转换比例是转换价格的另一种表现。转换价格一般不作任何调整。例如,某可转换债券面额为1 000元,规定其转换价格为25元,则转换比例为40,即1 000元债券可按25元1股的价格转换为40股普通股票。

(4) 赎回条款与回售条款

赎回(redemption)是指发行人在发行一段时间后,可以提前赎回未到期的发行在外的可转换债券。赎回条件一般是当公司股票价格在一段时间内连续高于转换价格达到一定幅度时,公司可按照事先约定的赎回价格买回发行在外尚未转股的可转换公司债券。回售(put-back)是指公司股票在一段时间内连续低于转换价格达到某一幅度时,可转换债券持有者按事先约定的价格将所持可转换债券卖给发行人的行为。赎回条款与回售条款是可转换债券在发行时规定的赎回行为和回售行为发生的具体市场条件。

(5) 转换价格修正条款

转换价格修正是指发行公司在发行可转换债券后,由于公司的送股、配股、增发股票、股份的拆细与合并、公司分立与并购及其他原因导致发行人股份发生变动,引起公司股票名义价格下降时而对转换价格所作的必要调整。

例 2-4 可转换公司债券发行。

2018年3月9日,吉林敖东药业集团股份有限公司发布公开发行可转换公司债券发行公告书,该发行公告的主要内容如下。

(1) 发行人:吉林敖东药业集团股份有限公司。

(2) 发行证券的种类:可转换公司债券,简称为"敖东转债",债券代码为127006。

(3) 发行规模:总额为人民币24.13亿元。

(4) 票面金额和发行价格:每张面值为人民币100元,共计2 413万张,按面值发行。

(5) 可转债基本情况:①债券期限:发行之日起六年,即自2018年3月13日至2024年3月13日;②票面利率:第一年0.2%,第二年0.4%,第三年0.6%,第四年0.8%,第五年1.6%,第六年2.0%;③年利息计算:计息年度付息债权登记日持有的可转债票面总金额×当年债券票面利率;④付息方式:每年付息一次;⑤初始转股价格:21.12元/股;⑥转股起止日期:自可转债发行结束之日(2018年3月19日)起满六个月后的第一个交易日起至可转债到期日止,即2018年9月19日至2024年3月13日;⑦信用评级:评级为AA+;⑧担保事项:本次发行的可转债未提供担保。

(6) 发行时间:原股东优先配售日和网上申购日为2018年3月13日(T日)。

(7) 发行对象:向原股东优先配售,向社会公众投资者网上发行。

(8) 发行方式:社会公众投资者通过深交所交易系统参加申购,申购代码为070623,申购简称为"敖东发债"。每个账户最小申购数量为10张(1 000元)。

(9) 网上发行地点:全国所有与深交所交易系统联网的证券交易网点。

(10) 锁定期:不设持有期限制,投资者获得配售的敖东转债上市首日即可交易。

(11) 承销方式:余额包销,认购金额不足24.13亿元的部分由主承销商包销。

(12) 上市安排:发行结束后尽快向深交所申请上市,具体上市时间将另行公告。

2.4.3 存托凭证

1. 存托凭证的定义和种类

(1) 存托凭证的定义

存托凭证(depositary receipt,DR)又称存券收据或存股证,是指在一国证券市场流通的代表外国公司有价证券的可转让凭证。存托凭证一般代表外国公司股票,有时也代表债券。存托凭证通过扩大发行公司的有价证券市场,增加其在国外的股东,大大扩展了其国外融资的渠道。存托凭证起源于1927年的美国证券市场,它是为便利美国投资者投资于非美国股票而产生的。因此,直到现在国际上的存托凭证也主要是以美国存托凭证(American Depositary Receipt,ADR)的形式存在着,即主要是面向美国投资者发行并在美国证券市场上交易的存托凭证。ADR出现后,各国根据情况相继推出了适合本国的存托凭证,比如,欧洲存托凭证(European Depositary Receipt,EDR)、全球存托凭证(Global Depositary Receipt,GDR)、国际存托凭证(International Depositary Receipt,IDR)、新加坡存托凭证(Singapore Depositary Receipt,SDR)等。

小贴士2-8

（2）美国存托凭证的种类

存托凭证的种类有很多，其中最主要的是美国存托凭证。按照基础证券发行人是否参与存托凭证的发行，美国存托凭证又可分为有担保和无担保两大类。

有担保的存托凭证是由基础证券发行人的承销商委托一家存券银行发行。承销商、存券银行和托管银行三方签署存券协议。协议内容包括存托凭证与基础证券的关系，存托凭证持有者的权利，存托凭证的转让、清偿、红利或利息的支付以及协议三方的权利义务等。采用有担保的存托凭证，发行公司可以自由选择存券银行，便于发行公司从总体上掌握存托凭证的数量及其他要素。有担保的存托凭证又可分为一级、二级、三级公募ADR和美国144A规则下的私募ADR。这四种有担保的ADR各有不同的特点和运作惯例，美国的相关法律也对其有不同的要求。

无担保的存托凭证由一家或多家银行根据市场的需求自行向投资者发行，基础证券发行人不参与，存券协议只规定存券银行与存托凭证持有者之间的权利义务关系。这类存托凭证目前已很少使用。

2. 美国存托凭证的业务机构和市场运作

参与ADR发行与交易的中介机构包括存券银行、托管银行和中央存托公司。

（1）存券银行

存券银行（bank of deposit voucher）作为ADR的发行人和ADR市场中介，要对ADR市场运作的全过程负责，为ADR的投资者提供所需的一切服务。①作为ADR的发行人，存券银行在ADR基础证券的发行国安排托管银行，当公司股票被解入托管账户后，立即将代表若干股票的存托凭证发售给其本国或他国投资者。ADR被取消时，指令托管银行把基础证券重新投入当地市场。②在ADR交易过程中，存券银行负责ADR的注册和过户，安排ADR在存券信托公司的保管和清算，及时通知托管银行变更股东或债券持有者的登记资料，并与经纪人保持经常联系，保证ADR交易的顺利进行。同时，存券银行还要向ADR的持有者派发美元红利或利息，代理ADR持有者行使投票权等股东权益。③存券银行为ADR持有者和基础证券发行人提供信息与咨询服务。作为ADR持有者、发行公司的代理者和咨询者，存券银行向ADR持有者提供基础证券发行人及ADR的市场信息，解答投资者的询问；向基础证券发行人提供ADR持有者及ADR市场信息，帮助发行人建立和改进ADR计划，特别是提供法律、会计、审计等方面的咨询和代理服务；协调ADR持有者和发行公司的一切事宜，并确保发行公司符合法律要求。

（2）托管银行

托管银行（custodian bank）是由存券银行在基础证券发行国安排的银行，它通常是存券银行在当地的分行、附属行或代理行。托管银行负责保管ADR所代表的基础证券；根据存券银行的指令领取红利或利息，用于再投资或汇回ADR发行国；向存券银行提供当地市场信息。

（3）中央存托公司

中央存托公司（central depositary company）是指美国的证券中央保管和清算机构，负责ADR的保管和清算。美国证券中央保管和清算机构的成员为金融机构，如证券经纪公司、自营商、银行、信托投资公司、清算公司等,其他机构和个人也可以通过与以上成员建立托管或清算代理关系,间接地参加证券中央保管和清算机构。

3. 存托凭证在中国的发展

(1) 我国公司发行的存托凭证

1993年7月,上海石化以存托凭证方式在纽约证券交易所挂牌上市,开创了中国公司在美国证券市场上市的先河。在短短3年时间内,共有14家中国公司在华尔街相继登场,迈出了我国公司走向海外证券市场的第一步。从1996年开始,发行存托凭证公司的类型开始转变,基础设施类存托凭证渐成主流。1998年3月—2000年3月,美国证券市场对中国存托凭证发行的大门紧闭长达两年。此后,以中华网、中国移动、中国联通、网易为代表的高科技公司分别在美国的主板和二板市场成功上市。同时,中石油、中石化、中海油等内地大型国有企业在我国香港和美国两地上市,做法是将部分H股转为存托凭证在纽约证券交易所上市。2002年以来,大量民营企业如百度、尚德、分众传媒等成功登陆美国证券市场。

我国公司发行的存托凭证涵盖了存托凭证的主要种类。发行一级存托凭证的国内企业主要分两类:一类是含B股的国内上市公司,如氯碱化工、二纺机、轮胎橡胶和深深房,这些公司是我国上市公司早期在海外发行存托凭证的试点;另一类主要是在我国香港上市的内地公司,如青岛啤酒和平安保险等,这些公司在发行存托凭证时,都以发行H股作为发行存托凭证的基础。2004年以前,只有在我国香港上市的中华汽车发行过二级存托凭证;进入2004年后,随着中国网络科技类公司海外上市速度加快,二级存托凭证成为中国网络股进入NASDAQ的主要形式。发行三级存托凭证的公司均在我国香港交易所上市,而且发行存托凭证的模式基本相同,即在我国香港交易所发行上市的同时,将一部分股份转换为存托凭证在纽约股票交易所上市。144A私募存托凭证由于对发行人监管的要求最低,而且发行手续简单,所以早期寻求境外上市的境内企业使用得较多,但由于投资者数量有限,而且在柜台市场交易不利于提高企业知名度,所以近年来较少使用。

(2) 中国存托凭证

中国存托凭证(Chinese Depositary Receipt,CDR)是指在境外上市公司将部分已发行上市的股票托管在当地保管银行,由中国境内的存托银行发行,在境内A股市场上市,以人民币交易结算,供国内投资者买卖的投资凭证。CDR最早是由于1997年亚洲金融危机后,大量在香港上市的"红筹股"公司强烈的内地融资需求的情况下提出来的。2005年以来,大型国企回归内地股市的呼声越来越高,有关企业希望以CDR的方式在国内证券交易所上市。目前,我国正在酝酿推出CDR。2018年3月30日,经国务院同意,国务院办公厅转发证监会《关于开展创新企业境内发行股票或存托凭证试点的若干意见》。CDR作为一种金融创新品种,通过它的发行可以推进股票市场的发展,加快中国资本市场国际化进程;可以拓宽投资者的投资渠道,优化投资组合;可以为中国境外上市公司内地融资提供方便;有利于增强中国银行的业务及盈利能力。

2.4.4 新型衍生产品简介

1. 人民币利率互换交易

人民币利率互换(RMB interest rate swap, IRS)是指交易双方约定在未来的一定期限内,根据约定的人民币本金和利率计算利息并进行利息交换的金融合约。利率互换的参考利率为经中国人民银行授权的全国银行间同业拆借中心等机构发布的银行间市场具有基准性质的市场利率或经中国人民银行公布的基准利率。

2006年1月24日,中国人民银行发布了《关于开展人民币利率互换交易试点有关事宜的通知》,批准在全国银行间同业拆借中心开展人民币利率互换交易试点。2008年1月18日,中国人民银行发布《关于开展人民币利率互换业务有关事宜的通知》,同时废止《关于开展人民币利率互换交易试点有关事宜的通知》。互换交易的主要用途是改变交易者资产或负债的风险结构(比如利率或汇率结构),从而规避相应的风险。目前,中国外汇交易中心人民币利率互换参考利率包括上海银行间同业拆放利率(含隔夜、1周、3个月期等品种)、国债回购利率(7天)、1年期定期存款利率,互换期限从7天到3年,交易双方可协商确定付息频率、利率重置期限、计息方式等合约条款。

2. 信用违约互换

信用违约互换(credit default swap, CDS)就是一方将购入的具有违约风险的债务或债券中的违约风险转嫁给第三方(保险公司)。在2007年以来发生的全球性金融危机当中,导致大量金融机构陷入危机的最重要的一类衍生金融产品就是CDS。最基本的信用违约互换涉及两个当事人,双方约定以某一信用工具为参考,一方向另一方出售信用保护,若参考工具发生规定的信用违约事件,则信用保护出售方必须向购买方支付赔偿。

CDS交易的危险来自三个方面。①具有较高的杠杆性。②由于信用保护的买方并不需要真正持有作为参考的信用工具(常见有按揭贷款、按揭支持证券、各国国债及公司债券或者债券组合、债券指数),因此,特定信用工具可能同时在多起交易中被当作CDS的参考,有可能极大地放大风险敞口总额,在发生危机时,市场往往恐慌性地高估涉险金额。③由于场外市场缺乏充分的信息披露和监管,交易者并不清楚自己的交易对手卷入了多少此类交易,因此,在危机期间,每起信用事件的发生都会引起市场参与者的相互猜疑,担心自己的交易对手因此倒下从而使自己的敞口头寸失去着落。

3. 资产证券化产品

(1) 资产证券化的定义和种类

资产证券化(asset securitization)是指以基础资产未来所产生的现金流为偿付支持,通过结构化设计进行信用增级,在此基础上发行资产支持证券的过程。它是以特定资产组合或特定现金流为支持,发行可交易证券的一种直接融资形式。传统的证券发行是以企业为基础,而资产证券化则以特定的资产池(assets pool)为基础发行证券。

在资产证券化过程中发行的以资产池为基础的证券就称为证券化产品(securitized

product)。通过资产证券化,将流动性较低的资产(如银行贷款、应收账款、房地产等)转化为具有较高流动性的可交易证券,提高了基础资产的流动性,便于投资者进行投资;还可以改变发起人的资产结构,改善资产质量,加快发起人资金周转。

1970 年美国的政府国民抵押协会,首次发行以抵押贷款组合为基础资产的抵押支持证券——房贷转付证券以来,资产证券化逐渐成为一种被广泛采用的金融创新工具而得到了迅猛发展,在此基础上,现在又衍生出如风险证券化产品。目前,美国一半以上的住房抵押贷款、四分之三以上的汽车贷款是靠发行资产证券提供的。中国内地资产证券化起步于 20 世纪 90 年代初。1992 年,三亚市开发建设总公司发行总金额 2 亿元的三亚地产投资券,预售地产开发后的销售权益,首开房地产证券化之先河。2005 年 4 月,中国人民银行、中国银监会发布《信贷资产证券化试点管理办法》,11 月中国银监会发布《金融机构信贷资产证券化监督管理办法》,证券化产品进入标准化阶段。2006 年 5 月,中国证监会发布了《关于证券投资基金投资资产支持证券有关事项的通知》。2006 年以来,我国资产证券化业务发行规模大幅增长,种类增多,发起主体增加。资产证券化产品种类增多,基础资产涉及信贷资产、不动产、租赁资产、应收账款、收费项目等。

(2) 资产证券化的种类与范围

① 根据证券化的基础资产不同,资产证券化可分为不动产证券化、应收账款证券化、信贷资产证券化、未来收益证券化(如高速公路收费)、债券组合证券化等类别。狭义的资产证券化是指信贷资产证券化,它可分为住房抵押贷款支持的证券化(mortgage-backed securitization,MBS)和资产支持的证券化(asset-backed securitization,ABS)两大类。

② 根据资产证券化发起人、发行人和投资者所属地域不同,资产证券化可分为境内资产证券化和离岸资产证券化。国内融资方通过在国外的特殊目的机构(special purpose vehicle,SPV)或结构化投资机构(structured investment vehicle,SIV)在国际市场上以资产证券化的方式向国外投资者融资称为离岸资产证券化。融资方通过境内 SPV 在境内市场融资则称为境内资产证券化。

③ 根据证券化产品的金融属性不同,资产证券化可分为股权型证券化、债权型证券化和混合型证券化。资产证券化产生以来,相关证券化产品的种类层出不穷,名称也千变万化。最早的证券化产品为按揭支持证券(MBS)和资产支持证券(ABS)。后来,由于混合型证券(具有股权和债权性质)越来越多,出现了 CDO(collateralized debt obligation)和合成 CDO 产品。

(3) 资产证券化的有关当事人

资产证券化交易比较复杂,涉及的当事人较多,一般而言,下列当事人具有重要作用。①发起人(originator)。发起人又称"原始权益人",是证券化基础资产的原始所有者,通常是金融机构或大型工商企业。②特定目的机构或特定目的受托人(SPV)。它是指接受发起人转让的资产,或受发起人委托持有资产,并以该资产为基础发行证券化产品的机构。选择特定目的机构或受托人时,通常要求满足所谓破产隔离条件,即发起人破产对其不产生影响。③资金和资产存管机构。为保证资金和基础资产的安全,特定目的机构通常聘请信誉良好的金融机构进行资金和资产的托管。④信用增级机构(credit enhancement)。此类机构负责提升证券化产品的信用等级,为此要向特定目的机构收取相应费用,并在证券违约时承担赔偿责任。有些证券化交易中,并不需要外部增级机构,而是采用超额抵押等方法进行内部增级。⑤信用评级机构(rating agency)。如果发行的证券化产品属于债券,发行前必须经过评级机构进行信用评级。⑥承销人。承销人是指负责证券设计和发行承销的投资银行,如果证券化交易涉及金额较大,可能会组成承销团。⑦证券化产品投资者,即购买资产支持证券的人。⑧服务人(servicer)。在证券发行完毕之后,往往还需要一个专门的服务机构充当服务人,负责收取资产的收益,并将资产收益按照有关契约的约定支付给投资者。服务人负责对资产池中的现金流进行日常管理,通常可由发起人兼任。

（4）资产证券化的运作流程

资产证券化是将缺乏流动性但能够产生可预见的稳定现金流的资产,通过一定的结构安排,对资产中风险与收益要素进行分离与重组,进而转换成在金融市场上可以出售的流通的证券的过程。概括地讲,一次完整的证券化融资的基本流程：发起人将能够产生稳定现金流的资产出售给一个独立的专门从事资产证券化业务的特殊目的机构（SPV),或者由 SPV 主动购买可证券化的资产,然后 SPV 将这些资产汇集成资产池,再以该资产池所产生的现金流为支撑在金融市场上发行有价证券融资,最后用资产池产生的现金流来清偿所发行的有价证券。

小贴士 2-9

4. 结构化金融衍生产品

结构化金融衍生产品(structured financial derivative)是运用金融工程结构化方法,将若干种基础金融商品和金融衍生产品相结合设计出的新型金融产品。

结构化金融衍生产品可分成不同种类：按联结的基础产品分类,可分为股权联结型产品(其收益与单只股票、股票组合或股票价格指数相联系)、利率联结型产品、汇率联结型产品、商品联结型产品等种类；按收益保障性分类,可分为收益保证型产品和非收益保证型产品两大类,其中,前者又可进一步细分为保本型产品和保证最低收益型产品；按发行方式分类,可分为公开募集的结构化产品与私募结构化产品,其中,前者通常可以在交易所交易；按嵌入式衍生产品的属性不同,可分为基于互换的结构化产品、基于期权的结构化产品等类别。当然,还可以按照币种、期限、发行地等进行分类。

目前,最为流行的结构化金融衍生产品主要是由商业银行开发的各类结构化理财产品以及在交易所市场上可上市交易的各类结构化票据,它们通常与某种金融价格相联系,其投资收益随该价格的变化而变化。

本 章 小 结

本章知识点

本章主要阐述了金融衍生工具概述,金融期货、金融期权、认股权证、可转换债券等相关知识,要求重点掌握金融衍生工具概念、基本特征和分类,金融期货的分类和交易制度,金融期权的特征与分类及认股权证、可转换公司债券、存托凭证等内容。本章内容基本框架如图 2-1 所示。

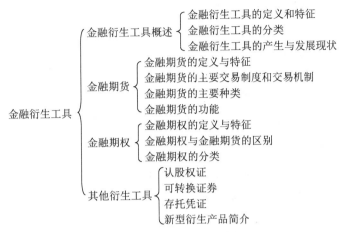

图 2-1　第 2 章内容基本框架

主要术语

金融衍生工具	独立衍生工具	嵌入式衍生工具	金融远期合约
金融互换	金融期货	外汇期货	利率期货
股票指数期货	套期保值	金融期权	看涨期权
看跌期权	美式期权	欧式期权	百慕大期权
股票指数期权	利率期权	货币期权	金融期货合约期权
认股权证	认购权证	认沽权证	股本权证
备兑权证	可转换公司债券	存托凭证	ADR
CDR	人民币利率互换	信用违约互换	资产证券化
MBS	ABS	结构化衍生产品	

自 测 题

1. 填空题

（1）金融衍生工具是指建立在_____之上，其价格取决于_____变动的派生金融产品。

（2）美国财务会计准则委员会（FASB）将金融衍生工具划分为_____和_____两大类，并给出了较为明确的识别标准和计量依据。

（3）金融期货交易最早产生于 20 世纪 70 年代美国的_____。

（4）利率期货是以与_____相关的某种金融资产为基础工具的期货合约，主要用于规避_____风险。

(5) 股指期货不涉及股票本身的交割,其交易单位等于基础指数的数值与交易所规定的每点价值(_____)之乘积,采用_____形式进行结算。

(6) 金融期货具有四项基本功能,分别是_____、_____、_____和_____。

(7) 期权合约买方向卖方支付一定的_____,而获得了在约定日期按事先确定的价格买进或卖出某种金融工具的权利,可见,_____是期权的价格。

(8) 股权类期权包括_____、_____和_____三种类型。

(9) 认股权证按发行人不同,可分为_____和_____。

(10) 可转换证券包括_____和_____。

2. 单项选择题

(1) 金融衍生工具具有杠杆效应。若期货交易保证金为合约金额的10%,则期货交易者可以控制的合约资产为所投资金额的(　　)倍。

　　A. 5　　　　B. 10　　　　C. 20　　　　D. 50

(2) (　　)是指金融衍生工具的价值与基础产品或基础变量紧密联系,规则变动。

　　A. 联动性　　B. 跨期性　　C. 杠杆性　　D. 不确定性

(3) 金融期货交易的对象是(　　)。

　　A. 金融期货合约　　B. 股票　　C. 债券　　D. 外汇

(4) 金融期货中最先产生的品种是(　　)。

　　A. 股票指数期货　　　　B. 外汇期货
　　C. 利率期货　　　　　　D. 股票期货

(5) 只能在期权到期日行使的期权是(　　)期权。

　　A. 看涨　　　　　　　　B. 看跌
　　C. 欧式　　　　　　　　D. 美式

(6) 下列属于风险收益对称型金融衍生工具的是(　　)。

　　A. 期货合约　　　　　　B. 期权合约
　　C. 可转换债券　　　　　D. 认股权证

(7) 百慕大期权是指可以在期权(　　)执行的期权。

　　A. 到期日当天　　　　　　B. 到期日当天或之前任一交易日
　　C. 到期日之前的一系列规定日期　　D. 到期日之后的某一规定日期

(8) 当投资者买入看涨期权后,如果判断失误,则损失(　　)。

　　A. 期权标的资产价格　　B. 无限
　　C. 协定价格　　　　　　D. 期权费

(9) 可转换债券在转换前后体现的分别是(　　)。

　　A. 债权债务关系,所有权关系　　B. 债权债务关系,债权债务关系
　　C. 所有权关系,债权债务关系　　D. 所有权关系,所有权关系

(10) 某可转换债券的面额为1 000元,规定的转换比例为80,则其转换价格为(　　)元。

　　A. 80　　　　B. 50　　　　C. 25　　　　D. 12.5

3. 多项选择题

(1) 金融衍生工具的基本特征有（　　）。
   A. 跨期性　　　　B. 杠杆性　　　　C. 联动性
   D. 高风险性　　　E. 安全性

(2) 关于金融衍生工具产生和发展的叙述，正确的是（　　）。
   A. 金融衍生工具产生的最基本原因是避险
   B. 20世纪80年代以来的金融自由化进一步推动了金融衍生工具的发展
   C. 金融机构的利润驱动是金融衍生工具产生和迅速发展的又一重要原因
   D. 新技术革命为金融衍生工具的产生与发展提供了物质基础与手段
   E. 金融衍生工具以场外交易为主，利率衍生产品是最大的衍生产品种类

(3) 下列关于金融期货特征的叙述中，正确的是（　　）。
   A. 交易对象是标准化的金融期货合约
   B. 交易目的主要是套期保值
   C. 交易价格代表对金融现货未来价格的预期
   D. 交易实行保证金交易制度
   E. 绝大多数采用对冲平仓的结算方式

(4) 金融期货的结算方式有（　　）。
   A. 转为期权　　　B. 实物交割　　　C. 对冲平仓
   D. 延期交收　　　E. 转为新合约

(5) 下列有关金融期权的表述，正确的是（　　）。
   A. 期权的买方在支付期权费后，就获得了期权合约所赋予的权利
   B. 期权的买方可以选择行使所拥有的权利
   C. 期权的卖方在收取期权费后，就承担着在规定时间内履行期权合约的义务
   D. 期权的卖方可以有条件地履行合约规定的义务
   E. 期权交易的买方需要向卖方支付一定的期权费

(6) 下列金融工具在理论上供给无限的有（　　）。
   A. 金融期货　　　B. 金融期权　　　C. 认股权证
   D. 存托凭证　　　E. 可转换债券

(7) 可转换债券的要素主要包括（　　）。
   A. 转换比例　　　B. 票面利率　　　C. 赎回条款
   D. 转换期限　　　E. 回售条款

(8) 参与美国存托凭证（ADR）发行与交易的中介机构包括（　　）。
   A. 存券银行　　　B. 托管银行　　　C. 证券中介公司
   D. 中央存托公司　E. 证券交易所

(9) 资产证券化的好处有（　　）。
   A. 将流动性较低的资产转化为具有较高流动性的可交易证券
   B. 便于投资者进行投资

C. 改变发起人的资产结构,改善资产质量
D. 加快发起人的资金周转
E. 将市场风险明显降低

(10) 下列关于结构化金融衍生产品的叙述中,正确的有(　　)。
　　A. 将若干种基础金融商品和金融衍生产品相结合设计出新的金融产品
　　B. 各类结构化理财产品和结构化票据是目前最为流行的结构化金融衍生产品
　　C. 按发行方式,可分为股权联结型产品、利率联结型产品和商品联结型产品
　　D. 结构化金融衍生产品通常会内嵌一个或一个以上的衍生产品
　　E. 按收益保障性,可分为收益保证型产品和非收益保证型产品两大类

4. 判断题

(1) 在现代金融衍生产品市场中,金融衍生工具以场外交易为主。　　(　)
(2) 近年来,股权类衍生产品在金融衍生产品市场中是最大的衍生产品种类。
　　(　)
(3) 在期货交易中,大多数期货合约是通过做相反交易对冲了结。　　(　)
(4) 投资者可以通过股指期货来缓解系统性风险。　　(　)
(5) 期权的价格是期权买方有权买入或卖出期权标的资产的价格,即行权价格。
　　(　)
(6) 从理论上说,金融期权交易中双方潜在的盈利和亏损都是无限的。　　(　)
(7) 可转换债券兼有债券和股票的特征,具有股票和债券的双重优点。　　(　)
(8) 转换期限是指可转换债券转换为普通股票的起始日至结束日的期间。　(　)
(9) 托管银行作为ADR的发行人和市场中介,为ADR投资者提供所需的服务。
　　(　)
(10) 资产证券化是以特定资产组合或特定现金流为支持,发行可交易证券的一种融资形式。　　(　)

5. 计算题

某投资者在沪深市场持有一定市值的股票,由于市场处于下跌趋势,因此他试图通过股指期货交易对手中的股票资产进行套期保值。2012年9月10日沪深300指数为2 325.20点,该投资者预计股指未来一段时间会下跌,于是卖出2手12月沪深300指数期货合约。9月24日,沪深300指数为2 215.05点,该投资者买入2手期货合约进行平仓,此期间他所持股票因市值下跌贬值16 020元。试计算:
(1) 该投资者利用股指期货交易的盈利。
(2) 该投资者通过套期保值所获得的投资净收益。

6. 简答题

(1) 简述金融期货的主要交易制度。
(2) 简述金融期货的基本功能。

真题训练

以下题目为证券从业资格考试改革前《证券市场基础知识》科目和改革后《金融市场基础知识》科目中涉及本章内容的考题。

(1)【2010年3月真题·多选】下列金融衍生工具中,属于交易所交易的有(　　)。
  A. 期权合约　　　　　　　　　　B. OTC交易的衍生工具
  C. 期货合约　　　　　　　　　　D. 股票期权产品

(2)【2015年3月真题·单选】两个或两个以上的当事人按共同商定的条件,在约定的时间内定期交换现金流的金融交易是(　　)。
  A. 金融期货　　　　　　　　　　B. 金融期权
  C. 金融互换　　　　　　　　　　D. 金融远期合约

(3)【2015年3月真题·单选】(　　)导致期货交易具有高度的杠杆作用。
  A. 逐日盯市制度　　　　　　　　B. 每日限价制度
  C. 大户报告制度　　　　　　　　D. 保证金制度

(4)【2016年3月真题·组合选择】金融期货交易与普通远期交易的区别有(　　)。
Ⅰ. 交易场所和交易组织方式不同;Ⅱ. 交易的监管程度不同;Ⅲ. 远期交易是标准化交易,金融期货的内容可以协商确定;Ⅳ. 违约风险不同。
  A. Ⅰ、Ⅱ、Ⅳ　　B. Ⅰ、Ⅱ、Ⅲ　　C. Ⅱ、Ⅲ、Ⅳ　　D. Ⅰ、Ⅲ、Ⅳ

(5)【2017年11月真题·组合选择】期货交易所有权根据市场情况采取(　　)等风险控制措施。
Ⅰ. 强行爆仓;Ⅱ. 强制减仓;Ⅲ. 强行平仓;Ⅳ. 暂停交易。
  A. Ⅰ、Ⅱ、Ⅲ、Ⅳ　　B. Ⅰ、Ⅲ　　C. Ⅰ、Ⅱ、Ⅳ　　D. Ⅱ、Ⅲ、Ⅳ

(6)【2017年11月真题·组合选择】套期保值是指企业为规避(　　)等,指定一项或一项以上套期工具,使套期工具的公允价值或现金流量变动,预期抵销风险的一种交易活动。
Ⅰ. 外汇风险;Ⅱ. 利率风险;Ⅲ. 商品价格风险;Ⅳ. 信用风险。
  A. Ⅰ、Ⅱ、Ⅲ　　B. Ⅰ、Ⅱ、Ⅳ　　C. Ⅰ、Ⅱ、Ⅲ、Ⅳ　　D. Ⅲ、Ⅳ

(7)【2016年3月真题·组合选择】以下属于套期保值基本原则的有(　　)。
Ⅰ. 交易方向相反;Ⅱ. 种类相同或相关;Ⅲ. 数量相等;Ⅳ. 月份相同或相近。
  A. Ⅲ、Ⅳ　　B. Ⅰ、Ⅱ、Ⅲ、Ⅳ　　C. Ⅰ、Ⅱ、Ⅳ　　D. Ⅱ、Ⅳ

(8)【2016年3月真题·组合选择】一般而言,套利交易需要遵循(　　)等原则。
Ⅰ. 买卖方向对应;Ⅱ. 买卖数量相等;Ⅲ. 同时建仓;Ⅳ. 同时对冲。
  A. Ⅰ、Ⅳ　　B. Ⅰ、Ⅱ、Ⅲ、Ⅳ　　C. Ⅰ、Ⅱ、Ⅳ　　D. Ⅰ、Ⅱ

(9)【2010年5月真题·判断】金融期权是指其持有者能在规定的期限内按交易双方商定的价格购买或出售一定数量的某种金融工具的权利。(　　)

(10)【2010年5月真题·单选】金融期权与金融期货的不同点不包括(　　)。

A. 标的物不同,且一般而言,金融期权的标的物多于金融期货的标的物
B. 投资者权利与义务的对称性不同,金融期货交易的双方权利与义务对称,而金融期权交易双方的权利与义务存在着明显的不对称性
C. 履约保证不同,金融期货交易双方均需开立保证金账户,并按规定缴纳履约保证金,而金融期权交易中,只有期权出售者才需开立保证金账户
D. 从保值角度来说,金融期权通常比金融期货更为有效

(11)【2015年3月真题·单选】交易者买入看涨期权,是因为其预期基础金融工具的价格在合约期限内将会( )。

  A. 难以判断　　　B. 不变　　　C. 上涨　　　D. 下跌

(12)【2017年11月真题·单选】通常,在金融期权交易中,( )需要开立保证金账户,并按规定缴纳保证金。

  A. 无担保期权出售者　　　　B. 期权买卖双方均
  C. 期权买卖双方均不　　　　D. 期权购入者

(13)【2014年12月真题·单选】由标的证券发行人以外的第三方发行的权证属于( )权证。

  A. 认股　　　B. 认沽　　　C. 股本　　　D. 备兑

(14)【2017年11月真题·单选】可转换公司债券在转换前投资者可以定期得到利息收入,但此时不具有( )。

  A. 债权人的责任　　　　B. 债权人的权利
  C. 股东的权利　　　　　D. 债权人的义务

(15)【2017年11月真题·单选】下列关于资产证券化的说法,错误的是( )。

  A. 资产管理公司、证券公司、信托投资公司可以作为资产证券化发起人
  B. 按证券化产品的基础资产不同,资产证券化可分为股权型、债券组合证券化
  C. 最早的证券化产品是按揭支持证券(MBS)
  D. 资产证券化是以特定的资产池为基础发行证券

第 3 章

证券市场运行

学习目标

- 了解证券市场的特征、功能、分类及主体;了解证券市场的产生与发展。
- 了解证券发行市场的含义和特征;熟悉股票及债券的发行条件和程序。
- 熟悉证券交易所的概念、职能、组织形式和运作系统;掌握证券交易方式和程序;熟悉证券上市与退市制度;了解场外交易市场。
- 了解证券价格指数的分类与编制方法;了解国内外主要的证券价格指数。
- 熟悉证券市场监管的制度体系、监管方式和主要内容;了解证券市场自律管理。

课前导读

中证网 2018 年 5 月 2 日报道,Wind 数据显示,在募投项目中,上市公司持续加大对研发项目的投入力度,募投额从 2013 年的 42.19 亿元攀升至 2017 年的 535.37 亿元。上述公司主要集中在计算机通信业、电气制造业、医药制造业、软件和信息技术服务业等领域。研发投入规模攀升。2017 年,研发项目单笔募投金额超过 10 亿元的公司有 5 家。其中,广汽集团的新能源汽车与前瞻技术研发项目达 48 亿元,顺丰控股的信息服务平台建设及下一代物流信息化技术研发项目为 34.49 亿元。浪潮信息证券部总经理张宏表示,公司所属的计算机行业对技术更新要求较高,客户常提出新的需求。公司 2017 年相关研发支出 11 亿元,每年研发支出占营收 5%～6%。"比如,我们主打的云中心产品,更新换代很快,须有足够的研发投入才能跟上市场步伐。"张宏告诉《中国证券报》记者,公司的研发支持更多来自财政拨款,包括高端容错计算机、海量存储项目,均受到科技部的支持。"有了产品和技术,再去资本市场融资,继续支持研发,形成良性循环。"

本章内容包括证券市场、证券发行市场、证券流通市场、证券价格指数和证券市场监管等。通过本章的学习,要求学生熟练掌握证券市场运行的基础知识和实务知识。

3.1 证券市场概述

3.1.1 证券市场的特征和功能

1. 证券市场的概念及特征

证券市场(securities market)是股票、债券、投资基金等有价证券发行和交易的场所。它是市场经济发展到一定阶段的产物,是为解决资本供求矛盾和流动性而产生的市场。证券市场以证券发行与交易的方式实现了筹资与投资的对接,有效地化解了资本的供求矛盾和资本结构调整的难题。证券市场具有以下三个显著特征。

(1) 证券市场是价值直接交换的场所

有价证券都是价值的直接代表,它们本质上是价值的一种直接表现形式,所以证券市场本质上是价值的直接交换场所。

(2) 证券市场是财产权利直接交换的场所

证券市场上的交易对象是作为经济权益凭证的股票、债券、投资基金等有价证券,它们本身是一定量财产权利的代表,代表着对一定数额财产的所有权或债权以及相关的收益权。所以,证券市场实际上是财产权利的直接交换场所。

(3) 证券市场是风险直接交换的场所

有价证券既是一定收益权的代表,同时也是一定风险的代表。有价证券的交换在转让出一定收益权的同时,也把该有价证券所特有的风险转让出去。所以,从风险的角度分析,证券市场也是风险直接交换的场所。

2. 证券市场的分类

(1) 按照证券市场的职能分类

按照市场职能不同,证券市场可分为证券发行市场和证券流通市场。证券发行市场是证券发行人以筹集资金为目的的,按照一定的法律规定和发行程序,向投资者出售新证券所形成的市场。证券流通市场是已发行证券通过买卖交易实现流通转让的市场。

(2) 按照交易品种分类

按照交易的品种不同,证券市场可分为股票市场、债券市场和基金市场等。股票市场是股票发行和买卖交易的市场。股票市场的发行人为股份有限公司。债券市场是债券发行和买卖交易的场所。债券市场的发行人有中央政府、地方政府、金融机构、公司和企业。基金市场则是证券投资基金份额发行和交易的市场。

(3) 按照市场组织形式分类

按照市场组织形式的不同,证券市场可分为场内交易市场和场外交易市场。场内交易市场又称证券交易所市场、集中交易市场,是指由证券交易所组织的集中交易市场。它有固定的交易场所和交易时间,其设立和运作需符合法律、法规的规定。一般而言,证券必须达到交易所规定的上市标准才能够在场内交易。场外交易市场又称柜台交易市场、店头交易市场,是指在证券交易所外进行证券买卖的市场。它主要由柜台交易市场、第三市场、第四市场组成。场外交易市场的特点:交易品种众多,既包括大量未上市证券,也包括一部分上市证券;证券投资者可委托证券经纪商进行买卖,也可直接同经纪商进行交易;证券交易管理规则比较宽松,但也必须在证券监督管理机构下进行。

此外,证券市场根据所覆盖的上市公司类型,可分为全球性市场、全国性市场、区域性市场等类型;根据上市公司规模、监管要求等差异,可分为主板市场、二板市场(创业板或高新企业板);根据交易方式,可分为集中交易市场、柜台市场(或代办转让)等。

小贴士 3-1

3. 证券市场的功能

证券市场综合反映国民经济运行的各个方面,被称为国民经济的"晴雨表",客观上为观察和监控经济运行提供了直观的指标,它具有多方面的功能。其中,融通资金、资本定价、资本配置是证券市场的最基本功能,其他功能是在这个基础上派生出来的。

(1) 融通资金

证券市场的融通资金功能是指证券市场为资金需求者筹集资金的功能。它是证券市场的首要功能,这一功能的另一作用是为资金的供给者提供投资对象。一般来说,企业融资有两种渠道,一是间接融资,即通过银行贷款而获得资金;二是直接融资,即发行各种有价证券使社会闲散资金汇集成为长期资本。前者提供的贷款期限较短,适合解决企业流动资金不足的问题,而长期贷款数量有限,条件苛刻,对企业不利。后者却弥补了前者的不足,使社会化大生产和企业大规模经营成为可能。政府也可以发行债券,从而迅速地筹集长期巨额资金,投入国家的生产建设之中或用来弥补当年的财政赤字。

(2) 资本定价

证券市场的第二个基本功能就是为资本定价。证券是资本的存在形式,所以,证券的价格实际上是证券所代表的资本的价格。证券的价格是证券市场上证券供求双方共同作用的结果。证券市场的运行形成了证券需求者竞争和证券供给者竞争的关系。这种竞争的结果是能产生高投资回报的资本,市场的需求就大,其相应的证券价格就高;反之,证券的价格就低。因此,证券市场是资本合理定价机制。

(3) 资本配置

证券市场的资本配置功能是指通过证券价格引导资本的流动而实现资本合理配置的功能。证券投资者对证券的收益十分敏感,而证券收益率在很大程度上取决于企业的经济效益。从长期来看,经济效益高的企业的证券拥有较多的投资者,这种证券在市场上买卖也很活跃。相反,经济效益差的企业的证券投资者越来越少,市场上的交易也不旺盛。所以,社会上部分资金会自动地流向经济效益好的企业,远离效益差的企业。这样,证券市场就引导资本流向能产生高报酬的企业或行业,从而使资本产生尽可能高的效率,进而实现资源的合理配置。

(4) 宏观调控

证券市场是国民经济的"晴雨表",它能够灵敏地反映社会政治、经济发展的动向,为经济分析和宏观调控提供依据。证券市场的动向是指市场行情的变化,通常用证券价格指数来表示。政府利用证券市场进行宏观调控的手段主要是运用货币政策的三大工具,即法定存款准备金率、再贴现率和公开市场业务。特别是公开市场业务,完全依托证券市场来运作,通过证券的买入卖出调节货币的供给,影响和控制商业银行的经营,进而实现调节和控制整个国民经济运行的目的。

(5) 分散风险

证券市场不仅为投资者和融资者提供了丰富的投融资渠道,还具有分散风险的功能。对于上市公司来说,通过证券市场融资可以将经营风险部分地转移和分散给投资者,公司的股东越多,单个股东承担的风险就越小。另外,企业还可以通过购买一定的证券,保持资产的流动性和提高盈利水平,减少对银行信贷资金的依赖,提高企业对宏观经济波动的抗风险能力。对于投资者来说,可以通过买卖证券和建立证券投资组合来转移与分散资产风险。投资者往往把资产分散投资于不同的对象,证券作为流动性、收益性都相对较好的资产形式,可以有效地满足投资者的需要,而且投资者还可以选择不同性质、不同期限、不同风险和收益的证券构建证券组合,分散证券投资的风险。

3.1.2 证券市场主体

证券市场的发行、交易和证券市场的管理都有不同的参与主体,一般而言,证券市场的参与者主要包括证券发行人、证券投资者、证券市场中介机构、自律性组织与证券监管机构。

1. 证券发行人

证券发行人是证券市场上的资金需求者和证券供给者,它们通过发行股票、债券等各类证券,在市场上募集资金,具体包括以下三类。①政府及政府机构。在现代经济中,政府是经济调节过程中的重要力量,政府发行大量证券来筹集财政资金,但政府发行证券的品种仅限于债券。②公司(企业)。发行股票和债券是公司筹措长期资本的主要途径。③金融机构。西方国家将金融机构发行的证券归入了公司证券。我国和日本把金融机构发行的债券定义为金融债券,突出了金融机构作为证券发行主体的地位。但将股份制的金融机构发行的股票归类于公司股票。

2. 证券投资者

投资者是证券市场上的资金供给者,也是证券的购买者和需求者。证券投资者众多,按不同角度可以分成不同种类,如根据资金量的大小,投资者可分为大户、中户和散户;根据交易是否活跃,投资者可分为活跃投资者和不活跃投资者;根据投资者的属性,投资者可分为机构投资者和个人投资者两大类。机构投资者(institutional investor)主要有政府机构、金融机构、企业和事业法人及各类基金等。通常资金量比较大,拥有信息优势,投资回报率往往比较高。机构投资者一般属于理性投资者,采用价值投资的投资理念,利用较为先进的资产配置方法等来指导投资。个人投资者(individual investor)是指从事证券投资的社会自然人。他们是证券市场最广泛的投资者,也是证券市场存在和发展的基础。

3. 证券市场中介机构

证券市场中介机构是连接证券发行人和证券投资者的桥梁,主要包括以下几种。

(1) 证券公司

证券公司又称证券商,是指依照《公司法》和《证券法》规定设立的经营证券业务的有限责任公司或者股份有限公司。设立证券公司,必须经国务院证券监督管理机构审查批准。未经批准,任何单位和个人不得经营证券业务。我国证券公司的业务范围包括证券经纪,证券投资咨询,与证券交易、证券投资活动有关的财务顾问,证券承销与保荐,证券自营,融资融券,证券资产管理及其他证券业务。

(2) 证券登记结算机构

证券登记结算机构是为证券交易提供集中登记、存管与结算服务,不以营利为目的的法人。按照《证券登记结算管理办法》,证券登记结算机构实行行业自律管理。我国的证券登记结算机构为中国证券登记结算有限责任公司。中国证券市场实行中央登记制度,即证券登记结算业务全部由中国证券登记结算有限责任公司承接,中国证券登记结算有限责任公司提供沪、深证券交易所上市证券的存管、清算和登记服务。2001年3月30日,中国证券登记结算有限责任公司成立,原上海证券交易所和深圳证券交易所所属的证券登记结算公司重组为中国证券登记结算有限责任公司的上海分公司和深圳分公司,标志着全国集中统一的证券登记结算体制基本形成。

(3) 证券金融公司

证券金融公司是从事转融通业务的证券中介机构。转融通业务是指证券金融公司将自有或者依法筹集的资金和证券出借给证券公司,以供其办理融资融券业务的经营活动,即证券金融公司与证券公司之间的融资融券业务。开展转融通业务的目的是拓宽证券公司融资融券业务资金和证券来源。

(4) 证券投资咨询公司

证券投资咨询公司是为证券市场参与者的投融资、证券交易和资本营运等活动提供专业性咨询服务的机构。其主要业务是根据客户的要求,收集大量基础信息资料,进行系统研究分析,并向客户提供分析报告和操作建议,帮助客户建立投资策略,确定投资方向。

(5) 其他服务机构

① 会计师事务所。上市公司每年公布的年报和半年报须由具有证券从业资格的会计师事务所进行审计,并发表审计报告。会计师事务所还为股票的发行与上市出具报告,包括发行公司近3年的财务审计报告、验资报告、盈利预测的审核报告等。

② 律师事务所。律师事务所从事证券具体业务包括:为证券发行和上市活动出具法律意见书;审查、修改和制作公司章程、招股说明书、债券募集办法、上市申请书、上市公告书、重大事件公告书、证券承销协议书、股东大会决议和董事会决议;为公司重组提供法律服务等。

③ 资产评估机构。资产评估机构是指对股票公开发行、上市交易的公司资产进行评估和开展与证券业务有关的资产评估业务的专门机构。

④ 证券信用评级机构。证券信用评级机构是由专门的经济、法律、财务专家组成的

对证券发行人和证券信用进行等级评定的组织。

4. 自律性组织

证券市场的自律性组织主要包括证券交易所和行业协会。部分国家(地区)的证券登记结算机构也具有自律性质,在我国,按照《证券法》的规定,证券自律管理机构是证券交易所、证券业协会。根据《证券登记结算管理办法》,我国的证券登记结算机构实行行业自律管理。

(1) 证券交易所

根据《证券法》的规定,证券交易所是为证券集中交易提供场所和设施,组织和监督证券交易,实行自律管理的法人。证券交易所的监管职能包括对证券交易活动进行管理,对会员进行管理,以及对上市公司进行管理。我国境内的证券交易所包括上海证券交易所和深圳证券交易所。

(2) 证券业协会

中国证券业协会(Securities Association of China, SAC)是我国证券行业的自律性组织,正式成立于1991年8月28日,是依法注册的具有独立法人地位的、由经营证券业务的金融机构自愿组成的行业自律性组织,是社会团体法人。它采取会员制的组织形式,协会的权力机构为全体会员组成的会员大会。中国证券业协会的自律管理具体表现为对会员单位的自律管理、对从业人员的自律管理和负责制定代办股份转让系统运行规则,监督证券公司代办股份转让业务活动和信息披露等事项。中国证券业协会着力于加强行业自律、行业服务和行业基础建设,履行"自律、服务、传导"三大职能,调动和聚集全行业的力量。服务职能是实现自律职能与传导职能的关键。

5. 证券监管机构

在我国,证券监管机构是指中国证券监督管理委员会(中国证监会)及其派出机构。中国证监会是国务院直属的证券监督管理机构,按照国务院授权和依照相关法律、法规对证券市场进行集中、统一监管。其主要职责:依法制定有关证券市场监督管理的规章、规则,负责监督有关法律、法规的执行,负责保护投资者的合法权益,对全国的证券发行、证券交易、中介机构的行为等依法实施全面监管,维持公平有序的证券市场。

3.1.3 证券市场的产生与发展

1. 证券市场产生的基础

相对于商品经济而言,证券市场的历史要短暂得多。换句话说,在商品经济的历史长河中,人类曾经历了一个长期没有证券市场的时代。证券市场从无到有,主要归因于以下三点。

第一,证券市场的形成得益于社会化大生产和商品经济的发展。随着生产力的进一步发展,社会分工日益复杂,商品经济日益社会化,社会化大生产产生了对巨额资金的需求,依靠单个生产者自身的积累难以满足需求,即使依靠银行借贷资本也不能解决企业自有资本扩张的需要。因此,客观上需要有一种新的筹集资金的机制以适应社会经济进一步发展的要求。在这种情况下,证券与证券市场就应运而生了。

第二,证券市场的形成得益于股份制的发展。随着商品经济的发展,生产规模日渐扩大,传统的独资经营方式和家族型企业已经不能胜任对巨额资本的需求,于是产生了合伙经营的组织。随后又由单纯的合伙经营的组织逐步演变成股份公司。股份公司通过发行股票、债券向社会公众募集资金,实现资本的集中,用于扩大生产。股份公司的建立,公司股票和债券的发行,为证券市场的产生提供了现实的基础和客观的要求。

第三,证券市场的形成得益于信用制度的发展。只有当货币资本与产业资本相分离,货币资本本身取得了一种社会性质时,公司股票和债券等信用工具才会被充分运用。随着信用制度的发展,商业信用、国家信用、银行信用等融资方式不断出现,越来越多的信用工具随之涌现。信用工具一般都有流通变现的要求,而证券市场为有价证券的流通、转让创造了条件。因而,随着信用制度的发展,证券市场的产生成为必然。

2. 西方国家证券市场的形成与发展

(1) 形成阶段(17世纪初至18世纪末)

证券市场的最初萌芽可以追溯到17世纪初资本主义原始积累时期的西欧,当时法国的里昂、比利时的安特卫普已经有了证券交易活动,最早进入证券市场交易的是国家债券。1602年,在荷兰的阿姆斯特丹成立了世界上第一家股票交易所。1773年,英国第一家证券交易所在"乔纳森咖啡馆"成立,1802年获得英国政府的正式批准。这家证券交易所即为伦敦证券交易所的前身。1790年,美国第一家证券交易所——费城证券交易所宣布成立。1817年,参与华尔街汤迪咖啡馆证券交易的经纪人共同组成了"纽约证券交易会",1863年改名为"纽约证券交易所"。这一时期证券市场的特点:信用工具单一,主要是股票和债券两种形式;证券市场规模小,主要采用手工操作;证券市场行情变动较大,投机、欺诈、操纵行为十分普遍;证券市场立法很不完善,证券市场也较为分散。

(2) 发展阶段(19世纪初至20世纪20年代)

从18世纪70年代开始的工业革命,使股份公司在机器制造业中普遍建立起来。从19世纪70年代到80年代,股份公司有了极大的发展。与此同时,有价证券的结构也发生了变化,在有价证券中占有主要地位的已不是政府公债,而是公司股票和企业债券。这一时期证券市场的特点:股份公司逐渐成为经济社会中的主要企业形式;有价证券发行量不断扩大,已初具规模;一些国家开始加强证券管理,引导证券市场规范化运行;证券交易市场得到了发展,如苏黎世证券交易所创建于1877年。

(3) 完善阶段(20世纪30年代以来)

1929—1933年的经济危机是资本主义世界最严重和破坏性最大的一次经济危机,这次危机严重地影响了证券市场,投资者损失惨重。危机使各国政府清醒地认识到必须加强对证券市场的管理,于是世界各国政府纷纷制定证券市场法规和设立管理机构,使证券交易市场趋向法制化。第二次世界大战结束后,随着资本主义各国经济的恢复和发展以及各国经济的增长,证券市场也迅速恢复和发展。20世纪70年代以后,证券市场出现了高度繁荣的局面,证券市场的规模不断扩大,证券交易也日益活跃。

20世纪90年代以来,在高新技术快速发展和经济全球化的背景下,国际证券市场发生了一系列深刻而重要的变化,其发展趋势主要表现有证券市场一体化、投资者法人化、金融创新深化、金融机构混业化、交易所重组与公司化、证券市场网络化、金融风险复杂化、金融监管合作化等。

3. 我国证券市场的发展

证券在我国属于舶来品,最早出现的股票是外商股票,最早出现的证券交易机构也是由外商开办的上海股份公所和上海众业公所。上市证券主要是外国公司股票和债券。从19世纪70年代开始,清政府洋务派在我国兴办工业,随着这些股份制企业的兴起,中国自己的股票、公司债券和证券市场便应运而生了。1917年,北洋政府批准上海证券交易所开设证券经营业务。1918年夏天成立的北平证券交易所是中国人自己创办的第一家证券交易所。但是,旧中国的证券市场与新中国的证券市场之间没有直接的继承和延续关系。新中国的证券市场大致可分为三个发展阶段。

(1) 新中国资本市场的萌生(1978—1992年)

1978年12月,以党的十一届三中全会的召开为标志,经济建设成为国家的基本任务,改革开放成为中国的基本国策。随着经济体制改革的推进,企业对资金的需求日益多样化,新中国资本市场开始萌生。1981年7月,我国重启国债发行。1987年9月,中国第一家专业证券公司——深圳特区证券公司成立。1988年,为适应国库券转让在全国范围内的推广,中国人民银行下拨资金,在各省组建了33家证券公司,同时,财政系统也成立了一批证券公司。1990年12月19日和1991年7月3日,上海证券交易所和深圳证券交易所先后正式营业。1993年,股票发行试点正式由上海、深圳推广至全国,打开了资本市场进一步发展的空间。

(2) 全国性资本市场的形成和初步发展(1993—1998年)

1992年10月,国务院证券管理委员会和中国证监会成立,标志着中国资本市场开始逐步纳入全国统一监管框架,区域性试点推向全国,全国性市场由此开始发展。1997年11月,中国金融体系进一步确定了银行业、证券业、保险业分业经营、分业管理的原则。1989年4月,国务院证券委撤销,中国证监会成为全国证券、期货市场的监管部门,建立了集中统一的证券、期货市场监管体制。伴随着全国性市场的形成和扩大,证券经营机构也得到快速发展。

(3) 资本市场的进一步规范和发展(1999年至今)

1998年12月,我国《证券法》正式颁布并于1999年7月实施,这是新中国第一部规范证券发行与交易行为的法律,并由此确认了资本市场的法律地位。2001年12月,中国加入世界贸易组织。中国金融改革不断深化,资本市场的深度和广度日益拓展与扩大。2004年1月,国务院发布了《关于推进资本市场改革开放和稳定发展的若干意见》,为资本市场新一轮改革和发展奠定了基础。2004年5月,深圳证券交易所主板市场内设立中小企业板,上海证券交易所和深圳证券交易所分别推出交易型开放式指数基金(ETF)与上市开放式基金(LOF)。2007年新修订的《期货交易管理条例》发布实施。2009年10月23日,创业板正式启动。2010年3月31日,融资融券业务开始交易。2010年4月16日,股指期货沪深 300 股指期货合约上市交易，为资本市场提供了双向交易机制。2013 年 12 月，新三板准入条件进一步放开，新三板市场正式扩容至全国。随着多层次资本市场的建立和完善，中国的证券市场正逐步走向成熟。

3.2 证券发行市场

3.2.1 证券发行市场概述

1. 证券发行市场的概念和特征

证券发行市场又称为初级市场、一级市场，是政府或企业发行债券或股票以筹集资金的市场，是以证券形式吸收闲散资金，使之转化为生产资本的场所。证券发行市场实际包含了证券发行人筹划发行证券、证券机构销售承销证券、证券投资者购买证券的全过程。可见，证券发行市场由证券发行人、证券投资者和证券中介机构三部分组成。它为资金需求者提供筹措资金的渠道，为资金供应者提供投资的机会，促进资源配置的不断优化。证券发行市场是整个证券市场的基础，具有以下一些明显特征。

（1）证券发行市场是直接融资的实现形式

证券发行市场联结资金需求者和资金供给者，证券发行人通过销售证券向社会招募资金，而认购人通过购买其发行的证券提供资金，将社会闲散资金转化为生产建设资金，实现直接融资的目标。

（2）证券发行市场是个无形市场

证券发行市场通常不存在具体的市场形式和固定场所，新发行证券的认购和销售主要不是在有组织的固定场所内进行，而是由众多证券承销商分散地进行。

（3）证券发行市场的证券具有不可逆转性

在证券发行市场上，证券只能由发行人流向认购人，资金只能由认购人流向发行人，而不能相反。这是证券发行市场与证券交易市场的一个重要区别。

2. 证券发行制度

证券发行制度主要有审批制、核准制和注册制三种。其中，审批制是完全计划发行的模式，核准制是从审批制向注册制过渡的中间形式，注册制则是目前成熟股票市场普遍采用的发行制度。

（1）审批制

审批制是一国在股票市场的发展初期，为了维护上市公司的稳定和平衡复杂的社会经济关系，采用行政和计划的办法分配股票发行的指标与额度，由地方政府或行业主管部门根据指标推荐企业发行股票的一种发行制度。在审批制下，公司发行股票的首要条件是取得指标和额度，取得了政府给予的指标和额度就等于取得了政府的保荐。证券监管部门凭借行政权力行使实质性审批职能，证券中介机构则主要是进行技术指导。

(2) 核准制

核准制是介于注册制和审批制之间的中间形式,以欧洲各国为代表。一方面,它取消了政府的指标和额度管理,并引进证券中介机构的责任,判断企业是否达到股票发行的条件。另一方面,证券监管机构同时对股票发行的合规性和适销性条件进行实质性审查,并有权否决股票发行的申请。证券发行核准制实行实质管理原则,即证券发行人不但要以真实状况的充分公开为条件,而且必须符合证券监管机构制定的若干发行的实质条件。只有符合条件的发行人经证券监管机构的批准方可在证券市场上发行证券。实行核准制的目的在于证券监管机构能尽法律赋予的职能,使发行的证券符合公众利益和证券市场稳定发展的需要。

(3) 注册制

注册制是在市场化程度较高的成熟股票市场所普遍采用的一种发行制度,以美国为代表。证券监管部门公布股票发行的必要条件,企业只要达到所公布的条件要求即可发行股票。证券发行注册制实行公开管理原则,实质上是一种发行公司的财务公开制度。发行人申请发行股票时,必须依法将公开的各种资料完整准确地向证券监管机构申报。证券监管机构的职责是对申报文件的真实性、准确性、完整性和及时性作合规性的形式审查,而将发行公司的质量留给证券中介机构来判断和决定。这种股票发行制度对发行人、证券中介机构和投资者的要求都比较高。

《证券法》规定,公开发行股票、可转换公司债券、公司债券和国务院依法认定的其他证券,必须依法报经国务院证券监管机构或国务院授权部门核准。我国的股票发行实行核准制。发行申请需由保荐人推荐和辅导,由发行审核委员会审核,中国证监会核准。

小贴士 3-2

3. 证券发行方式

证券发行方式是指证券发行人采用什么方法,通过何种渠道或途径将证券投入市场,为广大投资者所接受。证券发行方式对于能否及时筹集和筹足资金有着极其重要的意义。因此,发行人应根据自身、市场及投资者等诸方面的实际情况,正确地选择适当的证券发行方式。按照不同的分类标准,证券发行方式可以划分为以下类别。

(1) 按照发行对象的不同,证券发行方式可分为公募发行和私募发行

公募发行(public offering)又称公开发行,是发行人向不特定的社会公众投资者发售证券的发行。在公募发行方式下,任何合法的投资者都可以认购拟发行的证券。公募发行的有利之处在于以众多投资者为发行对象,证券发行的数量多,筹集资金的潜力大;投资者范围大,可避免发行的证券过于集中或被少数人操纵;可增强证券的流动性,有利于提高发行人的社会信誉。但公募发行的发行条件比较严格,发行程序比较复杂,登记核准的时间较长,发行费用较高。公募发行是证券发行中最常见、最基本的发行方式,适合于证券发行数量多、筹资额大、准备申请证券上市的发行人。

私募发行(private placement)又称不公开发行、内部发行,是指以特定投资者为对象的发行。私募发行的对象有两类,一类是公司的老股东或发行人的员工;另一类是投资基金、社会保险基金、保险公司、商业银行等金融机构以及与发行人有密切往来关系的企业

等机构投资者。私募发行有确定的投资者,发行手续简单,可以节省发行时间和发行费用,但投资者数量有限,证券流通性较差,不利于提高发行人的社会信誉。

(2) 按照有无发行中介,证券发行方式可分为直接发行和间接发行

直接发行(direct issue)是指证券发行人不委托其他机构,而是自己销售证券,直接筹措资金的发行方式。这种方式可以节省向发行中介机构缴纳的手续费,降低发行成本。但如果发行额较大,由于缺乏专业人才和发行网点,发行者自身要担负较大的发行风险。这种方式只适用于有既定发行对象或发行人知名度高、发行数量少、风险低的证券。

间接发行(indirect issue)是指发行人委托证券公司等证券中介机构代其向投资者发售证券的方式。对发行人来说,采用间接发行可在较短时期内筹集到所需资金,发行风险较小,但需支付一定的手续费,发行成本较高。一般情况下,间接发行是基本的、常见的方式,特别是公募发行,大多采用间接发行,而私募发行则以直接发行为主。

(3) 按照有无发行经历,证券发行方式可分为首次公开发行和增资发行

首次公开发行(initial public offering,IPO)是拟上市公司首次在证券市场公开发行股票募集资金并上市的行为。通常,首次公开发行是发行人在满足必须具备的条件,并经证券监管机构审核、核准或注册后,通过证券承销机构面向社会公众公开发行股票并在证券交易所上市的过程。首次公开发行主要有以下情形:设立新的股份有限公司、企业改制为股份有限公司、私人持股公司改制为上市公众公司。

增资发行(seasoned equity offering,SEO)是指股份有限公司上市后为达到增加资本的目的而发行股票的行为。股份有限公司增资是指公司依照法定程序增加公司资本和股份总数的行为。我国《上市公司证券发行管理办法》规定,上市公司增资的方式有向原股东配售股份(配股)、向不特定对象公开募集股份(增发)、发行可转换公司债券、非公开发行股票(定向增发)。

小贴士 3-3

4. 证券发行的保荐制度和承销制度

(1) 保荐制度

保荐制度(sponsor system)又称保荐人制度,是指在证券发行、上市期间由特定证券经营机构(券商)担任保荐人,对发行人证券的发行、上市进行推荐和辅导,持续督导发行人依法履行相关义务的制度。保荐人对发行人发行证券进行推荐和辅导,并核实公司发行文件中所载资料是否真实、准确、完整,协助发行人建立严格的信息披露制度,承担风险防范责任,并在公司上市后的规定时间内继续协助发行人建立规范的法人治理结构,督促公司遵守上市规定,完成招股计划书中的承诺。同时,保荐人对上市公司的信息披露负有连带责任。《证券法》第十一条规定:"发行人申请公开发行股票、可转换为股票的公司债券,依法采取承销方式的,或者公开发行法律、行政法规规定实行保荐制度的其他证券的,应当聘请具有保荐资格的机构担任保荐人。保荐人应当遵守业务规则和行业规范,诚实守信,勤勉尽责,对发行人的申请文件和信息披露资料进行审慎核查,督导发行人规范运作。"

(2) 承销制度

证券承销是指证券发行人将证券销售业务委托给专门的承销机构销售。按照发行风险的承担、所筹资金的划拨以及手续费的高低等因素划分,承销方式有包销和代销两种。

① 包销(underwriting)。证券包销是指证券公司将发行人的证券按照协议全部购入,或者在承销期结束时将售后剩余证券全部自行购入的承销方式。包销可分为全额包销和余额包销两种。全额包销(full underwriting)是指由承销商先全额购买发行人该次发行的证券,再向投资者发售,由承销商承担全部风险的承销方式。余额包销(balance underwriting)是指承销商按照规定的发行额和发行条件,在约定的期限内向投资者发售证券,到销售截止日,如投资者实际认购总额低于预定发行总额,未售出的证券由承销商负责认购,并按约定时间向发行人支付全部证券款项的承销方式。

② 代销(consignment)。证券代销是指承销商代发行人发售证券,在承销期结束时,将未售出的证券全部退还给发行人的承销方式。

《证券法》规定,发行人向不特定对象发行的证券,法律、行政法规规定应当由证券公司承销的,发行人应同证券公司签订承销协议;向不特定对象发行的证券票面总值超过人民币5 000万元的,应当由承销团承销。承销团应当由主承销和参与承销的证券公司组成。股票承销期不能少于10日,不能超过90日。我国《证券发行与承销管理办法》和《上市公司证券发行管理办法》规定,上市公司发行证券,应当由证券公司承销;上市公司非公开发行股票未采用自行销售方式或者上市公司向原股东配售股份的,应当采用代销方式发行。上市公司非公开发行股票,发行对象均属于原前10名股东的,可以由上市公司自行销售。

3.2.2 股票发行

1. 股票发行的类型和方式

(1) 股票发行的类型

股票发行是指股份公司为募集股本或改善财务结构等目的,依照法定的条件和程序向特定或不特定的投资者发售股份的行为。《公司法》规定,只有股份有限公司才能发行股票,而有限责任公司不能发行股票。公开发行证券实行核准制,未经依法核准,任何单位或个人不得公开发行证券。股份有限公司发行股票,可分为设立发行和增资发行两种情况。

设立发行又称初次发行、首次发行,是指股份有限公司在设立时向发起人和社会公众首次发行股份的行为。它又可分为以发起设立方式设立公司的发行和以募集设立方式设立公司的发行。前者是指公司拟发行股本总额由发起人全部认购的发行;后者是指由发行人认购部分公司拟发行股份,其余依法向社会公众投资者出售的发行。

增资发行又称新股发行,是指已成立的股份有限公司为增加注册资本或改变公司股本结构而发行股票的行为。新股发行又可分为增资发行新股、配股和送股。增资发行可以向社会公开发行,也可以向原股东配售。

(2) 股票发行的方式

我国现行的有关法规规定,股份有限公司首次公开发行股票和上市后向社会公开募集股份(公募增发)采取对公众投资者上网发行和对机构投资者配售相结合的发行方式。

根据《证券发行与承销管理办法》的规定,首次公开发行股票数量在4亿股以上的,可以向战略投资者配售股票。战略投资者是与发行人业务联系紧密,且欲长期持有发行人股票的机构投资者。战略投资者应当承诺获得配售的股票持有期限不少于12个月。符合中国证监会规定条件的特定机构投资者(询价对象)及其管理的证券投资产品(股票配售对象)可以参与网下配售。

上网公开发行方式是指利用证券交易所的交易系统,主承销商在证券交易所开设股票发行专户并作为唯一的卖方,投资者在指定时间内,按现行委托买入股票的方式进行申购的发行方式。首次公开发行股票,持有一定数量非限售股份的投资者才能参与网上申购。首次公开发行股票的网下发行应和网上发行同时进行,网下和网上投资者在申购时无须缴付申购资金。投资者应当自行选择参与网下或网上发行,不得同时参与。

2. 股票发行条件

(1) 设立发行股票的条件

设立发行股票是指新设立股份有限公司第一次发行股票。设立发行首先要符合《公司法》中关于设立股份有限公司的规定。此外,根据《股票发行与交易管理暂行条例》的规定,新设立股份有限公司首次公开发行股票应具备以下条件:①公司的生产经营符合国家产业政策。②公司发行的普通股只限一种,同股同权。③发起人认购的股本数额不少于公司拟发行的股本总额的35%。④在公司拟发行的股本总额中,发起人认购的部分不少于人民币3 000万元,但是国家另有规定的除外。⑤向社会公众发行的部分不少于公司拟发行的股本总额的25%,其中公司职工认购的股本数额不得超过拟向社会公众发行的股本总额的10%;公司拟发行的股本总额超过人民币4亿元的,证监会按照规定可酌情降低该比例,但是,最低不少于公司拟发行的股本总额的10%。⑥发行人在近三年内没有重大违法行为。⑦国务院证券监督管理机构规定的其他条件。

原有企业改组设立股份有限公司申请首次发行股票时,除了要符合新设立股份有限公司申请公开发行股票的条件外,还要符合以下特殊条件:①发行前一年年末,净资产在总资产中所占比例不低于30%,无形资产在净资产中所占比重不高于20%,但是证监委另有规定的除外。②近三年连续盈利。

(2) 增资发行股票的条件

增资发行股票是指股份有限公司成立后因增加资本而进行的股票发行。《公司法》规定,增资发行必须具备以下条件:①前一次的股份已经募足,并间隔一年以上。②公司在最近三年内连续盈利,并可向股东支付股利,但从当年利润中分派新股不受此限。③公司在最近三年内财务会计文件无虚假记载。④公司预期利润率可达到同期银行存款利率。此外,上市公司申请发行新股,还应符合《证券法》以下具体要求:①上市公司组织机构健全、运行良好。②上市公司的营利能力具有可持续性。③上市公司的财务状况良好。④上市公司最近36个月内财务会计文件无虚假记载、不存在重大违法行为。⑤上市公司募集资金的数额和使用符合规定。⑥上市公司不存在严重损害投资者合法权益和社会公共利益的违规行为。⑦国务院证券监督管理机构规定的其他条件。

3. 股票发行价格

股票发行价格是指投资者认购新发行的股票时实际支付的价格。根据《公司法》和《证券法》的规定,股票发行价格可以等于票面金额,也可以超过票面金额,但不得低于票面金额。以超过票面金额的价格发行股票所得的溢价款项列入发行公司的资本公积金。股票发行采取溢价发行的,发行价格由发行人与承销的证券公司协商确定。

股票发行的定价方式,可以采取协商定价方式,也可以采取询价方式、上网竞价方式等。《证券发行与承销管理办法》规定,首次公开发行股票,可以通过向网下投资者询价的方式确定股票发行价格,也可以通过发行人与主承销商自主协商直接定价等其他合法可行的方式确定发行价格。公开发行股票数量在 2 000 万股(含)以下且无老股转让计划的,应当通过直接定价的方式确定发行价格。网下投资者参与报价时,应当持有一定金额的非限售股份。首次公开发行股票采用询价方式定价的,符合条件的网下机构和个人投资者可以自主决定是否报价,主承销商无正当理由不得拒绝。首次公开发行股票采用直接方式定价的,全部向网上投资者发行,不进行网下询价和配售。上市公司发行证券,可以通过询价方式确定发行价格,也可以与主承销商协商确定发行价格。

4. 股票发行的程序

国家对股票的发行程序有严格的法律规定。设立发行股票和增资发行股票的程序有所不同。

(1) 设立发行股票的程序

① 提出募集股份申请。股份有限公司的设立必须经过有关部门批准。股份有限公司向社会公开发行募集股份的,还须向证券监督管理机构递交募股申请并经核准。发起人在递交募股申请时,还要报送要求的文件以备审查。

② 公告招股说明书,制作认股书,签订承销协议和代收股款协议。募股申请获得核准后,发起人应在规定期限内向社会公告招股说明书,并制作认股书。发起人向社会公开募集股份,应当与依法设立的证券经营机构签订协议,由证券经营机构承销股票;还应当与银行签订代收股款协议,由银行代收认股人缴纳的股款。

③ 招认股份,缴纳股款。采用发起设立方式的,须由发起人认购公司应发行股份的全部股份;采用募集设立方式的,须由发起人至少认购公司应发行股份的法定比例(不少于 35%),其余部分向社会公开募集。发起人可以用货币出资,也可以用实物、工业产权、非专利技术、土地使用权作价出资。

④ 召开创立大会,选举董事会、监事会。募足股款后,发起人应在规定的期限内(法定 30 天)主持召开创立大会。创立大会由认股人组成,应有代表股份半数以上的认股人出席方可举行。创立大会通过公司章程,选举董事会和监事会。

⑤ 办理设立登记,交割股票。经创立大会选举产生的董事会,应在创立大会结束后 30 天内办理公司设立的登记事项。股份有限公司登记成立后,即向股东正式交割股票,公司登记成立前不得向股东交割股票。

(2) 增资发行股票的程序

股份有限公司成立后,在其存续期内根据法定程序可以多次发行股票。增资发行股票的程序如下。①股东大会作出发行新股的决议。决议包括:新股种类及数额;新股发行的价格;新股发行的起止日期;向原有股东发行新股的种类及数额。②由董事会向有关部门申请并经批准。属于向社会公开募集的,须经证券监督管理部门核准。③公司向社会公开发行新股,必须公告新股招股说明书和财务会计报表及附属明细表,并制作认股书。同时,还应当由依法设立的证券经营机构承销,签订承销合同。若公司发行新股不采用向社会公开募集的方式,可向特定新股认购人发出认购公告或通知。④招认股份,缴纳股款。⑤改组董事会、监事会,办理变更登记并向社会公告。

3.2.3 债券发行市场

债券发行市场又称一级债券市场,是发行人初次出售新债券的市场。债券发行市场的作用是将政府、金融机构以及工商企业等为筹集资金向社会发行的债券,分散发行到投资者手中。我国债券发行市场的债券品种繁多,主要有国债、金融债、企业债和公司债等,每种债券发行的条件和程序不同。下面以公司债券为例,说明我国债券发行的方式、条件和程序。

1. 债券发行方式

(1) 定向发行

定向发行又称私募发行、私下发行,即面向特定投资者发行。一般由债券发行人与某些机构投资者,如人寿保险公司、养老基金、退休基金等直接洽谈发行条件和其他具体事务,属直接发行。

(2) 承购包销

承购包销是指发行人与由商业银行、证券公司等金融机构组成的承销团通过协商条件,签订承购包销合同,由承销团分销拟发行债券的发行方式。

(3) 招标发行

招标发行是指通过招标方式确定债券承销商和发行条件的发行方式。按照国际惯例,根据标的物不同,招标发行可分为价格招标、收益率招标;根据中标规则不同,招标发行可分为荷兰式招标(单一价格中标)和美式招标(多种价格中标)。

2. 公司债券的发行条件

2007年8月,中国证监会颁布了《公司债券发行试点办法》,标志着我国公司债券发行工作正式启动,使我国证券市场有了真正意义上的公司债券。2015年1月,中国证监会对《公司债券发行试点办法》进行了修订,修订后的规章更名为《公司债券发行与交易管理办法》。《公司债券发行与交易管理办法》规定,公司债券可以公开发行,也可以非公开发行;公开发行公司债券所募集资金应当用于核准的用途,非公开发行公司债券所募集资金应当用于约定的用途;公开发行公司债券,应当符合《证券法》《公司法》的相关规定,经中国证监会核准。

《证券法》第十六条规定,公开发行公司债券,应当符合下列条件:①股份有限公司的净资产额不低于人民币3 000万元,有限责任公司的净资产额不低于人民币6 000万元。②累计债券总额不超过净资产额的40%。③最近三年平均可分配利润足以支付公司债券一年的利息。④筹集资金的投向符合国家产业政策。⑤债券的利率不得超过国务院规定的利率水平。⑥国务院规定的其他条件。公开发行公司债券筹集的资金,必须用于核准的用途,不得用于弥补亏损和非生产性支出。上市公司发行可转换为股票的公司债券,除应当符合发行公司债券的条件外,还应当符合本法关于公开发行股票的条件,并报国务院证券监督管理机构核准。另外,有下列情形之一的,不得再次公开发行公司债券:①前一次发行的债券尚未募足。②对已发行的债券或者其债务有违约或者延迟支付本息的事实,且仍处于继续状态。③改变公开发行公司债券所募资金的用途。

3. 债券发行价格

债券发行价格是指投资者认购新发行的债券实际支付的价格。理论上,债券发行价格是债券面值和债券各期的利息按发行当时的市场利率折现所得到的现值。债券发行价格和债券面值可能一致也可能不一致,具体包括三种:①平价发行,即债券发行价格与债券面值相同。②溢价发行,即债券发行价格高于债券面值。③折价发行,即债券发行价格低于债券面值。在面值一定的情况下,调整债券发行价格可以使投资者的实际收益率接近市场收益率的水平。

债券发行的定价方式以公开招标最为典型。按照招标标的分类,有价格招标和收益率招标;按照价格决定方式分类,有美式招标和荷兰式招标。以价格为标的的荷兰式招标,是以募满发行额为止所有投标者的最低中标价格作为最后中标价格,全体中标者的中标价格是单一的;以价格为标的的美式招标,是以募满发行额为止的中标者各自的投标价格作为各中标者的最终中标价,各中标者的认购价格是不相同的。以收益率为标的的荷兰式招标,是以募满发行额为止的中标者最高收益率作为全体中标者的最终收益率,所有中标者的认购成本是相同的;以收益率为标的的美式招标,是以募满发行额为止的中标者所投标的各个价位上的中标收益率作为中标者各自的最终中标收益率,各中标者的认购成本是不相同的。一般情况下,短期贴现债券多采用单一价格的荷兰式招标,长期附息债券多采用多种收益率的美式招标。

4. 公司债券发行的程序

(1) 公司权力机关作出决议或决定

股份有限公司、有限责任公司发行公司债券,由董事会制订方案,由股东大会或者股东会作出决议。国有独资公司发行公司债券,应由国家授权投资的机构或者国家授权的部门作出决定。

(2) 发行申请

公司在作出发行公司债券的决议或者决定后,必须依照《公司法》规定的条件,向国务院授权的部门提交规定的申请文件,报请批准,并应提交公司登记证明、公司章程、公司债券募集办法、资产评估报告和验资报告等文件。

（3）主管部门批准

国务院证券管理部门对发行公司债券的申请，依照《公司法》的规定审查并决定批准或者不批准。该部门应当自受理公司债券发行申请文件之日起三个月内作出决定；不予审批的，应当作出书面说明。

（4）公告债券募集办法

发行公司债券申请经批准后，应当公告债券募集办法。在募集办法中应当载明下列事项：①公司名称。②债券总额和债券的票面金额。③债券的利率。④还本付息的期限和方式。⑤债券发行的起止日期。⑥公司净资产额。⑦已发行的尚未到期的公司债券总额。⑧公司债券的承销机构。

（5）签署债券承销协议，组织公司债券认购

发行公司债券应当由具有证券承销业务资格的证券公司承销。发行人和主承销商应当签订承销协议，在承销协议中界定双方的权利义务关系。公司在进行公告后，即可以开始募集公司债券。

（6）置备公司债券存根簿

公司发行公司债券应当置备公司债券存根簿。发行记名公司债券的，应当在公司债券存根簿上载明下列事项：①债券持有人的姓名或者名称及住所。②债券持有人取得债券的日期及债务的编号。③债券总额，债券的票面金额，债券的利率，债券的还本付息的期限和方式。④债券的发行日期。

3.3 证券流通市场

证券流通市场又称证券交易市场、二级市场、次级市场，是指对已经发行的证券进行买卖、转让和流通的市场。证券交易市场有场内交易市场和场外交易市场两种形式。

3.3.1 证券交易所

1. 证券交易所的定义、特征与职能

（1）证券交易所的定义

证券交易所（securities exchange）是证券买卖双方公开交易的场所，是一个高度组织化、集中进行证券交易的市场，是整个证券市场的核心。证券交易所本身并不买卖证券，也不决定证券价格，而是为证券交易提供一定的场所和设施，配备必要的管理和服务人员，并对证券交易进行周密的组织和严格的管理，为证券交易顺利进行提供一个稳定、公开、高效的市场。《证券法》规定，证券交易所是为证券集中交易提供场所和设施，组织和监督证券交易，实行自律管理的法人。

（2）证券交易所的特征

证券交易所具有以下特征：①有固定的交易场所和交易时间。②参加交易者为具备会员资格的证券经营机构，交易采取经纪人制度，即一般投资者不能直接进入交易所买卖证券，只能委托会员作为经纪人间接进行交易。③交易的对象限于合乎一定标准的上市

证券。④通过公开竞价的方式决定交易价格。⑤集中了证券的供求双方,具有较高的成交速度和成交率。⑥实行公开、公平、公正原则,并对证券交易加以严格管理。

（3）证券交易所的职能

证券交易所为证券交易创造公开、公平、公正的市场环境,扩大了证券成交的机会,有助于公平交易价格的形成和证券市场的正常运行。《证券交易所管理办法》第十一条规定,证券交易所的职能包括:①提供证券交易的场所和设施;②制定证券交易所的业务规则;③接受上市申请、安排证券上市;④组织、监督证券交易;⑤对会员进行监管;⑥对上市公司进行监管;⑦设立证券登记结算机构;⑧管理和公布市场信息;⑨中国证监会许可的其他职能。

2. 证券交易所的组织形式

证券交易所的组织形式大致可以分为两类,即公司制和会员制。

公司制的证券交易所是以股份有限公司形式组织并以营利为目的的法人团体,一般由金融机构及各类民营公司组建。证券交易所章程中明确规定作为股东的证券经纪商和证券自营商的名额、资格和公司存续期限。公司制的证券交易所必须遵守本国公司法的规定,在政府证券主管机构的管理和监督下,吸收各类证券挂牌上市。同时,任何成员公司的股东、高级职员、雇员都不能担任证券交易所的高级职员,以保证交易的公正性。

会员制的证券交易所是一个由会员自愿组成的、不以营利为目的的社会法人团体。证券交易所设会员大会、理事会和监察委员会。会员制的证券交易所规定,进入证券交易所参与集中交易的,必须是证券交易所的会员成员或会员派出的入市代表;其他人要买卖在证券交易所上市的证券,必须通过会员进行。会员制证券交易所注重会员自律,在证券交易所内从事证券交易的人员,违反证券交易所有关规则的,由证券交易所给予纪律处分;对情节严重的,撤销其资格,禁止其入场进行证券交易。

《证券法》规定,证券交易所的设立和解散由国务院决定。我国内地有两家证券交易所——上海证券交易所和深圳证券交易所。两家证券交易所均按会员制方式组成,是非营利性的事业法人。组织机构由会员大会、理事会、监察委员会和其他专门委员会、总经理及其他职能部门组成。

小贴士 3-4

3. 证券交易所的运作系统

我国的证券交易所采用无纸化集中交易方式。为适应市场发展的需要,我国上海证券交易所和深圳证券交易所的运作系统在原有集中竞价交易系统的基础上有所发展。上海证券交易所的运作系统包括集中竞价交易系统、大宗交易系统、固定收益证券综合电子平台。深圳证券交易所的运作系统包括集中竞价交易系统、综合协议交易平台。

（1）集中竞价交易系统

证券交易所的运作系统由必要的硬件设施和信息、管理等软件组成,它们是保证证券交易正常、有序运行的物质基础和管理条件。现代证券交易所的运作普遍实现了高度的计算机化和无形化,建立起了安全、高效的计算机运行系统。该系统通常包括交易系统、结算系统、信息系统和监察系统四个部分。

(2) 大宗交易系统

大宗交易(block trade)是指一笔数额较大的证券交易,通常在机构投资者之间进行。在证券交易所市场进行的证券单笔买卖达到交易所规定的最低限额,可以采用大宗交易方式。大宗交易在证券交易所正常交易日收盘后的限定时间进行,申报方式有意向申报和成交申报。大宗交易的成交价格不作为该证券当日的收盘价,也不纳入指数计算,不计入当日行情,成交量在收盘后计入该证券的成交总量。

(3) 固定收益证券综合电子平台

固定收益证券综合电子平台简称固定收益平台,是上海证券交易所设置的、与集中竞价交易系统平行的、独立的固定收益市场体系。该体系是为国债、企业债、资产证券化债券等固定收益产品提供交易商之间批发交易和为机构投资人提供投资与流动性管理的交易平台。固定收益平台设立交易商制度,符合条件的上海证券交易所会员和其他合格投资者可以申请交易商资格。

(4) 综合协议交易平台

综合协议交易平台是指深圳证券交易所为会员和合格投资者进行各类证券大宗交易或协议交易提供的交易系统。综合协议交易平台在原大宗交易平台各项业务集中整合的基础上发展而来,是一个主要服务于机构投资者的交易平台。综合协议交易平台接受交易用户的申报,按不同业务类型分别确认成交,并有回转交易与跨系统交易安排。

4. 证券交易所的交易原则和交易规则

证券交易所采用经纪制交易方式,投资者必须委托具有会员资格的证券经纪商在交易所内代理买卖证券,经纪商通过公开竞价形成证券价格,达成交易。为了保证场内证券交易的公平、高效、有序进行,证券交易所制定证券交易原则和交易规则。

(1) 证券交易原则

证券交易原则是反映证券交易宗旨的一般法则,应该贯穿于证券交易的全过程。为了保障证券交易功能的发挥,以利于证券交易的正常运行,证券交易必须遵循"公开、公平、公正"三个原则。公开原则又称信息公开原则,是指证券交易是一种面向社会的、公开的交易活动,其核心要求是实现市场信息的公开化。公平原则是指参与交易的各方应当获得平等的机会。它要求证券交易活动中的所有参与者都有平等的法律地位,各自的合法权益都能得到公平保护。公正原则是指应当公正地对待证券交易的参与各方,以及公正地处理证券交易事务。

(2) 证券交易规则

证券交易所的主要交易规则有以下六个方面:①交易时间。交易所有严格的交易时间,在规定的时间内开始和结束集中交易,以示公正。②交易单位。交易所规定的每次申报和成交的交易数量单位,一个交易单位俗称"一手",委托买卖的数量通常为一手或一手的整数倍。③价位。交易所规定每次报价和成交的最小变动单位。④报价方式。传统的证券交易所用口头叫价方式并辅之以手势作为补充,现代证券交易所多采用计算机报价方式。无论何种方式,交易所均规定报价规则。⑤价格决定。交易所按连续、公开竞价方式形成证券价格,当买卖双方在交易价格和数量上取得一致时,便立即成交并形成价格。

⑥涨跌幅限制。为保护投资者利益,防止股价暴涨暴跌和投机盛行,证券交易所可根据需要对每日股票价格的涨跌幅度予以适当的限制。高于涨幅限制的委托和低于跌幅限制的委托无效。此外,证券交易所对证券交易实行实时监控,并有权在证券市场出现异常情形时采取临时停市措施或对出现重大异常情况的账户限制交易。

3.3.2 证券交易方式和程序

1. 证券交易的方式

(1) 现货交易

现货交易是证券交易双方在成交后即时清算交割证券和价款的交易方式。现货交易最初是在成交后即时交割证券和钱款,为"一手交钱、一手交货"的典型形式。在现代现货交易中,证券成交与交割间通常都有一定时间间隔,时间间隔长短依证券交易所规定的交割日期确定。证券交易所为了确保证券交易所和证券公司有合理时间处理财务事宜(包括准备证券交付和款项往来),会对证券成交和交割的时间间隔作出规定。但为防止该时间间隔过长而影响交割安全性,交割日期主要有当日交割、次日交割和例行交割。当日交割也称"T+0"交割,为成交当日进行交割;次日交割则称"T+1"交割,为成交完成后下一个营业日办理交割;例行交割则依照交易所规定确定,往往是成交后 5 个营业日内进行交割。

(2) 期货交易

期货交易是交易双方在交易所通过买卖期货合约并根据合约规定的条款,约定在未来某一特定时间和地点,以某一特定价格买卖某一特定商品的行为。期货交易对象不是证券本身,而是期货合约,即未来购买或出卖证券并交割的合约。期货合约属于证券交易所制定的标准合约。根据期货合约,一方当事人应于交割期限内,向持有期货合约的另一方交付期货合约指定数量的金融资产。在期货合约期限届满前,有一交割期限。在该期限内,期货合约持有人有权要求对方向其进行实物交割。由于期货交易具有预先成交、定期交割和价格独立的特点,买卖双方在达成证券期货合同时,并不是到指定日期到来时必须实际交割证券资产,而可以在买进或卖出期货合约后的适当时机再行平仓,以谋取利益或减少损失。

(3) 期权交易

证券期权交易是当事人为获得证券市场价格波动带来的利益,约定在一定时间内,以特定价格买进或卖出指定证券,或者放弃买进或卖出指定证券的交易。证券期权交易是以期权作为交易标的的交易形式。期权分为看涨期权和看跌期权两种基本类型。根据期权交易规则,看涨期权持有人,可在确定日期购买证券实物资产,也可在到期日放弃购买证券资产;看跌期权持有人,可在确定日期出售证券实物资产,也可拒绝出售证券资产而支付保证金。期权交易属选择权交易。

(4) 信用交易

信用交易又称融资融券交易(securities margin trading)、保证金交易,是投资者凭借自己提供的保证金和信誉,取得证券公司信用,在买进证券时由证券公司提供贷款,在卖出证券时由证券公司贷给证券而进行的交易。信用交易可分为保证金多头交易和保证金空头交易两种。保证金多头交易习惯上称为融资交易,是指投资者估计某种股票将来价格会上涨,向证券公司贷款,借钱来购买这种股票。保证金空头交易习惯上称为融券交易,是指投资者估计某种股票将来的价格要下跌,向证券公司先"借用"一部分这种股票供自己卖出去,然后等将来该股票价格下跌时买回来后,再"归还"给证券公司。我国过去是禁止信用交易的。2010年3月31日,上海、深圳证券交易所正式接受六家试点券商的融资融券交易申报,这标志着融资融券交易正式进入市场操作阶段。从融资融券成本费率看,六家券商融资利率统一为7.86%,但融券费率除了海通和国泰君安与融资成本一样外,另外四家均为9.86%。

在各国证券市场中,除前述四种基本证券交易方式外,还存在大量其他非主要形态的证券交易方式。有些是相对独立于前四种的证券交易方式,如股票指数交易;有的则是附属于前四种基本证券交易方式,如利率期货等。

2. 证券交易的程序

在证券交易所市场,证券交易的基本过程包括开户、委托、成交、结算等几个步骤,这一过程如图3-1所示。

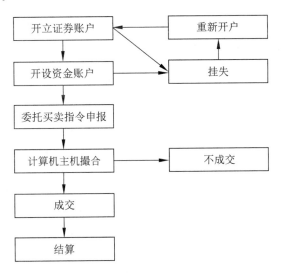

图 3-1 证券交易的程序

(1) 开户

开户即开立账户。一般投资者在买卖证券之前要到证券公司进行开户。开户之后,才有资格委托证券公司代为买卖证券。开户有两个方面,即开立证券账户和开立资金账户。证券账户用来记载投资者所持有的证券种类、数量和相应的变动情况,资金账户则用来记载和反映投资者买卖证券的货币收付与结存数额。投资者投资于上海和深圳股市,需分别在上海证券交易所和深圳证券交易所开设证券账户,一个投资者只能申请开立一个一码通账户。一个投资者在同一市场最多可以申请开立三个A股账户、封闭式基金账户,只能申请开立一个信用账户、B股账户。证券账户全国通用。

(2) 委托

在证券交易所市场,投资者买卖证券是不能直接进入交易所办理的,而必须通过证券交易所的会员来进行。换言之,投资者需要通过经纪商的代理才能在证券交易所买卖证券。在这种情况下,投资者向经纪商下达买进或卖出证券的指令,称为"委托"。

委托指令有多种形式,可以进行不同分类。从各国(地区)情况看,一般根据委托订单的数量,有整数委托和零数委托;根据买卖证券的方向,有买进委托和卖出委托;根据委托价格限制,有市价委托和限价委托;根据委托时效限制,有当日委托、当周委托、无期限委托、开市委托和收市委托等。股票买卖以"手"为单位,一手=100股。

证券经纪商接到投资者的委托指令后,首先要对投资者身份的真实性和合法性进行审查。审查合格后,经纪商要将投资者委托指令的内容传送到证券交易所进行撮合。这一过程称为"委托的执行",也称为"申报"或"报盘"。

证券交易所在证券交易中接受报价的方式主要有口头报价、书面报价和计算机报价三种。目前,我国通过证券交易所进行的证券交易均采用计算机报价方式。

(3) 成交

证券交易所交易系统接受申报后,要根据订单的成交规则进行撮合配对。符合成交条件的予以成交,不符合成交条件的继续等待成交,超过了委托时效的订单失效。

① 竞价原则。在成交价格确定方面,一种情况是通过买卖双方直接竞价形成交易价格;另一种情况是交易价格由交易商报出,投资者接受交易商的报价后即可与交易商进行证券买卖。我国采用价格优先和时间优先原则。价格优先原则是指价格较高的买入申报优先于价格较低的买入申报,价格较低的卖出申报优先于价格较高的卖出申报。时间优先原则是指同价位申报,依照申报时序决定优先顺序,即买卖方向、价格相同的,先申报者优先于后申报者。先后顺序按交易所交易主机接受申报的时间确定。

② 竞价方式。目前,我国证券交易所采用集合竞价和连续竞价两种竞价方式。集合竞价(collective bidding)是指对在规定的一段时间内接受的买卖申报一次性集中撮合的竞价方式。连续竞价(continuous bidding)是指对买卖申报逐笔连续撮合的竞价方式。上海证券交易所规定,采用竞价交易方式的,每个交易日的9:15—9:25为开盘集合竞价时间(产生开盘价),9:30—11:30、13:00—15:00为连续竞价时间。深圳证券交易所规定,采用竞价交易方式的,每个交易日的9:15—9:25为开盘集合竞价时间,9:30—11:30、13:00—14:57为连续竞价时间,14:57—15:00为收盘集合竞价时间(产生收盘价)。

小贴士3-5

(4) 结算

证券交易成交后,首先需要对买方的资金应付额和证券应收种类与数量进行计算,同时也要对卖方的资金应收额和证券应付种类与数量进行计算。这一过程属于清算,包括资金清算和证券清算。清算结束后,需要完成证券由卖方向买方转移和对应的资金由买方向卖方转移,这一过程属于交收。清算和交收是证券结算的两个方面。我国证券交易的品种很多,不同的品种遵循不同的清算交割原则。例如,A股、基金、债券、回购交易遵循"T+1"的原则,当天买入的证券当天不能卖出,等到下一个交易日才能出售交割;B股遵循"T+3"的原则,只有等到购买后的第三个交易日才能出售。

(5) 过户

我国证券交易所的股票已实行所谓的"无纸化交易",对于交易过户而言,结算的完成即实现了过户。所有的过户手续都由交易所的计算机自动过户系统一次完成,无须投资者另外办理过户手续。

3.3.3 证券上市与退市制度

1. 证券上市制度

证券上市又称上市交易,是指已公开发行的证券经过证券交易所批准在交易所内公开挂牌买卖。申请上市的证券必须满足证券交易所规定的条件,方可被批准挂牌上市。各国对证券上市的条件与具体标准有不同的规定。《证券法》及交易所股票上市规则规定,申请证券上市交易,应当向证券交易所提出申请,由证券交易所审核同意,并由双方签订上市协议。申请股票、可转换为股票的公司债券或法律、行政法规规定实行保荐制度的其他证券上市交易,应当聘请具有保荐资格的机构担任保荐人。

股份公司申请股票在上海证券交易所和深圳证券交易所主板市场上市应当符合下列条件:①股票经国务院证券监督管理机构核准已向社会公开发行;②公司股本总额不少于人民币3 000万元;③公开发行的股份达公司股份总数的25%以上,公司股本总额超过人民币4亿元的,公开发行股份的比例为10%以上;④公司在最近三年无重大违法行为,财务会计报告无虚假记载。证券交易所可以规定高于上述规定的上市条件,并报国务院证券监督管理机构批准。

公司申请公司债券上市交易,应当符合下列条件:①经有权部门批准并发行;②公司债券的期限为一年以上;③公司债券实际发行额不少于人民币5 000万元;④债券须经资信评级机构评级,且债券的信用级别良好;⑤公司申请债券上市时仍符合法定的公司债券发行条件。

证券上市后,上市公司应遵守《公司法》《证券法》《证券交易所股票上市规则》等法律、法规的规定,并履行信息披露的义务。上市公司必须定期公开财务状况和经营状况,公开披露年度报告、中期报告和临时报告,并应履行及时披露所有对上市公司股票价格可能产生重大影响的信息,确保信息披露的内容真实、准确、完整而没有虚假、严重误导性陈述或重大遗漏。

2. 上市交易股票的特别处理制度

公司上市的资格并不是永久的,当不能满足证券上市条件时,证券监管机构或证券交易所将对该股票作出实行特别处理、退市风险警示、暂停上市、终止上市的决定。这些做法既是对投资者的警示,也是对上市公司的淘汰制度,是防范和化解证券市场风险、保护投资者利益的重要措施。

当上市公司出现财务状况异常或者其他异常情况,导致其股票存在被终止、投资者权益可能受到损害的,证券交易所对该公司股票交易实行特别处理(special treatment, ST)。特别处理分为警示存在终止上市风险的特别处理(以下简称退市风险警示)和其他特别处理。退市风险警示的处理措施包括:在公司股票简称前冠以"*ST"字样,以区别于其他股票;股票价格的日涨跌幅限制为5%。其他特别处理的处理措施包括:在公司股票简称前冠以"ST"字样,以区别于其他股票;股票价格的日涨跌幅限制为5%。

3. 暂停股票上市交易

《证券法》规定,上市公司有下列情形之一的,由证券交易所决定暂停其股票上市交易:①公司股本总额、股权分布等发生变化不再具备上市条件;②公司不按照规定公开其财务状况,或者对财务会计报告作虚假记载,可能误导投资者;③公司有重大违法行为;④公司最近三年连续亏损;⑤证券交易所上市规则规定的其他情形。

在公司暂停上市期间,证券交易所可以为投资者提供股票特别转让服务(particular transfer,PT)。特别转让服务旨在股票暂停上市期间,依法为投资者提供一种特别转让渠道。交易时间限于每周五开市时间内进行,于收市后按照集合竞价方式对有效申报进行撮合,而当天所有的有效申报将以集合竞价方式产生唯一价格成交。

4. 终止股票上市交易

《证券法》规定,上市公司有下列情形之一的,由证券交易所决定终止其股票上市交易:①公司股本总额、股权分布等发生变化不再具备上市条件,在证券交易所规定的期限内仍不能达到上市条件;②公司不按照规定公开其财务状况,或者对财务会计报告作虚假记载,且拒绝纠正;③公司最近三年连续亏损,在其后一个年度内未能恢复盈利;④公司解散或者被宣告破产;⑤证券交易所上市规则规定的其他情形。

公司债券上市交易后,公司有下列情形之一的,由证券交易所决定暂停其公司债券上市交易:①公司有重大违法行为;②公司情况发生重大变化,不符合公司债券上市条件;③发行公司债券所募集的资金不按照核准的用途使用;④未按照公司债券募集办法履行义务;⑤公司最近两年连续亏损。公司有第①、④项所列情形之一经查实后果严重的,或者有第②、③、⑤项所列情形之一,在限期内未能消除的,由证券交易所决定终止其公司债券上市交易。

3.3.4 场外交易市场

1. 场外交易市场的定义和特征

场外交易市场又称柜台交易市场(over-the-counter market)、店头交易市场,是证券交易所以外的证券交易市场的总称。在证券市场发展初期,许多有价证券的买卖都是在柜台上进行的,因此称为柜台交易市场或店头交易市场。随着通信技术的发展,目前许多场外交易市场并不直接在证券经营机构柜台前进行,而是由客户与证券经营机构通过电话、电传、计算机网络进行交易,故又称为电话交易市场、网络交易市场。由于进入证券交易所交易的必须是符合一定上市标准的证券,必须经过证券交易所的会员才能买卖,为此还要向经纪会员交付一定数额的佣金,因此,为规避较严格的法律条件,降低交易成本,产生了场外交易的需求。但是,随着信息技术的发展,证券交易的方式逐渐演变为通过网络系统将订单汇集起来,再由电子交易系统处理,场内市场和场外市场的物理界限逐渐模糊。场外交易市场有以下特征。

(1) 场外交易市场是一个分散的无形市场

它没有固定的、集中的交易场所,而是由许多各自独立经营的证券经营机构分别进行交易,并且主要是依靠电话、电报、电传和计算机网络联系成交。

(2) 交易制度通常采用做市商制度

场外交易市场与证券交易所的区别在于不采取经纪制,投资者直接与证券商进行交易。证券交易通常在证券经营机构之间或是证券经营机构与投资者之间直接进行,不需要中介人。做市商制度也叫报价驱动制度,是指做市商向市场提供双向报价,投资者根据报价选择是否与做市商交易。相对于交易所市场常用的竞价交易制度,场外交易市场的投资者无论是买入股票还是卖出股票,都只能与做市商交易,即在一笔交易中,买卖双方必须有一方是做市商。近年来,随着计算机和网络通信等电子技术的应用,场外交易市场和交易所市场在交易方式上日益趋同,场外交易市场也具备了计算机自动撮合的条件。目前的场外交易市场早已不再单纯采用集中报价、分散成交的做市商模式,而是掺杂自动竞价撮合,形成混合交易模式。

(3) 交易对象主要是未上市的股票和债券

场外交易市场是一个拥有众多证券种类和证券经营机构的市场,以未能或无须在证券交易所批准上市的股票和债券为主。柜台交易的证券大量的是未在交易所登记上市的证券,少量上市的证券也可在柜台交易进行买卖。在场外交易市场上交易的证券大大多于在交易所交易的证券。场外交易市场通常是各国和地区资本市场体系中较低的一个层次,挂牌标准相对较低,通常不对企业规模和盈利情况等作要求。

(4) 场外交易市场是一个以议价方式进行证券交易的市场

在场外交易市场上,证券买卖采取一对一的交易方式,对同一种证券的买卖不可能同时出现众多的买方和卖方,也就不存在公开的竞价机制。场外交易市场的价格决定机制不是公开竞价,而是买卖双方协商议价。具体地说,证券公司对自己所经营的证券同时挂出买入价和卖出价,并无条件地按买入价买入证券和按卖出价卖出证券,最终的成交价是在挂牌价基础上经双方协商决定的不含佣金的净价。券商可根据市场情况随时调整所挂的牌价。

(5) 监管较为宽松,交易风险大

为适应挂牌公司规模较小,对信息披露、财务审计等挂牌相关费用承受力弱的特点,场外交易市场通常对其信息披露频率和内容要求较低,监管较为宽松,交易效率和市场透明度不及交易所市场。尽管有些场外交易市场经营也很好,红利也丰厚,但尚未在交易所挂牌的股票很多是不被允许在交易所上市的质量较差的股票。这些股票的发行公司或太小,或经营不佳,或利润较薄,总之,信誉不如挂牌股票的发行公司好,所以经营这种股票可能会冒较大的风险。另外,还由于场外交易的非集中竞价、信息阻塞等原因,造成场外交易的不公平,从而增加交易的风险。

2. 场外交易市场的功能

(1) 场外交易市场是证券发行的主要场所

不同融资渠道的资金具有不同的性质和相互匹配关系,优化融资结构对于促进企业发展、保持稳定的资金供给至关重要。目前,中小企业尤其是民营企业的发展在难以满足现有资本市场约束条件的情况下,很难获得持续稳定的资金供给。场外交易市场的建设和发展拓展了资本市场积累与配置资源的范围,为中小企业提供了与其风险状况相匹配的融资工具。

(2) 为非上市证券提供流通转让的场所

在多层次资本市场体系中,证券交易所市场上市标准较高,大部分公司很难达到这一标准。场外交易市场为政府债券、金融债券以及按照有关法规公开发行而又不能到证券交易所上市交易的股票提供了流通转让的场所,为这些证券提供了流动的必要条件,为投资者提供了兑现及投资的机会。

(3) 场外交易市场是证券交易所的必要补充

资本市场是风险投资市场,不同投资人具有不同的风险偏好。建立多层次资本市场体系,发展场外交易市场能够增加不同风险等级的产品供给、提供必要的风险管理工具以及风险的分层管理体系,为不同风险偏好的投资者提供了更多不同风险等级的产品,满足投资者对金融资产管理渠道多样化的要求。

3. 我国的场外交易市场

(1) 全国银行间债券市场

全国银行间债券市场是指依托于中国外汇交易中心暨全国银行间同业拆借中心(以下简称交易中心)和中央国债登记结算有限责任公司(以下简称中央登记公司)的,面向商业银行、农村信用联社、保险公司、证券公司等金融机构进行债券买卖和回购的市场。全国银行间债券市场成立于1997年6月6日,经过20多年的迅速发展,全国银行间债券市场目前已成为我国债券市场的主体部分。

(2) 代办股份转让系统

代办股份转让系统又称三板市场,是指经中国证券业协会批准,具有代办系统主办券商业务资格的证券公司采用电子交易方式,为非上市股份有限公司提供规范股份转让服务的股份转让平台。代办股份转让系统于2001年6月启动,依托于全国中小企业股份转让系统(以下简称全国股转系统),是一个以证券公司及相关当事人的契约为基础,依托证券交易所和中央登记公司的技术系统与证券公司的服务网络,以代理买卖挂牌公司股份为核心业务的股份转让平台。代办股份转让系统由中国证券业协会负责自律性管理,以契约明确参与各方的权利、义务和责任。

目前,在代办股价转让系统挂牌的公司大致可分为两类。一类是原STAQ、NET挂牌公司和沪、深证券交易所退市公司,这一类统称为"老三板"。"老三板"的股份转让以集合竞价的方式配对撮合,现股份转让价格不设指数,股份转让价格实行5%的涨跌幅限制。股份实行分类转让,股东权益为正值或净利润为正值的,股份每周转让5次;二者均为负值的,股份每周转让3次;未与主办券商签订委托代办股份转让协议,或不履行基本信息披露义务的,股份每周转让1次。另一类是非上市股份公司的股份报价转让,主要是中关村科技园区的高科技公司,这一类称为"新三板"。"新三板"的股份转让主要采取协商配对

小贴士 3-6

方式进行成交。2013年12月31日,"新三板"正式向全国放开,规模迅速扩张。截至2016年12月31日,全国股转系统挂牌公司达10 163家,总市值约4.06万亿元,融资2 749.17亿元。

代办股份转让系统的主要功能是为非上市中小型高新技术股份公司提供股份转让服务,同时也为退市后的上市公司股份提供继续流通的场所,并解决了原STAQ、NET系统历史遗留的数家公司法人股的流通问题。

3.4 证券价格指数

3.4.1 股价指数的分类和编制方法

1. 股票价格指数的定义及种类

股票价格指数(stock index)简称股价指数,是用以反映股票市场平均价格水平及其变动的数量指标。股价指数是对股市动态的综合反映,是一个相对平均数,而不是绝对平均数,通常由金融机构或一些有名的金融服务公司、研究组织编制。股价指数不仅能够衡量股市总体价格水平及变动趋势,同时也是反映一个国家或地区政治、经济发展状况的灵敏信号。股票价格指数可分为以下三类。

(1) 综合指数

综合指数(composite index)是指将股票市场内所有上市公司的股票价格都计算在内,用以综合反映整个股票市场价格总体水平的股票价格指数。这类指数涵盖面最广,目前多数国际著名的股票市场都发布此类指数。

(2) 成分指数

成分指数(component index)是指仅选取市值大、交易量大、业绩较突出的代表性上市公司来编制的股票价格指数。成分指数的覆盖范围比综合指数小,但是代表性较强,因此,目前几乎所有股票市场都采用成分指数,如道·琼斯指数、标准普尔指数500、上证180指数等。

(3) 分类指数

分类指数(sectorial index)是指用不同行业中的上市公司股票价格编制的股票价格指数。如房地产股票指数、制造业指数等。它对于考察某一行业整体发展状况具有重要参考价值。

2. 股票价格指数的编制步骤

股票价格指数的编制一般分为以下四步。

(1) 选择样本股

选择一定数量有代表性的上市公司股票作为编制股价指数的样本股。样本股可以是全部上市股票,也可以是其中有代表性的一部分。样本股选定后不是一成不变的,要根据实际情况经常变换或作数量上的增减,以保持良好的代表性。

(2) 选定某基期,并计算基期平均股价或市值

通常选择某一有代表性或股价相对稳定的日期为基期,并按选定的某一种方法计算这一天的样本股平均价格或总市值。

(3) 计算计算期平均股价或市值,并作必要的修正

收集样本股在计算期的价格,并按选定的方法计算平均股价或市值。有代表性的价格是样本股收盘平均价。

(4) 指数化

指数化就是将报告期样本股的平均股价(或市值)转化为指数值,即将基期平均股价(或市值)定为某一常数(通常为100,1 000),并据此计算报告期股价的指数值。

3. 股票价格指数的计算方法

股票价格指数是将计算期的股价与基期的股价相比较而得出的相对指数,用以反映市场股票价格的相对变化水平。假设股票价格指数为SPI,基期第i种股票价格为P_{0i},报告期第i种股票价格为P_{1i},样本数为n,基数为I(通常为100,1 000),则股价指数通常有以下五种计算方法。

(1) 简单算术平均法

简单算术平均法是先计算出采样股票的个别价格指数,再加总求其算术平均数。其计算公式为

$$\text{SPI} = \frac{1}{n} \sum_{t=1}^{n} \frac{P_{1i}}{P_{0i}} \cdot I \tag{3.1}$$

(2) 综合平均法

综合平均法是先分别把样本股基期和计算期的股价加总后,再用计算期股价总额与基期股价总额相比较。其计算公式为

$$\text{SPI} = \frac{\sum_{t=1}^{n} P_{1i}}{\sum_{t=1}^{n} P_{0i}} \cdot I \tag{3.2}$$

(3) 几何平均法

几何平均法是分别把基期和计算期的股价相乘后开n次方,再用计算期与基期相比。其计算公式为

$$\text{SPI} = \frac{\sqrt[n]{P_{11} \cdot P_{12} \cdot \cdots \cdot P_{1n}}}{\sqrt[n]{P_{01} \cdot P_{02} \cdot \cdots \cdot P_{0n}}} \cdot I \tag{3.3}$$

(4) 加权综合法

加权综合法是以样本股票的发行量或成交量为权数,再用计算期与基期相比较计算出股票价格指数。无论是简单算术平均法,还是综合平均法或几何平均法,在计算股价指数时,都没有考虑到各采样股票权数对股票总额的影响,因而,难以全面真实地反映股市价格变动情况,需要用加权综合法来弥补其不足。根据权数选择的不同,计算股价指数的加权综合法公式有以下两种。

① 基期加权股价指数，又称拉斯贝尔加权指数（Laspeyre Index），系采用基期发行量或成交量作为权数。假设 Q_{0i} 为第 i 种股票基期发行量或成交量。其计算公式为

$$\text{SPI} = \sum_{t=1}^{n} \frac{P_{1i}Q_{0i}}{P_{0i}Q_{0i}} \cdot I \tag{3.4}$$

② 计算期加权股价指数，又称派许加权指数（Paasche Index），采用计算期发行量或成交量作为权数。其适用性较强，使用较广泛，很多著名股价指数，如标准普尔指数等，都使用这一方法。假设 Q_{1i} 为第 i 种股票计算期发行量或成交量。其计算公式为

$$\text{SPI} = \sum_{t=1}^{n} \frac{P_{1i}Q_{1i}}{P_{0i}Q_{1i}} \cdot I \tag{3.5}$$

（5）加权几何平均法

加权几何股价指数又称费雪理想式（Fisher's Index Formula），是对两种指数作几何平均。在计算股价指数时，为调和发行量（或成交量）在基期和计算期的不同影响，采用了加权几何平均法，由于计算复杂，很少被实际应用。其计算公式为

$$\text{SPI} = \sqrt{\frac{\sum_{t=1}^{n} P_{1i}Q_{0i} \sum_{t=1}^{n} P_{1i}Q_{1i}}{\sum_{t=1}^{n} P_{0i}Q_{0i} \sum_{t=1}^{n} P_{0i}Q_{1i}}} \cdot I \tag{3.6}$$

3.4.2 我国主要的证券价格指数

（1）中证指数有限公司及其指数

中证指数有限公司成立于 2005 年 8 月 25 日，是由上海证券交易所和深圳证券交易所共同出资发起设立的一家专业从事证券指数及指数衍生产品开发服务的公司。中证指数有限公司编制和发布了沪深 300 指数、中证规模指数、中证行业指数系列、中证风格指数系列、中证主题指数系列、中证策略指数系列和中证海外指数系列。2018 年 6 月 8 日，沪深 300 指数（HS300）为 3 779.62 点。

（2）上海证券交易所的股价指数

由上海证券交易所编制并发布的上证指数系列包括上证 180 指数、上证 50 指数、上证综合指数、A 股指数、B 股指数、分类指数、债券指数、基金指数等。其中，最早编制的为上证综合指数。上证综合指数是上海证券交易所最有代表性的股价指数，由上交所从 1991 年 7 月 15 日起编制并公布。它以 1990 年 12 月 19 日为基期，基数为 100 点，以全部上市股票为样本，以股票发行量为权数，按加权几何平均法计算。2018 年 6 月 8 日，上证综合指数为 3 067.15 点。

（3）深圳证券交易所的股价指数

由深圳证券交易所编制并发布的深证指数有：①成分股指数，包括深证成分股指数、成分 B 股指数、成分 A 股指数、公用事业类指数、工业类指数、金融类指数、商业类指数、地产类指数、综合企业类指数；②综合指数，包括深证综合指数、深证 A 股指数、深证 B 股指数、行业分类指数、中小板综合指数、创业板综合指数、深圳新指数；③深证基金指数。深证成分股指数是深交所最有代表性的股价指数，由深交所编制。它以 1994 年 7 月

20 日为基期,基数为 1 000 点,选 40 家有代表性的上市公司作为成分股,以成分股的可流通股数为权数,采用加权几何平均法编制而成。2018 年 6 月 8 日,深证成分股指数为 10 205.52 点。

(4)中国香港和中国台湾的主要股价指数

我国香港股票市场的股价指数主要有恒生指数、恒生综合指数系列、恒生流通综合指数系列、恒生流通精选指数系列。恒生指数(Hang Seng Index,HSI)是由香港恒生银行于 1969 年 11 月 24 日起编制公布,系统反映香港股票市场行情变动最有代表性和影响最大的指数。它以 1964 年 7 月 31 日为基期,基数为 100 点,挑选 33 种有代表性的上市股票为成分股,用加权几何平均法计算。2018 年 6 月 8 日,恒生指数为 30 958.21 点。

我国台湾证券交易所目前发布的股价指数中,以发行股数加权计算的有 26 种,包括发行量加权股价指数(未含金融股和电子股发行量加权股价指数);还有 22 种产业分类股价指数、与英国富时(FTSE)共同编制的台湾 50 指数以及以算术平均法计算的综合股价平均数和工业指数平均数。其中,最有代表性的是台湾证券交易所发行量加权股价指数。2018 年 6 月 8 日,台湾加权股价指数(TWII)为 11 156.42 点。

3.4.3 国际主要证券价格指数

1. 道·琼斯股票价格指数

道·琼斯股票价格指数(Dow Jones Index)是世界上历史最悠久、影响最大、最有权威性的股票指数,1884 年 7 月 3 日,由道·琼斯公司的创始人查尔斯·道开始编制。现在的道·琼斯股票价格指数以 1928 年 10 月 1 日为基期,基数为 100 点。道·琼斯股票价格指数是一组股价平均数,包括五组指标:工业股价平均数,运输业股价平均数,公用事业股价平均数,股价综合平均数,道·琼斯公正市价指数。其中,30 种工业股价平均指数(Dow Jones Industrial Average,DJIA)是纽约股票市场最有影响、最具代表性的股价指数,是报刊上经常引用的股价指数。2018 年 6 月 8 日,道·琼斯工业股价平均指数(Dow 30)为 25 316.53 点。

2. 标准普尔股票价格指数

标准普尔股票价格指数(S&P Index)是美国最大的证券研究机构标准普尔公司编制的股票价格指数。该公司于 1923 年开始编制发表股票价格指数。最初采选了 230 种股票,编制两种股票价格指数。1957 年,该指数的样本股范围扩大到 500 种股票,分成 95 种组合。其中,最重要的四种组合是工业股票组、铁路股票组、公用事业股票组和 500 种股票混合组。2018 年 6 月 8 日,标准普尔 500 指数(S&P 500)为 2 779.03 点。

3. NASDAQ 综合指数

NASDAQ 的中文全称是"全美证券交易商自动报价系统",是美国的创业板市场,于 1971 年正式启用,设立了 13 种指数。NASDAQ 综合指数是以在 NASDAQ 市场上市的、所有本国和外国上市公司的普通股为基础计算的。该指数按每个公司的市场价值来设权重,这意味着每个公司对指数的影响是由其市场价值决定的。市场总价是所有已公开发行的股票在每个交易日的卖出价总和。该指数是在1971年2月5日启用的,基数为100点。2018年6月8日,NASDAQ综合指数为7 645.51点。

4.《金融时报》证券交易所指数

《金融时报》证券交易所指数(FTSE100 Index)也译为"富时指数",是英国最具权威性的股价指数,原由《金融时报》编制和公布,现由《金融时报》和伦敦证券交易所共同拥有的富时集团编制。这一指数包括三种:一是《金融时报》工业股票指数,又称"30种股票指数";二是100种股票交易指数,又称"FT-100指数";三是综合精算股票指数。2018年6月8日,FT-100指数(FTSE100)为7 681.07点。

5. 日经225股价指数

日经225股价指数(NIKKEI225 Index)是日本经济新闻社编制和公布的反映日本股票市场价格变动的股价指数。该指数从1950年9月开始编制,最初根据在东京证券交易所第一市场上市的225家公司的股票算出修正平均股价,称为"东证修正平均股价"。1975年5月1日,日本经济新闻社向道·琼斯公司买进商标,采用道·琼斯修正指数法计算,指数也改为"日经道式平均股价指标"。1985年5月合同期满,经协商,名称改为"日经股价指数"。日经股价指数分为两组:一组是日经225种股价指数;另一组是日经500种股价指数。2018年6月8日,日经225种股价指数(NIKKEI225)为22 694.50点。

3.5 证券市场监管

3.5.1 证券市场监管概述

证券市场监管是指证券管理机关运用法律的、经济的以及必要的行政手段,对证券的募集、发行、交易等行为以及证券中介机构的行为进行监督与管理。证券市场监管是一国宏观经济监管体系中不可缺少的组成部分,对证券市场的健康发展意义重大。加强证券市场监管是保障广大投资者合法权益的需要,是维护市场良好秩序的需要,是发展和完善证券市场体系的需要,是证券市场参与者进行发行和交易决策的重要依据。

国际证监会公布了证券监管的三个目标:①保护投资者;②保证证券市场的公平、效率和透明;③降低系统性风险。证券市场监管的手段包括法律手段、经济手段和行政手段三种。证券市场是我国社会主义市场经济中的一个重要组成部分,重视和加强对证券市场的监管具有十分重要的意义。

1. 证券市场监管的原则

(1) 依法监管原则

首先,依法监管要求"有法可依"。证券市场管理必须有充分的法律依据和法律保障,证券市场监管部门必须加强法制建设,明确划分有关各方面的权利与义务,保护市场参与者的合法权益。其次,依法监管还要求"有法必依",加强对证券市场违法违规行为的查处力度,维护证券市场的正常秩序。

(2) 保护投资者利益原则

投资者保护不仅关系到资本市场的规范和发展,而且也关系到整个经济的稳定增长。国际研究表明,一国或地区投资者保护得越好,资本市场就越发达,抵抗金融风险的能力就越强,对经济增长的促进作用也就越大。投资者保护是全球证券市场的一个共性问题,即使在成熟市场上,侵害中小投资者利益的事件也时有发生。从资本市场的发展历程来看,保护投资者利益,让投资者树立信心,是培育和发展市场的重要环节,是各国证券监管机构的首要任务和宗旨。

(3) "三公"原则

为保护投资者的合法权益,必须坚持"三公"原则,即公开、公平、公正原则。

公开原则要求证券市场具有充分的透明度,要实现市场信息的公开化。信息披露的主体不仅包括证券发行人、证券交易者,还包括证券监管者。证券发行人需要对影响证券价格的公司情况作出公开的详细说明,证券监管者应当公开有关监管程序、监管身份、对证券市场违规处罚的规定等。

公平原则要求证券市场不存在歧视,参与市场的主体具有完全平等的权利。具体而言,无论是投资者还是筹资者,是机构投资者还是个人投资者,也无论其投资规模与筹资规模的大小,所有市场主体在进入与退出市场、投资机会、享受服务、获取信息等方面都享有完全平等的权利。

公正原则要求证券监管部门在公开、公平原则的基础上,对一切被监管对象给予公正待遇。证券立法机构应当制定体现公平精神的法律、法规和政策。证券监管机构应当根据法律授予的权限履行监管职责,以法律为依据,对所有证券市场参与者给予公正的待遇;对证券违法行为的处罚及对证券纠纷和争议的处理,都应当公平进行。

(4) 监督与自律相结合的原则

监督与自律相结合的原则是指在加强政府、证券监管机构对证券市场监管的同时,也要加强从业者的自我约束、自我教育和自我管理。国家对证券市场的监管是证券市场健康发展的保证,而证券从业者的自我管理是证券市场正常运行的基础。国家监督与自律相结合的原则是世界各国共同奉行的原则。

2. 证券市场监管体制

证券市场监管体制是整个证券法律制度十分重要的组成部分。各国证券监管体制因各国证券市场的发展阶段和发育程度、政府经济调控制度以及法律传统不同而各不相同,并随着证券市场的发展变化而不断发展完善。按照监管主体的不同,证券市场监管体制模式大体可分为集中型监管、自律型监管和中间型监管三类。

(1) 集中型监管模式

在集中型监管模式下,政府对证券市场进行集中统一监管,在证券管理中占主导地位,而各种自律性组织,如证券交易所、行业协会等只起协助作用。这种模式以美国为典型代表,故又称为美国模式。日本、韩国、加拿大、新加坡、印度等国也采用这种模式。

(2) 自律型监管模式

在自律型监管模式下,政府对证券市场的干预较少,通常没有制定直接的证券市场管理法规,也不设专门的证券管理机构,而是完全由证券市场的参与者,如证券交易所、证券商协会等进行自我监管。这种模式以英国为典型,故又称为英国模式。

(3) 中间型监管模式

中间型监管模式是介于集中型和自律型之间的一种模式,它既强调集中统一的立法监管,又强调自律管理,是集中型和自律型两种模式相互协调、渗透的产物。这种模式有时也被称为分级监管体制,包括二级监管和三级监管两种类型。二级监管是指中央政府和自律机构相结合的监管;三级监管是指中央、地方两级政府和自律机构相结合的监管。德国是中间型监管模式的典型代表。目前,世界上多数国家和地区都开始采用这种模式,如美国、法国、意大利等国也逐步向二级、三级监管模式靠拢。

3. 我国证券市场的监管体系

经过近30年的发展,我国证券市场逐步形成了五位一体的监管体系,即国务院证券监督管理机构、国务院证券监督管理机构的派出机构、证券交易所、行业协会和证券投资者保护基金公司为一体的监管体系和自律管理体系。

我国证券市场监管机构是国务院证券监督管理机构。由中国证券监督管理委员会及其派出机构组成。中国证券监督管理委员会(China Securities Regulatory Commission,CSRC)简称中国证监会,成立于1992年10月,是国务院直属机构,是全国证券、期货市场的主管部门,按照国务院授权履行行政管理职能,依照相关法律、法规对全国证券、期货市场实行集中统一监管,维护证券市场秩序,保障其合法运行。中国证监会在上海、深圳等地设立9个稽查局,在各省、自治区、直辖市、计划单列市共设立36个证监局。其主要职责是依据中国证监会的授权对辖区内的上市公司,证券中介机构的证券业务活动进行监督管理。

4. 我国证券市场监管法律制度体系

中国证券市场形成和发展的20多年中,大量相关法律、法规相继出台,对市场的规范和有序发展起到了重要作用。我国证券市场监管法律制度体系分为以下四个层次。

第一个层次是证券法律。它是指由全国人民代表大会或全国人民代表大会常务委员会制定并颁布的证券市场法律,主要包括《证券法》《公司法》《证券投资基金法》以及《中华人民共和国刑法》等。

第二个层次是证券行政法规。它是指由国务院制定并颁布的证券市场行政法规。现行的证券行政法规中,与证券经营机构业务密切相关的有《证券公司监督管理条例》《股票发行与交易管理暂行条例》《期货交易管理条例》《证券、期货投资咨询管理暂行办法》《证券公司风险处置条例》等。

第三个层次是证券部门规章。它是指由证券监管部门和相关部门制定的部门规章及规范性文件,其法律效力次于法律和行政法规,例如,《证券发行与承销管理办法》《首次公开发行股票并上市管理办法》《首次公开发行股票并在创业板上市管理暂行办法》《优先股试点管理办法》《上市公司信息披露管理办法》《证券发行上市保荐业务管理办法》《上市公司收购管理办法》《上市公司重大资产重组管理办法》《证券公司融资融券业务管理办法》《证券投资者保护基金管理办法》《证券市场禁入规定》《证券业从业人员资格管理办法》等。

第四个层次是证券自律性规则。它是指由证券交易所、中国证券业协会及中国证券登记结算有限责任公司制定的自律性规则,例如,《证券业从业人员执业行为准则》《证券公司全面风险管理规范》《证券公司投资者适当性制度指引》《证券账户管理规则》《上海证券交易所交易规则》《深圳证券交易所交易规则》《首次公开发行股票承销业务规范》《证券公司客户资产管理业务规范》等。

3.5.2 证券市场监管的主要内容

1. 对证券发行及上市的监管

(1) 证券发行核准制

证券发行上市监管的核心是发行决定权的归属,我国目前对证券发行实行的是核准制。核准制是指发行人申请发行证券,不但要公开披露与发行证券有关的信息,符合《公司法》和《证券法》所规定的条件,而且要求发行人将发行申请报请证券监管部门决定的审核制度。证券发行监管以强制性信息披露为中心,完善"事前问责、依法披露和事后追究"的监管制度,增强信息披露的准确性和完整性,同时加大对证券发行和持续信息披露中违法违规行为的打击力度。

(2) 证券发行与上市的信息公开制度

制定证券发行信息披露制度的目的是通过充分公开、公正的制度来保护公众投资者,使其免受欺诈和不法操纵行为的损害。各国均以强制方式要求信息披露。信息披露的基本要求是全面性、真实性和时效性,主要内容包括证券发行信息的公开、证券上市信息的公开、持续信息公开制度、信息披露的虚假或重大遗漏的法律责任等。

(3) 证券发行上市保荐制度

企业首次公开发行和上市公司再次公开发行都需要保荐人和保荐代表人推荐。保荐期间分尽职推荐和持续督导两个阶段,各个阶段都有明确的保荐期限。保荐人和保荐代表人向监管部门推荐企业上市前,应当对企业进行持续辅导和尽责调查,并对发行人的信息披露质量和发行人持续经营能力等作出必要的承诺。

2. 对证券交易市场的监管

(1) 证券交易所的信息公开制度

《证券法》规定:"证券交易所应当为组织公平的集中交易提供保障,公布证券交易即时行情,并按交易日制作证券市场行情表,予以公布。""证券交易所对证券交易实行实时监控,并按照国务院证券监督管理机构的要求,对异常的交易情况提出报告。证券交易所应当对上市公司及相关信息披露义务人披露信息进行监督,督促其依法及时、准确地披露信息。"

(2) 上市公司信息持续性披露制度

信息持续性披露制度是公开原则在证券市场中的集中表现,要求上市公司依照法律规定必须将其自身的财务变化、经营状况等信息和资料向社会公开或公告,以便投资者充分了解情况的制度。信息持续性披露文件包括证券发行公司的年度报告书、中期报告书、季度报告书等定期报告文件,以及临时报告书和为执行证券交易所及时、公开政策而公开的各类报告文件。《证券法》规定,发行人、上市公司依法披露的信息,必须真实、准确、完整,不得有虚假记载、误导性陈述或者重大遗漏。

(3) 对操纵市场行为的监管

证券市场中的操纵市场是指某一组织或个人以获取利益或者减少损失为目的,利用其资金、信息等优势,或者滥用职权,影响证券市场价格,制造证券市场假象,诱导投资者的行为。对操纵市场行为的监管包括事前监管与事后处理。

(4) 对欺诈客户行为的监管

欺诈客户是指以获取非法利益为目的,违反证券管理法规,在证券发行、交易及其相关活动中从事欺诈客户、虚假陈述等行为。禁止任何单位或个人在证券发行、交易及其相关活动中欺诈客户。因欺诈客户行为给投资者造成损失的,应当依法承担赔偿责任。

(5) 对内幕交易行为的监管

内幕交易又称知内情者交易,是指公司董事、监事、经理、职员、主要股东、证券效果市场内部人员或市场管理人员,以获取利益或减少损失为目的,利用地位、职务等便利,获取发行人未公开的、可以影响证券价格的重要信息,进行有价证券交易,或泄露该信息的行为。内幕交易行为给投资者造成损失的,行为人应当依法承担赔偿责任。

3. 对证券经营机构及其从业人员的监管

(1) 证券经营机构及其从业人员准入监管

《证券法》规定,设立证券公司必须经国务院证券监督管理机构审查批准,任何单位和个人未经国务院证券监督管理机构审查批准,均不得经营证券业务。证券从业人员需具备证券从业资格,监管部门对证券公司董事、监事和高级管理人员的任职资格实行核准制,对从事保荐业务的保荐代表人实行注册制,对一般从业人员,授权中国证券业协会管理。

(2) 对证券公司的业务管理

《证券法》第一百二十五条规定了经国务院证券监督管理机构批准,证券公司可以经营的业务类型。第一百二十七条原则性地规定了经营各项业务的最低实缴注册资本。对证券公司从事的创新业务,监管部门依据审慎监管的原则予以核准。

(3) 对证券公司的日常监管

证券监管机构对证券公司的日常监管,分为现场监管和非现场监管两种方式。现场监管是证券监管机构的工作人员直接到证券公司的经营场所,通过现场检查方式检查证券公司经营的合规性、正常性和安全性情况,并采取相应监管措施的监管方式。非现场监管主要是证券监管机构对证券公司及其股东、实际控制人报送的信息和资料进行统计分析,并采取相应监管措施的监管方式。

4. 对证券投资者的监管

为引导和调节投资者的投资规模与投资方向,防止利用不正当手段操纵或影响证券市场,保证证券市场运行的合理和有序,各国一般都对证券投资者进行管理。对个人投资者的监管主要体现在审查个人投资者资格、对个人投资者买卖途径、买卖操作的监管等。党政机关干部、现役军人、证券经营机构的从业人员、其他与股票发行或交易相关的知情人等不得参与证券买卖。证券投资者不得进行非法买卖。对机构投资者的监管主要是审查机构投资者的资金来源、购买证券的性质、投资手续是否完备以及外资机构投资者的买卖范围。各级党组织和国家机关不得购买企业股票。机构投资者不得相互串通,制造虚假供求现象,禁止扰乱市场、操纵市场等行为。

3.5.3 证券市场的自律管理

1. 证券交易所的自律管理

《证券法》规定:"证券交易所是为证券集中交易提供场所和设施,组织和监督证券交易,实行自律管理的法人。"《证券法》在借鉴他国经验的基础上,将原由政府部门行使的一部分权力授予了证券交易所,从而确认了证券交易所的组织特性和监管特性。根据《证券交易所管理办法》,证券交易所的监管职能包括对证券交易活动进行管理、对会员进行管理,以及对上市公司进行管理。

2. 证券业协会的自律管理

中国证券业协会是由经营证券业务的金融机构自愿组成的行业自律性组织。它的设立是为了加强证券业之间的联系、协调、合作和自我控制,以利于证券市场的健康发展。中国证券业协会的自律管理体现在保护行业共同利益、促进行业共同发展两方面,具体表现如下:①对会员单位的自律管理,具体包括:规范业务,制定业务指引;规范发展,促进行业创新,增强行业竞争力;制定行业公约,促进公平竞争。②对从业人员的自律管理,具体包括:从业人员的资格管理;后续职业培训;制定从业人员的行为准则和道德规范;从业人员诚信信息管理。

3. 证券登记结算公司的自律管理

中国证券市场实行中央登记制度,即证券登记结算业务全部由中国证券登记结算有限责任公司承接。中国证券登记结算有限责任公司提供沪、深证券交易所上市证券的存管、清算和登记服务。中国证券登记结算有限责任公司负责证券账户、结算账户的设立和管理;证券的存管和过户;证券持有人名册登记及权益登记;证券交易所上市证券交易的清算、交收及相关管理;受发行人委托派发证券权益等。按照《证券登记结算管理办法》,证券登记结算机构实行行业自律管理。

本 章 小 结

本章知识点

本章主要阐述了证券市场概述,证券发行市场、证券流通市场、证券价格指数、证券市场监管等相关知识,要求重点掌握证券市场的特征及分类,股票和债券的发行程序,证券交易的程序与方式,股票价格指数的编制方法,证券市场监管体制等内容。本章内容基本框架如图 3-2 所示。

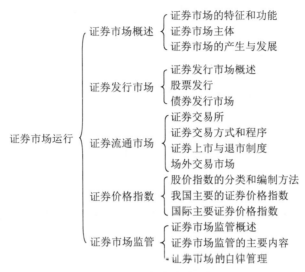

图 3-2　第 3 章内容基本框架

主要术语

证券市场	证券发行市场	注册制	核准制	直接发行
间接发行	公募发行	私募发行	证券流通市场	证券交易所
场外交易市场	现货交易	信用交易	期货交易	期权交易
上市	退市	股票价格指数	证券市场监管	"三公"原则
集中型监管	自律型监管	中间型监管	证券市场自律	

自　测　题

1. 填空题

(1) 上海证券交易所在_____年成立。
(2) 证券市场按照市场职能可分为_____和_____。
(3) 证券发行市场是_____融资的实现形式。
(4) _____是证券交易双方在成交后即时清算交割证券和价款的交易方式。
(5) 我国现行的证券发行制度是_____。
(6) 证券流通市场有_____和_____两种形式。
(7) 我国内地两家证券交易所的组织形式是_____。
(8) 保证金交易也叫_____交易。
(9) 证券交易程序一般包括_____、_____、_____、_____、_____。
(10) 证券市场监管体制模式一般有_____、_____、_____三大类。

2. 单项选择题

（1）证券市场最广泛的投资者是（　　）。
　　A. 个人投资者　　B. 金融机构　　C. 政府机构　　D. 企业法人

（2）承销商与发行人之间是一种买卖关系，而不是代理关系，且由承销商承担全部发行风险的证券承销方式是（　　）。
　　A. 承购包销　　B. 代销　　C. 定额包销　　D. 余额包销

（3）专门为证券发行与证券交易办理登记、存管、过户和资金结算交收业务的中介机构是（　　）。
　　A. 信用评级机构　　　　　　B. 证券登记结算公司
　　C. 证券信息公司　　　　　　D. 证券公司

（4）发行程序比较复杂，登记核准的时间较长，发行费用较高的发行方式是（　　）。
　　A. 私募发行　　B. 公募发行　　C. 直接发行　　D. 间接发行

（5）在证券发行制度中，生效期后发行公司才可销售股票的制度是（　　）。
　　A. 核准制　　B. 注册制　　C. 登记制　　D. 审批制

（6）以下关于证券上市的表述，不正确的是（　　）。
　　A. 发行上市的证券即是交易上市的证券
　　B. 证券上市有利于发行公司规范治理结构
　　C. 公司上市的资格不是永久的
　　D. 证券上市能减少投资者的风险

（7）我国现行的证券交易制度规定，在一个交易日内，除首日上市证券外，每只股票或基金的交易价格相对上一个交易日收市价的涨跌幅度不得超过（　　）。
　　A. 5%　　B. 10%　　C. 15%　　D. 20%

（8）场外交易市场的交易对象以（　　）为主，证券交易所的交易对象以（　　）为主。
　　A. 基金；股票　　B. 债券；股票　　C. 股票；股票　　D. 债券；债券

（9）证券买卖成交后，按成交价格及时进行实物交收和资金清算是（　　）交易方式。
　　A. 现货　　B. 信用　　C. 期货　　D. 期权

（10）股票价格指数期货是以（　　）为"商品"的期货合约。
　　A. 股票价格　　B. 股票价格指数　　C. 商品价格指数　　D. 通货膨胀指数

3. 多项选择题

（1）证券市场的主要功能有（　　）。
　　A. 筹集资金　　　　　　B. 资源配置　　　　　　C. 确定资本价格
　　D. 宏观调控　　　　　　E. 分散风险

（2）证券发行人是指为筹措资金而发行债券或股票的（　　）。
　　A. 金融机构　　　　　　B. 公司　　　　　　　　C. 中央政府
　　D. 个人投资者　　　　　E. 地方政府

（3）证券发行按有无发行中介，可分为（　　）。
　　A. 私募发行　　　　　　B. 公募发行　　　　　　C. 直接发行

D. 间接发行　　　　　　E. 溢价发行

(4) 按发行价格与股票面值的关系分类,股票发行可分为(　　)发行。
A. 平价　　　　　　B. 溢价　　　　　　C. 折价
D. 协商定价　　　　E. 政府定价

(5) 以下关于证券交易所的阐述,正确的有(　　)。
A. 以营利为目的
B. 不以营利为目的
C. 为证券的集中和有组织的交易提供场所、设施、实行自律性管理的法人
D. 交易所是整个证券市场的核心
E. 证券交易所本身既持有证券,也买卖证券

(6) 证券交易方式可以分为(　　)。
A. 现货交易　　　　B. 信用交易　　　　C. 期货交易
D. 期权交易　　　　E. 场外交易

(7) 证券上市对发行公司的意义表现在(　　)。
A. 推动发行公司建立、规范治理结构
B. 提高发行公司的声誉和影响
C. 丰富融资渠道、增强融资信誉
D. 发现股票价值、增加其流动性
E. 利用股票期权等方式实现对员工和管理层的有效激励

(8) 场外交易市场的功能主要有(　　)。
A. 股票流通的主要场所
B. 为已发行但未上市的证券提供流通转让的机会
C. 是二级市场的重要组成部分
D. 是证券交易所的必要补充
E. 是证券发行的主要场所

(9) 道·琼斯指数包括(　　)。
A. 工业股票价格平均指数
B. 运输业股票价格平均指数
C. 公用事业股票价格平均指数
D. 平均价格综合指数
E. 标准普尔股票价格指数

(10) 证券交易所对证券市场的监管包括(　　)。
A. 对证券交易活动的监管
B. 对会员的监管
C. 对上市公司的监管
D. 对交易所内交易的投资者的监管
E. 对行业协会的监管

4. 判断题

(1) 证券中介机构是指为证券市场参与者提供相关服务的专职机构。（ ）

(2) 一级市场是个无形市场。（ ）

(3) 公募发行的对象一般是机构投资者，如保险公司、投资基金等。（ ）

(4) 私募发行是指以特定投资者为对象的发行，发行手续简单但费用较高。（ ）

(5) 我国股票发行实行核准制并配之以发行审核制度和保荐人制度。（ ）

(6) 承购包销的承销商与发行人之间是一种代理关系，而不是买卖关系。（ ）

(7) 证券交易市场又称"一级市场"，是已发行的证券通过买卖交易实现流通转让的市场。（ ）

(8) 保证金卖空交易就是投资者先从证券经纪公司借入证券卖出，待日后证券价格跌到适当的时机再买入相同种类和数量的证券归还给证券经纪商。（ ）

(9) 过户是股票交易的最后一个环节。（ ）

(10) 证券业协会是证券行业的自律组织，一般为社会法人团体。（ ）

5. 计算题

假定从股票市场抽取4只股票A、B、C、D来计算股票价格指数。已知，基期点数为1 000，股票A、B、C、D的基期价格分别为5.0元、8.0元、10.0元、15.0元，报告期价格分别为8.0元、12.0元、14.0元、18.0元。请计算：

(1) 按简单算术平均法计算报告期股价指数及股价的上涨幅度（百分数）。

(2) 按综合平均法计算报告期股价指数及股价的上涨幅度（百分数）。

真 题 训 练

以下题目为证券从业资格考试改革前《证券市场基础知识》科目和改革后《金融市场基础知识》科目中涉及本章内容的考题。

(1)【2016年7月真题·单选】发行人以筹资为目的，按照一定的法律规定和发行程序，向投资者出售新证券所形成的市场，称为（　　）。
  A. 二级市场　　　B. 一级市场　　　C. 二板市场　　　D. 主板市场

(2)【2015年3月真题·组合选择】参与证券投资的经营性金融机构有（　　）等。
Ⅰ. 证券经营机构；Ⅱ. 保险经营机构；Ⅲ. 中央银行；Ⅳ. 银行业金融机构。
  A. Ⅰ、Ⅱ、Ⅲ　　B. Ⅰ、Ⅲ、Ⅳ　　C. Ⅰ、Ⅱ、Ⅳ　　D. Ⅱ、Ⅲ、Ⅳ

(3)【2015年11月真题·单选】目前，国际上股票发行制度的两种类型是（　　）。
  A. 保荐制和注册制　　　　　　　B. 审批制和核准制
  C. 审批制和注册制　　　　　　　D. 核准制和注册制

(4)【2016年3月真题·单选】至（　　）年，在我国大陆证券市场上，证券发行和交易彻底实现了无纸化。

A. 2001　　　　B. 2000　　　　C. 1998　　　　D. 1990

(5)【2014年9月真题·组合选择】2000年后,我国新股网上发行方式包括(　　)等。

Ⅰ. 累计投标询价发行;Ⅱ. 与储蓄存款单挂钩发行;Ⅲ. 认购证发行;Ⅳ. 向二级市场投资者按市值配售。

A. Ⅰ、Ⅳ　　　B. Ⅱ、Ⅲ　　　C. Ⅰ、Ⅱ　　　D. Ⅱ、Ⅳ

(6)【2016年7月真题·单选】公司首次公开发行股票并上市的过程中,下列不属于上市前应当披露的文件是(　　)。

A. 上市公告书　　B. 公司章程　　C. 上市保荐书　　D. 公司员工名单

(7)【2016年7月真题·组合选择】股份有限公司向境外投资者募集并在境外上市的外资股,除了应符合我国的有关法规外,还应符合(　　)的上市条件。

Ⅰ. 我国证券交易所;Ⅱ. 上市所在地证券交易所;Ⅲ. 上市所在地国家或者地区;Ⅳ. 我国证券登记公司。

A. Ⅱ、Ⅲ　　　B. Ⅰ、Ⅱ、Ⅲ　　　C. Ⅱ、Ⅳ　　　D. Ⅰ、Ⅲ

(8)【2016年7月真题·单选】公司股本总额超过人民币4亿元的,向社会公开发行股份的比例为(　　)。

A. 5%　　　　B. 10%　　　　C. 15%　　　　D. 20%

(9)【2018年3月真题·组合选择】证券发行的承销方式主要有(　　)。

Ⅰ. 全额包销;Ⅱ. 余额包销;Ⅲ. 自销;Ⅳ. 代销。

A. Ⅰ、Ⅱ　　B. Ⅰ、Ⅱ、Ⅳ　　C. Ⅰ、Ⅱ、Ⅲ、Ⅳ　　D. Ⅰ、Ⅲ、Ⅳ

(10)【2017年11月真题·组合选择】在我国,基金设立的两个重要法律文件包括(　　)。

Ⅰ. 基金合同;Ⅱ. 基金财务报告;Ⅲ. 基金招募说明书;Ⅳ. 基金年度报告。

A. Ⅰ、Ⅳ　　　B. Ⅱ、Ⅲ　　　C. Ⅰ、Ⅱ　　　D. Ⅰ、Ⅲ

(11)【2014年11月真题·组合选择】下列有关证券交易所特征的表述,正确的有(　　)。

Ⅰ. 一般投资者可以直接进入交易所买卖证券;Ⅱ. 有固定的交易场所和交易时间;Ⅲ. 通过公开竞价的方式决定交易价格;Ⅳ. 交易的对象限于合乎一定标准的上市证券。

A. Ⅰ、Ⅱ、Ⅲ　　B. Ⅰ、Ⅲ、Ⅳ　　C. Ⅰ、Ⅱ、Ⅳ　　D. Ⅱ、Ⅲ、Ⅳ

(12)【2018年3月真题·单选】下列不属于证券交易所交易系统的是(　　)。

A. 撮合主机　　B. 通信网络　　C. 报盘系统　　D. 柜台终端

(13)【2014年11月真题·组合选择】可以在证券交易所挂牌交易的证券,除了股票以外,还有(　　)。

Ⅰ. 基金;Ⅱ. 国债;Ⅲ. 公司债;Ⅳ. 权证。

A. Ⅰ、Ⅲ　　B. Ⅰ、Ⅱ、Ⅳ　　C. Ⅱ、Ⅲ　　D. Ⅰ、Ⅱ、Ⅲ、Ⅳ

(14)【2014年6月真题·组合选择】关于其他交易场所,以下说法正确的有(　　)。

Ⅰ. 在证券交易市场发展的早期,柜台市场是一种重要的形式;Ⅱ. 场外交易市场包括店头市场;Ⅲ. 其他交易场所是指证券交易所以外的证券交易市场;Ⅳ. 场外交易市场只发生于投资者与证券公司之间。

A. Ⅰ、Ⅱ、Ⅳ　　B. Ⅰ、Ⅲ、Ⅳ　　C. Ⅰ、Ⅱ、Ⅲ　　D. Ⅱ、Ⅲ、Ⅳ

(15)【2016年10月真题·组合选择】关于中小企业板,下列说法正确的有(　　)。

Ⅰ.2004年5月批准成立；Ⅱ.在上海证券交易所设立；Ⅲ.宗旨是为优秀中小企业提供直接融资平台；Ⅳ.是分步推进创业板市场建设的一个重要步骤。

  A. Ⅲ、Ⅳ   B. Ⅰ、Ⅲ、Ⅳ   C. Ⅱ、Ⅲ   D. Ⅰ、Ⅱ、Ⅳ

（16）【2016年10月真题·单选】全国中小型企业股份转让系统又称为（   ）。

  A. 创业板   B. 新三板   C. 中小企业板   D. 二板

（17）【2016年3月真题·组合选择】某公司公开发行债券，可以申请在（   ）上市交易或转让。

Ⅰ.证券交易所；Ⅱ.全国中小企业股份转让系统；Ⅲ.证券公司柜台；Ⅳ.国务院批准的其他证券交易场所。

  A. Ⅰ、Ⅱ、Ⅳ   B. Ⅱ、Ⅲ   C. Ⅰ、Ⅲ、Ⅳ   D. Ⅰ、Ⅱ

（18）【2014年11月真题·组合选择】某股份有限公司申请在上海证券交易所上市，其股本总额为6亿元，根据规定需要满足的条件有（   ）。

Ⅰ.股票经中国证监会核准已公开发行；Ⅱ.最近三年无重大违法行为，财务会计报告无虚假记载；Ⅲ.公开发行股份的比例达到25%以上；Ⅳ.公开发行股份的比例达到10%以上。

  A. Ⅰ、Ⅱ、Ⅲ   B. Ⅰ、Ⅲ、Ⅳ   C. Ⅰ、Ⅱ、Ⅳ   D. Ⅱ、Ⅲ、Ⅳ

（19）【2018年3月真题·单选】各证券交易所普遍采用（   ）机制为第一优先交易机制。

  A. 价格优先   B. 时间优先   C. 数量优先   D. 席位优先

（20）【2015年3月真题·单选】根据上海证券交易所制度规定，采用竞价交易方式的开盘集合竞价时间为每个交易日上午（   ）。

  A. 9:00—9:15   B. 9:15—9:25   C. 9:20—9:25   D. 9:25—9:30

（21）【2016年7月真题·组合选择】下列关于委托指令撤销的说法，错误的有（   ）。

Ⅰ.证券营业部申报竞价成交后，买卖即告成立，成交部分不得撤销；Ⅱ.在委托未成交前，客户有权变更委托，但不得撤销委托；Ⅲ.在采用经纪商场内交易员申报的情况下，客户可直接通过计算机终端办理撤单；Ⅳ.对客户撤销的委托，证券经纪商须在两个交易日内将冻结的资金或证券解冻。

  A. Ⅰ、Ⅱ   B. Ⅰ、Ⅱ、Ⅲ、Ⅳ   C. Ⅱ、Ⅲ、Ⅳ   D. Ⅰ、Ⅳ

（22）【2014年12月真题·多选】关于我国证券市场上权证和基金的交易机制，下列说法正确的有（   ）。

  A. 权证的交易方式采取"T+1"的交易制度
  B. 普通开放式基金从申购到赎回，一般实行"T+7"的回转制度
  C. 深市的LOF基金跨一、二级市场交易方式可以实现"T+0"交易
  D. 沪市的上证50ETF基金跨一、二级市场交易方式可以实现"T+1"交易

（23）【2016年7月真题·组合选择】股票上市交易后，如果发现不符合上市条件或其他原因，可以（   ）。

Ⅰ.暂停上市交易；Ⅱ.终止上市交易；Ⅲ.终止场外交易；Ⅳ.终止股份转让。

  A. Ⅰ、Ⅲ、Ⅳ   B. Ⅰ、Ⅱ   C. Ⅰ、Ⅱ、Ⅲ、Ⅳ   D. Ⅱ、Ⅲ、Ⅳ

(24)【2018年3月真题·组合选择】场外交易市场,即业界所称的OTC市场,它主要由( )组成。
Ⅰ.柜台市场;Ⅱ.第三市场;Ⅲ.第四市场;Ⅳ.二级市场。
　　A. Ⅰ、Ⅲ、Ⅳ　　B. Ⅰ、Ⅱ、Ⅳ　　C. Ⅰ、Ⅱ、Ⅲ　　D. Ⅱ、Ⅲ、Ⅳ

(25)【2016年3月真题·单选】全国银行间债券市场中用于回购的债券不包括( )。
　　A. 国债　　B. 企业短期票据　　C. 中央银行债券　　D. 政策性金融债券

(26)【2016年3月真题·组合选择】通过全国银行间同业拆借中心交易系统进行的债券交易,包括( )。
Ⅰ.现券买卖;Ⅱ.质押式回购;Ⅲ.买断式回购;Ⅳ.债券借贷;Ⅴ.债券期货。
　　A. Ⅰ、Ⅱ、Ⅳ、Ⅴ　　B. Ⅰ、Ⅲ、Ⅴ　　C. Ⅱ、Ⅲ、Ⅳ、Ⅴ　　D. Ⅰ、Ⅱ、Ⅲ、Ⅳ

(27)【2017年11月真题·单选】根据《银行间债券市场非金融企业短期融资券业务指导》,企业发行短期融资券的累计待偿还余额不得超过企业净资产的( )。
　　A. 30%　　B. 40%　　C. 50%　　D. 60%

(28)【2016年3月真题·单选】股价平均数是采用股价平均法,用于度量所有样本股( )的平均值。
　　A. 总体价格水平　　　　B. 经调整后的价格水平
　　C. 价格水平　　　　　　D. 加权价格水平

(29)【2016年7月真题·单选】沪深300指数的计算采用( ),按照样本股的调整股本为权数加权计算。
　　A. 市值总价加权法　　　B. 除数修正法
　　C. 加权平均法　　　　　D. 派许加权法

(30)【2016年10月真题·单选】证券市场监管的( )比较直接,运用不当可能违背市场规律,无法发挥作用甚至遭到惩罚。
　　A. 法律手段　　B. 行政手段　　C. 经济手段　　D. 司法手段

(31)【2016年7月真题·组合选择】下列各种说法中,正确的有( )。
Ⅰ.中国证监会是我国证券行业自律性组织;Ⅱ.证券交易所的权力机构为会员大会;Ⅲ.中国证券业协会采取会员制的组织形式;Ⅳ.中国证券业协会不具有独立的法人地位。
　　A. Ⅰ、Ⅲ、Ⅳ　　B. Ⅰ、Ⅱ、Ⅳ　　C. Ⅱ、Ⅲ　　D. Ⅰ、Ⅱ、Ⅲ、Ⅳ

(32)【2016年3月真题·单选】股票发行之前,发行人必须按法定程序向监管部门提交有关信息,申请注册,并对信息的完整性、真实性负责的市场主导型股票发行制度是( )。
　　A. 保荐制　　B. 注册制　　C. 核准制　　D. 审批制

(33)【2016年7月真题·单选】上海证券交易所成立于( )年11月。
　　A. 1990　　B. 1992　　C. 1991　　D. 1989

(34)【2016年7月真题·单选】选举和罢免理事属于我国证券交易所( )的职权。
　　A. 专门委员会　　B. 监察委员会　　C. 会员大会　　D. 理事会

(35)【2016年7月真题·单选】中国证券业协会成立于( )。
　　A. 1991年8月28日　　　B. 1992年8月28日
　　C. 1993年8月28日　　　D. 1994年8月28日

第 4 章

有价证券的投资价值分析

学习目标

- 熟悉货币时间价值、货币终值和现值的概念;掌握货币终值和现值的计算;理解有价证券内在价值的决定原理。
- 熟悉影响债券投资价值的因素;掌握不同付息方式债券内在价值的计算。
- 熟悉影响股票投资价值的因素;掌握计算股票内在价值的不同增长模型的原理和公式;理解市盈率、市净率的概念及其在股票估值方面的运用。
- 理解投资基金内在价值的决定方法;掌握封闭式和开放式基金交易价格的计算。
- 掌握金融期货理论价格的计算公式和影响因素;掌握金融期权的内在价值、时间价值及影响因素;熟悉可转换证券、权证理论价值相关指标的含义及计算方法。

课前导读

在实际投资中,我们常常会遇到诸如以下问题:①假设某公司在未来无限时期支付的每股股利为 5 元,必要收益率为 10%。当前股票市价为 45 元,则该公司的股票是否具有投资价值呢?②去年某公司支付每股股利为 1.80 元,预计在未来日子里该公司股票的股利按每年 5% 的速度增长,假定必要收益率是 11%,当今股票价格是 40 元,则投资者该买入股票还是卖出股票呢?③预计某公司今年年末每股收益为 2 元,每股股息支付率为 90%,并且该公司以后每年每股股利将以 5% 的速度增长。如果某投资者在今年年初以每股 42 元的价格购买了该公司股票,那么一年后他售出该公司股票的价格至少不低于多少元时才能使内部收益率等于或超过 12%?为了回答诸如以上问题,我们必须进行证券理论价值的分析。

通过本章的学习,要求熟练掌握股票、债券、投资基金的投资价值分析的基本理论和方法;了解金融衍生工具投资价值的分析方法。

4.1 有价证券的理论价值

4.1.1 货币时间价值

1. 货币时间价值的概念

货币时间价值(time value)也称为资金时间价值,是指货币随着时间的推移而发生的增值。专家给出的定义:货币时间价值就是指当前所持有的一定量货币比未来获得的等量货币具有更高的价值。从经济学的角度来说,现在的一单位货币与未来的一单位货币的购买力之所以不同,是因为要节省现在的一单位货币改在未来消费,则在未来消费时必须能提供大于一单位货币消费作为弥补延迟消费的贴水。货币时间价值是资金在使用过程中随时间的推移而发生的价值增值。投资者进行投资而延期消费是为了获得资金的时间价值。

2. 货币时间价值的来源

(1) 节欲论

节欲论认为,投资者进行投资就必须推迟消费,对投资者推迟消费的耐心应给予报酬,这种报酬的量应与推迟的时间成正比。时间价值是由"耐心"创造的。

(2) 劳动价值论

劳动价值论认为,包含增值额在内的全部价值是形成于生产过程的,其中增值部分是工人创造的剩余价值。时间价值的真正来源是工人创造的剩余价值。

3. 货币时间价值的形式

资金的时间价值通常以利息率来表示,实际内容是社会资金利润率。各种形式的利率是根据社会资金利润率来确定的,一般的利息率除了包括资金的时间价值因素外,还包括通货膨胀因素和风险价值因素。没有风险价值因素和通货膨胀因素,则时间价值与利息率相一致。作为资金的时间价值的利息率应以社会平均利润率为基础,而又不高于资金利润率。

资金的时间价值有两种表现形式。一是相对数,即没有风险和通货膨胀条件下的社会平均资金利润率,可用时间价值率(折现率)表示,一般以无风险利率来度量;二是绝对数,即时间价值额是资金在生产经营过程中带来的真实增值额,可用时间价值额表示,一般以价值增值额来度量。

4. 货币时间价值的计算

(1) 单利的计算

单利法(simple interest method)是指本金在贷款期限中获得利息,不管时间多长,所生利息均不加入本金重复计算利息。单利利息的计算公式为

$$I = Pit = S - P \tag{4.1}$$

式中,I 为利息;P 为本金,又称期初额或现值,$P=S-I$;i 为利率,通常是指每年利息与本金之比;t 为时间;S 为本金与利息之和,又称本利和或终值,$S=P+Pit$。

例 4-1 某企业有一张带息期票,面额为 1 200 元,票面利率为 4%,出票日期为 6 月 15 日,8 月 14 日到期(共 60 天),则到期时利息为多少?

解: 到期时利息:$I = 1\,200 \times 4\% \times 60 \div 360 = 8(元)$

(2) 复利的计算

复利法(compound interest method)是指每经过一个计息期,都将所生利息加入本金

再计利息,逐期滚算,俗称"利滚利"。复利利息是复利终值与复利现值之差额,即 $I = S - P$。

① 复利终值。它是指现在一笔资金经过若干时期以后,按复利计算的所能获得的本利和。其计算公式为

$$S = P(1+i)^n \tag{4.2}$$

式中,$(1+i)^n$ 称为复利终值系数,或称 1 元复利终值,用符号 $(s/p, i, n)$ 表示。

② 复利现值。它是指将来某一时期一笔资金按复利折合成现在的价值。其计算公式为

$$P = \frac{S}{(1+i)^n} \tag{4.3}$$

式中,$1/(1+i)^n$ 称为复利现值系数,或称 1 元复利现值,用符号 $(p/s, i, n)$ 表示。

例 4-2 本金 1 000 元,投资 5 年,利率 8%,每年复利一次,求其本利和与复利息。

解: 本利和:$S = 1\,000 \times (1+8\%)^5 = 1\,000 \times 1.469 = 1\,469$(元)

复利息:$I = 1\,469 - 1\,000 = 469$(元)

4.1.2 有价证券理论价值的决定

1. 证券内在价值的决定

有价证券本身没有任何价值,是一种虚拟资本,但投资者购买证券能定期获取投资收益,因而证券具有投资价值。证券价值是证券市场价格的基础,证券的市场价格围绕证券价值而上下波动。

证券的内在价值(intrinsic value)是投资者从事投资选择活动的基本依据,它取决于其能带来的货币收入流量。持有证券所获得的货币收入流量越大,证券价值就越高;反之,证券价值就越低。因此,我们可以从收入流量大小的角度确定证券的内在价值。证券的货币收入流量决定证券的价值,但证券的货币收入流量是未来的、尚未实现的。因此,要评定证券的价值,首先必须预测其未来收入流量的大小和可靠程度,即预期。投资者对某种证券价值的估价,就是基于他对该证券可能带来收入流量的预期。

假定证券的未来收入流量已知或预期已经产生,但是,证券的价值并不简单地等同于证券的未来收入流量。因为,证券的未来收入流量是尚未实现的,各种经济、政治、社会因素以及自然界不可抗拒的因素等都有可能影响证券未来收入的实现和水平,证券的未来收入流量是一个不确定的量。投资人购买某种证券,就必然要承担这种不确定的风险。相应的,在评定该证券的价值时就必然要从其收入流量中扣除一部分作为这种风险的补偿。对所有证券投资人而言,资金都具有时间价值因素。证券的收入流量是未来的,运用证券的未来收入流量评定证券的价值时就必然要考虑资金的时间价值。

2. 证券理论价值的计算

有价证券的理论价值是根据现值理论计算出来的。现值理论认为,人们之所以愿意购买证券,是因为它能够为持有人带来预期收入。因此,它的价值取决于未来收益的大

小。有价证券的理论价值计算公式为

$$P = \frac{F}{(1+i)^n} \tag{4.4}$$

式中,P 为现值;F 为未来值;i 为折现率;n 为计息期数;$(1+i)^n$ 为复利现值系数;$\frac{1}{(1+i)^n}$ 为折现系数。

例 4-3　设银行利率为 1.98%,若想在三年后得到 40 000 元,现在应存入多少钱?

解：$P = \dfrac{40\ 000}{(1+1.98\%)^3} = 37\ 715(元)$

4.2　债券的投资价值分析

4.2.1　影响债券投资价值的因素

1. 影响债券投资价值的内部因素

内部因素是指与债券本身相关的因素,债券自身有六个方面基本特性影响其定价。

(1) 债券的期限

一般来说,债券的期限越长,其市场变动的可能性就越大,其价格的易变性也就越大,投资者要求的收益率补偿也就越高,投资价值就越低。

(2) 债券的票面利率

债券的票面利率越低,债券价格的易变性也就越大。在市场利率提高的时候,票面利率较低的债券的价格下降较快。但是,当市场利率下降时,它们增值的潜力也较大。

(3) 债券的提前赎回条款

债券的提前赎回条款是债券发行人所拥有的一种选择权,它允许债券发行人在债券发行一段时间以后,按约定的赎回价格在债券到期前部分或全部偿还债务。这种规定在财务上对发行人是有利的,因为发行人可以发行较低利率的债券取代那些利率较高的被赎回的债券,从而减少融资成本。而对于投资者来说,他的再投资机会受到限制,再投资利率也较低,这种风险是要得到补偿的。因此,具有较高提前赎回可能性的债券应具有较高的票面利率,也应具有较高的到期收益率,其内在价值也就较低。

(4) 债券的税收待遇

一般来说,免税债券的到期收益率比类似的应纳税债券的到期收益率低。税收还以其他方式影响债券的价格和收益率。例如,任何一种按折扣方式出售的低利率附息债券提供的收益有两种形式:息票利息和资本收益。在美国,这两种收入都被当作普通收入进行征税,但是对于后者的征税可以等到债券出售或到期时才进行。这种推迟就表明大额折价债券具有一定的税收利益。在其他条件相同的情况下,这种债券的税前收益率必然略低于高利附息债券,也就是说,低利附息债券比高利附息债券的内在价值要高。

(5) 债券的流动性

债券的流动性是指债券可以迅速出售而不会发生实际价格损失的能力。如果某种债券按市价卖出很困难,持有者会因该债券的市场流动性差而遭受损失,这种损失包括较高的交易成本以及资本损失,这种风险也必须在债券的定价中得到补偿。因此,流动性好的债券与流动性差的债券相比,前者具有较高的内在价值。

(6) 债券的信用等级

债券的信用等级是指债券发行人按期履行合约规定的义务、足额支付利息和本金的可靠性程度。一般来说,除政府债券以外,一般债券都有信用风险,但风险大小有所不同。信用等级越低的债券,投资者要求的到期收益率就越高,债券的内在价值也就越低。

2. 影响债券投资价值的外部因素

(1) 基础利率

基础利率是债券定价中必须考虑的重要因素,在证券投资价值分析中,基础利率一般是指无风险利率。政府债券可以看作是现实中的无风险债券,它风险最小,收益率也最低。一般来说,银行利率应用广泛,债券的收益率也可参照银行存款利率来确定。

(2) 市场总体利率水平

市场利率风险是各种债券都面临的风险。在市场总体利率水平上升时,债券的收益率水平也应上升,从而使债券的内在价值降低;反之,在市场总体利率水平下降时,债券的收益率水平也应下降,从而使债券的内在价值增加。并且,市场利率风险与债券的期限相关,债券的期限越长,其价格的利率敏感度也就越大。

(3) 其他因素

影响债券投资价值的外部因素还有通货膨胀水平以及外汇汇率风险等。通货膨胀的存在可能会使投资者从债券投资中实现的收益不足以抵补由于通货膨胀而造成的购买力损失。当投资者投资于某种外币债券时,汇率的变化会使投资者的未来本币收入受到贬值损失。这些损失的可能性也都必须在债券的定价中得到体现,使其债券的到期收益率增加,债券的内在价值降低。

4.2.2 债券内在价值的计算

在对债券定价进行研究之前,首先应假定债券不存在信用风险或违约风险、不考虑通货膨胀对债券收益的影响。债券价值的计算,因债券的付息方式和付息次数不同,而具有不同的定价模型。

1. 一次还本付息债券的定价模型

对于一次还本付息的债券来说,其预期货币收入是期末一次性支付的利息和本金,必要收益率可参照可比债券得出。如果一次还本付息债券按复利计息、按复利贴现,其定价模型为

$$P = \frac{M(1+i)^n}{(1+r)^n} \qquad (4.5)$$

式中,P 为债券的内在价值;M 为债券面值;i 为每期利率;r 为必要收益率(贴现率);n 为债券的剩余时期数。

例 4-4 某一次还本付息债券的票面额为 1 000 元,票面利率为 10%,必要收益率为 12%,期限为 5 年,如果按复利计息,复利贴现,求该债券的内在价值。

解:$P = \dfrac{1\,000 \times (1+10\%)^5}{(1+12\%)^5} = 913.85 (元)$

2. 贴现债券的定价模型

贴现债券也是一次还本付息债券,只不过利息支付是以债券贴现发行并到期按面值偿还的方式,于债券发行时发生。所以可把面值视为贴现债券到期的本息和,参照上述一次还本付息债券的估价公式可计算出贴现债券的价格。其定价模型为

$$P = \frac{M}{(1+r)^n} \tag{4.6}$$

式中,P 为债券的内在价值;M 为债券面值;r 为必要收益率;n 为剩余期限。

3. 附息债券的定价模型

对于按期付息的债券来说,其预期货币收入有两个来源:到期日前定期支付的息票利息和票面额。其必要收益率也可参照可比债券确定。对于一年付息一次的债券来说,按复利贴现的定价模型为

$$P = \sum_{t=1}^{n} \frac{C}{(1+r)^t} + \frac{M}{(1+r)^n} \tag{4.7}$$

式中,P 为债券的内在价值;C 为每年支付的利息金额(C=票面利率×面值);M 为债券面值;r 为必要收益率(贴现率);n 为剩余期限;t 为第 t 次。

例 4-5 某公司发行债券,每年支付利息为 100 元,债券面值为 1 000 元,票面利率为 10%,必要收益率为 10%,到期年限为 10 年,试计算该公司债券的发行价格。

解:$P = \sum\limits_{t=1}^{10} \dfrac{100}{(1+10\%)^t} + \dfrac{1\,000}{(1+10\%)^{10}} = 614.46 + 385.54 = 1\,000.00 (元)$

4.3 股票的投资价值分析

4.3.1 影响股票投资价值的因素

1. 影响股票投资价值的内部因素

(1) 公司净资产

公司净资产或资产净值是总资产减去总负债后的净值,它是全体股东的权益,是决定股票投资价值的重要基准。股票作为投资的凭证,每一股代表一定数量的净值。从理论上讲,净值应与股价保持一定比例:净值增加,股价上涨;净值减少,股价下跌。

(2) 公司盈利水平

公司业绩好坏集中表现于盈利水平高低。公司盈利水平是影响股票投资价值的基本因素之一。一般情况下,预期公司盈利增加,可分配股利也会相应增加,股票市场价格上

涨。但值得注意的是,股票价格涨跌和公司盈利变化并不完全同时发生。

（3）公司股利政策

公司股利政策直接影响股票的投资价值,其分配方式也会给股价波动带来影响。在一般情况下,股票价格与股利水平成正比。股利水平越高,股价越高;股利水平越低,股价越低。股利来自公司的税后盈利,但公司盈利的增加,只为股利的分配提供了可能。为了合理地分配盈利,公司都会用一定的股利政策来平衡扩大再生产和回报股东之间的关系。不同股利政策对各期股利收入有不同影响。

（4）股份分割

股份分割又称拆股、拆细,是将原有股份均等地拆成若干较小的股份。一般在年度决算月份进行。股份分割并不能带来现实利益,投资者在分割前后所持有的公司净资产是一样的,得到的股利也相同。但投资者持有的股价数量增加了,可带来未来可分更多股利和更高收益的预期,因此股份分割通常会刺激股价上升,往往比增加股利分配的刺激作用更大。

（5）增资、减资

公司因业务发展需要增加资本额而发行新股的行为,对不同公司股票价格的影响不尽相同。在没有产生相应效益前,增资会使每股净资产下降,可能促使股价下跌。但绩优且具发展潜力公司的增资意味着将增加经营实力,给股东带来更多回报,股价不仅不会下跌,可能还会上涨。而当公司宣布减资时,多半因为经营不善、亏损严重、需要重新整顿,所以股价可能会大幅下降。

（6）公司资产重组

公司资产重组总会引起公司价值的巨大变动,股价也随之产生剧烈的波动。但需要分析公司资产重组对公司是否有利,重组后是否会改善公司的经营状况,因为这些是股价变动方向的决定因素。

2. 影响股票投资价值的外部因素

（1）宏观经济因素

宏观经济走向和相关政策是影响股票投资价值的重要因素。宏观经济走向包括经济周期、通货变动、国际经济形势等因素。国家货币政策、财政政策、收入分配政策、证券市场监管政策等都会对股票投资价值产生影响。

（2）行业因素

产业的发展状况和趋势对于该产业上市公司的影响是巨大的,因而产业发展状况和趋势、国家产业政策和相关产业发展等都会对该产业上市公司的股票价值产生影响。

（3）市场因素

证券市场上投资者对股票走势的心理预期会对股票价格走势产生重要的影响。市场中的散户投资者往往有从众心理,会对股市产生助涨助跌的作用。常见的有"羊群效应""一月效应""星期一效应""黑色星期二""小盘股效应"等。

小贴士 4-1

4.3.2 股票内在价值的计算

1. 股票内在价值的概念

股票内在价值即理论价值,也即股票未来收益的现值,取决于股息收入和市场收益率。股票内在价值或理论价值决定股票的市场价格,股票的市场价格总是围绕着股票内在价值波动。但市场价格又不完全等于其内在价值,因为股票的市场价格受供求关系及其他许多因素的影响。股票的理论价格不等于股票的市场价格,两者甚至有相当大的差距。但是,股票的理论价格为预测股票市场价格的变动趋势提供了重要的依据,也是股票市场价格形成的一个基础性因素。

2. 股票的理论价格

股票代表的是持有者的股东权,这种股东权的直接经济利益表现为股息、红利收入。股票的理论价格就是为获得这种股息、红利收入的请求权而付出的代价,是股息资本化的表现。静态地看,股息收入与利息收入具有同样的意义。投资者是把资金投资于股票还是存于银行,这首先取决于哪一种投资的收益率高。按照等量资本获得等量收入的理论,如果股息率高于利息率,人们对股票的需求就会增加,股票价格就会上涨,从而股息率就会下降,一直降到股息率与市场利率大体一致为止。按照这种分析,可以得出股票的理论价格公式为

$$P = \frac{D}{i} \tag{4.8}$$

式中,P 为股票的理论价格;D 为股息红利收益;i 为市场利率。

3. 股票内在价值的计算方法

为简便起见,在不会影响到计算结果的理论含义的前提下,人们通常把上述各种收益简单归之为股利。下面就是股票内在价值的普通计算模型:

$$V = \frac{D_1}{1+k} + \frac{D_2}{(1+k)^2} + \cdots + \frac{D_n}{(1+k)^n} = \sum_{t=1}^{n} \frac{D_t}{(1+k)^t} \tag{4.9}$$

式中,V 为内在价值;D_t 为第 t 年现金流入;k 为贴现率,则 $(1+k)^t$ 为第 t 年贴现率。

(1) 关于 D_t

对于 $t<0$ 的情况,反映的是历史的现金流入情况,如果财务没有作假的话,那么可以很容易从公司历年年报中获得。对于 $t=0$ 的情况,有大量的行业分析报告和公司分析报告,D_0 相对来说比较准确。对于 $t>0$ 的情况,t 取值越大,意味着预测年度距离当前越远,而影响公司现金流入的因素颇为复杂,那么精确预测尤为困难。

(2) 关于贴现率(k)

贴现率就是用于特定工程资本的机会成本,即具有相似风险的投资的预期回报率。按照贴现率的定义,选取社会平均资本回报率作为贴现率是恰当的。1992—2003 年的社会平均资本回报率在 9%~10% 间波动(参考《中国统计年鉴(1987—2003)》)。k 值对内

在价值的影响很大。

上面是计算股票内在价值的最基本公式,但要注意,这也是唯一的真实公式,在计算各种简化模型的时候都是建立在各种特定假设的基础之上的。

4. 股票内在价值的计量模型

股票价格通常是指在证券市场买卖股票的价格。股票有优先股和普通股之分,由于优先股是一种有固定收入的证券,因而其价格的确定方法比较简单;而普通股的收益主要来源于企业的盈利和股息,它具有不确定性,受多种因素的影响,因而其价格确定比较复杂,有许多不同的计量模型或计算方法。

(1) 股利贴现模型

股利贴现模型(dividend discount model,DDM)是应用收入资本化定价方法来确定股票内在价值的模型。按照收入资本化定价方法,任何资产的内在价值是由拥有资产的投资者在未来所接受的现金流所决定的。由于现金流是未来时期的预期值,因此必须按照一定的贴现率折现成现值。对股票来说,预期现金流就是预期未来支付的股利。因此,股利贴现模型的一般公式如下:

$$V = \frac{D_1}{1+k} + \frac{D_2}{(1+k)^2} + \cdots + \frac{D_\infty}{(1+k)^\infty} = \sum_{t=1}^{\infty} \frac{D_t}{(1+k)^t} \quad (4.10)$$

式中,V 为股票期初的内在价值;k 为贴现率;D_t 为 t 时期末的每股股息。

在式(4.10)中,假定贴现率始终一样,我们引入净现值和内部收益率的概念。

① 净现值。净现值(NPV)等于内在价值(V)与成本(P)之差。其计算公式为

$$\text{NPV} = V - P = \sum_{t=1}^{\infty} \frac{D_t}{(1+k)^t} - P \quad (4.11)$$

如果 NPV>0,则预期现金流入的净现值之和大于投资成本,即这种股票的价格被低估,应该购买该股票;如果 NPV<0,则预期现金流入的净现值之和小于投资成本,即这种股票的价格被高估,不应该购买该股票。

② 内部收益率。内部收益率(IRR)是使净现值等于零的贴现率。用 k^* 表示内部收益率,根据内部收益率的定义可得下式:

$$\text{NPV} = V - P = \sum_{t=1}^{\infty} \frac{D_t}{(1+k^*)^t} - P = 0$$

$$P = \sum_{t=1}^{\infty} \frac{D_t}{(1+k^*)^t}$$

可见,内部收益率是使未来股息流贴现值恰好等于股票市场价格的贴现率。由上面式子可以求出内部收益率(k^*),把内部收益率(k^*)与具有同等风险水平股票的必要收益率(k)相比较,如果 $k^*>k$,则应该购买这种股票;如果 $k^*<k$,则不应该购买这种股票。

运用现金流贴现模型决定普通股票内在价值的难点在于投资者必须预测所有未来不同时期分配的股利数额。因为公司经营具有不确定性,因此对公司无限期发放股利应做一些假定,即应对股利增长率作出假定,以便计算股票的内在价值。

对股利增长率来说,时点 t 的每股股利为

$$D_t = D_{t-1}(1+g_t) \text{ 或 } g_t = \frac{D_t - D_{t-1}}{D_{t-1}}$$

由于对股利增长率的假定不同,就会有不同的贴现现金流模型:零增长模型、不变增长模型、可变增长模型。

(2) 零增长模型

零增长模型(zero-growth model)假定股息增长率等于零,即 $g=0$,也就是说,未来的股息按一个固定数量支付。根据这个假定,我们用 D_0 来替换 D_t,得:

$$P = \sum_{t=1}^{\infty} \frac{D_0}{(1+k)^t} = D_0 \sum_{t=1}^{\infty} \frac{1}{(1+k)^t}$$

因为 $k>0$,由此可得:

$$P = \sum_{t=1}^{\infty} \frac{D_0}{(1+k)^t} = \frac{D_0}{k} \tag{4.12}$$

式中,P 为股票期初的内在价值;k 为贴现率;D_0 为未来每期支付的每股股息。

例 4-6 某股票的股利预期增长率为零,每股股票刚收到 1.50 元的股息(按年付息),市场贴现率为 15%,则该种普通股的价值是多少?

解:$P = \dfrac{D}{k} = \dfrac{1.50}{0.15} = 10.0(\text{元})$

(3) 不变增长模型

不变增长模型又称戈登模型(Gordon model),是假定股息永远按不变的增长率增长,这样就可以建立不变增长模型。假设时期 t 的股息为

$$D_t = D_{t-1}(1+g) = D_0(1+g)^t$$

将其代入贴现现金流模型的一般公式得:

$$P = \sum_{t=1}^{\infty} \frac{D_0(1+g)^t}{(1+k)^t} = D_0 \sum_{t=1}^{\infty} \frac{(1+g)^t}{(1+k)^t}$$

如果 $k>g$,可得:

$$P = D_0 \frac{1+g}{k-g} = \frac{D_1}{k-g} \tag{4.13}$$

例 4-7 某股票的股利预期增长率为 5%。每股股票刚收到 1.50 元的股息(按年付息),市场贴现率为 15%,则该种普通股的价值是多少?

解:$D_1 = 1.50 \times (1+0.05) = 1.575(\text{元})$

$$P = \frac{D_1}{k-g} = \frac{1.575}{0.15-0.05} = 15.75(\text{元})$$

(4) 可变增长模型

可变增长模型又称多元增长模型(multiple growth model),又有二元增长模型、三元增长模型等。下面主要介绍二元增长模型。二元增长模型假定在时间 L 以前,股息以 g_1 的速度增长;在时间 L 以后,股息以 g_2 的速度增长。这样就可以建立二元增长模型,公式如下:

$$P = \sum_{t=1}^{L} \frac{D_0(1+g_1)^t}{(1+k)^t} + \sum_{t=L+1}^{\infty} \frac{D_L(1+g_2)^{t-L}}{(1+k)^t}$$

$$= \sum_{t=1}^{L} \frac{D_0(1+g_1)^t}{(1+k)^t} + \frac{1}{(1+k)^L} \cdot \frac{D_{L+1}}{k-g_2} \tag{4.14}$$

式中，$D_{L+1} = D_0(1+g_1)^t(1+g_2)$。

例 4-8 某股票在前三年的股利增长率为 16%，在以后年度为 8%。每股股票刚收到 3.24 元的股息（按年付息），市场贴现率为 15%，则该种普通股的价值是多少？

解：首先，确定每年应得到的股利：

$$D_0 = 3.24$$
$$D_1 = D_0(1+g_1)^1 = 3.24 \times 1.16^1 = 3.76(元)$$
$$D_2 = D_0(1+g_1)^2 = 3.24 \times 1.16^2 = 4.36(元)$$
$$D_3 = D_0(1+g_1)^3 = 3.24 \times 1.16^3 = 5.06(元)$$
$$D_4 = D_3(1+g_2)^1 = 5.06 \times 1.08^1 = 5.46(元)$$

其次，确定现金流的现值：

$$PV(D_1) = D_1(PVIF15\%,1) = 3.76 \times 0.870 = 3.27(元)$$
$$PV(D_2) = D_2(PVIF15\%,1) = 4.36 \times 0.756 = 3.30(元)$$
$$PV(D_3) = D_3(PVIF15\%,1) = 5.06 \times 0.658 = 3.33(元)$$
$$P_3 = \frac{5.46}{0.15-0.08} = 78(元)$$
$$PV(P_3) = P_3(PVIF15\%,3) = 78 \times 0.658 = 51.32(元)$$

最后，计算所有现金流现值之和，得出内在价值：

$$P = \sum_{t=1}^{3} \frac{D_0(1+0.16)^t}{(1+0.15)^t} + \frac{1}{(1+0.15)^3} \cdot \frac{D_4}{0.15-0.08}$$
$$= 3.27 + 3.30 + 3.33 + 51.32$$
$$= 61.22(元)$$

4.3.3 股票市场价格的评估

1. 市盈率估价方法

市盈率（price-to-earnings ratio，P/E）又称价格收益比或本益比，是每股市价与每股收益的比率。它是衡量股份有限公司盈利能力的重要指标。其计算公式为

$$市盈率(P/E) = \frac{每股价格}{每股收益}(倍) \tag{4.15}$$

如果分别估计出股票的市盈率和每股收益，那么就能由此公式估计出股票价格。每股收益（earnings per share，EPS）通常是指每股净利润。每股净利润的确定方法：①全面摊薄法，就是用全年净利润除以发行后的总股本，直接得出每股净利润；②加权平均法，就是以公开发行股份在市场上流通的时间作为权数，用净利润除以发行前总股本加权计算得出的发行后总股本，得出每股净利润。股票市盈率估价有简单估价法（包括历史数据估价法、市场决定法）、回归分析法等方法。

2. 市净率估价方法

市净率(price-to-book value ratio,P/B)又称净资产倍率,是每股市价与每股净资产的比率。其计算公式为

$$市净率(P/B) = \frac{每股价格}{每股净资产}(倍) \quad (4.16)$$

每股净资产又称账面价值,是指每股股票所含的实际资产价值,是支撑股票价格的物质基础,代表公司解散时股东可分得的权益,通常被认为是股票价格下降的底线。每股净资产的数额越大,表明公司内部积累越雄厚,抵御外来因素影响的能力越强。

通过市净率定价法估值时,首先应根据审核后的净资产计算出发行人的每股净资产;其次,根据二级市场的平均市净率、发行人的行业情况(同类行业公司股票的市净率)、发行人的经营状况及其净资产收益率等拟定发行市净率;最后,依据发行市净率与每股净资产的乘积决定估值。

4.4 投资基金和金融衍生工具的投资价值分析

4.4.1 投资基金的投资价值分析

1. 投资基金的内在投资价值分析

(1) 基金资产净值

基金资产净值是指在某一基金估值时点上,按照公允价格计算的基金资产总市值扣除负债后的余额,该余额是基金单位持有人的权益。按照公允价格计算的基金资产的过程就是基金的估值。单位基金资产净值,即每一基金单位代表的基金资产净值。单位基金资产净值的计算公式为

$$单位基金资产净值 = \frac{总资产 - 总负债}{基金单位总数} \quad (4.17)$$

式中,总资产是指基金拥有的所有资产(包括股票、债券、银行存款和其他有价证券等)按照公允价格计算的资产总额;总负债是指基金运作及融资时所形成的负债,包括应付给他人的各项费用、应付资金利息等;基金单位总数是指当时发行在外的基金单位的总量。

基金资产净值是基金经营业绩的指示器,也是发行后基金买卖价格的计算依据。基金估值是计算单位基金资产净值的关键。基金仕仕分散投资于证券市场的各种投资工具,如股票、债券等。由于这些资产的市场价格是不断变动的,因此只有每日对基金资产净值进行重新计算,才能及时反映基金的投资价值。

(2) 影响投资基金价值的主要因素

① 基金管理公司。投资基金的价值在很大程度上取决于基金管理公司。好的基金管理公司,往往能给基金持有者极高的投资回报。对基金管理公司可从两方面去考察。一是对基金领导班子的整体专业水平、调研能力、运作经验的考核,尤其是要注意主要负责者的社会背景、决策能力。二是考察基金管理公司的以往业绩。一般认为,基金的长期

业绩是专业水平、信息量、决策能力等诸项要素的综合反映。

② 基金销售费用。基金销售费用是信托资产运行时必不可少的费用,费用率的高低影响着对投资者的回报率。一项对美国投资基金的调查研究认为,销售费用收取的高低与基金的经营管理无关,即收费高的基金与收费低的基金业绩相差不大。在这种情况下,收费高的基金很明显降低了基金的资产,少了一部分本可以产生利润的基金资产;而收费低或不收费的基金则可将大部分基金资产或全部基金资产用来投资,产生利润的基数要比前者大。

③ 基金发行规模。基金发行规模的大小,将影响基金的收益水平,从而影响着基金的价值。一是规模的大小影响着基金投资证券的持有期。小型基金由于进出容易,常进行短期投资,因此,规避系统性风险的能力较强,常可获得较高的投资收益率。大型基金则相反,易进难出的特点决定了其长期持有的投资策略,因此,在发生价格的不利波动时,不能有效地规避风险,从而影响了基金的收益。二是规模的大小影响着基金的单位费用率。小型基金在发行、运作时由于受其中的不变成本的影响,使单位费率标准居高不下,影响了投资收益率;而大型基金由于规模大,易产生规模效应,从而摊低了单位费率。三是规模的大小影响着基金持有证券品种的多寡。小型基金由于资金量小,投资分散程度不够,不能有效规避非系统性风险;大型基金规模大,为了达到有关法律要求的持有比例,往往投资于几百个证券,但增加了管理成本,同时,也不利于选择最佳的投资目标。

④ 基金的举债规模。封闭式基金由于受固定规模的约束,不能靠增发基金份额来扩充经营规模,但它有多种筹资渠道,其中之一就是向金融机构及民间举债。举债的目的是为解决日常运作费用,扩大经营规模。另外,分析举债规模时不仅要分析债务占基金净资产的比重及对基金本金的影响程度,还要分析债务利率对基金经营的影响。一般来说,当利率低于基金投资收益时,使用财务杠杆较为有利;反之,则应弃之不用。

小贴士 4-2

(3) 基金资产的估值

基金管理人必须按规定在每个交易日当天对基金净资产进行估值。目前,中国投资基金相关法规规定,基金资产的估值要采用以下方法。

① 对上市流通的有价证券,开放式基金是以估值日证券交易所挂牌的该证券收盘价估值;封闭式基金是以估值日证券交易所挂牌的该证券平均价估值。估值日无交易的,取最近一日的价格估值。

② 对未上市的股票,分两种情况处理:其一,送股、转赠股、配股和增发新股,按估值日在证券交易所挂牌的同一股票的收盘价(开放式基金)或市场平均价(封闭式基金)估值;其二,首次公开发行的股票,按成本价估值。

2. 封闭式基金的投资价值分析

(1) 封闭式基金的发行价格和交易价格

封闭式基金的价格和股票价格一样,可以分为发行价格和交易价格。封闭式基金的发行价格由两部分组成:一部分是基金的面值;另一部分是基金的发行费用,包括律师费、会计师费等。封闭式基金发行期满后一般都申请上市交易,因此,它的交易价格和股票价格的表现形式一样,可以分为开盘价、收盘价、最高价、最低价、成交价等。

(2) 封闭式基金交易价格的影响因素

封闭式基金交易价格主要受到六个方面的影响:①单位基金资产净值;②市场供求关系;③宏观经济状况;④证券市场状况;⑤基金管理人的管理水平;⑥政府有关基金的政策。其中,确定基金价格最根本的依据是单位基金资产净值及其变动情况。

3. 开放式基金的投资价值分析

开放式基金由于经常不断地按客户要求购回或者卖出基金单位,因此,开放式基金的价格分为两种,即申购价格和赎回价格。

(1) 申购价格

开放式基金一般不进入证券交易所流通买卖,而主要在场外进行交易。投资者在购入开放式基金单位时,除了支付资产净值之外,还要支付一定的销售附加费用。也就是说,开放式基金单位的申购价格包括资产净值和一定的附加费用。

(2) 赎回价格

开放式基金承诺可以在任一赎回日根据投资者的个人意愿赎回其所持基金单位。对于赎回时不收取任何费用的开放式基金来说,赎回价格就等于基金资产净值。有些开放式基金赎回时是收取费用的,费用的收取按照基金投资年数不同而设立不同的赎回费率。持有该基金单位时间越长,费率越低。当然也有一些基金收取的是统一费率。可见,开放式基金的价格是与资产净值密切相关(在相关费用确定的条件下)的。

4.4.2 金融衍生工具的投资价值分析

1. 金融期货的投资价值分析

(1) 金融期货的理论价格

金融期货合约是约定在未来时间以事先协定的价格买卖某种金融工具的双边合约。期货价格反映的是市场对现货价格未来的预期。在一个理性的无摩擦的均衡市场上,期货价格与现货价格具有稳定的关系,即期货价格相当于交易者持有现货金融工具至到期日所必须支付的净成本。净成本也称持有成本,是指因持有现货金融工具所取得的收益与购买金融工具而付出的融资成本之间的差额,这一差额可能为正,也可能为负。在现货金融工具价格一定时,金融期货的理论价格决定于现货金融工具的收益率、融资利率及持有现货金融工具的时间。理论上,期货价格有可能高于、等于、低于相应的现货金融工具。基于持有成本理论,金融期货的理论价格为

$$F_t = S_t e^{(r-d)(T-t)} \tag{4.18}$$

式中,F_t 为期货的当前价格;S_t 为现货的当前价格;r 为无风险利率;d 为连续的红利支付率;t 为现在时刻;T 为期货合约的到期日;$(T-t)$ 为持有期间。

(2) 影响期货价格的主要因素

影响期货价格的主要因素是持有现货的成本和时间价值。在期货市场上,由于持有现货的成本和时间价值是无法预先确定的,比如,影响现货金融工具价格的各种因素、市

场上的供求关系、利率的变化等都会对持有现货的成本和时间价值产生影响。因此,期货合约的理论价格实际上还是一个估计值。在期货市场上,金融期货的市场价格与其理论价格不完全一致,期货市场价格总是围绕着理论价格而波动。期货市场价格的变动与现货价格的变动之间也并不总是一致的。影响期货价格的因素比影响现货价格的因素要复杂得多,主要有市场利率、预期通货膨胀、财政政策、货币政策、现货金融工具的供求关系、期货合约的有效期、保证金要求、期货合约的流动性等。

2. 金融期权的投资价值分析

金融期权是一种权利的交易。在期权交易中,期权买方为获得期权合约所赋予的权利而向期权的卖方支付的费用(期权费)就是期权价格。期权价格受多种因素的影响,从理论上说,由两个部分组成,即内在价值和时间价值。

(1) 内在价值

金融期权的内在价值也称履约价值,是指期权合约本身所具有的价值,也就是说期权的买方如果立即执行该期权所能获得的收益。一种期权有无内在价值以及内在价值的大小取决于该期权的协定价格与其标的物市场价格之间的关系。根据协定价格与标的物市场价格的关系,可将期权分为实值期权、虚值期权和平价期权三种类型。

对看涨期权而言,若市场价格高于协定价格,期权的买方执行期权将有利可图,此时为实值期权;若市场价格低于协定价格,期权的买方将放弃执行期权,为虚值期权。对看跌期权而言,若市场价格低于协定价格为实值期权;若市场价格高于协定价格为虚值期权。若市场价格等于协定价格,则看涨期权和看跌期权均为平价期权。从理论上说,实值期权的内在价值为正,虚值期权的内在价值为负,平价期权的内在价值为零。但实际上,期权的内在价值必然大于零或等于零,而不可能为负值。因为当期权的内在价值为负时,买方可选择放弃期权而不受额外损失。

(2) 时间价值

金融期权的时间价值也称外在价值,是指期权的买方购买期权而实际支付的价格超过该期权内在价值的那部分价值。在现实期权交易中,各种期权通常是以高于内在价值来买卖,因为期权买方期望随着时间的推移和标的物市场价格的变动,该期权的内在价值得以增加。时间价值是市场参与者因预期标的物市场价格变动引起其内在价值变动而愿意付出的代价。金融期权的时间价值不易直接计算,一般以期权的实际价格减去内在价值求得。

(3) 影响期权价格的主要因素

期权价格由内在价值和时间价值构成,因而凡是影响内在价值和时间价值的因素,就是影响期权价格的因素。这些因素主要包括以下方面。

① 协定价格与市场价格。它是影响期权价格最主要的因素。这两种价格的关系不仅决定了期权有无内在价值和内在价值的大小,还决定了无时间价值和时间价值的大小。一般而言,协定价格与市场价格间的差距越大,时间价值越小;反之,则时间价值越大。

② 权利期间。它是指期权剩余的有效时间,即期权成交日至期权到期日的时间。在

其他条件不变的情况下,期权期间越长,期权价格越高;反之,期权价格越低。

③ 利率。利率尤其是短期利率的变动会影响期权的价格。利率变动对期权价格的影响是复杂的。一方面,利率变动会引起标的物市场价格的变化,从而引起期权内在价值的变化;另一方面,利率变动会引起期权价格的机会成本的变化,从而引起对期权交易的供求关系的变化。因此,利率对期权价格的影响应作综合分析。

④ 标的物价格的波动性。通常,标的物价格的波动性越大,期权价格越高;波动性越小,期权价格越低。因为在此种情况下,标的物市场价格涨至协定价格之上或跌至协定价格之下的可能性越大,期权时间价值提高。

⑤ 标的资产的收益。它会影响标的资产的价格,从而必然影响期权的内在价值。由于标的资产分红付息等将使标的资产的价格下降,而协定价格并不相应调整,因此,在期权有效期内标的资产产生收益将使看涨期权价格下降,使看跌期权价格上升。

投资小技巧 4-1

3. 权证的投资价值分析

(1) 权证的理论价值

权证的理论价值包括两部分:内在价值和时间价值。若以 S 表示标的股票价格,X 表示权证的执行价格,则认股权证的内在价值为 $\max(S-X,0)$,认沽权证的内在价值为 $\max(X-S,0)$。权证的时间价值等于理论价值减去内在价值,它随着存续期的缩短而减小。

影响权证理论价值的主要有标的股票价格、权证的行权价格、无风险利率、股价的波动率和到期期限。各变量的变动对权证价值的影响方向如表 4-1 所示。

表 4-1　一个变量增加而其他变量保持不变对权证价值的影响

变　量	认股权证	认沽权证
股票价格	+	-
行权价格	-	+
到期期限	+	+
波动率	+	+
无风险利率	+	-

(2) 权证的杠杆作用

认股权证的杠杆作用表现为认股权证的市场价格要比其可认购的股票的市场价格上涨或下跌的速度快得多。杠杆作用反映了认股权证市场价格上涨(或下跌)幅度是可认购股票市场价格上涨(或下跌)幅度的几倍。杠杆作用一般用考察期内认股权证的市场价格变化百分比与同一时期内可认购股票的市场价格变化百分比的比值表示,也可用考察期期初可认购股票的市场价格与考察期期初认股权证的市场价格的比值近似表示。对于某一认股权证来说,其溢价越高,杠杆因素就越低;反之,如果认股权证的市场价格相对于普通股的市场价格降低时,其溢价就会降低,杠杆因素就会升高。

4. 可转换证券的投资价值分析

(1) 可转换证券的价值

可转换证券的价值与标的证券的价值有关，可分为投资价值、转换价值、理论价值和市场价值。

① 可转换证券的投资价值是指当它作为不具有转股选择权的一种证券的价值。估计可转换证券的投资价值，首先应估计与它具有同等资信和类似投资特点的不可转换证券的必要收益率，然后利用这个必要收益率折算出它未来现金流量的现值。

② 可转换证券的转换价值是指实施转换时得到的标的股票的市场价值。它等于标的股票每股市场价格与转换比例的乘积。即转换价值＝标的股票市场价格×转换比例。

③ 可转换证券的理论价值也称内在价值，是指将可转换证券转股前的利息收入和转股时的转换价值按适当的必要收益率折算的现值。假定投资者当前准备购买可转换证券，并计划持有该可转换证券到未来某一时期，且在收到最后一期的利息后便立即实施转股，那么，该可转换证券的当前理论价值可用下述公式计算：

$$P = \sum_{t=1}^{n} \frac{C}{(1+r)^t} + \frac{CV}{(1+r)^n} \qquad (4.19)$$

式中，P 为可转换证券的理论价值；t 为时期数；n 为持有时期总数；r 为必要收益率；C 为可转换证券每期支付的利息；CV 为可转换证券在持有期期末的转换价值。

④ 可转换证券的市场价值也就是可转换证券的市场价格。可转换证券的市场价值一般保持在可转换证券的投资价值和转换价值之上。如果可转换证券市场价值在投资价值之下，购买该证券并持有到期，就可获得较高的到期收益率；如果可转换证券市场价值在转换价值之下，购买该证券并立即转化为标的股票，再将标的股票出售，就可获得该可转换证券转换价值与市场价值之间的价差收益。

(2) 可转换证券的转换平价

转换平价是指使可转换证券市场价值（市场价格）等于该可转换证券转换价值的标的股票的每股价格，即

$$转换平价 = \frac{可转换证券的市场价值}{转换比例} \qquad (4.20)$$

不难看出，当转换平价大于标的股票的市场价格时，可转换证券的市场价格大于可转换证券的转换价值，即可转换证券持有人转股前所持有的可转换证券的市场价值大于实施转股后所持有的标的股票资产的市价总值，如果不考虑标的股票价格未来变化，此时转股对持有人不利。相反，当转换平价小于标的股票的市场价格时，可转换证券的市场价格小于可转换证券的转换价值，即可转换证券持有人转股前所持有的可转换证券的市场价值小于实施转股后所持有的标的股票资产的市价总值，如果不考虑标的股票价格未来变化，此时转股对持有人有利。

正因为如此，转换平价可被视为已将可转换证券转换为标的股票的投资者的盈亏平衡点。由于可转换证券转股不具有可逆性，即转股后不能将标的股票再转为可转换证券，

因此,对于已将可转换证券转换为标的股票的投资者来说,当初购买可转换证券的价格的高低并不重要,重要的是依据购买价格计算出转换平价,并将转换平价与目前标的股票市场价格进行比较,以判断出售目前持有的标的股票可否盈利。

当可转换证券的市场价格大于可转换证券的转换价值时,前者减后者所得的数值被称为可转换证券的转换升水。即有

$$转换升水 = 可转换证券的市场价格 - 可转换证券的转换价值 \quad (4.21)$$

$$转换升水比率 = \frac{转换升水}{可转换证券的转换价值} \times 100\% \quad (4.22)$$

当可转换证券的市场价格小于可转换证券的转换价值时,后者减前者所得的数值被称为可转换证券的转换贴水。即有

$$转换贴水 = 可转换证券的转换价值 - 可转换证券的市场价格 \quad (4.23)$$

$$转换贴水比率 = \frac{转换贴水}{可转换证券的转换价值} \times 100\% \quad (4.24)$$

例 4-9 某公司的可转换债券,其面值为 1 000 元,其转换价格为 25 元,其当前市场价格为 1 200 元,其标的股票当前的市场价格为 26 元。

(1) 计算该债券的转换比例、当前的转换价值及转换平价。

(2) 按照该转换平价的计算,可转换证券的投资者行使转换权是否有利?

(3) 判断该债券处于升水还是贴水状态,并计算其转换升水或贴水,以及升水或贴水的比率。

解:(1) 该债券转换比例 = 1 000 ÷ 25 = 40(股)

该债券当前的转换价值 = 40 × 26 = 1 040(元)

该债券当前的转换平价 = 1 200 ÷ 40 = 30(元)

(2) 由于标的股票当前的市场价格(26 元)小于按当前该债券市场价格(1 200 元)计算的转换平价(30 元),所以按当前的 1 200 元价格购买该债券并立即转股对投资者不利。

(3) 由于该债券 1 200 元的市场价格大于其 1 040 元的转换价值,因此该债券当前处于转换升水状态,并且

该债券转换升水 = 1 200 - 1 040 = 160(元)

转换升水比率 = 160 ÷ 1 040 × 100% = 15.4%

本 章 小 结

本章知识点

本章主要阐述了有价证券的理论价值、债券的投资价值、股票的投资价值、投资基金和金融衍生工具的投资价值等相关知识,要求重点掌握有价证券理论价值的决定方法,以及债券、股票、投资基金的内在价值的计算等内容。本章内容基本框架如图 4-1 所示。

```
                    ┌ 有价证券的理论价值 ┬ 货币时间价值
                    │                    └ 有价证券理论价值的决定
                    │ 债券的投资价值分析 ┬ 影响债券投资价值的因素
有价证券的投资      │                    └ 债券内在价值的计算
    价值分析        │ 股票的投资价值分析 ┬ 影响股票投资价值的因素
                    │                    ├ 股票内在价值的计算
                    │                    └ 股票市场价格的评估
                    └ 投资基金和金融衍生工具的投资价值分析 ┬ 投资基金的投资价值分析
                                                           └ 金融衍生工具的投资价值分析
```

图 4-1　第 4 章内容基本框架

主要术语

货币时间价值　　内部到期收益率　　内在价值　　理论价值
净现值　　　　　贴现现金流模型　　零增长模型　固定增长模型
分阶段增长模型　市盈率估价法　　　市净率估价法　基金资产净值
申购价格　　　　赎回价格　　　　　实值期权　　虚值期权
转换平价　　　　转换升水　　　　　转换贴水

自 测 题

1. 名词解释

货币时间价值　　净现值　　　　　　内在价值　　市盈率
贴现现金流模型　单位基金资产净值　转换平价

2. 填空题

（1）证券所具有的投资价值也称为证券的_____，即通常所谓的证券价值。证券价值是_____的基础。

（2）证券的价值取决于它能带来的_____。

（3）计算股票内在价值的常用方法是_____。

（4）债券的期限，即在债券发行时就确定的_____的年限。

（5）_____是一种以分散组合投资为特色，以证券投资为主要投资手段的一种为大众集合式代理的新的投资方式。

（6）影响债券定价的内部因素有期限的长短、_____、_____、_____、_____、_____。

（7）一般来说，债券的期限越长，其市场价格变动的可能性就_____；债券的票面利率越低，其价格的易变性也就_____。

（8）影响债券定价的外部因素有_____、_____和通货膨胀水平及外汇汇率风险等其他因素。

(9) 在市场总体利率水平上升时,债券的收益率水平也应_____;在市场总体利率水平下降时,债券的收益率水平也应_____。

(10) 货币时间价值是指使用货币按照某种利率进行投资的机会是有_____的,因此一笔货币投资的未来价值_____其现值。

(11) 根据未来价值求现值的过程,被称为_____。

(12) 如果 NPV>0,意味着所有预期的现金流入的净现值之和_____投资成本,即这种股票被_____价格,因此购买这种股票_____。

(13) 零增长模型实际上是_____增长模型的一个特例,因为假定增长率等于零,_____增长模型就是零增长模型。

(14) _____增长模型假设股利的变动在一段时间内并没有特定的模式可以预测,在这段时间以后,股利按_____增长模型变动。

(15) 基金的单位资产净值与基金单位的价格从总体上看趋向是_____的,成_____关系。

(16) 开放式基金由于经常不断地按客户要求购回或者卖出基金单位,因此,开放式基金的价格分为两种,即_____和_____。

(17) 金融期货合约是约定在未来时间以_____的价格买卖某种金融工具的双边合约。期货价格反映的是市场对现货价格未来的_____。

(18) 权证的理论价值包括两部分:_____价值和_____价值。

3. 单项选择题

(1) A 和 B 两种股票都将在来年分派 5 元的红利,两者的预期红利增长速度都是 10%。某投资者要求股票 A 的回报率是 11% 而股票 B 的回报率是 20%。那么股票 A 的内在价值(   )。

  A. 将比股票 B 的内在价值大

  B. 与股票 B 的内在价值相同

  C. 将比股票 B 的内在价值小

  D. 在不知道市场回报率的情况下无法计算

(2) 某一次还本付息债券的票面额为 1 000 元,票面利率为 10%,必要收益率为 12%,期限为 5 年,如果按复利计息,复利贴现,其内在价值为(   )元。

  A. 851.14   B. 897.50   C. 913.85   D. 907.88

(3) 下列关于影响债券投资价值的因素的分析中,说法错误的是(   )。

  A. 信用级别越低的债券,债券的内在价值也越低

  B. 市场总体利率水平下降时,债券的内在价值也下降

  C. 债券的票面利率越低,债券价值的易变性也越大

  D. 流动性好的债券比流动性差的债券有较高的内在价值

(4) 某投资者的一项投资预计两年后价值 100 000 元,假设必要收益率是 20%,下述最接近按复利计算的该投资现值的是(   )元。

  A. 60 000   B. 65 000   C. 70 000   D. 75 000

(5) 下列有关影响股票投资价值的因素的叙述,错误的是( )。
　　A. 一般情况下,股票价格与股利水平成反比
　　B. 股份分割是将原来股份均等地拆成若干较小的股份
　　C. 对业绩优良的公司而言,增资意味着将增加公司经营实力
　　D. 当公司宣布减资时,股价会大幅下降
(6) 关于影响股票投资价值的因素,以下说法错误的是( )。
　　A. 从理论上讲,公司净资产增加,股价上涨;公司净资产减少,股价下跌
　　B. 在一般情况下,股利水平越高,股价越高;股利水平越低,股价越低
　　C. 在一般情况下,预期公司盈利增加,股价上涨;预期公司盈利减少,股价下降
　　D. 公司增资一定会使每股净资产下降,因而促使股价下跌
(7) 某公司股票每股收益 0.72 元,金融市场的一般收益率为 10%,股票价格为 14.4 元,则股票的价值和市盈率分别为( )。
　　A. 7.2 元/股;20　　B. 7.2 元/股;7.2　　C. 20 元/股;7.2　　D. 20 元/股;20
(8) ( )是影响债券定价的外部因素。
　　A. 通货膨胀水平　　B. 流动性　　C. 提前赎回规定　　D. 信用等级
(9) 认股权证的内在价值等于股票市场价格与预购股票价格( )。
　　A. 之比　　B. 之差　　C. 之积　　D. 之和
(10) 一般而言,期权合约的时间价值、协定价格、标的资产市场价格三者之间的关系是( )。
　　A. 协定价格与标的资产市场价格差距越大,时间价值就越小
　　B. 协定价格与标的资产市场价格的差额,就等于时间价值
　　C. 时间价值与标的资产市场价格差距越大,协定价格就越高
　　D. 协定价格与时间价值差距越大,标的资产市场价格就越低

4. 多项选择题

(1) 影响股票投资价值的因素包括( )。
　　A. 公司净资产　　B. 行业因素　　C. 公司盈利水平
　　D. 公司股份分割　　E. 公司企业文化
(2) 影响债券投资价值的外部因素包括( )。
　　A. 基础利率　　B. 市场总体利率水平　　C. 通货膨胀水平
　　D. 外汇汇率风险　　E. 公司盈利水平
(3) 下列有关影响债券投资价值的因素的描述,正确的是( )。
　　A. 具有较高提前赎回可能性的债券具有较高的票面利率,内在价值相对较低
　　B. 免税债券的到期收益率要高于类似的应纳税债券的到期收益率
　　C. 低利附息债券的内在价值比高利附息债券的内在价值要高
　　D. 流动性好的债券具有较高的内在价值
　　E. 市场总体利率水平上升时,债券的内在价值增加
(4) 以下关于市净率的说法中,不正确的是( )。
　　A. 市净率是每股市场价格与每股净资产之间的比率

B. 市净率越小,说明股价处于较高水平

C. 市净率越大,说明股价处于较低水平

D. 与市净率相比,市盈率通常用于考察股票的内在价值

E. 与市盈率相比,市净率多为长期投资者所重视

(5) 在市盈率的估价方法中,利用历史数据进行估计的有(　　)。

　　A. 算术平均法　　　　B. 趋势调整法　　　　C. 市场预期回报倒数法

　　D. 市场归类决定法　　E. 回归分析法

(6) 下面(　　)属于影响债券定价的外部因素。

　　A. 基础利率　　　　　B. 市场利率　　　　　C. 通货膨胀水平

　　D. 外汇汇率风险　　　E. 拖欠的可能性

(7) 下面(　　)项目是计算投资基金单位资产净值所需知道的条件。

　　A. 基金申购价格　　　B. 基金资产总值　　　C. 基金的各种费用

　　D. 基金单位数量　　　E. 基金赎回价格

(8) 下面(　　)属于影响债券定价的内部因素。

　　A. 债券期限长短　　　B. 票面利率　　　　　C. 提前赎回规定

　　D. 税收待遇　　　　　E. 市场性

(9) 影响金融期权价格的因素包括(　　)。

　　A. 金融期权的协定价格

　　B. 金融期权的权利期间

　　C. 金融期权标的资产市场价格

　　D. 金融期权标的资产市场价格的波动性

　　E. 金融期权标的资产的收益

(10) 下列说法中,正确的是(　　)。

　　A. 可转换债券的市场价值是可转换证券的市场交易价格

　　B. 可转换债券的投资价值是其作为不具有转股选择权的一种证券的价值

　　C. 可转换证券的转换价值是指该可转换证券的市场价格

　　D. 可转换证券的转换价值是指实施转换时得到的标的股票的市场价值

　　E. 权证的时间价值随着存续期的缩短而减小

5. 判断题

(1) 证券本身并没有任何使用价值,也没有真正的价值,它只是表示因资本的供求关系而产生的一种权利。(　　)

(2) 股票本身有价值,所以有价格。(　　)

(3) 证券投资者对证券价值的评价,是基于其对该证券所可能带来的收入流量的预期。(　　)

(4) 安全性最高的有价证券是股票。(　　)

(5) 在公司未来股息固定发放的情况下,股票的内在价值和预期股息收益成正比,与市场利息率成反比。(　　)

(6) 开放式基金的交易价格取决于基金总资产值。(　　)

(7) 在行业的成长期,股价较为平稳。( )

(8) 股票的内在价值与股票的市场价格基本不一致,所以投资者应该寻觅内在价值高于市场价格的股票,以获取潜在的投资收益。( )

(9) 投资者一般把净资产倍率高的股票卖出,而买进净资产倍率低的股票。( )

(10) 一般而言,市盈率越低越好,市盈率越低,表示投资价值越高。( )

6. 简答题

(1) 债券的价格在理论上是如何决定的?

(2) 什么是市盈率估价方法?

(3) 说明贴现现金流模型的原理。

(4) 零增长模型与不变增长模型之间、不变增长模型与多元增长模型之间,存在什么关系?

(5) 如何理解投资基金的单位资产净值?

(6) 如何理解金融期权价值?

7. 论述题

(1) 试述影响债券定价的因素。

(2) 试述影响期权价格的主要因素。

8. 计算题

(1) 假设某公司在未来无限时期支付的每股股利为5元,必要收益率为10%。当前股票市价为45元,试判断该公司的股票有无投资价值。

(2) 去年某公司支付每股股利为1.80元,预计未来该公司股票的股利按每年5%的速度增长,假定必要收益率为11%,当今股票价格为40元,则投资者该如何操作?

(3) 预计某公司今年年末每股收益为2元,每股股息支付率为90%,并且该公司以后每年每股股利将以5%的速度增长。如果某投资者在今年年初以每股42元的价格购买了该公司股票,那么一年后他售出该公司股票的价格至少不低于多少元时才能使内部收益率等于或超过12%?

(4) 阳光公司预期将在来年分派1.50元的红利,预计的每年红利增长率为6%,无风险收益率为6%,预期的市场资产组合回报率为14%,阳光公司的股票贝塔系数是0.75,则股票的估价应该是多少元?

(5) 某公司的可转换债券,面值为1 000元,转换价格为10元,当前市场价格为990元,其标的股票市场价格为8元,那么,该债券当前转换平价为多少元?

真题训练

以下题目为证券从业资格考试改革前《证券投资分析》科目和改革后为证券分析师胜任能力考试《发布证券研究报告业务》中涉及本章内容的考题。

(1)【2010年5月真题·单选】一种资产的内在价值等于预期现金流的（　　）。
    A. 未来价值　　　B. 现值　　　C. 市场值　　　D. 账面值
(2)【2010年5月真题·单选】（　　）是影响债券定价的内部因素。
    A. 银行利率　　　B. 外汇汇率风险　　　C. 税收待遇　　　D. 市场利率
(3)【2010年5月真题·单选】某一次还本付息债券的面额为1 000元，票面利率为10%，必要收益率为12%，期限为5年，如按复利计息，复利贴现，其内在价值为（　　）元。
    A. 851.14　　　B. 897.50　　　C. 913.85　　　D. 907.88
(4)【2010年5月真题·单选】一般来说，免税债券的到期收益率比类似的应纳税债券的到期收益率（　　）。
    A. 高　　　B. 低　　　C. 一样　　　D. 都不是
(5)【2010年5月真题·单选】以下关于影响债券投资价值的内部因素的说法中，不正确的是（　　）。
    A. 在其他条件不变的情况下，债券期限越长，其市场价格变动的可能性越大
    B. 在其他条件不变的情况下，债券票面利率越低，债券价格的易变性也越大
    C. 在其他条件不变的情况下，市场利率提高时，利率较低债券价格下降较快
    D. 在其他条件不变的情况下，债券期限越长，投资者要求的收益率补偿越低
(6)【2010年5月真题·多选】影响债券投资价值的内部因素包括（　　）。
    A. 债券的期限
    B. 债券的票面利率
    C. 债券的提前赎回条款
    D. 债券的税收待遇
(7)【2010年5月真题·多选】以下说法中，正确的有（　　）。
    A. 一般来说，在其他条件不变的情况下，债券的期限越长，其市场价格变动的可能性就越大，投资者要求的收益率补偿也就越高
    B. 债券的票面利率越低，债券价格的易变性也就越大
    C. 一般来说，免税债券的到期收益率比类似的应纳税债券的到期收益率低
    D. 具有较高提前赎回可能性的债券应具有较高票面利率，其内在价值相对较低
(8)【2010年5月真题·单选】假设某公司在未来无限时期支付的每股股利为5元，必要收益率为10%。当前股票市价为45元，该公司股票是否有投资价值？（　　）
    A. 可有可无　　　B. 有　　　C. 没有　　　D. 条件不够
(9)【2010年5月真题·单选】在计算股票内在价值中，下列关于可变增长模型的说法中不正确的是（　　）。
    A. 与不变增长模型相比，其假设更符合现实情况
    B. 可变增长模型包括二元增长模型和多元增长模型
    C. 可变增长模型的计算较为复杂
    D. 可变增长模型考虑了购买力风险
(10)【2010年5月真题·单选】市盈率的计算公式为（　　）。
    A. 每股价格乘以每股收益
    B. 每股收益加上每股价格
    C. 每股价格除以每股收益
    D. 每股收益除以每股价格

(11)【2010年5月真题·判断】理论上讲,ETF或LOF的市场价格应与基金的内在价值即基金单位资产净值保持一致,但在现实市场中,ETF或LOF的市场价格一般呈现出在基金单位资产净值附近小幅波动的趋势。(   )

(12)【2010年5月真题·判断】期货市场价格的变动与现货价格的变动之间也并不总是一致的,影响期货价格的因素比影响现货价格的因素要多得多。(   )

(13)【2010年5月真题·判断】影响期货价格的主要因素是持有现货的成本和时间价值。(   )

(14)【2010年5月真题·单选】金融期权合约是一种权利交易的合约,其价格(   )。
    A. 是期权的买方为获得期权合约所赋予的权利而需支付的费用
    B. 是期权合约规定的买进或卖出标的资产的价格
    C. 是期权合约标的资产的理论价格
    D. 被称为协定价格

(15)【2010年5月真题·判断】期权价格受多种因素影响,但从理论上说,由两个部分组成,即内在价值和履约价值。(   )

(16)【2010年5月真题·判断】对看涨期权而言,若市场价格高于协定价格,期权的买方执行期权将有利可图,此时为虚值期权。(   )

(17)【2010年5月真题·单选】无风险利率是影响权证理论价值的变量之一。一般来说,当其他影响变量保持不变时,无风险利率的增加将导致(   )。
    A. 认股权证的价值不变   B. 认股权证的价值减少
    C. 认沽权证的价值增加   D. 认沽权证的价值减少

(18)【2010年5月真题·多选】下列说法中,正确的有(   )。
    A. 将债券的未来投资收益折算成现值,使之成为购买价格或初始投资额的贴现率是债券的内部到期收益率
    B. 将债券的未来投资收益折算成现值,使之成为购买价格或初始投资额的贴现率是债券的必要收益率
    C. 可转换证券的转换价值是指该可转换证券的市场价格
    D. 可转换证券的转换价值是指实施转换时得到的标的股票的市场价值

(19)【2010年5月真题·单选】可转换证券的市场价格必须保持在它的理论价值和转换价值(   )。
    A. 之下   B. 之上   C. 相等的水平   D. 都不是

(20)【2010年5月真题·单选】某公司可转换债券的转换比率为50,当前该可转换债券的市场价格为1 000元,那么,(   )。
    A. 该可转换债券当前的转换平价为50元
    B. 当该公司普通股市价超过20元时,行使转换权对该可转债持有人有利
    C. 当该公司普通股市价低于20元时,行使转换权对该可转债持有人有利
    D. 当该公司普通股市价为30元时,该可转换债券的转换价值为2 500元

第 5 章

证券投资基本分析

学习目标

- 熟悉证券投资分析的含义、意义和主要流派;掌握基本分析法、技术分析法、证券组合分析法的定义、理论基础和内容;掌握证券投资分析的信息来源。
- 掌握证券市场与宏观经济运行之间的关系;熟悉GDP、经济周期、通货变动对证券市场的影响;掌握财政政策和货币政策的工具、类型及对证券市场的影响。
- 熟悉行业的定义和分类方法;掌握行业的市场结构、生命周期分析的内容;熟悉经济周期、产业政策对产业变动的影响;了解区域因素对证券市场的影响。
- 了解公司分析的概念;掌握公司基本素质分析的内容和方法;掌握财务比率分析的主要指标和方法;理解资产重组和关联交易对公司业绩与经营的影响。

课前导读

　　股市投资,谁都企盼良好的回报。但涨跌无常,往往叫人美梦难圆。有人自诩机敏能干,经验老到,自恃精于技术分析,但暴涨后抛空,市场却持续大幅攀升,只得痛惜:捡了芝麻,丢了西瓜;暴跌后买进,市场却又持续下泻,只得哀叹:又被套牢了。"股神"沃伦·巴菲特倡导的价值投资理念值得我们学习。巴菲特是世界上最伟大的投资者,1965—1994年,他的股票平均收益增值为26.77%,高出道·琼斯指数近17个百分点。如果在1965年购买巴菲特公司1万美元股票,到1994年,就可以得到近1 130万美元的回报。巴菲特2008年资产达620亿美元,成为世界首富。巴菲特的投资策略:①必须投资于具有投资价值的企业。②必须投资那些通过建立壁垒而具有垄断利润的公司。③必须学会定量地评估企业的投资价值和边际安全,找到那些股东收益率每年都能很高的企业。

　　通过本章的学习,要求熟练掌握宏观经济分析、行业分析、公司分析的基础理论和应用方法。

5.1 证券投资分析概述

5.1.1 证券投资分析的意义和信息来源

1. 证券投资分析的概念和意义

　　证券投资分析是指人们通过各种专业性分析方法,对影响证券价值或价格的信息进行综合分析,以判断证券价值或价格及其变动的行为。做好证券投资分析对投资者来说,有十分重要的作用和意义。

(1) 提高投资决策的科学性

投资决策贯穿于整个投资过程,其正确与否关系到投资的成败。不同投资者有不同风险承受能力、不同收益要求和不同投资周期。同时,由于受到各种相关因素的影响,每一种证券的风险收益特性并不是一成不变的。因此,在投资决策时,投资者应当正确认知每一种证券在风险性、收益性、流动性和时间性方面的特点,借此选择同自己的要求相匹配的投资对象,并制定相应的投资策略。进行证券投资分析正是使投资者正确认知证券风险性、收益性、流动性和时间性的有效途径,是投资者科学决策的基础。因此,进行证券投资分析有利于减少投资决策的盲目性,从而提高投资决策的科学性。

(2) 正确评估证券的投资价值

证券的投资价值受多方面因素的影响,并随着这些因素的变化而发生相应的变化。例如,债券的投资价值受市场利率水平的影响并随之变化;影响股票投资价值的因素更为复杂,受宏观经济、行业形势和公司经营管理等多方面因素的影响。所以,投资者在投资某种证券前,首先应该认真评估其投资价值。只有当证券处于投资价值区域时才有利可图。证券投资分析正是通过对影响证券投资价值的各种因素进行综合分析,来判断这些因素及其变化可能带来的影响,因此它有利于投资者正确评估证券的投资价值。

(3) 降低投资者的投资风险

投资者从事证券投资是为了获得投资回报(预期收益),但这种回报是以承担相应风险为代价的。总体来说,预期收益水平和风险之间存在一种正相关关系。预期收益水平越高,投资者所要承担的风险也就越大;预期收益水平越低,投资者所要承担的风险也就越小。然而,每一种证券都有自己的风险收益特性,而这种特性又会随着各相关因素的变化而变化。因此,对于某些具体的证券而言,由于判断失误,投资者在承担较高风险的同时却未必能获得较高收益。理性投资者通过证券投资分析来考察每一种证券的风险收益特性及其变化,确定不同证券风险的大小,从而避免承担不必要的风险。

(4) 科学的证券投资分析是投资者投资成功的关键

证券投资的目的是证券投资净效用(收益带来的正效用减去风险带来的负效用)的最大化。因此,在风险既定的条件下投资收益最大化和在收益既定的条件下风险最小化是证券投资的两大具体目标。证券投资的成功与否往往是看这两个目标的实现程度。但是,影响证券投资目标实现程度的因素很多,其作用机制也十分复杂。证券投资分析采用专业分析方法和分析手段对影响证券回报率与风险的诸因素进行客观、全面和系统的分析,揭示这些因素影响的作用机制及规律,用于指导投资决策,从而在降低投资风险的同时获取较高的投资收益。

2. 证券投资分析的信息来源

信息在证券投资分析中起着十分重要的作用,是进行证券投资分析的基础。信息的收集、分类、整理和保存是进行证券投资分析的起点。分析结论的准确性与采用的分析方法和分析手段有关,更重要的是取决于占有信息的广度和深度。信息的多寡和质量高低将直接影响分析报告的最终结论。合格的证券分析人员首先应该获取相关信息,然后分析这些信息对证券价格的可能作用。证券分析人员所能获得信息的来源、数量及质量取决于一个国家证券市场的发展水平、通信手段的发达程度等多个方面。从信息发布主体和发布渠道来看,证券市场上各种信息的来源主要有以下方面。

(1) 政府部门

政府部门是国家宏观经济政策的制定者,是信息发布的主体,是证券市场有关信息的主要来源。在我国证券市场中,所发布的信息可能会对证券市场产生影响的政府部门主要有以下八个。①国务院。国务院是国家进行宏观管理的最高机构,它依照《宪法》和法律规定制定的各项行政法规、发布的各项决定和命令以及颁布的重大方针政策,会对证券市场产生全局性的影响。②中国证券监督管理委员会。中国证监会是直接负责监管证券市场的机构,它颁布的有关发行上市、市场交易、信息披露、上市公司治理、证券经营机构业务管理等各类部门规章和规范性文件,或发布的政策通知、处罚决定以及相关负责人发表的讲话,往往对证券市场产生直接或间接的引导作用。③财政部。财政部作为主管财政工作的宏观调控部门,主要负责拟定和执行财政税收政策。④中国人民银行。中国人民银行是我国的中央银行,是在国务院领导下制定和实施货币政策的宏观调控部门。⑤国家发展和改革委员会。国家发展和改革委员会作为综合研究拟定经济和社会发展政策的宏观调控部门,负责拟定并组织实施国民经济和社会发展战略规划、产业政策和价格政策。⑥商务部。商务部作为主管国内外贸易和国际经济合作的部门,负责规范市场运行和流通秩序,组织开展国际经济合作。作为四大宏观调控部门,国家发展和改革委员会、中国人民银行、财政部、商务部发布的有关信息对分析证券市场具有重要意义。⑦国家统计局。国家统计局是主管统计和国民经济核算工作的机构,其定期发布的宏观经济、行业统计数据是判断宏观经济运行状况、行业发展状况等的重要信息来源。⑧国有资产监督管理委员会。国有资产监督管理委员会主要负责国有资产监督管理工作,其制定的相关政策也是证券投资分析的一个重要来源。

(2) 证券交易所

证券交易所主要负责提供证券交易的场所和设施,制定证券交易所的业务规则,接受上市申请,安排证券上市,组织和监督证券交易,对会员和上市公司进行监管等。它向社会公布的证券行情、按日制作的证券行情表以及就市场成交情况编制的日报表、周报表、月报表与年报表等成为技术分析中的首要信息来源。

(3) 中国证券业协会

中国证券业协会是证券业的自律性组织,是社会团体法人。它负责监管的代办股份转让信息平台提供非上市公司股份转让信息。

(4) 证券登记结算公司

证券登记结算公司是为证券交易提供集中登记、存管和结算服务的中央登记结算机构,主要职责是从事上市证券登记,证券账户管理,证券存管和过户,证券和资金清算,代发证券权益,依法提供与证券登记结算业务有关的查询、信息、咨询和培训服务。

(5) 上市公司

上市公司作为经营主体,其经营状况直接影响到投资者对其价值的判断,从而影响其股价水平。一般来说,上市公司通过定期报告(年度报告、年中报告等)和临时公告等形式向投资者披露经营状况的有关信息,如盈利水平、股利政策、增资减资、资产重组等重大事宜。它所公布的有关信息是投资者对其证券进行价值判断的最重要来源。

(6) 中介机构

证券中介机构是为证券市场参与者如发行人、投资者等提供各种服务的专职机构。这些机构利用其人才、信息等方面的优势,为不同市场参与者提供相应的专业化服务,有助于投资者分析证券的投资价值,引导其投资方向。其中,由中介机构专业人员撰写的研究报告是信息的一种重要形式。

(7) 媒体

媒体既是信息发布的主体,也是信息发布的主要渠道。它通过专业人员对各种信息进行搜集、整理、归类和汇总,按规定予以公布披露,并通过实地采访与调研形成新闻报道或报告。同时,媒体通过书籍、报纸、杂志以及电视、广播、互联网等媒介披露有关信息,如国家的法律、法规,政府发布的政策信息,上市公司的财务报告等。

(8) 其他来源

投资者还可以通过实地调研、专家访谈、市场调查等渠道获得有关的信息,也可以通过家庭成员、朋友、邻居等获得有关信息,甚至包括内幕信息。

5.1.2 证券投资分析的主要流派和方法

1. 证券投资分析的主要流派

证券投资理论的成果浩如烟海,各种理论和思想层出不穷。西方证券投资理论大体可分为四大学派一个假说,即推崇图表分析的技术分析理论、追求安全边际收益的价值投资理论、理性假设下的现代证券投资理论、非理性人假设下的行为金融理论及有效市场假说。五种理论学派都在不同程度上反映了证券市场的一些规律和特征,都有自己的追随者。随着现代投资组合理论的诞生,证券投资分析理论开始形成界限分明的四个基本流派,即基本分析流派、技术分析流派、学术分析流派和行为分析流派。其中,前两种流派是完全体系化的流派,而后两种流派目前还不能据以形成完整的投资决策。

(1) 基本分析流派

基本分析流派是指以宏观经济形势、行业特征及上市公司的基本财务数据作为分析对象与投资决策基础的投资分析流派。它是目前西方投资界的主流派别,早期代表性人物包括亚当·斯密、大卫·李嘉图、马克思,近代以来以本杰明·格雷厄姆、威廉姆森、默顿·米勒等为代表。其分析方法体系体现了以价值分析理论为基础、以统计方法和现值计算方法为基本分析手段的基本特征。该流派的两个假定为股票的价值决定其价格,股票的价格围绕价值波动。因此,价值成为衡量价格合理与否的尺度。

(2) 技术分析流派

技术分析流派是指以证券的市场价格、成交量、价和量的变化以及完成这些变化所经历的时间等市场行为作为分析对象与投资决策基础的投资分析流派。其代表性人物有查尔斯·道、江恩、艾略特等。其分析方法体现了以价格判断为基础、以正确的投资时机选择为依据的基本特征。其决策方式经历了从最早的直觉化,到图形化,再到指标化,直到最近的模型化和智能化的演进过程,其分析方法的演进遵循了一条日趋定量化、客观化、系统化的发展道路,以实现投资市场的数量化与人性化理解的平衡。

(3) 学术分析流派

在现代投资理论诞生以前,学术分析流派分析方法的重点是选择价值被低估的股票并长期持有,其代表人物是本杰明·格雷厄姆、沃伦·巴菲特。现代投资理论兴起之后,其投资分析的哲学基础是"效率市场理论"、投资目标为"按照投资风险水平选择投资对象",代表人物有哈里·马科维茨、威廉·夏普、斯蒂芬·罗斯、尤金·法玛等。该流派的重要观点之一即效率市场理论的含义:当给定当前的市场信息集合时,投资者不可能发展出任何交易系统或交易策略,从而可以得到超出由投资风险水平所对应的投资收益率的超额收益。长期持有投资战略以"获取市场长期的平均收益"为投资目标的原则,而其他流派大多以"战胜市场"为投资目标。

(4) 行为分析流派

行为分析流派是在20世纪80年代金融市场出现金融"异象"的背景下兴起的,其代表人物是马修·拉宾、丹尼尔·卡纳曼、弗农·史密斯等。它将对人的心理及行为分析引入证券投资领域,对人类个体和群体行为进行研究。其中,个体心理分析以人的"生存欲望""权力欲望""存在价值欲望"三大理论进行分析,旨在解决投资者在投资决策过程中的心理障碍问题。群体心理分析基于群体心理理论和逆向思维理论,旨在解决投资者如何在研究投资市场过程中保持正确的观察视觉问题。行为分析流派从人的心理角度来解释市场行为,充分考虑市场参与者心理因素的作用,并注重投资者决策心理的多样性,对市场上出现的"羊群效应"、股市瞬间的暴涨暴跌等非理性现象的解释,为人们理解金融市场提供了一个新的视角。

小贴士 5-1

2. 证券投资分析的主要方法

证券投资分析是证券投资过程中不可或缺的一个重要环节,其目标是实现投资分析决策的科学性和实现证券投资净效用最大化。证券投资分析有三个基本要素,即信息、步骤和方法。证券投资分析方法的种类很多,门派各异,目前主要有三大类,即基本分析法、技术分析法和证券组合分析法。

(1) 基本分析法

基本分析(fundamental analysis)又称基本面分析,是根据经济学、金融学、会计学及投资学等基本原理,对决定证券价值和价格的基本要素,如宏观经济指标、经济政策走势、行业发展状况、产品市场状况、公司销售和财务状况等进行分析,评估证券的投资价值,判断证券的合理价位,提出相应投资建议的一种分析方法。

基本分析由于具有比较系统的理论,所以成为股票价格分析的主流。其理论基础在于:①任何一种投资对象都有一种"内在价值"的固定基准,且可通过对该对象的现状和未来前景的分析而获得;②市场价格与内在价值之间的差距最终会被市场纠正。基本分析法通过对各公司经营管理状况、行业动态及宏观经济状况的分析来研究证券的价值,解决"购买何种证券"的问题。其内容主要包括宏观经济分析、行业和区域分析、公司分析三个层次。它是证券投资基本分析方法之一,在投资决策中有重大意义。

基本分析法的优点主要是能够比较全面地把握证券价格的基本走势,应用起来也相对简单。其缺点主要是预测的时间跨度相对较长,对短线投资者的指导作用比较弱;同时,预测的精确度相对较低。可见,基本分析法主要适用于周期相对比较长的证券价格预测、相对成熟的证券市场以及预测精确度要求不高的领域。

(2) 技术分析法

技术分析(technical analysis)是仅从证券的市场行为来分析证券价格未来变化趋势的方法。证券的市场行为有多种表现形式,其中证券的市场价格、成交量、价和量的变化以及完成这些变化所经历的时间是市场行为最基本的表现形式。

技术分析的理论基础是建立在三个假设之上的,即市场行为包含一切信息、价格沿趋势移动、历史会重演。其内容可分为以下几类:K线理论、切线理论、形态理论、技术指标理论、波浪理论等。

技术分析法的优点是以市场数据为基础,对市场的反应比较直接,其结果也更接近市场实际,分析的结论时效性强,对短线投资有很强的指导意义。其缺点是考虑问题的范围较窄,对市场的长远趋势不能进行有效判断。

(3) 证券组合分析法

证券组合分析法是根据投资者对收益率和风险的共同偏好及其个人偏好,确定其最优证券组合并进行组合管理的一种分析方法。

证券组合分析的主要理论基础:证券(组合)的收益由它的期望收益率来表示,风险由其期望收益率的方差来表示;证券收益率服从正态分布;理性投资者具有在期望收益率既定的条件下选择风险最小的证券,或在风险既定的条件下选择期望收益率最大的证券这两个共同特征。其内容主要包括马科维茨的均值—方差模型、资本资产定价模型(CAPM)、特征线模型、因素模型、套利定价模型(APT)及其在实践中的应用。

证券组合分析法的优点是在投资分析中对风险进行分类和定量化描述,在理论上证明了组合投资可以有效降低非系统风险的同时,还能够运用定量化的方法来求解证券组合中各个证券的最佳比例关系,从而实现投资收益和风险的最佳平衡。其缺点是需要计算复杂模型,对证券市场的假定条件过于苛刻,计算组合比例需要大量的数据支撑。该方法比较适合于机构投资者(如基金公司和社保公司)的资本运作。

总之,以上三种分析方法的使用都是有条件的,并且各有优缺点,要想在证券市场中获得稳定的收益,必须综合运用这些分析方法,以最小的损失获取更大的收益。

5.2 宏观经济分析

5.2.1 宏观经济分析概述

1. 宏观经济分析的意义与方法

(1) 宏观经济分析的意义

宏观经济分析(macroeconomic analysis)探讨的是宏观经济因素对证券价格的影响。

宏观经济因素是指宏观经济运行状态、周期特征和宏观经济政策。它是影响证券市场价格的首要因素,对证券市场价格的影响是根本性的、全局性的和系统性的。它决定了证券市场走势的基本格局。宏观经济分析主要有两方面的内容,即宏观经济运行和宏观经济政策对证券市场的影响分析。进行宏观经济分析是证券投资分析的第一步,也是最重要、最基本的一步。宏观经济分析的意义表现在以下方面。

① 把握证券市场的总体变动趋势。在证券投资中,宏观经济分析非常重要,只有把握住宏观经济发展的大方向,才能把握证券市场的总体变动趋势,作出正确的长期决策;只有密切关注宏观经济因素的变化,尤其是货币政策和财政政策因素的变化,才能抓住证券投资的市场时机。

② 判断整个证券市场的投资价值。证券市场的投资价值与国民经济整体素质及其结构变动密切相关,它是国民经济增长质量与速度的反映,因为不同部门、不同行业与成千上万的不同企业相互影响、相互制约,共同影响国民经济发展的速度和质量。宏观经济是个体经济的总和,上市公司的投资价值必然通过宏观经济总体的运行状况和增长速度综合反映出来,所以,宏观经济分析是判断整个证券市场投资价值的关键。

③ 掌握宏观经济政策对证券市场的影响力度和方向。证券市场与国家宏观经济政策息息相关。在市场经济条件下,国家通过财政政策和货币政策来调节经济,或挤出泡沫,或促进经济增长,这些政策直接作用于企业,从而影响经济增长速度和企业效益,进而对证券市场产生影响。因此,证券投资必须认真分析宏观经济政策,掌握其影响力度与方向,以准确把握证券市场的运动趋势和各证券品种投资价值的变动方向。

(2) 宏观经济分析的基本方法

① 总量分析法。它是指对宏观经济运行总量指标的影响因素及其变动规律进行分析,进而说明整个经济的状态和全貌。总量是反映整个社会经济活动的经济变量,包括个量的总和与平均量或比例量,如国民生产总值、消费额、投资额、银行贷款总额及物价水平等。总量分析主要研究总量指标的变动规律,是一种动态分析。同时,总量分析也包括静态分析,如考察同一时期内各总量指标的相互关系等。

② 结构分析法。它是指对经济系统中各组成部分及其对比关系变动规律的分析。结构分析主要是一种静态分析,即对一定时间内经济系统中各组成部分变动规律的分析,但如果是对不同时期内经济结构变动进行分析,则属于动态分析。

2. 评价宏观经济形势的基本变量

(1) 国内生产总值与经济增长率

国内生产总值(Gross Domestic Product,GDP)是指一定时期内一国国内常住居民在一定时期内所生产的、以市场价格表示的产品和劳务的总值。居民包括居住在本国的公民、暂居外国的本国公民和长期居住在本国但未加入本国国籍的居民。经济增长率是反映一定时期经济发展水平变化程度的动态指标,也是反映一个国家经济是否具有活力的基本指标。在宏观经济分析中,GDP 指标占有非常重要的地位,是一个最基本的经济分析指标。GDP 的持续稳定增长是政府追求的目标之一。

(2) 货币供应量

货币供应量是单位与居民个人的手持现金和在银行的各项存款之和。其变化反映着中央银行货币政策的变化,对企业生产经营、金融市场运行和居民个人的投资行为有着重大的影响。货币供应量的变动会影响利率、商品和劳务的价格以及国民经济活动的规模和结构,也会影响企业的生产经营活动,影响消费和投资,进而影响证券价格的走势。中央银行可以通过存款准备金政策、再贴现政策和公开市场业务来增加或减少流通中的货币量,从而实现对宏观经济的调节。

(3) 失业率

失业率是指劳动力人口中失业人数所占的百分比。劳动力人口是指年龄在16岁以上具有劳动能力的人的全体。高就业率是社会经济追求的另一重要目标。当失业率很高时,资源被浪费,人们收入减少,人们的生活水平降低,进而引发一系列的社会问题。高经济增长率意味着高就业率,失业率的高低从另一个侧面衡量宏观经济的好坏。在充分就业的情况下,社会资源实现了合理而充分的利用,经济增长,企业利润和人们收入增加,国家财政收入增加,上市公司内在价值提高,人们对证券的需求也相应增加,促使证券价格上扬。反之,当失业率提高时,证券价格将下跌。

(4) 通货膨胀

通货膨胀是指一般物价水平持续、普遍、明显地上涨。从程度上讲,通货膨胀可以分为温和的(年通货膨胀率低于10%)、严重的(年通货膨胀率达到两位数)和恶性的(年通货膨胀率达到三位数以上)三种。通货膨胀将对社会经济产生重大的影响,引起收入和财富的再分配,扭曲商品的相对价格,降低资源的配置效率,促发泡沫经济乃至损害一国的经济基础和政权稳定。为抑制通货膨胀而采取的货币政策和财政政策,通常会导致高失业和经济的低增长,造成证券价格下跌。

(5) 利率

利率是指在借贷期内所形成的利息与所贷资金额的比率。它是信用关系中债务人使用资金的代价,也是债权人出让资金使用权的报酬。从宏观经济分析的角度看,利率的波动反映了市场资金供求的变动状况。利率影响着人们的储蓄、投资和消费行为,利率结构也影响着居民金融资产的选择,影响着证券投资的规模和结构。在市场经济条件下,利率,特别是基准利率是中央银行有效的货币政策工具。当经济过热、有可能诱发通货膨胀时,中央银行可通过提高利率来使经济降温,抑制通货膨胀;而当市场疲软、经济发展停滞不前时,中央银行可通过降低利率来刺激消费和投资,促进经济发展。

(6) 汇率

汇率是外汇市场上一国货币与他国货币相互交换的比率,即以本国货币表示的外国货币的价格。一国货币的汇率会因该国的国际收支状况、通货膨胀率、利率、经济增长率等的变化而波动;同时,汇率波动又会影响该国的进出口额和资本流动,并影响其经济发展,进而对证券市场产生重大影响。当前国际分工异常发达,各国间经济联系十分密切,汇率变动对一国的国内经济、对外经济以及国际经济联系都产生着重大影响。

(7) 财政收支

财政收支包括财政收入和财政支出两个方面。财政收入是国家为了保证实现政府职能的需要,通过税收等渠道集中的公共性资金收入;财政支出是政府为满足执行职能需要而使用的财政资金,可分为经常性支出和资本性支出。财政收入的状况反映了宏观经济运行的状况,同时其与企业和居民的可支配收入形成此消彼长的对应关系。在财政收支平衡条件下,财政支出的总量并不能扩大和缩小总需求,但财政支出结构的变动会改变消费需求和投资需求的结构。财政收支安排的结果会产生财政赤字或财政结余和收支平衡,财政赤字或财政结余是国民经济宏观调控中应用最普遍的一个经济变量。

(8) 国际收支

国际收支是一国居民在一定时期内与非居民在政治、经济、军事、文化及其他往来中所产生的全部交易的系统记录,包括经常项目和资本项目。经常项目主要反映一国的贸易和劳务的往来状况;资本项目则集中反映一国同国外资金往来的情况,体现一国利用外资和偿还本金的执行情况。正常情况下,国际收支的总水平是一国经济发展水平、综合经济实力、对外开放程度、国际竞争力的综合反映。同时,国际收支的状况反过来又对一国的经济发展、国际往来、利率、汇率和外汇储备都会产生重大的影响。

5.2.2 宏观经济运行分析

1. 宏观经济运行对证券市场的总体影响

证券市场是宏观经济的"晴雨表"。证券市场是宏观经济的先行指标,预示着宏观经济的走向,同时,宏观经济的走向决定了证券市场的长期趋势。宏观经济因素是影响证券市场长期走势的唯一因素,所有其他因素可以暂时改变证券市场的中期走势和短期走势,但改变不了证券市场的长期走势。

宏观经济环境对整个证券市场的影响,既包括经济周期波动这种纯粹的经济因素,又包括政府经济政策及特定的财政金融行为等混合因素。具体而言,宏观经济运行对证券市场的影响表现在以下方面:①企业经营效益。宏观经济环境是影响企业生存、发展的最基本因素,公司经济效益会随经济形势的变动而变动。②居民收入水平。经济运行良好,居民收入提高,拉动消费需求,增加企业经济效益,同时直接促进证券市场投资需求。③投资者对股价的预期。投资者信心是宏观经济影响证券市场的重要途径,宏观经济向好,证券市场人气旺,市场价格走高。④资金成本。宏观经济形势影响国家经济政策,资金持有成本随之变化,从而影响证券市场走向。

2. GDP 变动对证券市场波动的影响

国内生产总值(GDP)常被公认为衡量国家经济状况的最佳指标,它不仅可以反映一个国家的经济表现,更可以反映一国的国力与财富。从长期来看,股票平均价格的变动与GDP 的变化趋势是相吻合的。持续上升的 GDP 表明国民经济良性发展,制约经济的各种矛盾趋于或达到协调,人们有理由对未来经济产生好的预期;相反,如果 GDP 处于不稳定的非均衡增长状态,暂时的高产出水平并不表明一个"好的经济形势",不均衡的发展可能激化各种矛盾,从而导致一个大的经济衰退。

具体而言,主要有以下情形:①持续、稳定、高速的 GDP 增长表明经济发展的良好势头,这将推动证券市场价格呈现上升走势;②高通胀下的 GDP 增长是经济形势恶化的征兆,失衡的经济增长必将导致证券市场下跌;③宏观调控下的 GDP 减速增长为进一步增长创造了有利条件,这时证券市场也将反映这种好的形势而呈平稳渐升的态势;④当 GDP 处于低增长或负增长状态时,证券价格将持续大幅度走低,证券市场步入漫漫熊市;⑤当 GDP 由负增长逐渐向正增长转变或由低速增长转向高速增长时,证券市场走势也将由下跌转为上升,甚至出现快速上涨之势。

3. 经济周期变动对证券市场波动的影响

经济周期分为繁荣、衰退、萧条和复苏四个阶段,是一个连续不断的过程。股价伴随着经济周期相应地波动,但股票价格的波动超前于经济运动。证券市场综合了人们对于经济形势的预期,这种预期又必然反映到投资者的投资行为中,从而影响证券市场的价格。股市价格水平的周期性波动是经济运行周期的各阶段交替的结果。总体上,从经济繁荣初期开始,人们对未来经济形势、公司利润和发展前景持好的预期,投资者买入股票,股票价格随之上扬;当经济趋向繁荣时,经济形势得到投资者完全认同,市场必然呈现大牛市趋势;当经济繁荣接近顶峰时,部分敏感的投资者开始撤离股市,市场交投减缩直到逆转;当经济开始衰退时,股市价格也会随之加速下跌或处于低位徘徊的疲软状态;而当经济复苏时,股市价格会随之上升或呈现坚挺之势。

用经济周期来寻找合适的股市进场点是宏观研究的方法之一。要达成良好的资产配置,关键在于识别所处经济周期的阶段位置。根据经济周期进行股票投资的策略选择:衰退期以保本为主,投资者在此阶段多采取持有现金(储蓄存款)和短期存款证券等形式,或者选择那些对经济周期不敏感的行业公司进行投资;待经济复苏时再适时进入股市,买入并持有股票;而在经济繁荣期应持有股票,但在中后期应卖出股票。

4. 通货变动对证券市场波动的影响

通货变动与物价总水平有密切关联,它包括通货膨胀和通货紧缩两种状况。货币供应量与股票价格一般呈现正比例关系,即货币供应量增大,股票价格上升;反之,货币供应量缩小,则股票价格下降。可见,货币供应量的增减是影响股票价格升降的重要原因之一。当货币供应量增加时,多余部分的社会购买力就会投入股票市场,从而把股票价格抬高;反之,如果货币供应量少,社会购买力降低,投资就会减少,股票市场陷入低迷状态,因而股票价格也必定会受到影响。

通货膨胀是影响股票市场和股票价格的一个重要的宏观经济因素。这一因素对股票市场的影响比较复杂。通货膨胀的程度不同,其对证券市场的影响也不相同。一般来说,适度的通货膨胀有利于证券市场,过度的通货膨胀必然损害经济发展,对证券市场产生极大的负面效应。温和的、稳定的通货膨胀对股价的影响较小。可容忍范围内的通货膨胀表明经济处于景气(扩张)阶段,股价将持续上升。严重的通货膨胀使经济严重扭曲,货币快速贬值,人们会囤积商品,股价将大幅下跌。

通货紧缩带来的经济负增长使得股票、债券及房地产等资产价格大幅下降,银行资产状况严重恶化。通货紧缩将损害消费者和投资者的积极性,造成经济衰退和经济萧条。

而经济萧条反过来又大大影响证券市场的信心。通货紧缩时期,商品销售减少,公司利润下降,失业增加,居民收入减少,证券市场将下跌。

5.2.3 宏观经济政策分析

宏观经济政策是政府为了实现对国民经济的宏观管理和调控而采取的政策与措施,包括财政政策、货币政策、收入政策等。证券市场是政府实现对国民经济进行宏观调控的最基本、最重要的对象和载体。因而,证券市场与政府的宏观经济政策密切相关。

1. 财政政策对证券市场的影响

财政政策(fiscal policy)是指政府通过财政收入和财政支出的变动来影响宏观经济活动水平的经济政策。财政政策目标分为长期、中期、短期的目标,短期目标是促进经济稳定增长,中长期目标是资源的合理配置和收入的公平分配。总体上说,财政政策是通过对供给方面的调控来制约经济结构的形成,为社会总供求的均衡提供条件;运用财政政策中的税收和转移支付手段来调节各地区和各阶层的收入差距。

(1) 财政政策的主要手段及其对证券市场的影响

财政政策手段主要包括国家预算、税收、国债、财政补贴、财政管理体制和转移支付制度等。这些手段既可以单独使用,也可以配合协调使用。

① 国家预算。它是国家基本收支计划,能够全面反映国家财力规模和平衡状态,是财政政策的主要手段。国家预算的收支规模和收支平衡状态可以对社会供求的总量平衡产生影响,预算的支出方向可以调节社会总供求的结构平衡。国家通过预算安排的松紧影响整个经济的景气,调节供需。财政预算对能源、交通等行业和基础产业、基础设施在支出安排上有所侧重将促进这些行业发展,该行业的股票价格随之上扬。

② 税收。税收既是筹集财政收入的主要工具,又是调节宏观经济的重要手段。税收可调节收入的分配和社会总供求的结构,税率的调整影响到投资者交易成本,并传递政策信号,从而对证券市场产生影响。对证券投资规定不同的税种和税率将直接影响投资者的交易成本与收益水平,从而起到鼓励、支持或抑制的作用。

③ 国债。国债是国家筹集财政资金的一种形式,是实现财政政策,进行宏观调控的重要工具。国债对股票市场具有重要影响。国债是证券市场金融资产的重要部分。国债利率的升降严重地影响着其他证券的发行和价格。当国债利率水平提高时,投资者就会把更多资金投入既安全又有较高收益的国债上。当证券市场资金一定或增长有限时,过多的国债势必会影响到股票的发行量和交易量,导致股票价格的下跌。

(2) 财政政策的种类及其对证券市场的影响

财政政策按照对经济发展的影响,可分为扩张性财政政策、紧缩性财政政策和中性财政政策。扩张性财政政策主要是通过扩大财政支出、降低税收实现的,主要措施是减少税收,降低税率,扩大减免税范围;扩大财政支出,加大财政赤字;减少国债发行,增加财政补贴等。紧缩性财政政策的措施正好相反。总地来说,紧缩性财政政策使过热的经济受到控制,未来经济将减速增长甚至衰退,证券市场将走弱;扩张性财政政策则刺激经济发展,未来经济将加速增长或进入繁荣,证券市场将走强。

2. 货币政策对证券市场的影响

货币政策(monetary policy)是中央银行为实现其特定的经济目标而采取的各种控制、调节货币供应量或信用的方针、政策、措施的总称。货币政策的最终目标包括稳定币值(物价)、经济增长、充分就业、国际收支平衡和维护金融稳定。货币政策对经济的调控是总体上和全方位的,其调控作用突出表现在:通过调控货币供应总量保持社会总供给与总需求平衡;通过调控利率和货币总量控制通货膨胀,保持物价总水平的稳定;通过利率来调节国民收入中消费与储蓄的比例;通过利率引导储蓄向投资转化并实现资源的合理配置。货币政策是政府调控宏观经济的基本手段之一。

(1) 货币政策的主要手段及其对证券市场的影响

货币政策是中央银行通过调节货币供应量的变动来间接影响总需求的宏观经济政策和措施。货币政策的调控手段主要有三种:法定存款准备金率、再贴现政策和公开市场业务。它们被称为货币政策的"三大法宝"。

① 法定存款准备金率,是指中央银行规定的金融机构为满足客户提取存款和资金清算需要而准备的缴存在中央银行的存款占其存款总额的比例。提高法定存款准备金率时,商业银行可运用的资金减少,贷款能力下降,货币乘数变小,市场货币供应量便会相应减少。所以在通货膨胀时,中央银行可提高法定存款准备金率;反之,则降低法定存款准备金率。由于货币乘数的作用,法定存款准备金率的作用效果十分明显。人们通常认为这一工具的效果过于猛烈,央行在使用时都持谨慎态度。

② 再贴现政策,是指中央银行对商业银行用持有的未到期的票据向中央银行融资所做的政策规定,一般包括再贴现率的确定和再贴现的资格条件。中央银行可以通过变动再贴现率来调节货币供应量与利率。再贴现率主要着眼于短期政策效应。中央银行根据市场资金供求状况调整再贴现率,能够影响商业银行资金借入的成本,进而影响商业银行对社会的信用量,从而调节货币供给总量。中央银行对再贴现资格条件的规定则着眼于长期政策效用,可以起到抑制或扶持作用,并改变资金流向。

③ 公开市场业务,是指中央银行在金融市场上公开买卖有价证券(主要是政府债券),以调节市场货币供应量的政策行为。当中央银行认为应该增加货币供应量时,就在金融市场上买进有价证券;反之,就出售所持有的有价证券。

(2) 货币政策的种类及其对证券市场的影响

货币政策分为紧的货币政策、松的货币政策和中性货币政策。紧的货币政策主要手段是减少货币供应量,提高利率,加强信贷控制。松的货币政策主要手段是增加货币供应量,降低利率,放松信贷控制。一般情况下,在经济衰退时,总需求不足,应采取松的货币政策;在经济扩张时,总需求过大,应采取紧的货币政策。同时,政府还必须根据现实情况对松紧程度作科学合理地把握,还必须根据政策工具本身的利弊及实施条件和效果选择适当的政策工具。货币政策会直接、迅速地影响证券市场。货币政策对证券市场的总体影响是紧的货币政策使过热的经济受到控制,证券市场将走弱;而松的货币政策则刺激经济发展,证券市场将走强。

3. 收入政策对证券市场的影响

收入政策(incomes policy)是国家为实现宏观调控总目标和总任务,针对居民收入水平高低、收入差距大小在分配方面制定的原则和方针。收入政策具有更高层次的调节功能,它制约着财政政策和货币政策的作用方向与作用力度,而且收入政策最终也要通过财政政策和货币政策来实现。

收入政策目标包括收入总量目标和收入结构目标。收入总量目标着眼于近期的宏观经济总量平衡,主要通过财政、货币机制来实施,还可以通过行政干预和法律调整等机制来实施。收入结构目标则着眼于中长期的产业结构优化和经济与社会协调发展,着重处理积累与消费、公共消费与个人消费、各种收入的比例、个人收入差距等关系。

收入总量调控通过财政政策和货币政策的传导对证券市场产生影响。收入总量政策有紧分配政策与超分配政策两种。紧分配政策导致社会可分配收入减少,流入股市资金减少,导致股价下跌。超分配政策使企业居民收入增加,更多资金进入股市,推动股价上涨。但超分配政策超越了一定界限,会导致严重的通货膨胀,又会对股市产生不利影响。

5.2.4 国际金融市场环境分析

国际金融市场按业务种类分为货币市场、证券市场、外汇市场、黄金市场和期权期货市场。这些市场是一个整体,各个市场相互影响。国际证券市场只是国际金融市场的一部分,受其他市场的影响。国际金融市场对一国证券市场的影响可通过该国国内其他金融市场的传导进行。国际金融市场动荡对我国证券市场的影响有三种途径。

1. 国际金融市场动荡通过人民币汇率预期影响我国证券市场

汇率对证券市场的影响是多方面的。一国的经济越开放,证券市场的国际化程度越高,证券市场受汇率的影响越大。一方面,以外币为基准,汇率上升,本币贬值,本国产品竞争力强,出口型企业将增加收益,因而其股票和债券价格将上涨;相反,依赖于进口的企业成本增加,利润受损,股票和债券价格将下跌。另一方面,汇率上升,本币贬值,将导致资本流出本国,本国证券市场需求减少,从而市场价格下跌。人民币渐进升值对股票市场的影响主要体现在两个层面。其一,将全面提升人民币资产升值,中国资本市场更具吸引力。其二,拥有人民币资本类的行业或企业将特别受到投资人的青睐,如零售业、房地产业、金融业。

2. 国际金融市场动荡通过宏观面间接影响我国证券市场

我国经济对外依存度大,国际金融动荡导致出口增幅下降、外商直接投资下降,从而影响经济增长率,失业率随之上升,宏观经济环境恶化使上市公司业绩下降和投资者信心不足,最终使证券市场下跌。其中,国际金融市场的动荡对外向型上市公司和外贸行业上市公司的业绩影响最大,对其股价的冲击也最大。国际金融市场动荡加大了我国实现宏观经济增长目标的难度,从而从宏观面和政策面间接影响证券市场的发展。

3. 国际金融市场动荡通过微观面直接影响我国证券市场

随着中国经济实力的壮大，国内企业通过跨国兼并参与国际竞争，上市公司购买境外企业股份，或购买境外企业债券进行组合投资套期保值。国际金融市场动荡造成境外企业证券价格大幅缩水，严重影响这些公司业绩。同时，我国上市的大型国企在国际上有较强的竞争力和资本扩张能力，其在境外的投资直接受到国际市场的影响。国际金融市场动荡导致这些公司股价下跌，进而对A股产生巨大影响。

5.3 行业和区域分析

行业分析和区域分析是介于宏观经济分析与公司分析之间的中观层次的分析。前者分析产业的不同市场类型、生命周期以及业绩对于证券价格的影响；后者分析区域经济因素对证券价格的影响。

5.3.1 行业分析概述

1. 行业分析的意义

行业分析(industry analysis)是指对行业经济的运行状况、生产、销售、消费、技术、行业竞争力、市场竞争格局、产业政策等行业要素进行深入的分析，从而发现行业运行的内在经济规律，进而预测未来行业发展的趋势。

行业经济是宏观经济的构成部分，宏观经济活动是行业经济活动的总和。行业经济活动是介于宏观经济活动和微观经济活动中间的经济层面，是中观经济分析的主要对象之一。宏观经济分析主要分析了社会经济的总体状况，但没有对社会经济的各个组成部分进行具体分析。在国民经济中，各产业发展很不平衡，产业增长和利润率相差很大，因此进行投资时有必要研究产业的性质、状况和发展趋势。

从证券投资分析的角度看，行业分析主要是界定行业本身所处的发展阶段及其在国民经济中的地位，同时对不同的行业进行横向比较，为最终确定投资对象提供准确的行业背景。而宏观经济分析是为了掌握证券投资的宏观背景条件，把握证券市场的总体趋势，并没有为投资者指出具体的投资领域和具体对象。要对投资的具体领域和具体对象加以选择，就需要进行行业分析和公司分析。

行业分析是对上市公司进行分析的前提，也是连接宏观经济分析与上市公司分析的桥梁，是基本分析的重要内容。行业有自己特定的生命周期，处在生命周期不同发展阶段的行业、在国民经济中具有不同地位的行业，其投资价值都是不一样的。不同的行业会为公司投资价值的增长提供不同的空间，因此，行业是决定公司投资价值的重要因素之一。行业分析的重要任务之一就是挖掘最具投资潜力的行业，并在此基础上，选择具有投资价值的上市公司。行业分析和公司分析是相辅相成的。

2. 行业的含义和划分方法

(1) 行业的含义

行业(industry)又称产业,是指从事国民经济中同性质的生产或其他经济社会活动的经营单位和个体等构成的组织结构体系,如林业、建筑业、房地产业、银行业等。行业是这样的一个企业群体,其成员由于产品(有形的或无形的)具有很高程度的相互替代性而处于一种彼此紧密联系的状态,并由于产品可替代性的差异而与其他企业群体相区别。构成产业一般具有三个特点,即规模性、职业化和社会功能性。

(2) 行业的划分方法

① 道·琼斯分类法。它是在19世纪末为在纽约证券交易所上市的股票中选取有代表性的股票而对各公司进行的分类,是证券指数统计中最常用的分类法之一。它将大多数股票分为三类：工业(包括采掘业、制造业和商业)、运输业(包括航空、铁路、汽车运输和航运业)和公用事业(包括电话公司、煤气公司和电力公司等)。

② 标准行业分类法。联合国经济和社会事务统计局制定了《全部经济活动国际标准行业分类》,建议各国把国民经济划分为10个门类：农业、畜牧狩猎业、林业和渔业；采矿业及土、石采掘业；制造业；电、煤气和水；建筑业；批发和零售业、饮食业和旅馆业；运输、仓储和邮电通信业；金融、保险、房地产和工商服务业；政府、社会和个人服务业；其他。每个门类再分为大类、中类和小类。

③ 我国国民经济行业的分类。《中华人民共和国国家标准(GB/T 4754—94)》采用线分类法将社会经济活动划分为门类、大类、中类和小类四级,并采用层次编码法进行编码。2002年,新国家标准《国民经济行业分类》(GB/T4754—2002)推出,新标准共有行业门类20个,行业大类95个,行业中类396个,行业小类913个。

④ 我国上市公司的行业分类。最初,上海证券交易所将全部上市公司分为五类：工业、商业、地产业、公用事业和综合类；深圳证券交易所将全部上市公司分为六类：工业、商业、金融业、地产业、公用事业和综合类。2001年4月4日,中国证监会发布《中国上市公司行业分类指引》,以上市公司营业收入为分类标准,把上市公司分为13个门类,90个大类,288个中类。

5.3.2 行业的一般特征分析

1. 行业的市场结构分析

现实中各行业的市场都是不同的,即存在着不同的市场结构。市场结构就是市场竞争或垄断的程度。根据该行业中企业数量的多少、进入限制程度和产品差别,行业基本上分为完全竞争、垄断竞争、寡头垄断和完全垄断四种市场结构。

(1) 完全竞争

完全竞争市场(perfect competition market)是指竞争不受任何阻碍和干扰,许多企业生产同质产品的市场结构。完全竞争的根本特点在于：企业的产品无差异,所有的企业都无法控制产品的市场价格。完全竞争是一个理论上的假设,在现实经济中,这种市场结构是四种市场结构中最少见的,初级产品的市场结构较接近于完全竞争。

(2) 垄断竞争

垄断竞争市场(monopolistic competition market)是指既有垄断又有竞争的市场结构,是许多生产者生产同种但不同质产品的市场结构。在这种市场上,每个企业都具有一定的垄断力,但它们之间又存在激烈的竞争,没有一个企业能有效地影响其他企业的行为,造成这种市场结构的原因就在于产品的差别。在国民经济各行业中,制成品(如纺织、服装等轻工业产品)的市场一般都属于这种结构。

(3) 寡头垄断

寡头垄断市场(oligopoly market)是指相对少量的生产者在某种产品的生产中占据很大市场份额,从而控制了这个行业的供给的市场结构。在寡头垄断市场上,少数生产者对市场的价格和交易具有一定的垄断能力,每个生产者的价格政策和经营方式及其变化都会对其他生产者产生重要影响。资金密集型、技术密集型产品(如钢铁、汽车)以及少数储量集中的矿产品(如石油)等的市场多属这种结构。因为生产这些产品所必需的巨额投资、复杂的技术或产品储量的分布限制了新企业对这个市场的侵入。

(4) 完全垄断

完全垄断市场(perfect monopoly market)是指独家企业生产某种特质产品的市场情形,即整个行业的市场完全处于一家企业控制的市场结构。特质产品是指那些没有或缺少相近的替代品的产品。完全垄断可分为两种类型:一是政府完全垄断,如国有铁路、邮电等部门;二是私人完全垄断,如根据政府授予的特许专营或根据专利生产的独家经营,以及由于资本雄厚、技术先进而建立的排他性的私人垄断企业。在当前的现实生活中没有真正的完全垄断市场,每个行业都或多或少地引进了竞争。公益事业(如发电厂、煤气公司、自来水公司和邮电通信等)和某些资本、技术高度密集型或稀有金属矿藏的开采等行业属于这种完全垄断的市场结构。

2. 经济周期与行业分析

各行业变动时,往往呈现出明显的、可测的增长或衰退的格局。这些变动与国民经济总体的周期变动是有关系的,但关系密切的程度不一样。据此可将行业分为三类。

(1) 增长型行业

增长型行业(growth industry)的运动状态与经济活动总水平的周期及其振幅并不紧密相关,其收入和利润的增长受宏观经济周期性波动的影响不大。因为它们主要依靠技术的进步、新产品的推出及更优质的服务,从而使其经常呈现出增长形态。该行业一般是高科技、新兴产业,如计算机软件、打印机、通信、电子元件和生物工程等。

(2) 周期型行业

周期型行业(cyclical industry)的运动状态直接与经济周期相关。当经济上升时,对相关产品的购买相应增加,这些行业会紧随其扩张;当经济衰退时,对相关产品的购买被延迟到经济改善之后,这些行业就相应衰退。例如,耐用消费品、建材、房地产、金融、工程机械、酒店服务及其他需求收入弹性较高的行业就是典型的周期型行业。

(3) 防守型行业

防守型行业(defensive industry)的运动状态并不受经济周期处于衰退阶段的影响,在经济周期上升和下降阶段都很稳定,行业收入和利润保持缓慢成长态势。因为该类型行业的产品需求相对稳定,需求的收入弹性小,生产和收入相对稳定。经济衰退对其影响也比较小。因此对其投资便属于收入投资,而非资本利得投资。该类型行业的产品往往是生活必需品或是必要的公共服务,例如,食品业和公用事业。

3. 行业的生命周期分析

通常,每个行业都要经历一个由成长到衰退的发展演变过程,这个过程便是行业的生命周期。一般地,行业的生命周期可分为初创期、成长期、成熟期和衰退期四个阶段。

(1) 初创期

社会的物质文化需要是一个行业萌芽、形成以及进一步发展的最基本、最重要的条件和动力。资金的支持与资源的稳定供给是行业形成的基本保证。行业的形成有三种方式:分化、衍生和新生长。分化是指新行业从原有行业(母体)中分离出来,分解为一个独立的新行业,如电子工业从机械工业中分化出来、石化行业从石油工业中分化出来等。衍生是指出现与原有行业相关、相配套的行业,如汽车业衍生出来的汽车修理业、房地产业衍生出来的房地产咨询业等。新生长是指新行业并不依附于原有行业,而是以相对独立的方式产生出来。这种行业的产生往往是科学技术取得突破性进步的结果,经常萌芽于实验室或者科技园区,如生物医药、基因工程、海洋产业等。

初创期又称幼稚期。在这一阶段,新行业刚刚诞生或初建不久,创业公司数量少,投资和研究开发费用较高,大众对其产品尚缺乏了解,产品市场需求狭小,销售收入较低,因此这些创业公司财务上可能不但没有盈利,反而普遍亏损。同时,较高的产品成本和价格与较小的市场需求还使这些创业公司面临很大的投资风险。另外,初创企业还可能因财务困难而引发破产的风险,因此,这类企业更适合投机者和风险投资者(venture capitalist)。在幼稚期后期,随着行业生产技术的成熟、生产成本的降低和市场需求的扩大,新行业便逐步由高风险、低收益的初创期转向高风险、高收益的成长期。

处于初创期的行业由于收益较差甚至亏损,在传统的证券市场是不符合上市条件的。为了满足这些行业发展对资本的需求,除风险投资基金(venture capital fund)外,许多国家和地区专门设立了便于新兴行业上市融资的创业板市场,如美国的 NASDAQ 市场和我国香港的创业板市场。基于对这些市场上市公司未来高成长的预期,一些处于初创期行业的股票往往表现极为出色,但这类市场投机性极强,因此风险极大。

(2) 成长期

不同行业的成长能力是有差异的。成长能力主要体现在生产能力和规模的扩张能力、区域的横向渗透能力以及自身组织结构的变革能力。在成长期初期,行业生产技术逐渐成形,生产成本降低,市场逐步扩大,新厂商大量增加,市场竞争开始出现,优势企业主导市场,企业利润增长较快,但竞争风险较大,破产率与合并率相当高。进入成长期后期,随着市场竞争加剧和产量不断增加,市场需求日趋饱和。厂商不能单靠扩大生产量、提高市场份额来增加收入,而必须追加生产投资,提高生产技术,降低成本,以及研制和开发新产品来争取竞争优势,战胜竞争对手和维持生存。行业中由于优胜劣汰规律起作用,厂商的数量在大幅度下降之后开始稳定。由于市场需求基本饱和,产品的销售增长率减慢,迅速赚取利润的机会减少,整个行业开始进入成熟期。

处于成长期行业的特点是高风险、高收益。这时期的行业增长非常迅猛,部分优势企业脱颖而出,投资者往往获得较高的投资回报,所以成长期阶段有时被称为投资机会时期。由于行业利润快速增长,股票价格也呈现上涨趋势且具有业绩基础,证券市场会出现对未来成长的过度预期与对这种过度预期的纠正而导致股票价格的波动。

(3) 成熟期

行业成熟首先表现在技术上的成熟,即行业内的企业普遍采用的是先进适用而稳定的技术。其次表现在行业产品上的成熟。产品的基本性能、结构、功能、规格和式样都趋于成熟,且已经被消费者习惯使用。产品的成熟是行业成熟的标志。再次表现在生产工艺上的成熟。最后表现在产业组织上的成熟,即行业内企业间建立起了良好的分工协作关系,市场运作规则合理,市场竞争有效,市场结构稳定。

行业的成熟期是一个相对较长的时期,投资者希望收回资金。一般而言,技术含量高的行业成熟期历时相对较短,而公用事业行业成熟期持续的时间较长。在成熟期,行业市场已被少数资本实力雄厚、技术先进的大厂商控制,各厂商分别占有自己的市场份额,整个市场的生产布局和各个厂商的市场份额在相当长时期内处于稳定状态。厂商之间的竞争手段逐渐从价格手段转向非价格手段,如提高性能、改善质量和加强售后服务等。行业利润率由于一定程度的垄断达到了较高水平,风险因市场结构比较稳定而较低。行业增长速度降到一个适度的水平,在某些情况下可能完全停止,其产出甚至下降。

处于成熟期的行业是蓝筹股的集中地,由于行业垄断已经形成而使发展空间不大,股票价格往往出现走势稳定的格局,具有长期持有的价值。

(4) 衰退期

行业衰退是客观的必然趋势,是行业经济新陈代谢的表现。行业衰退有两种情形,即自然衰退和偶然衰退。自然衰退是自然而然发生的衰退。偶然衰退是指在偶发的外部因素作用下,提前或者延后发生的衰退。

衰退期出现在较长的成熟期之后。由于新产品和大量替代品的出现,原行业的市场需求开始逐渐减少,产品销售量也开始下降,某些厂商开始向其他行业转移资金,因而原行业出现了厂商数目减少、利润下降的萧条景象。至此,整个行业便进入了生命周期的最后阶段。在衰退期,厂商的数目逐步减少,市场逐渐萎缩,利润率停滞或不断下降。当正常利润无法维持或现有投资折旧完毕后,整个行业便逐渐解体了。在许多情况下,行业的衰退期是一个漫长的过程,往往比其他三个阶段的总和还要长。历史上真正完全淘汰的产业很少,多数情况下进入发展停滞的状态。大量的行业都是衰而不亡,甚至会与人类社会长期共存。例如,钢铁业、纺织业在衰退,烟草业更是如此。

处于衰退期的行业,往往成为绩差股或垃圾股的摇篮,这类行业的股票通常是低价股,不具有投资价值,但是由于证券市场上市资格的稀缺,处于衰退期的行业会成为资产重组的对象。

5.3.3 影响行业兴衰的因素和行业选择

1. 影响行业兴衰的主要因素

行业选择是投资者投资决策的重要内容之一。行业发展除了受行业的生命周期和竞争程度决定外,还受技术进步、产业政策、社会习惯的改变、经济全球化等许多因素的影响。

(1) 技术进步

技术进步对行业的影响是巨大的,是影响行业兴衰的首要因素。技术进步一方面创造新产品使得新行业不断出现;另一方面也创新工艺,推动现有行业的技术升级。技术进步还能提高生产效率,降低成本,加速行业的市场扩张,使行业进入快速成长期。技术进步可以强化企业的竞争手段,使行业实现更大限度的规模经济和市场垄断,扩大产品的市场占有率,使行业从成长期过渡到成熟期。当然,技术进步也必然导致一些旧的行业由于产品最终被市场淘汰以致步入衰退期。因此,充分了解各种行业技术发展的状况和趋势,对投资者来说是至关重要的。

(2) 产业政策

产业政策是国家有关产业发展的政策目标和政策措施的总和。政府对于行业的管理和调控主要是通过产业政策来实现的。政府管理的主要行业有公用事业、运输部门、金融部门等,都是直接服务于社会公共利益,政府通过补贴、税收、关税、信贷、价格等促进行业发展。同时,考虑到生态、安全、企业规模和价格等因素,政府会对某些行业采取限制性规定。一般而言,产业政策可以包括产业结构政策、产业组织政策、产业技术政策、产业布局政策四种政策。政府对行业的干预会对行业的发展产生直接影响。投资者必须了解政府对行业干预的范围和方法。

(3) 社会习惯的改变

随着人们生活水平和受教育程度的提高,消费心理、消费习惯、文明程度和社会责任感会逐渐改变,从而引起对某些商品需求的变化并进一步影响行业的兴衰。所有这些社会观念、习惯、趋势的变化对企业的经营活动、生产成本和利润收益等都会产生一定的影响,促使一些不适应社会需要的行业衰退同时激发一批新兴行业的发展。

(4) 经济全球化

经济全球化是指商品、服务、生产要素、信息跨国界流动的规模与形式不断增加,通过国际分工,在世界市场范围内提高资源配置效率,使各国经济相互依赖程度日益加深。它是全球生产力发展的结果,其推动力是追求利润和取得竞争优势。20世纪90年代以来,经济全球化的趋势大大加强。经济全球化对各国产业发展带来了重大的影响,它导致产业的全球性转移,使国际分工的基础和模式出现重大变化,导致贸易理论与国际直接投资理论一体化。

2. 证券投资的行业选择

在实体经济中,行业的景气程度会发生迁移,同时行业间的发展也具有不平衡性,各个行业在证券市场的表现会出现轮动现象。通过对各个行业进行多层次的分析,判断行业的景气状况,并在此基础上,实施灵活、动态的行业配置,选择景气行业和景气复苏行业中的优势股票进行投资,可以为投资者获取稳健的投资收益。同时,处在不同周期阶段的行业具有不同的风险和收益水平,在证券市场具有不同的表现。在证券投资中,应仔细研究公司所处的行业生命周期阶段,跟踪行业发展趋势,分析行业的投资价值和投资风险,选择较合理的产业进行投资。一般来说,在投资决策过程中,投资者应选择增长型的行业和在行业生命周期中处于成长期与成熟期的行业,如生物医药行业、通信设备及半导体器件行业、互联网行业和垄断行业。

5.3.4 区域分析

1. 经济区域分析

众所周知,我国东部、中部、西部的经济发展极不平衡,这里既有历史的原因,也有地理和经济的原因。正是由于经济区域发展的不平衡,处于不同区域的产业发展速度和基本特点都会有所不同。上市公司摆脱不了区域经济的影响,区域经济因素对证券投资有重要影响。因此,投资者在选择上市公司进行证券投资时,就有必要考虑到区域经济因素对于证券价格和投资收益的影响。

改革开放以来,随着我国经济的快速发展,各区域经济发展的差距被拉大了。从我国经济区域格局的现实情况来看,东部各省市的经济发展速度明显高于中部和西部,而且这一现象有长期性和持续性的特点。而从自然资源和矿产资源的分布情况来看,中西部要明显优于东部。从目前的发展趋势来看,我国各地区经济均有较快增长,东部与中西部的差距继续扩大,但中西部地区的增长速度会加快,西部大开发战略和中部崛起战略将促进中西部地区的发展。

我国证券市场上市公司呈现出明显的区域格局。国内资金的流向一直有从北向南和从西向东的趋势,国内的大部分资金都集中在以上海为中心的东部地区和以深圳为中心的南部地区。资金流向对证券市场有着十分重要的影响。从上海和深圳两个证券市场上市公司的区域分布来看,深圳证券市场主要是以广东地区及长江以南华中区省份的上市公司为主,而上海证券市场主要是以华东、东北的上市公司为主。

2. 区域的板块效应

上市公司在一定程度上受到区域经济的影响,尤其在我国,各地区的经济发展极不平衡,从而造成了我国证券市场所特有的"板块效应"。

股票板块是指这样一些股票组成的群体,这些股票因为有某一共同特征而被人为地归类在一起,而这一特征往往是被所谓股市庄家用来进行炒作的题材。这些特征有的可能是地理上的,如海南板块、雄安板块;有的可能是业绩上的,如绩优板块、ST 板块;有的可能是上市公司经营行为方面的,如资产重组板块、购并板块;还有的可能是行业分类方面的,如医药板块、金融板块、房地产板块、航天军工板块等。通常可将股市中的所有股票按不同的标准分成不同的板块。有时一只股票因同时具有两个或两个以上的特征而被划进多个板块。板块的划分标准虽然五花八门,但基本上可归纳为两大标准,即行业特征划分标准与市场特征划分标准。

将股票按某种特征进行分类分析有一定的实际意义。"板块"具有炒作效应,它往往是作为炒作题材而推向市场的。为了吸引跟风盘聚集人气,市场主力刻意营造气氛,通常拉抬某一类个股,并在个别品种上重点出击,所以板块也是市场主力精心培育的产物。同时,某类股票的涨跌离不开公司基本面的变化,而公司基本面的变化又与所属行业的发展前景密切相关。按行业来划分板块,便于大家选股,进而进行跨行业的投资组合。

板块分析是依据股票二级市场情况的变化,对众多具有某种共同特征的个股进行归总,分析其共同的特点,并探讨其成为近期市场热点的可能性,从而确定是否进行投资。板块分析对于投资者及时把握市场热点具有实用价值。由于对市场热点的分析方法多种多样,分析角度也各有差异,因此,市场上的板块也非常多,投资者可以根据自己的投资需要,选择或发现具有投资价值的板块。

投资小技巧 5-1

5.4 公司分析

公司分析(company analysis)是对发行证券的公司状况进行全面分析,侧重对公司的竞争能力、盈利能力、经营管理能力、发展潜力、财务状况、经营业绩以及承受风险的能力等进行分析,用来评估和预测证券的投资价值、价格及其未来变化的趋势。在实际投资活动中,无论是进行宏观经济分析还是行业分析,投资者对于具体投资对象的选择最终都将落实在微观层面的上市公司分析上(市场指数投资除外)。公司分析中最重要的是公司财务状况分析。财务报表通常被认为是最能够获取有关公司信息的工具。已公布的财务报表是上市公司投资价值预测与证券定价的重要信息来源。公司分析是基本分析的重点,内容包括公司基本素质分析、公司财务分析、公司重大事项分析三个方面。

5.4.1 公司基本素质分析

1. 公司行业地位分析

公司行业地位分析的目的是找出公司在所处行业中的竞争地位。表现在是否是领导企业,在价格上是否具有影响力,有没有竞争优势。公司行业地位决定了其盈利能力是高于还是低于行业平均水平,决定了其行业的竞争地位。衡量公司行业竞争地位的主要指标是行业综合排序和产品的市场占有率。

2. 公司经济区位分析

经济区位是指地理范畴上的经济增长点及其辐射范围。区位是资本、技术和其他经济要素高度积聚的地区,也是经济快速发展的地区。经济区位的兴起与发展极大地带动了其周边地区的经济增长。上市公司的投资价值与区位经济的发展密切相关,处在经济区位内的上市公司一般具有较高的投资价值。区位分析就是将上市公司的投资价值与区位经济的发展联系起来,以便分析公司未来发展的前景,确定其投资价值。具体来讲,上市公司的区位分析包括以下方面:①区位内的自然条件和基础条件,包括矿产资源、水资源、能源、交通和通信设施等。它们在区位经济发展中起着重要作用,也对区位内的上市公司的发展起着重要的限制或促进作用。②区位内政府的产业政策和相关支持。为了促进区位经济的发展,当地政府一般都相应地制定经济发展的战略规划,确定区位优先发展和扶持的产业,并给予相应的财政、信贷及税收等方面的优惠措施。这些措施有利于引导和推动相应产业的发展。③区位内的比较优势和特色,包括经济发展环境、条件和水平以及经济发展现状等方面有别于其他区位的特色。区位内经济特色往往意味着更大竞争优势和发展空间,对区位内公司发展也有重要影响。

3. 公司产品分析

(1) 产品的竞争能力分析

产品的竞争能力主要体现在三个方面:①成本优势。它是指公司的产品依靠低成本获得高于同行业其他企业的盈利能力。企业一般通过规模经济、专有技术、优惠的原材料、低廉的劳动力、科学的管理和发达的营销网络来实现成本优势。②技术优势。它是指企业拥有的比同行业其他竞争对手更强的技术实力及其研究与开发新产品的能力。在现代经济中,公司新产品的研究与开发能力是决定公司竞争成败的关键因素。企业一般都确定了占销售额一定比例的研究开发费用,确保产品创新、技术创新和人才引进以增强市场竞争力。③质量优势。它是指公司的产品以高于其他公司同类产品的质量赢得市场,从而取得竞争优势。

(2) 产品的市场占有率

市场占有率是指一个公司的产品销售量占该类产品整个市场销售总量的比例。公司的市场占有率是利润之源。市场占有率越高,表示公司的经营能力和竞争力越强,公司的销售和利润水平越好、越稳定。

(3) 产品的品牌战略

品牌是一个商品名称和商标的总称。品牌竞争是产品竞争的深化和延伸。品牌具有开拓市场的多重功能,即创造市场、联合市场和巩固市场的功能。一个知名品牌是公司的一笔重要的无形资产,可以非常有效地增强公司产品的竞争力。

4. 公司经营管理能力分析

公司经营管理能力对公司的发展至关重要,它主要体现在以下方面:①公司法人治理结构。要提高公司的经营管理水平,首先要从制度上完善公司的法人治理结构。健全的公司法人治理结构应包括规范的股权结构、有效的股东大会制度、合理的董事会权力约束、完善的独立董事制度、监事会的独立性和监督责任、优秀的职业经理层、相关利益者的共同治理等方面。②公司经理层的素质。现代企业一般都实行董事会领导下的总经理负责制,公司主要经营管理人员水平对公司的发展具有重要的作用。上市公司必须建立科学的、市场化的和制度化的管理人员选聘制度与激励制度。③公司业务人员素质和创新能力。公司员工的素质对公司发展作用极大。公司业务人员应该具有以下素质:专业技术能力、对企业的忠诚度、责任感、团队合作精神和创新精神等。通过对员工素质的分析可以判断公司的持续发展能力和创新能力。

5. 公司成长性分析

公司成长性与公司所处行业的发展前景、公司经营战略和扩张潜力密切相关。经营战略是企业面对激烈的变化与严峻挑战的环境,为求得长期生存和不断发展而进行的总体性谋划。经营战略具有全局性、长远性和纲领性的性质,它从宏观上规定了公司的成长方向、成长速度及其实现方式。公司规模变动特征及扩张潜力一般与其所处的行业发展阶段、市场结构、经营战略密切相关,它是从微观方面具体考察公司的成长性。

投资小技巧 5-2

5.4.2 公司财务分析

1. 公司主要的财务报表

上市公司遵守财务公开的原则,必须定期公开自己的财务状况并提供相关资料,便于投资者查询。这些财务资料主要是一些财务报表,包括资产负债表、利润表和现金流量表。

资产负债表(statement of assets and liabilities)是反映公司在某一特定日期财务状况的会计报表。它表明企业在某一特定日期所拥有或控制的经济资源、所承担的现有义务和所有者对净资产的要求权。资产负债表由资产和权益(包括负债和股东权益)两部分组成,每部分各项目的排列一般以流动性的高低为序。

利润表(profit statement)又称损益表,是反映公司在一定时期内生产经营成果的会计报表。它是反映公司在一定时期业务经营状况的一个动态报告,揭示了公司获取利润能力的大小、潜力以及经营趋势。利润表主要列示一定时间的各项收入和与收入相配比的成本和费用,反映公司经营取得的利润。

现金流量表(cash flow statement)是以一定会计期间内现金和现金等价物流入和流出为基础编制的财务状况变动表,表明企业获得现金和现金等价物的能力。它反映企业现金的来源及运用,以及不涉及现金的重大的投资和理财活动,主要分为经营活动、投资活动和筹资活动的现金流量三部分。

2. 财务报表分析的功能和方法

财务报表分析的目的是为向有关各方提供可以用来作出决策的信息。其功能有三点:①通过分析资产负债表,可以了解公司的财务状况,对公司的偿债能力、资本结构是否合理、流动资金充足性等作出判断。②通过分析利润表,可以了解公司的盈利能力、盈利状况、经营效率,对公司在行业中的竞争地位、持续发展能力作出判断。③通过分析现金流量表,判断公司的支付能力和偿债能力以及公司对外部资金的需求情况,据此预测企业未来的发展前景。

财务报表分析的方法主要有比率分析法、趋势分析法和对比分析法等。比率分析法是对本公司一个财务年度内的财务报表各项目之间进行比较,计算比率,判断年度内偿债能力、资本结构、经营效率和盈利能力等情况。趋势分析法是对本公司不同时期的财务报表进行比较分析,可以对公司持续经营能力、财务状况变动趋势、盈利能力作出分析,从一个较长的时期动态地分析公司状况。对比分析法是与同行业其他公司进行比较分析,以行业平均水平或行业标准水平为参考,可以了解公司各项财务指标的优劣,判断公司在行业中的地位,准确估算公司的价值。

3. 公司财务比率分析

财务比率分析是在同一张财务报表的不同项目之间、不同类别之间,或是两张不同资产负债表、损益表的有关项目之间,用比率来反映它们的相互关系,以求从中发现企业经营中存在的问题并据以评价企业的财务状况。它包括偿债能力分析、资本结构分析、经营效率分析、盈利能力分析、投资收益分析和财务结构分析六大类。

(1) 偿债能力分析

$$流动比率 = \frac{流动资产}{流动负债}$$

$$速动比率 = \frac{流动资产 - 存货}{流动负债}$$

流动比率可以反映公司的短期偿债能力,一般认为生产型公司合理的最低流动比率是2,营业周期、应收账款数额和存货的周转速度是影响流动比率的主要因素。由于流动资产中存货的变现能力最差,因此计算速动比率时从流动资产中扣除了存货部分,通常认为正常的速动比率为1。

$$利息支付倍数 = \frac{息税前利润}{利息费用}$$

应收账款周转率和应收账款周转天数:

$$应收账款周转率(次) = \frac{销售收入}{平均应收账款}$$

$$应收账款周转天数 = \frac{360}{应收账款周转率} = \frac{平均应收账款 \times 360}{销售收入}$$

(2) 资本结构分析

$$股东权益比率 = \frac{股东权益总额}{资产总额} \times 100\%$$

$$资产负债比率 = \frac{负债总额}{资产总额} \times 100\%$$

$$长期负债比率 = \frac{长期负债}{资产总额} \times 100\%$$

$$股东权益与固定资产比率 = \frac{股东权益总额}{固定资产总额} \times 100\%$$

(3) 经营效率分析

① 存货周转率和存货周转天数:

$$存货周转率(次) = \frac{销货成本}{平均存货}$$

$$存货周转天数 = \frac{360}{存货周转率} = \frac{平均存货 \times 360}{销货成本}$$

② 固定资产周转率、总资产周转率、股东权益周转率、主营业务增长率：

$$固定资产周转率(次) = \frac{销售收入}{平均固定资产}$$

$$总资产周转率(次) = \frac{销售收入}{平均资产总额}$$

$$股东权益周转率(次) = \frac{销售收入}{平均股东权益}$$

$$主营业务增长率 = \frac{本期主营业务 - 上期主营业务收入}{上期主营业务收入} \times 100\%$$

一般来说，主营业务收入增长率超过10%说明公司产品处于成长期，属于成长型公司；在5%～10%说明公司产品已进入成熟期，有待新产品开发；低于5%说明公司产品已进入衰退期，如果没有新产品替代公司将步入衰落。

(4) 盈利能力分析

$$销售毛利率 = \frac{销售收入 - 销售成本}{销售收入} \times 100\%$$

$$销售净利率 = \frac{税后利润}{销售收入} \times 100\%$$

$$资产收益率 = \frac{净利润}{平均资产总额} \times 100\%$$

$$股东权益收益率(净资产收益率) = \frac{净利润}{平均股东权益} \times 100\%$$

$$主营业务利润率 = \frac{主营业务利润}{主营业务收入} \times 100\%$$

(5) 投资收益分析

$$普通股每股净收益 = \frac{税后利润 - 优先股股息}{发行在外的加权平均普通股股数}$$

$$股息发放率 = \frac{每股股利}{每股净收益} \times 100\%$$

$$普通股获利率 = \frac{每股股息}{每股市场价格} \times 100\%$$

$$本利比 = \frac{每股股价}{每股股息}(倍)$$

$$市盈率 = \frac{每股市场价格}{每股税后利润}(倍)$$

$$投资收益率 = \frac{投资收益}{平均投资额} \times 100\%$$

$$每股净资产 = \frac{净资产}{发行在外的普通股股数}$$

$$市净率 = \frac{每股市场价格}{每股净资产}(倍)$$

(6) 财务结构分析

$$资产负债率 = \frac{负债合计}{资产总额} \times 100\%$$

$$资本化比率 = \frac{长期负债合计}{长期负债合计 + 所有者权益合计} \times 100\%$$

$$固定资产净值率 = \frac{固定资产净值}{固定资产原值} \times 100\%$$

$$资本固定化比率 = \frac{资产总计 - 流动资产合计}{所有者权益合计} \times 100\%$$

投资小技巧 5-3

5.4.3 公司重大事项分析

1. 公司的资产重组

（1）资产重组方式

资产重组（asset restructuring）是指企业资产的拥有者、控制者与企业外部的经济主体进行的，对企业资产的分布状态进行重新组合、调整、配置的过程，或对企业资产的权利进行重新配置的过程。公司的资产重组包括以下三种方式。

① 扩张型公司重组。它是指扩大公司经营规模和资产规模的重组行为。包括购买资产、收购公司、收购股份、合资或联营组建公司、公司的合并等。

② 调整型公司重组。包括股权置换、股权—资产置换、资产置换、资产出售或剥离、公司的分立、资产负债剥离等。

③ 控制权变更型公司重组。包括股权的无偿划拨、股权的协议转让、公司股权托管和公司托管、表决权信托与委托书、股份回购、交叉控股等。

（2）资产重组对公司的影响

从理论上讲，资产重组可促进资源的优化配置，有利于产业结构的调整，增强公司的市场竞争力，从而使一批上市公司由小变大、由弱变强。但在实践中，许多上市公司进行重组后，其经营和业绩并没有得到持续、显著的改善。究其原因，最关键的是重组后的整合不成功。重组后的整合主要包括企业资产的整合、人力资源配置和企业文化的融合、企业组织的重构。不同类型的重组对公司业绩和经营的影响也是不一样的。

2. 公司的关联交易

（1）关联交易方式

关联交易（connected transaction）是指公司与其关联方之间发生的交换资产、提供商品或劳务的交易行为。在企业财务和经营决策中，属于下列情况之一的，就视为关联方：一是一方有能力直接或间接控制、共同控制另一方或对另一方施加重大影响；二是两方或多方同受一方控制。所谓"控制"，是指有权决定一个企业的财务政策和经营政策，并能据此从该企业的经营活动中获取利益，包括直接控制和间接控制两种类型。

（2）关联交易对公司的影响

从理论上说，关联交易属于中性交易，它既不属于单纯的市场行为，也不属于内幕交易的范畴,其主要作用是降低企业的交易成本,促进生产经营渠道的畅通,提供扩张所需的优质资产,有利于实现利润的最大化等。但在实际操作过程中,关联交易有其非经济特性。与市场竞争、公开竞价的方式不同,关联交易价格可由关联双方协商决定。在我国评估和审计等中介机构尚不健全的情况下,关联交易容易成为企业调节利润、避税以及为某些部门和个人获利的途径,这往往使中小投资者利益受损。

3. 会计政策和税收政策的变化

(1) 会计政策的变化及其对公司的影响

会计政策是指企业在会计确认、计量和报告中所采用的原则、基础和会计处理方法。企业是在法规所允许的范围内选择适合本企业实际情况的会计政策。当会计制度发生变更,或企业根据实际情况认为需要变更时,企业可以变更会计政策。企业的会计政策发生变更将影响公司年末的资产负债表和利润表。如果采用追溯调整法进行会计处理,则会计政策的变更将影响公司年初及以前年度的利润、净资产、未分配利润等数据。

(2) 税收政策的变化及其对公司的影响

税收政策的变化也将对上市公司的业绩产生一定的影响。如2008年1月1日起实施的《中华人民共和国企业所得税法》,使一直执行较高税率的银行业、通信服务业及批发零售行业受益突出。

本 章 小 结

本章知识点

本章主要阐述了证券投资分析、宏观经济分析、行业和区域分析、公司分析的相关知识,要求重点掌握证券投资分析的流派和方法、宏观经济运行及经济政策分析、行业的一般特征及生命周期分析、公司基本素质和财务分析等内容。本章内容基本框架如图5-1所示。

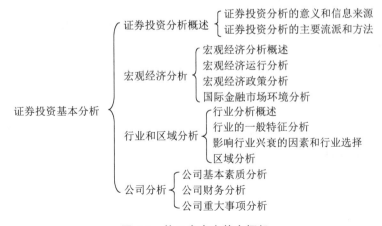

图5-1 第5章内容基本框架

主要术语

证券投资分析	国内生产总值	货币供应量	失业率	通货膨胀率
利率	汇率	财政收支	国际收支	固定资产投资规模
宏观经济分析	财政政策	货币政策	存款准备金率	再贴现率
公开市场业务	收入政策	财富效应	行业分析	初创期
成长期	成熟期	衰退期	区域分析	板块
公司分析	财务比率分析	资产重组	关联交易	

自 测 题

1. 填空题

（1）证券投资分析理论大体分为四大流派一个假说，即从推崇_____的技术分析理论到追求_____的价值投资理论，从理性假设下的现代证券投资理论，到非理性人假设下的行为金融理论；一大假说即_____理论。

（2）随着现代投资组合理论的诞生，证券投资分析理论开始形成界限分明的四个基本的分析流派，即_____流派、_____流派、_____流派和_____流派。

（3）货币政策的调控手段主要有_____、_____和_____。它们被称为货币政策的"三大法宝"。

（4）行业的市场类型主要有_____、_____、_____和_____。

（5）经济周期表现为扩张与收缩的交替出现。具体包括_____、_____、_____和_____四个阶段。

（6）行业的生命周期包括_____、_____、_____和_____。

（7）流动比率反映的是企业_____和_____之间的关系，即每1元流动负债有多少流动资产来偿还。

（8）速动比率是从流动资产中扣除_____部分，再除以_____所得的比值。

（9）_____表示每1元销售收入扣除销售成本后，有多少钱可以用于各项期间费用和形成盈利。

（10）市盈率是指_____与_____的比率。

2. 单项选择题

（1）（　　）以价格判断为基础、以正确的投资时机抉择为依据。
　　A. 学术分析流派　　B. 行为分析流派　　C. 基本分析流派　　D. 技术分析流派

（2）（　　）主要探讨各经济指标和经济政策对证券价格的影响。
　　A. 宏观经济分析　　　　　　B. 行业分析和区域分析
　　C. 学术分析　　　　　　　　D. 公司分析

（3）（　　）是在19世纪末为选取在纽约证券交易所上市的有代表性的股票而对各

公司进行的分类,是证券指数统计中最常用的分类法之一。

A. 标准行业分类法　　　　　　　B. 标准产业分类法

C. 道·琼斯分类法　　　　　　　D. 纳斯达克分类法

(4) (　　)市场是指相对少量的生产者在某种产品的生产中占据很大市场份额,从而控制了这个行业的供给的市场结构。

A. 垄断竞争型　B. 寡头垄断型　C. 完全竞争型　D. 完全垄断型

(5) 钢铁、汽车等重工业以及少数储量集中的矿产品,如石油等行业属于(　　)类型的市场结构。

A. 垄断竞争　　B. 部分垄断　　C. 寡头垄断　　D. 完全垄断

(6) 当前的现实生活中没有真正的完全垄断市场,以下接近完全垄断市场结构的行业是(　　)。

A. 钢铁、汽车等重工业

B. 资本密集型、技术密集型产品

C. 少数储量集中的矿产品

D. 公用事业,如发电厂、煤气公司、自来水公司

(7) 某一行业有以下特征:企业的利润由于一定程度的垄断达到了很高的水平,竞争风险比较稳定,新企业难以进入。那么这一行业最有可能处于生命周期的(　　)。

A. 幼稚期　　　B. 成长期　　　C. 成熟期　　　D. 衰退期

(8) 按道·琼斯分类法,大多数股票被分为(　　)。

A. 制造业、建筑业、邮电通信业　　B. 制造业、交通运输业、工商服务业

C. 工业、商业、公共事业　　　　　D. 工业、运输业、公共事业

(9) 反映公司在某一特定时点财务状况的静态报告是(　　)。

A. 资产负债表　B. 损益表　　　C. 利润表　　　D. 现金流量表

(10) 一般认为,生产型公司合理的最低流动比率是(　　)。

A. 3　　　　　B. 4　　　　　C. 1　　　　　D. 2

3. 多项选择题

(1) 证券市场上各种信息的来源主要有(　　)。

A. 政府部门　　　　B. 证券交易所　　　C. 上市公司

D. 媒体　　　　　　E. 其他来源

(2) 基本分析流派的主要理论假设是(　　)。

A. 劳动创造价值　　　　　　　　B. 股票的价值决定价格

C. 股票的价格围绕价值波动　　　D. 证券市场是强式有效市场

E. 市场永远是对的

(3) 下列关于宏观经济运行对证券市场影响的叙述,正确的有(　　)。

A. 证券市场是宏观经济的先行指标,预示着宏观经济的走向

B. 宏观经济因素是影响证券市场长期走势的唯一因素

C. 宏观经济运行影响到企业经营效益

D. 宏观经济运行影响到投资者对股价的预期
E. 宏观经济运行影响到居民收入水平

(4) 财政政策手段主要包括(　　)。
　　A. 税收　　　　　　B. 财政支出　　　　　C. 国债发行
　　D. 再贴现　　　　　E. 直接控制

(5) 货币政策手段主要包括(　　)。
　　A. 国债发行　　　　B. 财政补贴　　　　　C. 再贴现
　　D. 存款准备金　　　E. 公开市场业务

(6) 国际金融市场对证券市场的影响表现在(　　)。
　　A. 国际金融市场动荡通过人民币汇率预期影响我国证券市场
　　B. 国际金融市场动荡通过宏观面间接影响我国证券市场
　　C. 国际金融市场动荡通过微观面直接影响我国证券市场
　　D. 国际金融市场动荡不会影响我国证券市场
　　E. 国际金融市场动荡不会影响我国的上市公司

(7) 下列关于行业分析说法中,正确的有(　　)。
　　A. 它是对上市公司进行分析的前提
　　B. 它是连接宏观经济分析和上市公司分析的桥梁
　　C. 它是基本分析的重要环节
　　D. 它和公司分析是相辅相成的
　　E. 行业分析可有可无

(8) 行业分析的主要任务包括(　　)。
　　A. 解释行业本身所处的发展阶段及其在国民经济中的地位
　　B. 分析影响行业发展的各种因素以及判断对行业影响的力度
　　C. 预测并引导行业的未来发展趋势
　　D. 判断行业投资价值,揭示行业投资风险
　　E. 分析行业发展的可持续性

(9) 下列各项中,某行业(　　)的出现一般表明该行业进入了衰退期。
　　A. 销售收入和利润开始加速增长
　　B. 产品的销量迅速增长,市场逐步扩大
　　C. 公司的利润减少并出现亏损
　　D. 公司数量不断减少
　　E. 公司数量不断增多

(10) 影响行业兴衰的主要因素包括(　　)。
　　A. 技术进步　　　　B. 产业政策　　　　　C. 产业组织创新
　　D. 社会习惯的变化　E. 经济全球化

(11) 分析公司产品的竞争能力,需要分析的内容有(　　)。
　　A. 成本优势　　　　B. 技术优势　　　　　C. 质量优势
　　D. 区位优势　　　　E. 管理优势

(12) 企业的经理人员应该有的素质包括(　　)。

A. 从事管理工作的愿望 B. 专业技术能力
C. 良好的道德品质修养 D. 人际关系协调能力
E. 政治素养

(13) 衡量公司行业竞争地位的主要指标有（　　）。
A. 行业综合排序 B. 公司利润水平
C. 产品的市场占有率 D. 产品在消费者当中的认知度
E. 产品市场竞争力

(14) 公司基本素质分析的内容主要包括（　　）。
A. 公司经济区位分析 B. 公司行业地位分析
C. 公司成长性分析 D. 公司产品分析
E. 公司经营能力分析

(15) 垄断竞争型产品市场的特点包括（　　）。
A. 生产者众多且各种生产资料可以流动
B. 技术密集程度高
C. 生产者对其产品的价格有一定的控制能力
D. 生产的产品同种但不同质
E. 生产者不多且各种生产资料不可以流动

4. 判断题

(1) 随着持续、稳定、高速的 GDP 增长，国民收入和个人收入都不断得到提高，收入增加也将增加证券投资的需求，从而导致证券价格上涨。（　　）
(2) 贴现率是指商业银行向中央银行办理再贴现时使用的利率。（　　）
(3) 中央银行在经济衰退时，为刺激经济可调高法定存款准备率。（　　）
(4) 财政是以国家为主体的，为满足社会公共需要而进行的集中性分配和再分配中形成的经济关系。（　　）
(5) 投资于防守型行业一般属于收入型投资，而非资本利得型投资。（　　）
(6) 新旧行业并存是未来全球行业发展的基本规律和特点。（　　）
(7) 流动比率反映的是长期偿债能力。（　　）
(8) 流动比率高，意味着企业一定具有短期偿债能力。（　　）
(9) 速动资产是反映企业的短期偿债能力。（　　）
(10) 市盈率是指普通股的每股市价与其上一年度的每股收益额的比率。（　　）

5. 简答题

(1) 简述证券投资分析的意义。
(2) 简述宏观经济分析的主要方法与相关变量。
(3) 分析国内生产总值(GDP)变动对证券市场的影响。
(4) 简述经济周期与证券市场的关系。
(5) 分析通货膨胀与通货紧缩对证券市场的影响。
(6) 分析利率变动对证券市场的影响。

(7) 分析汇率变动对证券市场的影响。
(8) 分析货币政策与财政政策对证券市场的影响。
(9) 简述证券投资行业分析的主要内容。
(10) 简述公司财务报表分析的主要方法。

真 题 训 练

以下题目为证券从业资格考试改革前《证券投资分析》科目和改革后为证券分析师胜任能力考试《发布证券研究报告业务》中涉及本章内容的考题。

(1)【2010年5月真题·判断】进行证券投资分析是投资者科学决策的基础。（　　）

(2)【2014年12月真题·多选】证券投资分析的信息来源包括（　　）。
　　A. 国家的法律、法规，政府部门发布的政策信息
　　B. 证券交易所向社会公布的证券行情
　　C. 上市公司的年度报告和中期报告
　　D. 通过家庭成员或朋友而得知的内幕信息

(3)【2010年5月真题·多选】基本分析流派的主要理论假设有（　　）。
　　A. 劳动创造价值　　　　　　　　　B. 股票的价值决定价格
　　C. 股票的价格围绕价值波动　　　　D. 证券市场是强势有效市场

(4)【2010年5月真题·单选】下列关于学术分析流派的说法中，不正确的是（　　）。
　　A. 学术分析流派投资分析的哲学基础是"效率市场理论"
　　B. 学术分析流派的投资目标为"按照投资风险水平选择投资对象"
　　C. 学术分析流派以"长期持有"投资战略为原则
　　D. 学术分析流派以"战胜市场"为投资目标

(5)【2010年5月真题·单选】依据宏观经济形势、行业特征及上市公司的基本财务数据来进行投资分析的分析方法称为（　　）。
　　A. 定量分析　　B. 基本分析　　C. 定性分析　　D. 技术分析

(6)【2010年5月真题·多选】宏观经济运行对证券市场的影响通常通过（　　）途径实现。
　　A. 企业经济效益　　　　　　　　　B. 居民收入水平
　　C. 投资者对股价的预期　　　　　　D. 资金成本

(7)【2010年5月真题·单选】一般来讲，在下列（　　）经济背景条件下证券市场呈上升走势最有利。
　　A. 持续、稳定、高速的GDP增长　　B. 高通胀下的GDP增长
　　C. 宏观调控下的GDP减速增长　　　D. 转折性的GDP变动

(8)【2010年5月真题·判断】经济周期是一个连续不断的过程，表现为扩张和收缩的交替出现。（　　）

(9)【2015年11月真题·组合选择】以下关于中央银行货币政策对证券市场影响的论述，正确的有（　　）。

Ⅰ．如果中央银行降低存款准备金率或降低再贴现率,通常都会导致证券市场行情上扬;Ⅱ．如果中央银行提高存款准备金率,通过货币乘数的作用,使货币供应量更大幅度地减少,证券市场趋于下跌;Ⅲ．如果中央银行降低存款准备金率或降低再贴现率,通常都会导致证券市场行情下跌;Ⅳ．如果中央银行提高再贴现率,对再贴现资格加以严格审查,商业银行资金成本增加,市场贴现率上升,社会信用收缩,证券市场的资金供应减少,使证券市场走势趋软。

  A．Ⅰ、Ⅱ、Ⅲ   B．Ⅰ、Ⅲ、Ⅳ   C．Ⅰ、Ⅱ、Ⅳ   D．Ⅱ、Ⅲ、Ⅳ

（10）【2010年5月真题·单选】利用货币乘数的作用,(　　)的作用效果十分明显。

  A．再贴现率   B．直接信用控制
  C．法定存款准备金率   D．公开市场业务

（11）【2010年5月真题·单选】只有在(　　)时,财政赤字才会扩大国内需求。

  A．政府发行国债时
  B．财政对银行借款且银行不增加货币发行量
  C．财政对银行借款且银行增加货币发行量
  D．财政对银行借款且银行减少货币发行量

（12）【2010年5月真题·判断】紧缩财政政策将使得过热的经济受到控制,证券市场将走强。(　　)

（13）【2010年5月真题·判断】通货膨胀时期,并不是所有价格和工资都按同一比率变动,而是相对价格发生变化。这种相对价格变化引致财富和收入的再分配,因而某些公司可能从中获利,而另一些公司可能蒙受损失。(　　)

（14）【2010年5月真题·判断】通货紧缩时期,消费和投资将较少或被推迟,因此,总需求减少,物价继续下降,从而步入恶性循环。(　　)

（15）【2010年5月真题·多选】下列关于国际金融市场环境对我国证券市场的影响,分析正确的有(　　)。

  A．加入WTO后,我国证券市场完全受国际金融市场走势左右
  B．国际金融市场动荡通过人民币汇率预期影响我国证券市场
  C．我国证券市场是完全独立于国际金融市场的独立市场
  D．国际金融市场动荡通过宏观面和政策面间接影响我国证券市场

（16）【2010年5月真题·单选】(　　)是指从事国民经济中同性质的生产或其他经济社会活动的经营单位和个体等构成的组织结构体系。

  A．行业   B．产业   C．企业   D．工业

（17）【2010年5月真题·单选】以下(　　)不是产业的特点。

  A．规模性   B．专业性   C．职业化   D．社会功能性

（18）【2010年5月真题·单选】以下关于经济周期的说法中,不正确的是(　　)。

  A．防守型行业主要依靠技术的进步、新产品推出及更优质的服务,使其经常呈现出增长形态
  B．防守型行业的产品需求相对稳定,需求弹性小,经济周期处于衰退阶段对这种行业的影响也比较小
  C．当经济处于上升时期时,周期性行业会紧随其扩张;当经济衰退时,周期性

行业也相应衰落,且该类型行业收益的变化幅度往往会在一定程度上夸大经济的周期性

D. 在经济高涨时,高增长行业的发展速度通常高于平均水平;在经济衰退期,其所受影响较小甚至仍能保持一定的增长

(19)【2010年5月真题·多选】完全竞争型市场的特点有( )。
A. 各种生产资料可以完全流动　　B. 生产的产品同种但不同质
C. 企业永远是价格的接收者　　　D. 市场信息对买卖双方都是畅通的

(20)【2010年5月真题·判断】每个行业都要经历一个由成长到衰退的发展演变过程,这个过程便称为行业的生命周期。一般地,行业的生命周期可分为幼稚期、成长期、成熟期和衰退期。( )

(21)【2010年5月真题·判断】投资者较易精确把握购买增长型行业股票的时机。( )

(22)【2010年5月真题·判断】公司分析侧重对公司的竞争能力、盈利能力、经营管理能力、发展潜力、财务状况、经营业绩以及潜在风险等进行分析,借此评估和预测证券的投资价值、价格及其未来变化的趋势。( )

(23)【2010年5月真题·判断】公司一般都确定了占销售额一定比例的研究开发费用,这一比例的高低往往能决定公司的新产品开发能力。( )

(24)【2010年5月真题·多选】企业的经理人员应该具有的素质包括( )。
A. 从事管理工作的愿望　　　　B. 专业技术能力
C. 良好的道德品质修养　　　　D. 人际关系协调能力

(25)【2010年5月真题·判断】分析财务报表使用的比率以及对同一比率的解释和评价,因使用者的着眼点、目标和用途不同而异。( )

(26)【2010年5月真题·判断】我国资产负债表按账户式反映,即资产负债表分为左方和右方,左方列示资产各项目,右方列示负债和所有者权益各项目。( )

(27)【2010年5月真题·单选】( )是指同一财务报表的不同项目之间、不同类别之间、在同一年度不同财务报表的有关项目之间,各会计要素的相互关系。
A. 财务指标　　B. 财务目标　　C. 财务比率　　D. 财务分析

(28)【2010年5月真题·单选】( )是考察公司短期偿债能力的关键。
A. 营运能力　　　　　　　　　B. 变现能力
C. 盈利能力　　　　　　　　　D. 固定资产的规模

(29)【2010年5月真题·多选】反映变现能力的财务比率主要有( )。
A. 存货周转率　　　　　　　　B. 应收账款周转率
C. 流动比率　　　　　　　　　D. 速动比率

(30)【2010年5月真题·多选】以下关于市净率的说法中,不正确的有( )。
A. 市净率又称"净资产倍率",是每股市场价格与每股净资产之间的比率
B. 市净率越小,说明股价处于较高水平
C. 市净率越大,说明股价处于较低水平
D. 与市净率相比,市盈率常用于考察股票内在价值,多为长期投资者所重视

第6章

证券投资技术分析

学习目标

- 熟悉技术分析的含义、要素、假设与理论基础;掌握道氏理论的基本原理;熟悉技术分析方法的分类及其特点。
- 熟悉K线的主要形状及其组合的应用;掌握支撑线和压力线、趋势线和轨道线、黄金分割线和百分比线的含义及作用。
- 掌握反转突破形态和持续整理形态的形成过程、特点及应用规则;熟悉缺口的基本含义、类型、特征及应用方法。
- 熟悉波浪理论的形成过程、基本思想、主要原理及应用。
- 了解技术指标含义与分类;熟悉 MA、MACD、WMS、KDJ、RSI、BIAS、PSY、OBV、ADL、ADR、OBOS 等常用指标的基本含义、计算及应用法则。

课前导读

仓位控制是管理投资风险的最有效方法。一般来说,一次完整的交易包括分析预测、制订计划、试盘/建仓、加仓、减仓和平仓。趋势刚刚出现的时候往往上涨速度缓慢,此时市场观点还存在分歧,我们只能试探性地少量买入,以防止判断错误而导致重大亏损。当趋势逐渐明朗的时候,价格将以更快的速度上涨,此时可以大胆地加重仓位,以便在上涨过程中迅速扩大利润。当价格上涨到一定程度时,获利回吐的压力渐渐增大,多空双方力量差异再次缩小,此时应当逐步减仓,以避免趋势突然逆转吞噬此前的大部分利润。可见,仓位控制就是根据行情变化及时调整留在市场中的那部分资金,以便扩大利润和降低风险。在实际操作中,我们可通过三种方法控制仓位。一是稳健型。就是根据对行情的判断,在趋势初期和末期投入较少资金,在趋势中段投入较多资金。例如,按照 2-3-3-2 或 3-5-2 这样的比例逐步建仓。二是激进型。就是在趋势初期投入较多资金,以把握住大部分行情,使收益最大化。例如,按照 4-3-2-1 或 5-3-2 这样的比例逐步建仓。三是固定金额法。就是每次投入固定比例的资金,如 1/3 或 1/4。

本章内容包括证券投资技术分析的主要理论以及主要技术指标。通过本章的学习,要求学生熟练掌握证券投资技术分析的基础理论和应用方法。

6.1 技术分析概述

6.1.1 技术分析的基本假设与要素

1. 技术分析的概念

技术分析(technical analysis)是以证券市场过去和现在的市场行为为分析对象,应用数学和逻辑的方法,探索出一些典型的规律,对证券市场的未来变化趋势进行预测的技术方法。证券投资技术分析主要解决的问题是何时买卖证券。技术分析是一个系统,它由工具、理论、图形形态以及指标构成。技术分析不仅有对市场走势的判断,还有对价格目标的推测,以及对市场运行时间规律的判断。在证券交易中具有较强的实用性和参考性。上百年来,在证券投资实践中总结出来的多种技术分析方法,在今天仍然具有很强的指导意义。技术分析方法不仅应用于证券市场,还广泛应用于外汇、期货和其他金融市场。

2. 技术分析的基本假设

技术分析自19世纪产生以来不断充实、完善和发展,逐渐形成一套颇为复杂的体系,支撑该体系的理论基础是三个合理的市场假设。

(1) 市场行为涵盖一切信息

市场行为涵盖一切信息(price action in the market discounts everything)这条假设是进行技术分析的基础。这条假设认为,影响股票价格的所有因素都反映在市场行为中,不必关心影响价格因素的具体内容。因为任何因素对股票市场的影响最终必然会反映在股票价格上。

(2) 价格沿趋势移动

价格沿趋势移动(prices move in trends)这条假设是技术分析最根本、最核心的因素。其主要思想是,股票价格的变动是按一定规律进行的,价格有保持原来方向的惯性。只有当它走到趋势的尽头,它才会掉头反向。证券价格在一段时间内上涨或下跌,将来如果没有足够力量改变这一趋势,价格将沿袭过去的趋势。大多数技术分析理论本质就是顺应趋势,以判定、追随市场趋势为目的。

(3) 历史会重演

历史会重演(history tends to repeat itself)这条假设是从人的心理因素和统计学方面考虑的。该假设认为,市场行为与人类心理有关,证券投资不过是一种追求利润的行为,不论是昨天、今天还是明天,这个目的都不会改变。在这种心理状态下,市场交易行为将趋于一定的模式,在相同的市场条件下,投资者会作出同样的决策,表现在市场中就会出现相同的一幕,由此导致历史重演。同时,许多统计检验结果说明,历史会有惊人相似的一幕,但不会完全一样。

3. 技术分析的要素

证券市场中,价格、成交量、时间和空间是进行技术分析的四要素。这些要素及其相互关系是正确进行技术分析的基础。

(1) 成交价和成交量是市场行为最基本的表现

价格与成交量是技术分析的基础。一切技术分析方法都是以价量关系为研究对象的。价量关系的变化反映了买卖双方对价格的认同程度,认同程度小,分歧大,成交量就小;认同程度大,分歧小,成交量就大。如无成交量的确认,价格将是虚的。因此,交易双方市场行为反映在价量上往往呈现出这样一种规律:价增量增,价跌量减。股价随着成交量的递增而上涨,是市场行情的正常特性,表示股价将继续上升;而当股票价格上涨到一定程度后,成交量不再增加,说明价格得不到投资者的确认。同样的道理,股票价格在下跌过程中,成交量萎缩到一定程度就不再萎缩,说明卖方不认同价格继续往下降了。一般来说,成交量是股价的先行指标,当成交量增加时,股票价格迟早会跟上来;当股票价格上升而成交量不增加时,股票价格迟早会掉下来。

(2) 时间和空间是市场潜在能量的表现

时间和空间体现趋势的深度与广度。在进行行情判断时,时间和空间也是很重要的因素。时间指出"价格有可能在何时出现上升或下降",反映市场起伏的内在规律和事物发展的周而复始的特征,体现了市场潜在的能量由小变大再变小的过程。从时间上看,一种趋势一旦形成在短时间内不会发生根本改变,但又不可能永远不变,经过了一定时间又会有新的趋势出现。空间指出"价格有可能上升或下降到什么地方",反映的是价格波动能够达到的极限,也体现市场潜在的上升或下降能量的大小。空间可以认为是价格的一方面。

6.1.2 技术分析方法的分类与应用

1. 技术分析方法的分类

一般而言,技术分析方法可以分为K线类、切线类、形态类、波浪类、指标类五大类。这些方法分别从不同的侧面对证券的市场行为进行分析,各有其特点和适用范围,彼此相互交叉,联系密切。

(1) K线类

K线是用来记录证券市场的行情与价格波动的一种工具。K线类分析方法是根据一天单根K线或若干天的K线组合情况,来推测证券市场中多空双方力量的对比,进而判断证券市场行情的方法。K线图是进行各种技术分析的最重要的图表。

(2) 切线类

切线类分析方法就是按一定方法和原则在根据股票价格数据所绘制的图表中画一些直线——切线,然后根据这些直线的情况来推测股票价格的未来趋势,为投资行为提供参考。切线的作用主要是起支撑和压力作用,支撑和压力线往后延伸位置对价格趋势起一定制约作用。常见的切线有趋势线、轨道线、黄金分割线、百分比线、甘氏线、角度线等。

(3) 形态类

形态类分析方法是根据证券价格历史走势图表中一段时间走过的轨迹形态来预测股票价格未来趋势的一种方法。形态分为反转突破形态、持续整理形态和缺口形态三类。主要有头肩形、双重顶底、圆弧形、喇叭形、菱形、V形、三角形、矩形、旗形、楔形等。

（4）波浪类

波浪理论是把股份的上下变动和不同时期的持续上涨、下跌看成是波浪的上下起伏，认为股票的价格运动遵循一定的周期规律，即八浪循环。投资者数清楚了各个浪，就能准确地预见到跌势已接近尾声，牛市即将来临；或是牛市已到了强弩之末，熊市即将来到。波浪理论的优点是能提前很长时间预计到行情的底和顶。

（5）指标类

指标类分析方法是根据证券市场价格、成交量等历史资料，通过建立一个数学模型，给定数学上的计算公式，再使用计算机语言编程，继而在证券分析软件上反映出来，从而得到一个体现证券市场的某个方面内在实质的指标数值。常见的指标有 MA、MACD、WMS、KDJ、RSI、BIAS、PSY、OBV、ADL、ADR、OBOS 等。

2. 技术分析方法应用时应注意的问题

（1）技术分析必须与基本分析结合起来使用

技术分析方法和基本分析方法分析的基本点是不同的。基本分析方法是事前分析，即在基本因素变动对证券市场产生影响之前，投资者已经在分析、判断市场的可能走势，从而作出买卖决策。但是基本分析很大程度上依赖于经验判断，受投资者主观能力的制约。技术分析方法是事后分析，用数据、图形、统计方法来说明问题，一切都依赖于用已有资料作出客观结论。但未来不会简单重复过去，仅依靠过去和现在的数据预测未来并不可靠。因此，为提高分析的可靠性，投资者只有将两种分析方法结合起来，才能提高分析的准确程度。

（2）多种技术分析方法综合研判

技术分析方法多种多样，但每种方法都有其独特的优势和功能，也有不足和缺陷。没有任何一种方法能概括股价走势的全貌。实践证明，单独使用一种技术分析方法有相当大的局限性和盲目性，甚至会给出错误的买卖信号。为了减少失误，只有将多种技术分析方法结合运用，相互补充，相互印证，才能减少出错的机会，提高决策的准确性。

（3）理论与实践相结合

各种技术分析的理论和方法都是在一定的特殊条件与特定环境下得到的。随着环境的变化，一些成功方法在使用时却有可能失败。因此，在使用时，要注意掌握各种分析方法的精髓，并根据实际情况作出适当调整。同时，只有将各种方法应用于实际，并经过实践检验后成功的方法才是好的方法。

6.1.3 技术分析软件操作指南

1. 键盘使用

（1）字母键

字母键是用来输入汉语拼音或英文字母的键盘按钮。在分析软件中，字母键主要有两个功能：一是股票查询；二是各种技术指标查询。

股票查询可以用数字键或字母键两种方法。数字键输入的是阿拉伯数字，直接输入股票代码并按 Enter 键即可查询行情。字母键输入的是汉语拼音字母,直接输入股票名称中每个汉字的拼音首字母就可以进入该股票的 K 线图或即时走势界面。

在大盘及个股 K 线图界面下,输入技术指标的英文代码就可以直接查看大盘及个股的技术指标。例如,直接输入 RSI+Enter,就可以查看一只股票的 RSI 指标曲线。

(2) 一个数字键代表的含义

以大智慧软件为例,分别按数字键 0~9,再按 Enter 键,可查看在上海证券交易所和深圳证券交易所股票、债券、基金报价情况,如表 6-1 所示。

表 6-1 一个数字键加 Enter 键代表的含义

快速键值	键表示的含义
0+Enter	上海证券交易所和深圳证券交易所股票指数变动情况
1+Enter	上海证券交易所所有 A 股报价情况
2+Enter	上海证券交易所所有 B 股报价情况
3+Enter	深圳证券交易所所有 A 股报价情况
4+Enter	深圳证券交易所所有 B 股报价情况
5+Enter	上海证券交易所所有债券报价情况
6+Enter	深圳证券交易所所有债券报价情况
7+Enter	上海证券交易所所有基金报价情况
8+Enter	深圳证券交易所所有基金报价情况
9+Enter	深圳证券交易所中小板股票报价情况

(3) 两个数字键代表的含义

以大智慧软件为例,连续按两个数字键组合,再按 Enter 键,可切换界面查看市场中诸多信息。两个数字键加 Enter 键代表的含义如表 6-2 所示。

表 6-2 两个数字键加 Enter 键代表的含义

快速键值	键表示的含义	快速键值	键表示的含义	快速键值	键表示的含义
01+Enter	成交明细	33+Enter	主题投资库	69+Enter	中小企业涨幅排名
02+Enter	分价表	41+Enter	开放式基金	71+Enter	香港主板综合排名
03+Enter	上证领先	42+Enter	LOF 基金	72+Enter	香港创业板综合排名
04+Enter	深证领先	43+Enter	ETF 基金	80+Enter	全部 A 股综合排名
05+Enter	分时图/日 K 线图	51+Enter 至 57+Enter	常用板块切换	81+Enter	上证 A 股综合排名
06+Enter	自选股	59+Enter	实时观察	82+Enter	上证 B 股综合排名
07+Enter	条件选股	61+Enter	上证 A 股涨幅排名	83+Enter	深证 A 股综合排名
08+Enter	分析周期切换	62+Enter	上证 B 股涨幅排名	84+Enter	深证 B 股综合排名
09+Enter	画线工具	63+Enter	深证 A 股涨幅排名	85+Enter	上证债券综合排名
10+Enter	个股资料	64+Enter	深证 B 股涨幅排名	86+Enter	深证债券综合排名
60+Enter	全部 A 股涨幅排名	65+Enter	上证债券涨幅排名	87+Enter	创业板综合排名
30+Enter	板块指数	66+Enter	深证债券涨幅排名	89+Enter	中小企业综合排名
31+Enter	板块指数涨幅排名	67+Enter	创业板涨幅排名		

（4）F 功能键代表的含义

F 功能键可以用数字键代替，如 F1 可以用 01＋Enter 代替，F10 可以用 10＋Enter 代替。F 功能键代表的含义如表 6-3 所示。

表 6-3　F 功能键代表的含义

快速键值	键表示的含义
F1	在分时走势图界面下，当日大盘及个股明细交易情况；在 K 线图界面下，可查看大盘及个股当日及历史成交情况
F2	在个股即时走势图界面下，查看当日个股按每个价位汇总的成交手数
F3	在个股即时走势图界面或 K 线图界面下，可进入上证综合指数即时走势图界面
F4	在个股即时走势图界面或 K 线图界面下，可进入深圳成分股指数即时走势图界面
F5	可进行股票当日即时走势图和 K 线图之间的切换
F6	当需查看自选股时，在任何界面下按该键就可以进入自选股界面
F7	参数设定，修改技术指标参数
F8	进行不同周期 K 线图的切换
F9	大智慧个股中心，查在沪深两交易所上市股票的所有资料
F10	查看沪深市场信息及个股基本界面资料

2. 大盘与个股界面解读

（1）大盘分时走势图界面说明

图 6-1 是 2018 年 5 月 29 日大盘分时走势图界面，现对界面作简要说明。

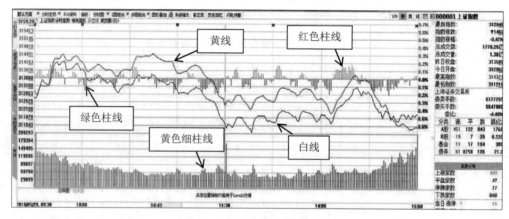

图 6-1　大盘分时走势图界面

① 白色曲线与黄色曲线。白色曲线代表每一分钟上证（深证）加权指数走势。黄色曲线代表不加权（即不考虑股本）上证（深证）指数走势。当指数上涨时，如果黄线在白线之上，表示小盘（即股本数量小的）股走势强于大盘股走势，其涨幅大于大盘股；如果黄线在白线之下，表示小盘股走势弱于大盘股走势，其涨幅比较小。当指数下跌时，如果黄线在白线之上，表示小盘股比大盘股走势强，跌幅比较小；如果黄线在白线之下，表示小盘股

比大盘股走势弱,跌幅比较大。

② 红色柱状线与绿色柱状线。红色柱状线和绿色柱状线分别表示股票指数上涨或下跌的强弱度。红色柱状线长度逐渐往上增长,表示指数增长力量逐渐增强;红色柱状线的长度逐渐缩短,表示指数增长力量在逐渐减弱。绿色柱状线长度逐渐往下增长,表示指数下跌力量逐渐增强;绿色柱状线的长度逐渐缩短,表示指数下跌力量在逐渐减弱。

③ 黄色细柱线。在大盘分时走势图界面的左边下部从左到右排列许多条细柱线,每一根细柱线表示一分钟累计成交量,以手为单位,一手=100股。

(2) 个股分时走势图界面说明

图6-2是2018年5月29日个股北新路桥(002307)走势图界面,现对界面作简要说明。

在个股走势图界面的左边上方有两条曲线,黄色曲线比较平缓,表示当日从开盘时刻到现在时刻的股价平均值。白色曲线比较陡峭,波动较大,围绕价格均值上下波动,表示该股票当日动态走势线,即实时股票价格。

在个股走势图界面有总手、现手、外盘、内盘、换手率、量比、涨停、跌停等指标。总手是指个股当日开盘至当前的总成交量。现手表示个股当前撮合成交的量。外盘是指主动性买盘(以委卖价成交的买盘)。内盘是指主动性卖盘(以委买价成交的卖盘)。换手率是指当前总手除该个股的总流通盘,换手率越大说明该个股成交越活跃。涨停是指当日涨停板的价位。跌停是指当日跌停板的价位。

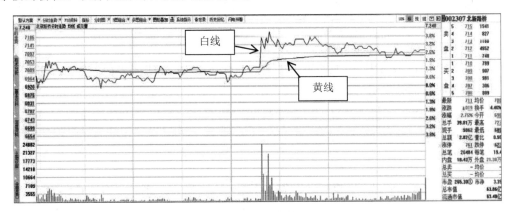

图6-2 个股分时走势图界面

量比是指当日成交数量与近5日平均成交数量之比。若量比大于1,表示现在这时刻的成交量放大。若量比小于1,表示现在这时刻的成交量萎缩。其计算公式为

$$量比 = \frac{现成交总手}{(5日均量 \div 240) \times 现累计已开市分钟数}$$
$$= \frac{现成交总手 \div 现累计已开市分钟数}{过去5日平均每分钟成交量} \quad (6.1)$$

小贴士6-1

(3) 大盘K线图动态分析界面

图6-3是上证指数2018年5月29日K线图界面,现对界面作简要说明。

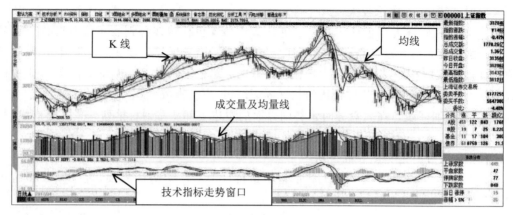

图 6-3 大盘 K 线图动态分析界面

在大盘 K 线图动态分析界面,左边上方是指数 K 线图。在 K 线图上有若干条曲线,一般由 5 日均线、10 日均线、20 日均线组成,也可以选择设定 30 日、60 日、120 日和 250 日均线。

在左边下方的粗柱线,每一根粗柱线是大盘一个周期的累计成交量(周期可以设为 5 分钟、30 分钟、日、周、月)。在粗柱线上有若干条曲线,是均量线系统,一般由 5 日均量线、10 日均量线组成。

在粗柱线的下方,是大盘指数技术指标走势窗口,可显示 ADL、领先指标、多空指标、量比等指标曲线图。

(4) 个股 K 线图动态分析界面

图 6-4 是 2018 年 5 月 29 日个股北新路桥(002307)的 K 线图界面,现以该股票的 K 线图说明界面各部分表示的含义。

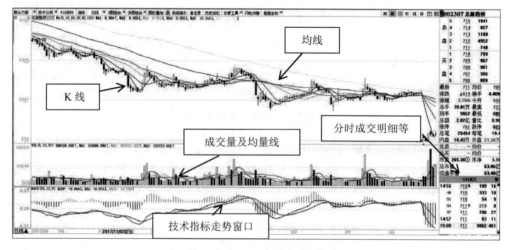

图 6-4 个股 K 线图动态分析界面

在个股 K 线图动态分析界面,左边上方是该股票的价格 K 线图。在 K 线图上有若干条曲线,一般由 5 日均线、10 日均线、20 日均线组成,也可以选择设定 30 日、60 日、

120日、250日均线(在日K线图情况下)。

在左边下方的粗柱线,每一根粗柱线是该股票一个周期的累计成交量(周期可以设为5分钟、30分钟、日、周、月)。在粗柱线上有若干条曲线,是均量线系统,一般由5日均量线、10日均量线组成。

在粗柱线的下方,是该股票的技术指标曲线趋势窗口,可显示 MACD、KDJ、RSI、WMS等指标曲线图。

在右下方是分时价量表,详细显示该股票各个时刻的分时成交价格和成交量明细。当成交价大于前一天收盘时,这时成交价颜色为红色;当成交价小于前一天收盘时,这时成交价颜色为绿色;当成交价等于前一天收盘时,这时成交价颜色为黄色。如果当前成交价高于前一笔成交价,则成交量颜色为红;如果当前成交价低于前一笔成交价,则成交量颜色为绿色。

6.2 技术分析理论与方法

6.2.1 道氏理论

1. 道氏理论的形成过程

道氏理论(Dow theory)是世界上最早、最著名的技术分析方法,是技术分析的鼻祖。创始人是美国的查尔斯·道(Charles H. Dow)。为反映市场的总体趋势,他与爱德华·琼斯(Edward Jones)创立了著名的平均指数,他们在《华尔街日报》上发表有关股市的文章,经后人整理,成为今天的道氏理论。后经汉密尔顿(William P. Hamilton)的发展,形成了系统的理论。道氏理论是技术分析的理论基础,许多技术分析方法的基本思想来自道氏理论。

2. 道氏理论的主要原理

(1) 市场价格平均指数可以解释和反映市场的大部分行为

平均价格包容消化一切因素,一切能够影响价格的因素都可由平均价格来表现,因而研究平均价格就够了。道氏理论认为,在所有价格中,收盘价是最重要的价格,并利用收盘价计算平均价格指数。这是道氏理论对证券市场的重大贡献。目前,世界上所有的证券交易所都有本市场的价格指数,各种价格指数的计算方法大同小异,都是源于道氏理论。此外,它还提出平均价格涵盖一切信息的假设。目前,这仍是技术分析的一个基本假设。

(2) 市场波动具有三种趋势

道氏理论认为,价格的波动尽管表现形式不同,但最终可以分为三种趋势,即主要趋势(primary trend)、次要趋势(secondary trend)和短暂趋势(near term trend)。主要趋势是指股价广泛或全面性上升或下降的变动情形,持续时间通常为一年或一年以上,股价总升(降)的幅度超过20%。对投资者来说,基本趋势持续上升就形成了多头市场,持续下降就形成了空头市场。次要趋势经常与基本趋势的运动方向相反,并对其产生一定的牵制作用,因而也称为修正趋势。这种趋势持续时间从 3 周至数月不等,其股价升降的幅度一般为股价基本趋势的 1/3 或 2/3。短暂趋势反映了股价在几天之内的变动情况。修正趋势通常由三个或三个以上的短暂趋势所组成。三种趋势的划分为其后出现的波浪理论打下了基础。

(3) 两种平均价格指数必须相互加强

道·琼斯综合指数是由 30 种工业、20 种运输业和 15 种公共事业三部分组成的。根据历史经验,其中工业和运输业两种分类指数具有代表性。道氏理论认为,工业平均指数和运输业平均指数必须在同一方向上运行才可确认某一市场趋势的形成。我国的上证指数和沪深 300 指数也相互确认股市整体走势。

(4) 趋势必须得到交易量的确认

道氏理论认为,成交量在确定趋势中起重要的作用,趋势必须得到交易量的确认。交易量分析是第二位的,但作为验证价格图表信号的旁证具有重要价值。在确定趋势时,成交量是重要的附加信息,成交量应在主要趋势的方向上放大。

(5) 一个趋势形成后持续,直到趋势出现明显的反转信号

趋势是技术分析的核心,趋势一旦形成,会持续一段时间,除非遇到破坏。这是趋势分析的基础。然而,确定趋势的反转却不太容易,股价主要趋势是在经常变化着的。多头市场并不能永远持续下去,空头市场总有到达底部的一天。当一个新的主要趋势第一次由两种指数确定后,趋势绝大部分会持续,但越往后这种趋势延续下去的可能性会越小。

3. 应用道氏理论应该注意的问题

道氏理论开创了技术分析的先河,为后来技术分析理论的发展奠定了基础。但它是建立在一系列假设基础之上的,当用于检验现实中复杂的市场行为时,必然存在许多不足。

道氏理论对大形势的判断有较大的作用,对于每日每时都在发生的小波动则显得有些无能为力。道氏理论甚至对次要趋势的判断作用不大。

道氏理论的可操作性较差。一方面,道氏理论的结论落后于价格变化,信号太迟;另一方面,道氏理论本身存在不足,使得一个很优秀的分析师在进行行情判断时,也会因得到一些不明确的信号而产生困惑。

道氏理论的存在已经上百年了,有的内容对今天的投资者来说已经过时,不能照搬老方法,但它仍是许多技术分析的理论基础。近 40 年来,出现了很多新的技术,有相当部分是道氏理论的延伸,这在一定程度上弥补了道氏理论的不足。

6.2.2 K 线理论

K 线(candlesticks)源于 200 多年前的日本,被当时日本米市的商人用来记录米市的行情与价格波动,后因其细腻独到的绘制方式而被引入股票、外汇及期货市场。由于用这种方法绘制出来的图表形状颇似一根根蜡烛,加上这些蜡烛有黑白之分,因而也叫蜡烛线、阴阳线。K 线经过上百年的实践形成了一整套 K 线理论,应用效果良好,目前,K 线已经成为人们进行技术分析必不可少的工具。

1. K 线的画法

K 线是一根柱状的线条,由实体(real body)和影线(shadow)组成。中间方块为实体,分阳线和阴线两种。影线在实体上方的部分叫上影线,下方的部分叫下影线。一根 K 线记录的是某种股票一天的价格变动情况。将每天的 K 线按时间顺序排列在一起,这就叫日 K 线图。此外,还可画周 K 线图和月 K 线图。通过 K 线图,可把每日或某一周期的市场表现完全记录下来,并据此判断多空双方的力量对比,预测后市走向,为投资决策提供重要参考。

价格的变动主要体现在四个价格上,即开盘价、最高价、最低价和收盘价。在绘制 K 线时,首先要找到该日或某一周期的最高价和最低价,垂直地连成一根直线;其次再找出当日或某一周期的开盘价和收盘价,把这两个价位连接成一条狭长的长方柱体。假如当日或某一周期的收盘价较开盘价为高(低开高收),便以红色表示,或是在柱体上留白,这种柱体称为"阳线"。如果当日或某一周期的收盘价较开盘价为低(高开低收),则以蓝色表示,或是在柱体上涂黑色,这种柱体称为"阴线"。图 6-5 是两个常见的 K 线形状。

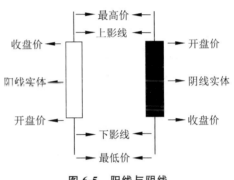

图 6-5　阳线与阴线

2. K 线的主要形状

根据四个价格的不同取值,K 线的形态有 12 种基本形状,除普通形状的 K 线外,还会产生其他形状的六种 K 线。

(1) 光头阳线与光头阴线

如图 6-6 所示,两者都没有上影线。当收盘价或开盘价正好与最高价相等时,就会出现这种 K 线。光头阳线表示盘中虽然由于卖方打压创下最低价,但多头力量完胜压过空头,最终收盘还是在最高价处,多表示看涨;光头阴线表示开盘后空方打压股价,多头虽有反攻,但总是未能超过开盘价。

(2) 光脚阳线与光脚阴线

如图 6-7 所示,两者都没有下影线。当开盘价或收盘价正好与最低价相等时,就会出现这种 K 线。其市场含义参考光头阳线、光头阴线。

(3) 光头光脚阳线与光头光脚阴线

如图 6-8 所示,两者既没有上影线又没有下影线。当收盘价和开盘价分别与最高价和最低价中的一个相等时,就会出现这种 K 线。光头光脚阳线是股价开盘后在强劲买盘推动下一路上扬,空方没有反击之力,最终收盘在最高价处;光头光脚阴线是股价开盘后在强劲卖盘抛压下一路狂泻,多方没有招架之力,最终收盘在最低价处。两种图形均表示强有力的上涨和下跌。

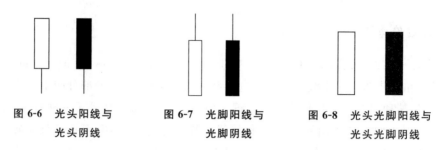

图 6-6　光头阳线与光头阴线　　图 6-7　光脚阳线与光脚阴线　　图 6-8　光头光脚阳线与光头光脚阴线

(4) 十字形

如图 6-9 所示,当收盘价与开盘价相同时,就会出现这种 K 线。其特点是没有实体。股价盘中经过多空双方激烈的搏杀,最终收盘价在开盘价附近,表示买卖双方势均力敌,多空双方力量暂时平衡,行情失去方向,但却是一个随时可能改变方向的 K 线图形。

(5) T 字形与倒 T 字形

如图 6-10 所示,这种图形也叫锤头形、墓碑形,它们没有实体,而且没有上影线或者没有下影线,形状像英文字母 T。股价开盘后在空方的打压或多方的攻击之下,股价创出全天最低价或最高价,但在买方或卖方的反击之下,股价最终收盘在开盘价附近。一般表示行情会有反转。

(6) 一字形

如图 6-11 所示,这种形状非常特别,四个价格都一样。这种情况极少见到,只是在封住涨停或跌停。或在发行一个事先定好价格的股票时,会遇到这种情况。它们没有实体,表示行情极度看涨或看跌。

图 6-9　十字形　　图 6-10　T 字形与倒 T 字形　　图 6-11　一字形

3. K 线的应用

K 线的应用分单根 K 线的应用、两根 K 线的应用和多根 K 线的组合应用。

(1) 单根 K 线的应用

应用单根 K 线研判行情,主要从 K 线阴阳、实体的长短、上下影线的长短以及实体长短与上下影线长短之间的关系等方面来进行。阴线的实体和上影线表示股价的下压力量,阳线的实体和下影线则表示股价的上升力量。一般来说,阴线实体越短,上影线越长,下影线越短,越有利于空方占优;阳线实体越长,上影线越短,下影线越长,越有利于多方占优。实体很长,影线很短,可以忽略影线的存在,实体越长,行情涨跌的确定性就越大;相反,影线很长,而实体很短,行情发展就不明确。另外,多空双方较量的优劣势主要反映在影线的长短上。

值得注意的是,在证券市场上,K 线周期越长,其可靠性越好。许多庄家为了实现操盘计划,有时刻意画出 K 线,这种单根 K 线会带有很大的欺骗性。例如,在主升浪开始之前,日 K 线图往往会出现带长上影线的阴线甚至是墓碑形(倒 T 字形)K 线,恐吓投资者。因此,在应用单根 K 线时,务必要结合股价的空间位置。最好是结合更长周期的 K 线,比如,周 K 线和月 K 线。目前,证券市场上操盘手在日 K 线图上做骗线的可能性极大,在周线级别的 K 线上做骗线很难,在月线上做骗线更是不可能。

(2) 两根 K 线的应用

在 K 线组合中,两根 K 线组合情况非常多,只需掌握几种特定的组合形态,然后举一反三。无论是两根 K 线还是多根 K 线,都是以两根 K 线的相对位置的高低和阴阳来推测行情的。

① 连续两阴阳。如图 6-12 所示,这是多空双方的一方已经取得决定性胜利,牢牢掌握了控制权,日后将以取胜的这方为主要运动方向。左图是多方获胜,右图是空方获胜。

② 连续跳空阴阳线。如图 6-13 所示,左图是一根阴线之后又一根跳空阴线,表明空方全面进攻已经开始。如果出现在高价附近,则下跌将开始,多方无力反抗。如果在长期下跌行情的末端出现,则说明这是最后一跌,该逐步建仓了。第二根阴线的下影线越长,则多方反攻信号越强烈。右图正好与左图相反,如果在长期上涨行情的末端出现,则是最后一涨,第二根阳线的上影线越长,越是要跌了。

③ 跳空阴阳交替线。如图 6-14 所示,左图一阳加上一根跳空的阴线,说明空方力量正在增强。若出现在高价位,说明空方有能力阻止股价继续上升。若出现在上涨途中,说明空方的力量还是不够,多方将进一步创新高。右图与左图刚好相反,多方在低价位取得一定优势,后市发展还要看是否处在下跌途中还是在低价位。

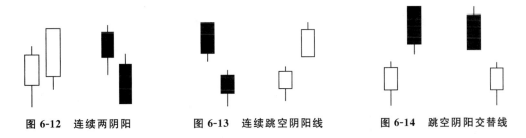

图 6-12　连续两阴阳　　　图 6-13　连续跳空阴阳线　　　图 6-14　跳空阴阳交替线

④ 两阳和两阴。如图 6-15 所示,右图连续两根阴线,第二根的收盘不比第一根低,说明空方力量有限,多方出现暂时转机,股价回头向上的可能性大。左图正好相反,是空方出现转机,股价将回调。这两种情况中,上下影线的长度直接反映了多空力量的大小。

⑤ 阴吃阳与阳吃阴。如图 6-16 所示,右图一根阴线被一根阳线吞没,说明多方已经取得决定性胜利,空方将节节败退,寻找新的抵抗位置。阳线下影线越长,多方优势越大。左图与右图刚好相反,是空方胜利,多方投降。

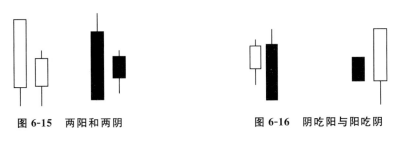

图 6-15　两阳和两阴　　　图 6-16　阴吃阳与阳吃阴

(3) 多根 K 线的组合应用

比较有实战价值的 K 线组合是多根 K 线组合。其中,比较典型的组合图形有上涨组合(早晨之星、上涨红三兵、多方炮)、下跌组合(黄昏之星、双飞乌鸦、看跌吞没形态、空方炮)与反转组合(孕线、乌云盖顶、刺透形态)。

① 早晨之星(morning star)。如图 6-17 所示,先是一根长的黑色实体,随后出现一根、两根、三根非决定性实体,最后出现一根长的白色实体,白色实体向上推进到第一根黑色实体的一半以上。早晨之星出现在行情底部,表示跌势见底,市场开始 U 形向上翻转。

② 上涨红三兵(three white soldiers)。如图 6-18 所示,该形态由接连出现的三根白色 K 线组成,它们的收盘价依次上升。当市场在某个低价位稳定了一段时间后,如果出现了这种形态,就意味着市场即将走强。上涨红三兵表现为一个逐渐而稳定的上升过程。但在上升趋势处于晚期时,往往会有第二根和第三根 K 线表现出上涨势头减弱的迹象,即白色实体一个比一个小,或者后两根白色 K 线有相对较长的上影线,此时要多加小心。

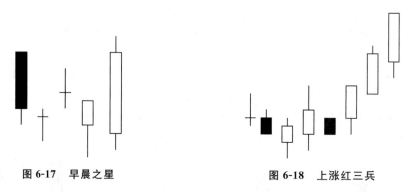

图 6-17　早晨之星　　　　　　　图 6-18　上涨红三兵

③ 多方炮。如图 6-19 所示,一般出现在刚刚突破时,一根阳线突破前期整理形态,这是多方在一段时间以来发动的第一次行情,第二天以阴线进行反压,但反压时成交量萎缩,可以清洗浮动筹码。第三天平开稍微下探后就拉起,收盘后股价已经突破昨天的阴线实体,完成对前头部的突破确认,第四天跳空开盘,成交量开始放大,至此,一轮行情就此展开。三根 K 线最低点连线越陡峭,多方发动的攻势越猛烈,否则就越弱。

④ 黄昏之星(evening star)。如图 6-20 所示,先是一根长的白色实体,随后出现一根、两根、三根非决定性实体,最后出现一根长的黑色实体,黑色实体向下推进到第一根白色实体的一半之下。如果最后的黑色实体没有推进到第一根白色实体的一半之下,形态就不成立。黄昏之星出现在顶部,预示着市场开始倒 U 形向下翻转,升势已尽。

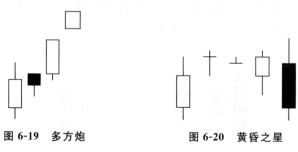

图 6-19　多方炮　　　　　　　图 6-20　黄昏之星

⑤ 双飞乌鸦。如图6-21所示,又称"树上二鸦",是由一条大阳线和两条向上跳空开盘且呈抱线形态的阴线组成的图形。第一条大阳线表示价格大幅上升,随后空头斩仓,尽管推动价格仍然上升,但以最低价报收,未能进一步攀高,第三天再次收阴线,并且是阴线组合,表明股价会进一步下跌,后市看淡。

⑥ 看跌吞没形态。如图6-22所示,看跌吞没形态的形成标志着上升趋势的终止或开始翻转。它也是下降趋势的转折点或者是回撤的终点。当价格持续上升时,图中出现了非决定性的白色实体,突然,一根大黑色实体紧随其后,并且明显吞没了前一个到三个白色实体。理想的看跌吞没形态是一个黑色蜡烛实体上部远远超过前方白色实体上部,并吞没前面白色实体,空方明显占主动。

⑦ 空方炮。如图6-23所示,一般是空方力量的爆发式的出现,两阴夹一阳,即由两根阴线和一根较短的阳线组成,阴线的顶部尽量低,阳线的实体尽量短,短期下跌的可能性极大。股价在高位区域出现两阴夹一阳的组合形态时,应立即卖出手中持股,以规避头部风险;该形态中,阳线也可以是十字小阳线,有时还可能出现两根大阴线夹数根小阳线,且第二根阴线把前几根小阳线彻底收复的形态,同样具有看空意义,也应卖出手中股票。

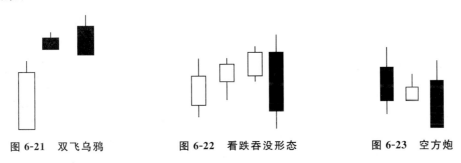

图6-21　双飞乌鸦　　　　图6-22　看跌吞没形态　　　　图6-23　空方炮

⑧ 孕线。如图6-24所示,其中,后一根K线的实体较小,并且被前一根相对较长的实体包容进去,因此也称为母子线。孕线和看跌吞没形态刚好相反,看跌吞没形态是后一根线实体较长。但值得注意的是,看跌吞没形态两根线的颜色不同,而孕线则没有这个必要条件。当孕线出现时,好像市场踩了刹车板,当前的市场趋势结束了,然后,市场常常转入平静状态。处于市场顶部时,孕线可能发出大趋势变化的警告信号。

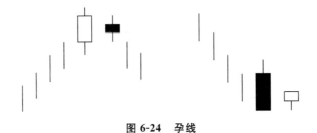

图6-24　孕线

⑨ 乌云盖顶。如图6-25所示,这种形态是由两根K线组成的,属于顶部反转形态。它们一般出现在上升趋势之后,有时也出现在水平调整区间的顶部。其中,第一天是一根坚挺的白色实体;第二天的开盘价超过了第一天的最高价,买方完全掌握主动权。然而,

此后市场没有继续上冲。事实上,市场收盘在接近当日的最低价水平,并且收盘价明显在第一天白色实体内部。在这种情况下,多头头寸持有者的信心便开始动摇。第二天黑色实体向下穿进第一天白色实体的程度越深(超过 50％),则该形态构成顶部反转的可能性越大。

⑩ 刺透形态。如图 6-26 所示,与乌云盖顶刚好相反,刺透形态是底部反转信号。刺透形态出现在下跌的市场上,也是由两根 K 线组成的。其中,第一根 K 线具有黑色实体,而第二根 K 线则具有长长的白色实体。在白色实体这一天,市场开盘价曾急剧地下跌至前一个黑色实体最低价之下,但是不久市场又将价格推升回来,形成了一根相对较长的白色实体,并且收盘价超过了前一天黑色实体的中点。该形态构成底部反转的可能性大。

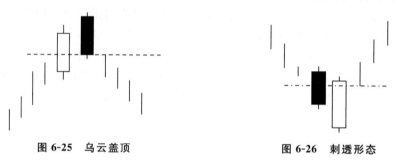

图 6-25　乌云盖顶　　　　　　　图 6-26　刺透形态

4. 应用 K 线应该注意的问题

(1) 注意分析周期的不同作用

一般而言,月 K 线、周 K 线适用于长周期走势分析,日 K 线适用于中短周期走势分析,小时、分钟 K 线适用于短周期走势分析。周期越长,K 线形态越稳定可靠;周期越短,K 线形态灵敏度越高,但不稳定,而且常常夹杂着骗线。

(2) 注意 K 线图所处的价位区域

同一种 K 线形态出现在不同的地方,其含义可能完全不同,甚至相反。比如,K 线实体上下都带长影线,如果出现在上升行情末期,则意味着天价的形成;如果出现在下跌行情末期,则意味着底价的形成。所以,进行 K 线图分析,要观察阴线或阳线各部分之间的长度比例关系和阴阳线的组合情况,以此来判断买卖双方实力的消长,判别价格走势。

(3) 注意实体部分与上下影线之间的长度比例关系

当上影线极长而下影线极短时,表明市场上卖方力量较强,对买方予以压制。当下影线极长而上影线极短时,表明市场上卖方受到买方的顽强抗击。同时,应注意实体本身与上下影线的相对比例,实体越长而影线越短,表明行情越有利于多空双方中的一方。

(4) 注意将多根 K 线组合起来分析

无论是单根 K 线,还是两根、三根甚至更多根 K 线,都是对多空双方搏斗的描述,由此得到的结论都是相对的,而不是绝对的。对投资者而言,结论仅仅起建议作用。在应用时,一个重要原则就是尽量使用根数多的 K 线组合的结论,并将新的 K 线加进来重新分析研判。一般来说,多根 K 线组合得到的结果不大容易与事实相反。

6.2.3 切线理论

切线是按一定方法和原则在股价图形中画出的一些直线,其作用主要是起支撑线和压力作用,支撑线和压力线的往后延伸位置对价格趋势起一定的制约作用,从而推测股价的未来趋势。切线有许多种类,主要是支撑线和压力线、趋势线和轨道线、黄金分割线和百分比线。

1. 支撑线和压力线

(1) 支撑线和压力线的概念与形成

支撑线(support line)又称为抵抗线。当股价下跌到某个价位附近时,股价会停止下跌,甚至有可能回升,这是因为多方在此买入造成的。支撑线起阻止股价继续下跌的作用。压力线(resistance line)又称为阻力线。当股价上升到某个价位附近时,股价会停止上升,甚至有可能回落,这是因为空方在此抛出造成的。压力线起阻止股价继续上升的作用。这个起着阻止或暂时阻止股价继续下跌或上升的价格就是支撑线或压力线所在的位置。

支撑线与压力线的形成有以下方式。①重要价位。常用的方法是前期的高点与低点、成交密集区、黄金分割位与百分比位。②重要价位的连线,形成支撑线或压力线。③趋势线(可用 5 日、10 日、20 日……均线来分析),是一种重要的支撑线和压力线,如图 6-27 所示。目前,很多投资者喜欢用 K 线实体的高低点来画支撑线和压力线。实际上,K 线高低点反映交易者的极端贪婪和恐惧心理,应该用 K 线图的实体边线来画支撑线和压力线。

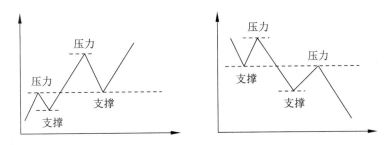

图 6-27 支撑线和压力线及其相互转化

(2) 支撑线和压力线的作用与相互转化

支撑线和压力线的作用是阻止或暂时阻止股价向一个方向继续运动。股价的变动是有趋势的,要维持这种趋势,保持原来的变动方向,就必须冲破阻止其继续向前的障碍。比如,要维持下跌行情,就必须突破下跌的支撑线的阻力和干扰,创造出新的低点;要维持上升行情,就必须突破上升的压力线的阻力和干扰,创造出新的高点。可见,支撑线和压力线迟早有被突破的可能,它们不足以长久地阻止股价保持原来的变动方向,只不过是使之暂时停顿而已。同时,支撑线和压力线又有彻底阻止股价按原方向变动的可能。当一个趋势终结了,它就不可能创出新的低价和新的高价,这时的支撑线和压力线就显得异常重要。

支撑线和压力线可以相互转化。一个支撑如果被突破,那么这个支撑将成为压力;同理,一个压力如果被突破,那么这个压力将成为支撑。这说明,支撑和压力的角色不是一成不变的,而是可以改变的,条件是它被有效地、足够强大地股价变动突破(如图 6-27 所示)。一般来说,支撑和压力区域的长度是区域持续的时间或它被触及的次数,长度越长,则其强度越大;支撑和压力区域的高度越高,其强度越大;支撑和压力区域的成交量越大,其强度越大;长期走势图上的支撑位和压力位比短期走势图上的支撑位和压力位更重要。

2. 趋势线和轨道线

(1) 趋势线

趋势线是用来描述一段时间内股价运行方向的直线。趋势线是衡量价格波动方向的,由趋势线的方向可以明确地看出股价的趋势。在上升趋势中,将两个低点连成一条直线,就得到上升趋势线。在下降趋势中,将两个高点连成一条直线,就得到下降趋势线。值得注意的是,上升趋势线的下边不能有任何 K 线部分(实体或影线),而下降趋势线的上边不能有任何 K 线部分(实体或影线)。趋势线的画法如图 6-28 所示。

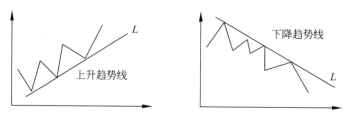

图 6-28 趋势线画法

一般来说,趋势线有两种作用。①对价格今后的变动起约束作用,即支撑和压力作用。上升趋势线起支撑作用,下降趋势线起压力作用,也就是说,上升趋势线是支撑线的一种,下降趋势线是压力线的一种。②支撑线与压力线的转换。趋势线被突破后,就说明股价下一步的走势将要反转。越重要越有效的趋势线被突破,其转势的信号越强烈。被突破的趋势线原来所起的支撑和压力作用,现在将相互交换角色。

(2) 轨道线

轨道线(channel line)又称通道线、管道线,是基于趋势线的一种方法。在已经得到了趋势线后,通过第一个峰和谷作这条趋势线的平行线,这条平行线就是轨道线,如图 6-29 所示。两条平行线组成一个轨道,这就是常说的上升轨道和下降轨道。有时在两条平行的轨道线中间找其中点,再画一条轨道线的平行线,称为轨道线的中轨。中轨之上的是上轨,中轨之下的是下轨。很显然,是先有趋势线,后有轨道线。

小贴士 6-2

轨道线的作用表现在两个方面。一是限制股价的变动范围。轨道一旦得到确认,那么价格将在这个通道里变动。对上轨或下轨的突破将意味着有一个大的变化。二是提出趋势转向的警报。如果在一次波动中未触及轨道线,离得很远就开始掉头,这往往是趋势将要改变的信号。这说明,市场已经没有力量继续维持原有的上升或下降的规模。

与突破趋势线不同,对轨道线的突破并不是趋势反向的开始,而是趋势加速的开始,即原来的趋势线的斜率将会增加,趋势线的方向将会更加陡峭,如图 6-30 所示。

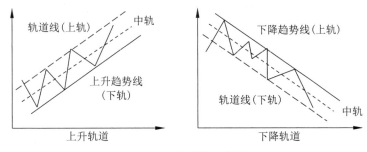

图 6-29　轨道线示意图

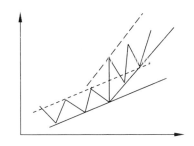

图 6-30　轨道线的突破是趋势的加速

小贴士 6-3

3. 黄金分割线和百分比线

(1) 黄金分割线

黄金分割法(golden section)又称黄金比率法(golden ratio),是指将美学中最和谐的比率用于证券市场价格走势的分析,探讨股价未来的支撑位和阻力位,以及股价升降幅的技术分析方法。人们经过长期观察和研究后发现,自然界的和谐存在于黄金比率中,意大利数学家斐波那契作出了重要贡献,波浪理论的创始人艾略特将上述比率运用于股市。

黄金分割比率中最基本的比率为 0.382 和 0.618,股价极易在这样的比例上产生支撑与压力。黄金分割线是利用黄金分割比率进行的切线画法,在行情发生转势后,无论是止跌转升或止升转跌,以近期走势中重要的高点和低点之间的涨跌额作为计量的基数,将原涨跌幅按 0.191、0.382、0.5.00、0.618、0.809 分割为 5 个黄金点,股价在反转后的走势将可能在这些黄金分割点上遇到暂时的压力或支撑。黄金分割线如图 6-31 所示。

应用黄金分割法对股价涨跌幅进行预测时,其应用步骤有三步:①记住若干特殊的数字:0.191、0.382、0.500、0.618、0.809、1.191、1.382、1.618、1.809、2.000、2.618、4.236。这些数字中,0.382、0.618、1.382、1.618 最为重要,股价极容易在由这四个数产生的黄金分割线处产生支撑和压力。②找到一个点。这个点是上升行情结束,调头向下的最高点,或者是下降行情结束,调头向上的最低点。当然,这里的高点和低点都是指一

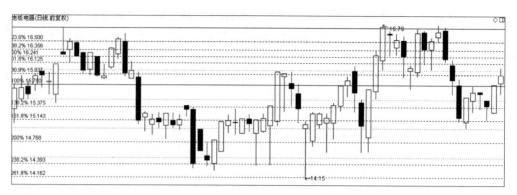

图 6-31　黄金分割线

定的范围,是局部的。③用找到的点的价格分别乘以上述的黄金数字,就得到若干条直线。在股价预测中,有两种黄金分割线分析方法:单点黄金分割线和两点黄金分割线。

例 6-1　当下跌行情结束时,某股的最低价为 15 元,那么,股价反转上升时,投资人可以预先计算出各种不同的反压价位,也就是:15×1.191＝17.87(元),15×1.382＝20.73(元),15×1.618＝24.27(元),15×1.809＝27.14(元),15×2.000＝30.00(元),15×2.618＝39.27(元)。然后,再依照实际股价变动情形做斟酌。

反之,上升行情结束时,某股的最高价为 50 元,那么,股价反转下跌时,投资人也可以预告计算出各种不同的持价位,也就是:50×(1－0.191)＝40.45(元),50×(1－0.382)＝30.90(元),50×(1－0.618)＝19.1(元),50×(1－0.809)＝9.55(元)。然后,再依照实际股价变动情形做斟酌。

小贴士 6-4

(2) 百分比线

百分比线是利用百分比率的原理进行的分析,可使股价前一次的涨跌过程更加直观。它是将上一次行情中重要的高点和低点之间的涨跌幅度按 1/8、2/8、3/8、4/8、5/8、6/8、7/8、8/8、1/3、2/3 的比率自动生成百分比线。这些百分比线中,最为重要的是 1/2、1/3 和 2/3 对应的线,往往起到重要的支撑位与压力位作用。实际上,这些百分比线的位置与黄金分割线的位置基本上是相互重合或接近的。

百分比线考虑问题的出发点是人们的心理因素和一些整数的分界点。当股价持续向上,涨到一定程度,肯定会遇到压力,遇到压力后,就要向下回撤,回撤的位置很重要。黄金分割提供了几个价位,百分比线也提供了几个价位。以这次上涨开始的最低点和开始向下回撤的最高点两者之间的差,分别乘上几个特别的百分比数,就可以得到未来支撑位可能出现的位置。

6.2.4　形态理论

形态理论是通过研究股价所走过的轨迹,分析和挖掘出曲线的一些多空双方力量的对比结果,进而指导我们的行动。K 线理论注重短线的操作,其预测结果只适用于很短的时期。为了弥补这种不足,可通过 K 线图来研究股价移动的轨迹,它包括的信息要全面得多。价格在波动过程中会留下移动的轨迹。趋势的方向发生变化一般不是突然来到的,都有一个发展的过程。形态理论通过研究股价曲线的各种形态,发现股价正在进行的行动方向。股价的移动主要是保持平衡的持续整理和打破平衡的突破这两种过程。这样,股价曲线的形态可分成两个大的类型:反转突破形态和持续整理形态。

1. 反转突破形态

反转突破形态(reversal pattern)是股价由涨势转为跌势或由跌势转为涨势的信号,也就是说,它表示股价的原有趋势将要逆转的一种价格走势,应重点关注。典型图形有头肩形态、双重顶底形态、三重顶底形态、圆弧形、喇叭形、菱形以及 V 形反转。

(1) 头肩形态

头肩形态是股价形态中出现最多的形态,也是最著名和最可靠的反转突破形态。这种形态共出现三个顶或底。头肩形态中有一条极为重要的直线——颈线(neck line)。在头肩顶中,它是支撑线,起支撑作用;在头肩底中,它是压力线,起压力作用。头肩形态具有测算功能。颈线被突破,股价下一步将发生反转,未来下跌或上涨的深度可以测算出来,即从突破点算起,股价将至少要跌到或涨到与形态高度相等的距离。形态高度是从头到颈线的距离。头肩形态一般可分为头肩顶形态、头肩底形态以及复合头肩形态三种类型。

头肩顶形态(head and shoulders tops pattern)有三个局部高点,中间的高点比另外两个相对高,称为头;左右两个相对较低的高点称为肩,它是一种看跌形态,如图 6-32 所示。

头肩底形态(head and shoulders bottoms pattern)有三个局部低点,中间的低点比另外两个相对低,称为头;左右两个相对较高的低点称为肩,它是一种看涨形态,如图 6-33 所示。

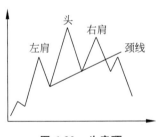

图 6-32 头肩顶

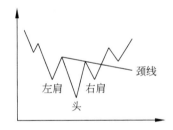

图 6-33 头肩底

实际操作中还会出现复合头肩形态,即形态中"肩"出现不止一次。例如,两个规模大致相同的左肩,一个头部,然后是两个右肩;或包括两个头部和两边各两个或更多的肩部;或是每边各有两个肩部,一个头部自身是由一个小型但相当清楚的头肩形态构成的。

(2) 双重顶底形态

双重顶底(double tops and bottoms)又称 M 头和 W 底,如图 6-34 和图 6-35 所示。M 头形态有两个大致相同的头部 A 和 C,当市场按收盘价跌破 B 点波谷时,形态就完成了。通常,成交量在第二个波峰 C 处萎缩,并在向下突破 D 点时放大。双重顶底形态一旦得到确认,有测算功能,即从突破点算起,价格将至少要跌到与形态高度相等的距离。形态高度就是从顶点到颈线的垂直距离。W 底与 M 头刚好相反。它是 M 头的镜像,成交量向上突破时更加重要,而且突破后往往会发生回抽确认。

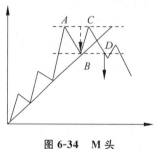

图 6-34 M 头

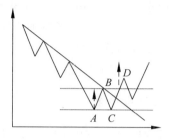

图 6-35 W 底

(3) 三重顶、底形态

三重顶形态(triple top patterns)如图 6-36 所示,它除了所有的波峰都处在同一价位之外,与头肩顶相似,每个上升行情的波峰应伴随较少的成交量。当市场放量跌破两个波谷时形态完成。下跌第一目标价位是从突破点向下投射的形态高度。反抽确认的情况较少发生。

三重底形态(triple bottom patterns)如图 6-37 所示,它除了每个低点均处于同一价位之外,与头肩底相似。它是三重顶的镜像,只是向上突破时成交量更加重要。因为行情的上涨必须要有强劲买盘的推动。

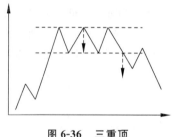

图 6-36 三重顶

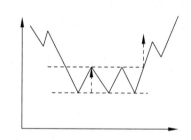

图 6-37 三重底

(4) 圆弧形

圆弧形分为圆弧底(rounding bottom patterns)和圆弧顶(rounding top patterns),如图 6-38 和图 6-39 所示。圆弧形又称为蝶形、圆形或碗形,该形态在形成过程中缓慢运动,逐步转变,很难确定圆弧形什么时候才能完成。圆弧底通常在横跨数年的周走势图或月走势图上绘制。形态持续的时间越久,就越重要。

图 6-38 圆弧底

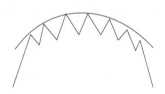

图 6-39 圆弧顶

圆弧形在实际中出现的机会较少,但是一旦出现则是绝好的机会,它的反转深度和高度是不可测的。形态完成后,行情多具爆发性,涨跌急速,持续时间也不长,一般是一口气走完,中间极少出现回档或反弹。因此,形态确认后应立即顺势而为,以免踏空、套牢。在圆弧顶或圆弧底形态的形成过程中,成交量的变化都是两头多,中间少。越靠近顶或底成交量越少,到达顶或底时成交量达到最少。突破后都有相当大的成交量。圆弧形态形成所花的时间越长,今后反转的力度就越强,越值得关注。

(5) 喇叭形和菱形

这两种形态是三角形的变形体,在实际中出现的次数不多,但是一旦出现,则极为有用。它们的共同之处是,大多出现在顶部,而且两者都是看跌。

喇叭形(broadening formation)这种价格形态是三角形的变体,相对少见。它实际上是一种颠倒的三角形或反向三角形,一副扩散三角形的样子。它是因为投资者冲动和不理性的情绪所造成,通常在长期性上升的最后阶段出现,是顶部反转突破的重要形态。如图6-40所示,一个标准的喇叭形应该有三个高点,两个低点。这三个高点一个比一个高,中间的两个低点则一个较一个低;当股价从第三个高点回跌,其回落的低点较前一个低点为低时,可以假设形态的成立。喇叭形形成后下调过程中,肯定会遇到反扑,而且力度相当大,这是喇叭形的特殊性,但只要反扑高度不超过下跌高度的一半,下跌势头将持续。这种形态并没有最少跌幅的量度公式估计未来跌势,但一般来说,跌幅都是很大的。

菱形(diamond formation)也叫钻石形,是另一种出现在顶部的看跌形态。它比喇叭形更有向下的愿望。如图6-41所示,它的前半部分类似于喇叭形,后半部分类似于对称三角形。所以,菱形有对称三角形保持原有趋势的特性。前半部分的喇叭形之后,趋势应该是下跌,后半部分的对称三角形使这一下跌暂时推迟,但终究没能摆脱下跌的命运。菱形形成过程的成交量是随价格变化而变化的,开始是越来越大,然后是越来越小。由于对

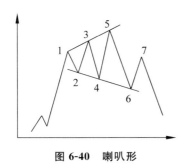

图6-40 喇叭形

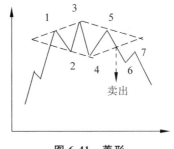

图6-41 菱形

称三角形的存在,菱形还能测算股价下跌深度。其测算功能以菱形的最宽处的高度为形态高度。今后下跌的深度从突破点算起,至少下跌一个形态高度。

(6) V形反转

V形反转是一种反转速度很快的形态,包括V形和倒V形,如图6-42所示。它出现在剧烈的市场动荡之中,没有一个明显的形成过程,这一点同其他反转形态有较大的区别。V形走势是一种很难预测的反转形态,V形反转一般事先没有明显的征兆,没有试探顶和底的过程。只能从别的分析方法中得到一些不明确的信号,如已经到了支撑区、压力区等。V形反转往往与消息面的巨变有关。通常V形的左方涨势或跌势十分陡峭,而且持续一段时间。V形的顶部或底部十分尖锐,一般来说形成转势点的时间仅三两个交

易日,而且成交在这个高点或低点明显增多。V形走势在转势点必须有明显成交量配合,且成交量在图形上形成倒 V 形。V 形是一种失控的形态,在应用时要特别小心。

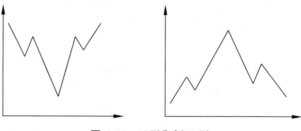

图 6-42 V 形和倒 V 形

2. 持续整理形态

持续整理形态(continuation pattern)也叫巩固形态,是指股价经大涨或大跌后,进入上下价格波动较小,无明显上升或下降趋势的调整状态,等待时机成熟后,再继续以往的走势。它描述了股价保持平衡的状态,典型的形态有三角形、矩形、旗形和楔形。

（1）三角形

三角形是一种重要的整理形态,根据收敛的形状,可分为对称三角形、上升三角形、下降三角形三种形态。对称三角形有时也称正三角形,后两者合称直角三角形。

三角形由两条收敛的趋势线构成,如果上方趋势线向下倾斜,下方趋势线向上倾斜,左侧的竖线作底边,表示形态高度。此种形态称为对称三角形形态(symmetrical triangles pattern),如图 6-43 所示。对称三角形代表现存趋势的停顿,此后原有的趋势会继续发展。

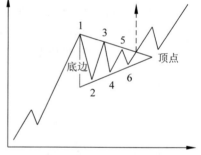

图 6-43 对称三角形

如果上方趋势线呈水平状态,下方趋势线向上倾斜,此种形态称为上升三角形形态(ascending triangles pattern),如图 6-44 所示。这个形态说明买方比卖方更为积极主动。它被认为是看涨形态,通常以向上突破而告终。但突破时必须伴随巨量,这条上边阻力线应当在突破后对市场后续回调起支撑作用。突破后至少要投射出两处的箭头所示的形态高度。

如果下方趋势线呈水平状态,上方趋势线向下倾斜,此种形态称为下降三角形形态(descending triangles pattern),如图 6-45 所示。收盘价收于下方水平线之下时,看跌形态就完成了,从 C 处突破点向下至少要投射出形态高度 AB。

值得注意的是,一般认为上升三角形突破必然向上,下降三角形突破必然向下,但实际情况也不尽如此。在很多情况下,三角形形态都不能事先确定股价的波动方向,其突破是否有效取决于两个方面。一是向上突破必须有成交量的配合,向下突破不一定要有成交量的配合。二是三角形突破只有在从起点至终点(末端)的 2/3 到 3/4 位置上发生突破,才会有效或具有相当的突破力度。股价若运行至末端才出现突破,其突破往往不会有效或缺乏力度。而且,上升三角形和下降三角形比对称三角形有更加明确的预测判断。

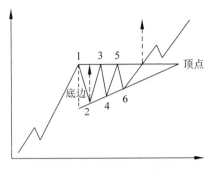
图 6-44 上升三角形

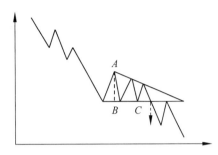
图 6-45 下降三角形

(2) 矩形

矩形又叫箱形,也是一种典型的整理形态。它是股价在上下两条水平界线之间上下起伏所构成的技术形态,如图 6-46 所示。矩形表示一种实力相当的拉锯争斗,它代表趋势的停顿,行情在两条水平线中间横走。如果原来的趋势是上升,经过一段矩形整理后会继续原来的趋势,多方会占优势并采取主动,使股价向上突破矩形的上界。如果原来是下降趋势,则空方会采取行动,突破矩形的下界。矩形被突破后也具有测算功能,其涨跌幅度通常等于矩形本身的高度。形态高度就是矩形的高度。需要注意的是,矩形在其形成过程中极有可能演变成反转形态,即演变成三重顶底形态。

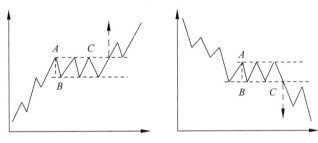
图 6-46 矩形

(3) 旗形

旗形(flags formation)走势就如同一面挂在旗杆上的旗帜,它的形状是一上倾或下倾的平行四边形。旗形大多发生在市场极度活跃,股价的运动是剧烈的、近乎直线上升或下降方式的情况下。由于上升下降得过于迅速,市场必然会有所休整,旗形就是完成这一休整过程的主要形式之一。旗形的上下两条平行线起着压力和支撑作用。这两条平行线的某一条被突破是旗形完成的标志。旗形也具有测算功能。旗形的形态高度是平行四边形左右两条边的长度。旗形被突破后,股价将至少要走到形态高度的距离,大多数情况是走到旗杆高度的距离。旗形又可分为上升旗形与下降旗形,如图 6-47 所示。

旗形形态要点有以下方面:①旗形出现之前,一般应有一个旗杆,这是由于价格做直线运动形成的。②旗形持续的时间不能太长,否则它保持原来趋势的能力将下降,经验表明应该短于 3 周。③旗形形成之前和被突破之后,成交量都很大。在旗形的形成过程中,成交量从左向右逐渐减少。

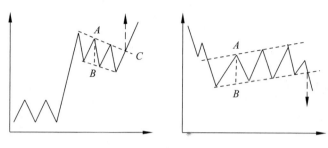

图 6-47 上升旗形和下降旗形

(4) 楔形

楔形(wedge formation)系股价介于两条收敛的直线中变动。就外形和形成时间而言,楔形与对称三角形相似,不同之处在于两条界线同时上倾或下斜。其成交量变化和三角形一样,即成交量都是越接近端部,成交量越少。楔形又分为上升楔形和下降楔形,如图 6-48 所示。上升楔形是指股价经过一次下跌后有强烈技术性反弹,价格升至一定水平又掉头下落,但回落点较前次高,又上升至新高点比上次反弹点高,又回落形成一浪高一浪之势,把短期高点相连,短期低点相连形成两条向上倾斜直线,下面一条则较为陡峭。下降楔形则相反,高点一个比一个低,低点也一个比一个低,形成两条同时下倾的斜线。同旗形和三角形一样,楔形有保持原有趋势方向的功能。股价运行趋势的途中会遇到这种形态。

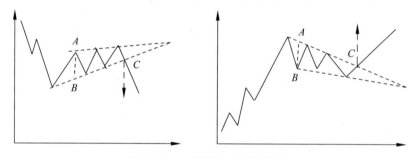

图 6-48 上升楔形和下降楔形

3. 缺口分析

缺口又称跳空,是指股价在快速大幅变动中有一段价格没有任何交易,显示在股价趋势图上是一个真空区域。从这个意义上说,缺口也属于形态的一种。缺口的出现往往伴随着向某个方向运动的一种较强动力,缺口的宽度表明这种运动的强弱。一般缺口越宽,运动的动力越大。不论向何种方向运动所形成的缺口,都将成为日后较强的支撑或阻力区域,而这种支撑或阻力的效能依不同形态的缺口而定。缺口分普通缺口、突破缺口、持续性缺口与消耗性缺口四种,如图 6-49 所示。可以根据缺口的不同形态,预

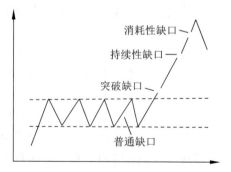

图 6-49 缺口的主要类型

测行情走势的变化方向和变化力度。缺口分析已成为当今技术分析中极其重要的分析工具。

（1）普通缺口

普通缺口（common gap）一般是指在横盘整理中偶然出现的跳空，并且很快就会被补回来，如图 6-50 所示。它经常出现在股价整理形态中，特别是出现在矩形或对称三角形中。普通缺口具有短期内必补的特征，它通常会在 3 日内回补；同时，成交量很小，很少有主动的参与者。普通缺口的支撑和阻力效能一般较弱，对趋势研判作用不大。普通缺口不是很好的交易机会，但如果要操作，就应反向操作。也就是说，如果缺口向上，就在市场不再创新高时卖出；如果缺口向下，就在市场不再创新低时买进。

图 6-50　普通缺口

（2）突破缺口

突破缺口是当一个密集的反转或整理形态完成后突破盘局时产生的缺口，如图 6-51 所示。当股价以一个很大的缺口跳空远离形态时，这表示真正的突破已经形成了，而且还伴随巨大的成交量。突破缺口蕴含着较强的动能，常常表现为激烈的价格运动，具有极大的分析意义，一般预示行情走势将要发生重大变化。一般来说，突破缺口形态确认以后，无论价位（指数）的升跌情况如何，投资者都必须立即作出买入或卖出的指令，即向上突破缺口被确认立即买入；向下突破缺口被确认立即卖出，因为突破缺口一旦形成，行情走势必将向突破方向纵深发展。

（3）持续性缺口

持续性缺口是在证券价格向某一方向有效突破之后，由于急速运动而在中途出现的缺口，如图 6-51 所示。它是一个趋势的持续信号。缺口产生的时候，交易量可能不会增加，但如果增加的话，则通常表明一个强烈的趋势。持续性缺口一般不会在短期内被封闭，因此，投资者可在向上运动的持续性缺口附近买入或者在向下运动的持续性缺口附近卖出，而不必担心是否会套牢或者踏空。有效的突破缺口或中继缺口必须得到一系列新高或新低的确认，否则可能是消耗性缺口。

（4）消耗性缺口

消耗性缺口（exhaustion gap）一般发生在行情趋势的末端，表明股价变动的结束，如图 6-52 所示。若一轮行情走势中已出现突破缺口与持续性缺口，那么随后出现的缺口就

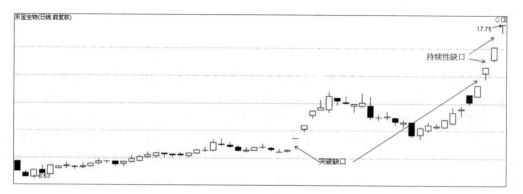

图 6-51 突破缺口和持续性缺口

很可能是消耗性缺口。判断消耗性缺口最简单的方法就是考察缺口是否会在短期内封闭,若缺口封闭,则消耗性缺口形态可以确立。消耗性缺口与持续性缺口最大区别:消耗性缺口出现在行情趋势的末端,而且伴随着大的成交量。消耗性缺口形态表明行情走势已接近尾声,因此,投资者在上升行情出现消耗性缺口时应及时卖出,而在下跌趋势中出现消耗性缺口时应及时买入。

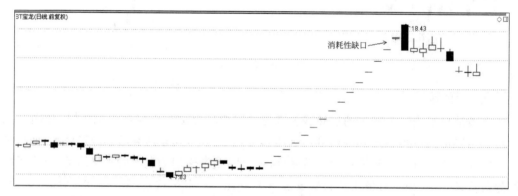

图 6-52 消耗性缺口

6.2.5 波浪理论

1. 波浪理论的形成过程和基本思想

(1) 波浪理论的形成过程

波浪理论的全称是艾略特波浪理论(Elliott Wave Theory),是技术分析大师艾略特(R. E. Elliott)所发明的一种价格趋势分析工具。艾略特认为,不管是股票还是商品价格的波动,都与大自然的潮汐、波浪一样,一浪跟着一浪,周而复始,具有相当程度的规律性,展现出周期循环的特点,任何波动均有迹可循。因此,投资者可以根据这些规律性的波动预测价格未来的走势,选择合适的买卖策略。波浪理论的形成经历了一个较为复杂的过程。最初是由艾略特首先发现并应用于证券市场,但是他的这些研究成果没有形成完整的体系,在艾略特在世的时候没有得到社会的广泛承认。直到 20 世纪 70 年代,柯林斯的专著 Wave Theory 出版后,才使波浪理论正式确立。

(2) 波浪理论的基本思想

艾略特最初发明波浪理论是受到股价上涨和下跌现象不断重复的启发,努力从中找出其波动的规律。社会经济的大环境有一个经济周期的问题,股价的上涨和下跌也应该遵循这一周期发展的规律。不过,股价波动的周期规律要复杂得多。艾略特最初的波浪理论是以周期为基础的。他把大的运动周期分成时间长短不同的各种周期,认为在一个大周期之中可能存在一些小周期,而小周期又可以再细分成更小的周期。每个周期无论时间长短,都是以一种模式进行。这个模式包括8个过程,即每个周期都是由上升(或下降)的5个过程和下降(或上升)的3个过程组成。这8个过程完结以后,这个周期就已经结束,将进入另一个周期。新的周期仍然遵循上述的模式。以上是艾略特波浪理论的最核心的内容。

与波浪理论密切相关的除了经济周期以外,还有道氏理论和斐波那契(Fibonacci)数列。波浪理论中的大部分理论是与道氏理论相吻合的,同时,波浪理论中所用到的数字(2、3、5、8、13、21、34…)都来自斐波那契数列。这个数列是数学上很著名的数列,它有很多特殊的性质,是波浪理论的数学基础。

2. 波浪理论的主要原理

(1) 波浪理论考虑的因素

波浪理论考虑的因素主要有三个方面:第一,股价走势所形成的形态。它是指波浪的形状和构造,是波浪理论赖以生存的基础。第二,股价走势图中各个高点和低点所处的相对位置。它是波浪理论中各个波浪的开始和结束的位置。通过计算这些位置,可以弄清楚各个波浪之间的相互关系,确定股价的回撤点和将来股价可能到达的位置。第三,完成某个形态所经历的时间长短。它可以让我们预先知道某个大趋势的即将来临。波浪理论中各个波浪之间的时间上是相互联系的,用时间可以验证某个波浪形态是否已经形成。这三方面可概括为形态、比例和时间。它们是波浪理论首先考虑的,其中又以形态最为重要。

(2) 波浪理论价格走势的基本形态结构

艾略特认为,证券市场应该遵循一定的周期,周而复始地向前发展。股价的上下波动也是按照某种规律进行的。通过多年的实践,艾略特发现,每一个周期(无论是上升还是下降)可以分成8个小过程,这8个小过程一结束,一次大的行动就结束了,紧接着的是另一次大的行动。波浪理论可以用一句话来概括,即"八浪循环",如图6-53所示。

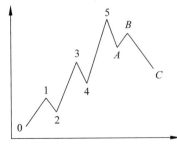 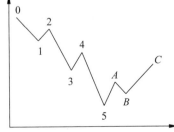

图6-53 波浪理论的基本形态

波浪理论有以下四个基本要点。①股价指数的上升和下跌会交替进行。②推动浪和调整浪是价格波动两个最基本形态,而推动浪(即与大市走向一致的波浪)可再分成五个小浪,一般用第 1 浪、第 2 浪、第 3 浪、第 4 浪、第 5 浪表示;调整浪也可分成三个小浪,通常用 A 浪、B 浪、C 浪表示。③在上述八个波浪完毕之后,一个循环即告完成,走势将进入下一个八浪循环。④时间的长短不会改变波浪的形态,因为市场仍会依照其基本形态发展。波浪可以拉长,也可以缩短,但其基本形态永恒不变。

(3) 波浪之间的比例

在波浪理论中,所有数字跟斐波那契数列有着紧密的联系。所以,波浪理论推测股市的升幅和跌幅采取黄金分割比率和神奇数字去计算。一个上升浪可以是上一次高点的 1.618,另一个高点又再乘以 1.618,依此类推。下跌浪也是这样,一般常见的回吐幅度比率有 0.236($=0.382\times0.618$)、0.382、0.5.00、0.618 等。

(4) 应用波浪理论应该注意的问题

波浪理论看起来似乎颇为简单和容易运用,但由于其自身存在一些缺陷,因而在实际运用中有很多难点。波浪理论最大的不足是应用上的困难。该理论对一个完整的浪无明确定义,不同人的看法并不统一,数浪(wave count)完全是随意主观。由于每一个上升/下跌的完整过程中均包含一个八浪循环,大浪中有小浪,小浪中有细浪,因此,数浪变得相当繁杂和难以把握。并且,推动浪和调整浪经常出现延伸浪(extension waves)等变化形态与复杂形态,有时五个浪可以伸展成九个浪。这使得对浪的准确划分更加难以界定。浪的层次的确定和浪的起始点的确认是应用波浪理论的两大难点。一般来说,波浪理论只用以分析大盘或平均指数,并由此发现较理想的买卖时机,应尽量避免用于个股分析。

6.3 技术指标分析

6.3.1 技术指标方法概述

1. 技术指标方法的含义与分类

技术指标法就是应用一定的数学公式,对原始数据进行处理,得出指标值,将指标值绘成图表,从定量的角度对股市进行预测的方法。原始数据是指开盘价、最高价、最低价、收盘价、成交量和成交金额等,有时包括成交笔数。技术指标方法的本质是通过数学公式产生技术指标(technical indicator),这个指标反映了股市的某一方面深层次的内涵。技术指标方法是一种定量分析方法,克服了定性分析方法的不足,极大地提高了具体操作的精确度。

技术指标从不同的角度有不同的分类。以技术指标的功能为划分依据,常用的技术指标可分为以下四类:①趋势型指标,主要包括 MA、MACD 等;②超买超卖型指标,主要包括 WMS、KDJ、RSI、BIAS 等;③人气型指标,主要包括 PSY、OBV 等;④大势型指标,包括 ADL、ADR、OBOS 等。

技术指标方法是技术分析中极为重要的分支。本节主要介绍技术指标的应用方法和目前在中国市场流行的一些技术指标,以及它们在股票市场上应用的情况。

2. 技术指标分析的应用法则

技术指标的数量众多,不下千种,但其应用法则主要通过以下六个方面进行。

(1) 指标的背离

指标的背离(index divergnce)是使用技术指标最为重要的一点,是指技术指标曲线的波动方向与价格曲线的趋势方向不一致。实际中的背离有顶背离和底背离两种表现形式。技术指标与价格背离表明价格的波动没有得到技术指标的支持。技术指标的波动有超前于价格波动的"功能",在价格还没有转折之前,技术指标提前指明未来的趋势。

(2) 指标的交叉

指标的交叉(cross)是指技术指标图形中的两条曲线发生了相交现象。实际中的指标的交叉有两种类型。第一种交叉是同一个技术指标的不同参数的两条曲线之间的交叉,它分为黄金交叉(gold cross)和死亡交叉(death cross)两种情况。第二种交叉是技术指标曲线与固定的水平直线之间的交叉,水平直线通常是横坐标轴。横坐标轴是技术指标取值正负的分界线,技术指标与横坐标轴的交叉表示技术指标由正变负或由负变正。技术指标的交叉表明多空双方力量对比发生了改变,至少说明原来的力量对比受到了"挑战"。

(3) 指标的高位和低位

指标的高位和低位是指技术指标的数值到达极端值,指标进入"超买区和超卖区"(overbought or oversold)。如果技术指标值的数字太大或太小,就说明市场的某个方面已经达到了极端的地步,应该引起注意,并作出操作决策。

(4) 指标的形态

指标的形态是指技术指标曲线的波动过程中出现了形态理论中所介绍的反转形态。在实际中,出现的形态主要是双重顶底形态和头肩形态。在个别时候,还可以将技术指标曲线看成价格曲线,根据形态使用支撑线和压力线。

(5) 指标的转折

指标的转折是指技术指标曲线在高位或低位调头。有时,这种调头表明前面过于极端的行动已经走到了尽头,或者暂时遇到了"麻烦";有时,这种调头表明一个趋势将要结束,而另一个趋势将要开始。

(6) 指标的盲点

指标的盲点是指技术指标在大部分时间里是无能为力的,即在大部分时间里,技术指标都不能发出买入或卖出的信号。这是因为在大部分时间技术指标是处于"盲"的状态,只有在很少的时候,技术指标才能"看清"市场,发出信号。同时,每个技术指标都有一定的适用范围,存在无能为力的时候。因此,每个指标都有自己的盲点和失效的时候。

3. 应用技术指标应该注意的问题

(1) 注意每个技术指标的适应范围和应用条件

任何技术指标都有自己的适应范围和应用条件,得出的结论也都有成立的前提和可能发生的意外。因此,不管这些结论成立的条件,盲目绝对地相信技术指标,是要出错的。

但也不能因为技术指标有可能出错而完全否定技术指标的作用。

(2) 使用多个具有互补性的指标

在分析中,使用多个具有互补性的指标,可以极大地提高预测精度。每个技术指标都是从一个特定的角度对股市进行观察,因而不能解决所有问题。应用一种指标容易出现错误,不同指标的相互验证必须是不同类型指标的验证,否则没有太大意义。

(3) 技术指标必须与价格趋势分析结合应用

技术指标可以进行定量的分析。在进行技术指标的分析和判断时,也经常用到其他技术分析方法的基本结论。技术指标是一种分析工具,每种工具都有自己的适用范围。各个指标在预测大势方面有准确程度的区别。在证券投资分析时,一般不可能考虑到每一个技术指标,通常是以 4~5 个技术指标为主,别的指标为辅。

6.3.2 趋势型指标

1. 移动平均线(MA)

(1) 移动平均线的定义与计算方法

移动平均线(moving average, MA)是指用统计分析的方法,将一定时期内的证券价格(指数)加以平均,并把不同时间的平均值连接形成 MA 曲线,用来显示股价的历史波动情况,进而反映证券价格未来变动趋势的技术分析方法。MA 是利用统计学的平均数原理将每日股价予以平均,剔除数列中的不规则波动,显示出股价的真正动向并用以判断未来走势。MA 是以道·琼斯的"平均成本概念"为理论基础,采用统计学中"移动平均"的原理,将一段时期内的股价平均值连成曲线,它是道氏理论的形象化表述。MA 具有追踪趋势、滞后性、稳定性、助涨助跌性、支撑线和压力线的特性等特点。MA 在股价走势中起支撑线和压力线的作用。

MA 的计算方法就是求连续若干天市场价格(通常采用收盘价)的算术平均。天数就是 MA 的参数。5 日的移动平均线常简称为 5 日线,即 MA(5),同理有 MA(10)、MA(20)、MA(30)、MA(60)、MA(120)、MA(240)等概念。参数选择得越大,上述的特性就越大。使用 MA 通常是对不同的参数同时使用。其参数一般包括长期、中期和短期三类的 MA。

小贴士 6-6

(2) MA 的应用法则——葛兰威尔(Granvile)法则

① 买入信号的四种情况。平均线从下降开始走平,股价从下向上穿平均线;股价跌破平均线,但平均线呈上升态势;股价连续上升远离平均线,突然下跌,但在平均线附近再度上升;股价跌破平均线,并连续暴跌,远离平均线。

② 卖出信号的四种情况。平均线从上升转为盘局或下跌,股价从上向下穿平均线;股价向上突破平均线,但又立刻回跌,此时平均线仍持续下降;股价连续下降远离平均线,突然上升,但在平均线附近再度下降;股价上穿平均线,并连续暴涨,远离平均线。

③ 短期平均线、中期平均线和长期平均线依次由上至下排列的形态叫多头排列。长期平均线、中期平均线和短期平均线依次由上至下排列的形态叫空头排列。多头排列看涨,空头排列看跌。各种周期的平均线排列顺序不清晰,则行情不明朗。

④ 当短期平均线从下方上穿长期均线,叫黄金交叉(简称金叉),后市一般应看好,为买进信号。当短期均线从上方下穿长期均线,叫死亡交叉(简称死叉),后市应当看淡,为卖出信号。当然,分析时不能机械运用,要结合其他指标和形态来综合研判。例如,当MACD柱状线在零轴以下时,金叉不可靠,零轴以上的金叉可靠性大大增强;当MACD柱状线在零轴以上时,死叉不可靠,零轴以下的死叉可靠性大大增强。

投资小技巧6-2

2. 平滑异同移动平均线(MACD)

平滑异同移动平均线(moving average convergence divergence,MACD)是一项利用短期移动平均线(常用为12日)与长期移动平均线(常用为26日)之间的聚合与分离状况,对买进、卖出时机作出研判的技术指标。它是查拉尔·阿佩尔(Geral Appel)于1979年提出的,该指标是在对价格进行指数平滑的基础上进行行情的研判。MACD吸收了移动平均线较易掌握趋势方向的优点,是中长期趋势分析的主要技术工具。

(1) MACD的计算公式

MACD由正负差(DIF)和异同平均数(DEA)两部分组成,DIF是核心,DEA是辅助。DIF是快速平滑移动平均线与慢速平滑移动平均线的差。快速和慢速的区别是进行指数平滑时采用的参数大小不同。快速是短期的,慢速是长期的。在实际应用时,常以12日EMA为快速移动平均线,以26日EMA为慢速移动平均线。DEA是DIF的9日平滑移动平均线。最后用DIF减DEA的差再乘以2即为MACD。MACD通常绘制成围绕零轴线波动的彩色柱状线。故MACD指标是由两线一柱组合起来形成,快速线为DIF,慢速线为DEA,柱状图为MACD。其计算公式为

$$今日 \text{EMA}(12) = \frac{2}{12+1} \times 今日收盘价 + \frac{11}{12+1} \times 昨日 \text{EMA}(12)$$

$$今日 \text{EMA}(26) = \frac{2}{26+1} \times 今日收盘价 + \frac{25}{26+1} \times 昨日 \text{EMA}(26)$$

$$\text{DIF} = \text{EMA}(12) - \text{EMA}(26)$$

$$今日 \text{DEA} = \frac{2}{9+1} \times 今日 \text{DIF} + \frac{8}{9+1} \times 昨日 \text{DEA}$$

$$\text{MACD} = 2(\text{DIF} - \text{DEA}) \tag{6.2}$$

(2) MACD的应用法则

① 当DIF和DEA处于零轴以上时,属于多头市场。DIF线自下而上穿越DEA线时是买入信号;DIF向下跌破DEA只能认为是回落,作获利了结。

② 当DIF和DEA处于零轴以下时,属于空头市场。DIF线自上而下穿越DEA线时是卖出信号;DIF向上穿破DEA只能认为是反弹,作暂时补空。

③ 当DIF向下跌破零轴线时,EMA(12)与EMA(26)发生死叉,为卖出信号;当DIF向上穿破零轴线时,EMA(12)与EMA(26)发生金叉,为卖出信号。

④ 指标背离原则。如果DIF的走向与股价走向相背离,则此时是采取行动的信号,至于是卖出还是买入要依DIF的上升或下降而定。当股价出现2个或3个近期低点,而DIF(DEA)并未配合出现新的低点时,为买入信号。当股价出现2个或3个近期高点,而

DIF(DEA)并未配合出现新的高点时,为卖出信号。

6.3.3 超买超卖型指标

1. 威廉指标(WMS)

(1) WMS 的含义与计算公式

WMS 是由拉里·威廉姆斯(Larry Williams)于 1973 年首创的,最早起源于期货市场。指标通过分析一段时间内股价高低价位与收盘价之间的关系,来量度股市的超买超卖状态,依此作为短线投资信号。WMS 取值的大小表示市场当前的价格在过去一段时间内的全部价格范围内所处的相对位置,进而指出价格是否处于超买或超卖的状态。WMS 的计算公式为

$$\text{WMS}(n) = \frac{H_n - C_t}{H_n - L_n} \times 100\% \tag{6.3}$$

式中,C_t 为当天的收盘价;H_n 和 L_n 为 n 日内的最高价和最低价;n 为 WMS 的参数,即选择的交易日的天数 n,习惯上取 10 或 20。

WMS 指标的含义是当天的收盘价在过去的一段时日的全部价格范围内所处的相对位置。如果 WMS 的值比较小,则说明当天的价格处在相对较高的位置,要提防回落;如果 WMS 的值比较大,则说明当天的价格处在相对较低的位置,要注意反弹。由公式可知,WMS 的取值范围为 0~100。

(2) WMS 的应用法则

① WMS 的绝对取值。WMS 的取值介于 0~100,以 50 为中轴将其分为上、下两个区域。在上半区,WMS 大于 50,表示行情处于弱势;在下半区,WMS 小于 50,表示行情处于强势;WMS 取值在 50 左右,说明当天的价格处在中间位置,则价格上下的可能性都有。当 WMS 高于 80,即处于超卖状态,行情即将见底,应当考虑买进;当 WMS 低于 20,即处于超买状态,行情即将见顶,应当考虑卖出。这里 80 和 20 只是一个经验数字,不是绝对的,投资者要在实战中不断摸索,并根据各自的风险偏好选择不同的数值。同时,WMS 在使用过程中应该注意与其他技术指标相配合。在盘整过程中,WMS 的准确性较高;而在上升或下降趋势当中,却不能只以 WMS 超买超卖信号为判断行情的依据。

② WMS 曲线的形状。这里只介绍背离原则,以及撞顶和撞底次数的原则。在 WMS 进入低数值区位后(此时为超买),股价一般要回头,如果股价还继续上升,这就产生背离,是卖出的信号;在 WMS 进入高数值区位后(此时为超卖),股价一般要反弹,如果股价还继续下降,这就产生背离,是买进的信号。WMS 连续几次撞顶(底),局部形成双重或多重顶(底),则是卖出(买进)的信号。WMS 撞顶和撞底次数的原则是,至少 2 次,至多 4 次。如果发现 WMS 已经是第 4 次撞顶或撞底,应该采取行动。

2. 随机指标(KDJ)

(1) KDJ 的含义与计算公式

随机指标(stochastics)又称 KDJ 指标,是通过计算当日或最近几日的最高价、最低价

及收盘价等价格波动的波幅,来反映价格走势强弱程度和超买超卖现象,发出买卖信号的一种技术工具。KDJ 最早起源于期货市场,由乔治·莱恩(George Lane)首创,与 WMS 指标一样,是期货与股票市场上最常用的技术分析工具之一。随机指标由 K、D、J 三个指标组成,在图表上共有三根线,即 K 线、D 线和 J 线。KD 线称为随机指标,其中,K 为快速指标,D 为慢速指标。

KDJ 指标的计算比较复杂。产生 KD 以前,先产生未成熟随机值 RSV(row stochastic value);对 RSV 进行指数平滑,就得到 K 值;对 K 值进行指数平滑,就得到 D 值;J 是 D 加上一个修正值,实质是反映 D 和 D 与 K 的差值。具体计算公式为

$$\text{RSV}(n) = \frac{C_t - L_n}{H_n - L_n} \times 100\% \tag{6.4}$$

$$今日 K 值 = 2/3 \times 昨日 K 值 + 1/3 \times 今日 RSV \tag{6.5}$$

$$今日 D 值 = 2/3 \times 昨日 D 值 + 1/3 \times 今日 K 值 \tag{6.6}$$

$$J = 3D - 2K = D + 2(D - K) \tag{6.7}$$

式中,C_t 为当日收盘价;L_n 为所选时间参数内的最低价;H_n 为所选时间参数内的最高价;n 为随机指标参数天数。

(2) KDJ 的应用法则

KDJ 指标是三根曲线,在应用时主要从以下五个方面进行考虑。

① KD 的取值。KD 的取值范围都在 0~100,可将其划分为几个区域:80 以上为超买区,20 以下为超卖区,其余为徘徊区。当 KD 超过 80 时,是卖出信号;当 KD 低于 20 时,是买入信号。应该说明的是,上述划分只是 KD 指标应用的初步过程,仅仅是信号,完全按这种方法进行操作很容易招致损失。

② KD 曲线的形态。当 KD 指标在较高或较低位置形态成了头肩形态和多重顶底形态时,是采取行动的信号。这些形态一定要在较高位置或较低位置出现,位置越高或越低,结论越可靠、越正确。操作时可按形态学方面的原则进行。同时,对于 KD 的曲线,也可以画趋势线,也可引进支撑和压力概念。某一根支撑线和压力线被突破,也是采取行动的信号。

③ KD 指标的交叉。K 线从下向上与 D 线交叉为金叉,为买入信号;K 线从上向下与 D 线交叉为死叉,为卖出信号。对 KD 指标交叉还附带有很多的条件。一是交叉的位置应该是在超卖区或超买区的位置,即比较低或比较高就更好。二是相交的次数,有时在低位或高位,K、D 要来回交叉几次,交叉的次数以 2 次为最少,越多越好。三是金叉的方向以"右侧相交"为原则,右侧相交比左侧相交好。

④ KD 指标的背离。背离就是指标与股价走势不一致。当 KD 处在高位或低位,如果出现与股价走向的背离,则是采取行动的信号。当 KD 处在高位,并形成两个依次向下的"峰",而此时价格还在继续上涨,并出现两个依次上升的"峰",这就构成顶背离,是卖出信号。与之相反,当 KD 处在低位,并形成一底比一底高的两个"谷",而此时价格还在继续下跌,并出现两个依次下降的"谷",这就构成底背离,是买入信号。

⑤ J 指标的取值。J 值可以大于 100 或小于 0。J 值超过 100 和低于 0,都属于价格的非正常区域。J 大于 100 为超买,为卖出信号;J 小于 0 为超卖,为买入信号。

3. 相对强弱指标（RSI）

相对强弱指标（relative strength index，RSI）是与 KDJ 指标齐名的常用技术指标，最早被应用于期货买卖，后来在股票和外汇市场上也有着广泛的应用。RSI 以一特定时期内股价的变动情况推测价格未来的变动方向，并根据股价涨跌幅度显示市场的强弱。RSI 是由韦尔斯·怀尔德（Welles Wilder）提出的，是衡量证券自身内在相对强度的指标。

（1）RSI 的计算公式

RSI 计算在某一段时间内股价上涨总幅度平均值占总涨跌幅度平均值的百分比。它将某一时期内每日收盘价或收盘指数涨数的总和作为买方总力量 A，而将跌数的总和作为卖方总力量 B。计算时，首先需要确定 RSI 的参数。RSI 的参数是选择的交易日的天数 n，即考虑的时间长度，一般取 5 日、9 日、14 日等。与其他指标一样，计算时间越短，指标越敏感，信号频率越高，但信号也相对不可靠；反之，计算时间越长，信号越可靠。

RSI 的计算过程分为三个步骤。首先要计算价差（change）。先找出包括当天在内的连续（$n+1$）日的收盘价。以每日收盘价减去上一日的收盘价，就得到 n 个数字（价差），这些数字有正有负。然后计算总上升波动 A、总下降波动 B 和总波动（$A+B$）。RSI 的计算公式为

$$A = n 个价差的数字中正数之和$$
$$B = n 个价差的数字中负数之和 \times (-1)$$
$$RSI(n) = \frac{A}{A+B} \times 100\% \tag{6.8}$$

式中，A 为 n 日中股价向上波动的大小；B 为 n 日中股价向下波动的大小；$A+B$ 为 n 日中股价总的波动大小；n 为指标的参数天数。

RSI 实际上是表示向上波动的幅度在总的波动量中所占的百分比。如果占的比例大就是强市，否则就是弱市。RSI 的取值范围介于 0~100。

（2）RSI 的应用法则

① RSI 的取值。可将 100 分为四个区域，当 RSI 超过 80 时，市场表现极强，是卖出信号；当 RSI 低于 20 时，市场表现极弱，是买入信号；在 50 上下为徘徊区。当然，这些分界线是不明确的，分界线的位置的确定与 RSI 的参数和选择的股票有关。

② 两条或多条 RSI 曲线的联合使用。同 MA 应用法则一样，参数小的 RSI 被称为短期 RSI，参数大的 RSI 被称为长期 RSI。当短期 RSI＞长期 RSI，应属多头市场；当短期 RSI＜长期 RSI，则属空头市场。

③ RSI 的曲线形状。当 RSI 在较高或较低的位置形态成头肩形态和多重顶（底）形态，是采取行动的信号。这些形态离 50 越远，结论越可靠。出错的可能性就越小。同时，与形态学紧密相连的趋势线也可应用，这些支撑线和压力线被突破，也是采取行动的信号。

④ RSI 与股价的背离。RSI 处于高位，并形成一峰比一峰低的两个峰，而此时，股价却对应的是一峰比一峰高，为顶背离，这是比较强烈的卖出信号。与此相反，RSI 在低位形成两个底部抬高的谷底，而股价还在下降，为底背离，这是可以开始建仓的信号。

4. 乖离率(BIAS)

乖离率(BIAS)又称为 y 值,是测算股价在波动过程中与移动平均线偏离程度的技术指标。其基本原理:如果股价偏离移动平均线太远,不管是在其上方或下方,都有向平均线回归的要求。BIAS 据此计算股价偏离移动平均线百分比的大小来判断买卖时机。

(1) BIAS 的计算公式

$$\text{BIAS}(n) = \frac{C_t - \text{MA}(n)}{\text{MA}(n)} \times 100\% \tag{6.9}$$

式中,C_t 为 n 日中第 t 日的收盘价;MA(n)为 n 日的移动平均数;n 为 BIAS 的参数。

BIAS 的参数就是 MA 的参数 n,一般定为 5、10。参数的大小通过 MA 影响乖离率水平。一般来说,参数选得越大,则允许股价远离 MA 的程度就越大。换句话说,股价远离 MA 到了一定程度,就认为该回头了。

(2) BIAS 的应用法则

① BIAS 的取值大小和正负。一般来说,正乖离率超过一定数值时,显示短期内多头获利较大,获利回吐的可能性也大,是卖出信号;负乖离率超过一定数值时,说明空头回补的可能性较大,是买入信号。这条行动的分界线与三个因素有关,即参数的大小、目标个股、不同的时期。一般来说,参数越大,采取行动的分界线就越大;股票越活跃,选择的分界线也越大。但何时是买入点或卖出点,目前无统一的标准,投资者可凭经验和对行情强弱的判断得出综合的结论。有关 BIAS 的书籍中给出了这些分界线选择的参考数字,例如,BIAS(5)>4.5%、BIAS(10)>6%、BIAS(20)>10%以及 BIAS(60)>12%是卖出时机;而 BIAS(5)<−3.5%、BIAS(10)<−5.5%、BIAS(20)<−9%和 BIAS(60)<−10%是买入时机。当出现暴涨暴跌时,对于综合指数,BIAS(10)>30%为抛出时机,BIAS(10)<−10%为买入时机;对于个股,BIAS(10)>35%为抛出时机,BIAS(10)<−15%为买入时机。

② BIAS 的曲线形状。形态学和切线理论在 BIAS 上也能得到应用,主要是顶背离和底背离的原理。

③ 两条 BIAS 线的联合使用。在高位,当短期 BIAS 下穿长期 BIAS 时,是卖出信号;在低位,短期 BIAS 上穿长期 BIAS 时,是买入信号。

6.3.4 人气型指标

1. 心理线(PSY)

心理线(psychological line,PSY)主要是从股票投资者买卖趋向的心理方面,将一定时期内投资者看多或看空的心理事实转化为数值,来研判股价未来走势的技术指标。

(1) PSY 的计算公式

$$\text{PSY}(N) = \frac{A}{N} \times 100 \tag{6.10}$$

式中,N 为天数,是 PSY 的参数;A 为在 N 天内股价上涨的天数。

从公式可以看出，PSY 是指一段时间内，上涨的天数在 N 内所占的比率。上涨是多方的力量，下跌是空方的力量，PSY 的取值范围是 0～100，以 50 为中心，50 以上是多方市场，50 以下是空方市场。多空双方力量的对比就这样被简单地描述出来了。参数 N 越大，PSY 的取值范围越集中；参数越小，其波动就越大。在实际应用中，N 一般定为 12 日。

(2) PSY 的应用法则

① 在整理时，PSY 值应在 50 附近，上下限一般定为 25 和 75。PSY 值在 25～75，说明多空双方基本处于平衡状态。如果超出了这个平衡状态，就是超卖或超买。

② PSY 值如果太高或太低，都是行动的信号。一般来说，如果 PSY＜10 或 PSY＞90 的极端局面出现，是强烈的买入信号或卖出信号。

③ 当 PSY 值第一次进入行动区域时，往往容易出错，一般要求 PSY 进入高位或低位两次才能采取行动。这一点对全部技术分析方法都适用，但对 PSY 尤为重要。

④ PSY 曲线如果在低位或高位出现大的 W 底或 M 头，也是买入或卖出的信号。

⑤ PSY 曲线一般最好同股价曲线配合使用，这样更能从股价的变动中了解超买或超卖的情形。背离原则在 PSY 中也同样适用。

2. 能量潮 (OBV)

能量潮 (on balance volume, OBV) 即平衡交易量。人们更多地称其为能量潮。它是由葛兰威尔 (Granville) 于 20 世纪 60 年代提出的一个指标。该指标的理论基础是市场价格的有效变动必须有成交量配合，量是价的先行指标。它是将股市的人气——成交量与股价的关系数字化、直观化，以股市的成交量变化来衡量股市的推动力，从而研判股价的走势。绝大多数技术指标不关心成交量，而 OBV 则是从成交量的情况判断多空力量的。

(1) OBV 的计算公式

OBV 是成交量的连续累积值。计算时，假设已经知道上一个交易日的 OBV，则

$$今日 OBV = 昨日 OBV + sgn × 今天的成交量 \quad (6.11)$$

式中，sgn 为符号函数，sgn＝＋1(如果今收盘价≥昨收盘价)或＝－1(如果今收盘价＜昨收盘价)。

这里的成交量是指成交股票的手数，不是成交金额。计算 OBV 时，初始值可自行确定，一般以第一日的成交量代替。

(2) OBV 的应用法则和注意事项

① OBV 曲线的变化对当前股价趋势的确认。如果股价上升(下降)，OBV 也相应地上升(下降)，则可以确认当前的上升(下降)趋势。如果股价上升(下降)，但 OBV 并未相应地上升(下降)，这就是背离现象，OBV 已经提前显示趋势的后劲不足，有反转的可能。

② 形态学和切线理论的内容也同样适用于 OBV 曲线。

③ 在股价进入盘整区后，OBV 曲线会率先显露出脱离盘整的信号，向上或向下突破，且成功率较大。OBV 曲线变动方向是重要参考指数，其具体的数值并无实际意义。

④ OBV 不能单独使用，必须与股价曲线结合使用才能发挥作用。另外，涨跌停板的股票会导致指标失真，庄股也会导致指标失真。

6.3.5 大势型指标

大多数技术指标都是既可以应用到个股,又可以应用到综合指数。而大势型指标主要对整个证券市场的多空状况进行描述,只能应用于大盘,而不能应用于个股。

1. 腾落指标(ADL)

腾落指标(advance/decline line,ADL)即上升下降曲线的意思。它是以股票每天上涨或下跌家数作为计算与观察对象,利用简单的加减法计算每天涨跌家数的累积结果,形成升跌曲线,并与综合指数相互对比,对大势进行预测。

(1) ADL 的计算公式

假设已经知道上一个交易日的 ADL 的取值,则今天的 ADL 值为

$$今日 ADL = 昨日 ADL + NA - ND \tag{6.12}$$

式中,NA 为今天所有股票中上涨的家数;ND 为下降的家数。

这里涨跌的判断标准是以今日收盘价与上一日收盘价相比较,而不是盘中的涨跌。ADL 的初始值可取为 0。由式(6.12),不难导出

$$今日 ADL = \sum NA - \sum ND \tag{6.13}$$

式中,$\sum NA$ 为从开始交易的第一天算起,每一个交易日的上涨家数的总和;$\sum ND$ 为从开始交易的第一天算起,每一个交易日的下跌家数的总和。

(2) ADL 的应用法则和注意事项

① ADL 与市场指数同步上升(下降),创新高(低),则可以验证大势为上升(下降)趋势,短期内反转的可能性不大。

② ADL 指标连续上涨(下跌)较长时间(多为 3 天),而市场指数却向相反方向下跌(上升)同等时间,这是买进(卖出)信号,至少有反弹存在。这是背离的一种现象。

③ ADL 保持上升(下降)趋势,市场指数却在中途发生逆转,但很快又恢复原有趋势,并创新高(低),这是强烈的买进(卖出)信号。

④ 形态学和切线理论同样适用于 ADL 曲线。

⑤ ADL 表示的是累积的涨跌家数,其应用重在相对走势,并不看重取值的大小。这与 OBV 是相似的。同时,ADL 不能单独使用,总要同股价曲线联合使用才能显示出作用。经验证明,ADL 对多头市场的应用比对空头市场的应用效果好。

2. 涨跌比指标(ADR)

涨跌比指标(advance/decline ratio,ADR)即上升下降比指标,是根据股票的上涨家数和下跌家数的比值,推断证券市场多空双方力量的对比,进而判断市场的实际情况。

(1) ADR 的计算公式

$$ADR(N) = \frac{P_1}{P_2} \tag{6.14}$$

式中,$P_1 = \sum NA$,为 N 日内股票上涨家数之和;$P_2 = \sum ND$,为 N 日内股票下跌家数

之和;N 为选择的天数,是 ADR 的参数,一般为 10。

ADR 曲线以 1 为中心来回波动,波动幅度主要取决于参数的选择。参数选择越小,ADR 波幅就越大,曲线起伏就越剧烈;参数选择越大,ADR 波幅就越小,曲线起伏就越平稳。

(2) ADR 的应用法则

① 从 ADR 的取值看大势。ADR 的取值范围是 0 以上。从理论上讲,ADR 的值可以取得很大,但实际情况中 ADR>3 都很困难。一般来说,ADR 在 0.5~1.5 是常态的状况,此时多空双方处于均衡状态。在极端特殊的情况下,主要是突发的利多利空消息引起股市暴涨暴跌,ADR 常态状况的上下限可以扩大一些,上限可以达 1.9,下限可以到 0.4。ADR 超过了常态的上下限,进入非常态就是采取行动的信号。

② ADR 可与综合指数配合使用。这种观察主要是从一致和背离两方面进行的。ADR 上升(下降)而综合指数同步上升(下降),则综合指数将继续上升(下降);ADR 上升(下降)而综合指数反向移动,则综合指数会有反弹或回调。

③ 从 ADR 曲线的形态上看大势。ADR 从低向高超过 0.5,并在 0.5 上下来回移动几次,就是空头进入末期的信号。ADR 从高向低下降到 0.75 之下,是短期反弹的信号。ADR 先下降到常态状况的下限,但不久就上升并接近常态状况的上限,则说明多头已具有足够的力量将综合指数拉上一个台阶。

④ 在大盘短期回档或反弹方面,ADR 有先行示警作用。若股价指数与 ADR 成背离现象,则大势即将反转。

3. 超买超卖指标(OBOS)

超买超卖指标(over bought over sold,OBOS)是运用上涨和下跌的股票家数的差距对大势进行分析的技术指标。与 ADR 相比,其含义更直观,计算更简便。

(1) OBOS 的计算公式

OBOS 为大势分析指标,同 ADR 一样,是用一段时间内上涨和下跌股票家数的差距来反映当前股市多空力量的对比和强弱。ADR 选择的是两者相除,而 OBOS 选择的是两者相减。OBOS 的计算公式为

$$OBOS(N) = \sum NA - \sum ND \quad (6.15)$$

式中,$\sum NA$ 为 N 日内每日上涨股票家数的总和;$\sum ND$ 为 N 日内每日下跌股票家数的总和;N 为选择的天数,是 OBOS 的参数,一般选 $N = 10$。

OBOS 的多空平衡位置是 0,也就是 $\sum NA = \sum ND$ 的时候。当 OBOS>0 时,多方占优势;当 OBOS<0 时,就是空方占优势。而 ADR 是以 1 为平衡位置。

(2) OBOS 的应用法则

① 根据 OBOS 的数值判断行情。OBOS 以 0 为多空平衡位置,大于 0 或小于 0 表示多方或空方占优势。当市场处于盘整时期,OBOS 的取值在 0 的上下来回摆动。0 以上是多头市场,0 以下是空头市场。一般而言,距离 0 越远,则力量越大,势头越强劲。当 OBOS 达到一定正(负)数时,大盘处于超买(卖)阶段,可择机卖出(买进)。至于 OBOS

超买超卖区域的划分,受上市股票总家数、参数选择的直接影响。参数选择得越大,一般是 OBOS 越平稳。但是上市股票的总家数则是不能确定的因素,这是 OBOS 不如 ADR 的地方。

② 当 OBOS 的走势与指数背离时,也是采取行动的信号,大势可能反转。

③ 形态学和切线理论中的结论也可用于 OBOS 曲线。

④ 当 OBOS 曲线第一次进入发出信号的区域时,应该特别注意是否会出现错误。

投资小技巧 6-3

⑤ OBOS 比 ADR 的计算简单,意义直观易懂,所以使用 OBOS 的时候较多,使用 ADR 的时候就少些,但放弃 ADR 是不对的。

本 章 小 结

本章知识点

本章主要阐述了证券投资技术分析概述、技术分析理论与方法、技术分析的主要指标等相关知识,要求重点掌握技术分析的基本假设与要素,各种技术分析理论的分析方法,常用技术分析指标的运用等内容。本章内容基本框架如图 6-54 所示。

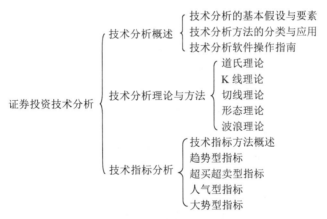

图 6-54 第 6 章内容基本框架

主要术语

技术分析	道氏理论	K 线	阳线	阴线
压力线	支撑线	趋势线	轨道线	黄金分割线
百分比线	反转突破形态	头肩顶	头肩底	双重顶(M 头)
双重底(W 底)	圆弧顶	圆弧底	喇叭形	菱形
V 形反转	持续整理形态	对称三角形	上升三角形	下降三角形
矩形	旗形	楔形	缺口	普通缺口
突破缺口	持续性缺口	消耗性缺口	波浪理论	八浪循环
推动浪	调整浪	斐波那契数列	黄金分割比率	技术指标

黄金交叉　　　　死亡交叉　　　　顶背离　　　　　底背离　　　　　MA
MACD　　　　　 WMS　　　　　　KDJ　　　　　　RSI　　　　　　　BIAS
PSY　　　　　　 OBV　　　　　　ADL　　　　　　ADR　　　　　　　OBOS

自　测　题

1. 单项选择题

(1) 技术分析的理论基础是(　　)。
　　A. 道氏理论　　　B. 缺口理论　　　C. 波浪理论　　　D. 江恩理论
(2) 技术分析理论认为,股价的移动是由(　　)决定的。
　　A. 多空双方力量大小　　　　　　B. 股价趋势的变动
　　C. 股份高低　　　　　　　　　　D. 股价形态
(3) 通常股价突破短期支撑与阻力,可视为(　　)反转信号。
　　A. 长期趋势　　　B. 中级行情　　　C. 次级行情　　　D. 水平轨道
(4) 波浪理论认为一个完整的价格循环周期由(　　)个上升浪和(　　)个下降浪组成。
　　A. 4;4　　　　　B. 3;5　　　　　C. 5;3　　　　　D. 6;2
(5) 120日线属于(　　)股价移动平均线。
　　A. 短期　　　　　B. 中期　　　　　C. 长期　　　　　D. 远期
(6) 当短期移动平均线从上向下突破长期移动平均线时,为(　　)。
　　A. 持有信号　　　B. 等待信号　　　C. 买入信号　　　D. 卖出信号
(7) 在技术分析中,腾落指标ADL是(　　)。
　　A. 将每日股票上涨家数减去下跌家数的累积余额
　　B. 上涨家数的累积余额
　　C. 下跌家数的累积余额
　　D. 将每日股票上涨家数加上下跌家数的累积余额
(8) 在技术分析中,涨跌比率ADR大于1.5时,处于(　　)状态。
　　A. 超买　　　　　B. 盘整　　　　　C. 超卖　　　　　D. 反转
(9) 当心理线PSY指标为(　　)时,可以考虑买入。
　　A. 20　　　　　　B. 40　　　　　　C. 60　　　　　　D. 80
(10) 以下(　　)不是超买超卖型指标。
　　A. WMS　　　　　B. MACD　　　　　C. RSI　　　　　　D. KDJ

2. 多项选择题

(1) 技术分析作为一种投资工具,它的基本假设前提是(　　)。
　　A. 市场行为涵盖一切信息　　　　B. 证券价格沿趋势移动

C. 证券价格围绕价值波动　　　　D. 历史会重复
E. 以上都正确

(2) 根据道氏理论,将股价运行的趋势分成(　　)。
A. 上升趋势　　B. 下跌趋势　　C. 中期趋势
D. 长期趋势　　E. 盘整趋势

(3) 切线有许多种类,它们是(　　)。
A. 黄金分割线　　B. 百分比线　　C. 趋势线
D. 通道线　　　　E. 移动平均线

(4) 整理形态的类型很多,除了三角形外,还有(　　)等形态。
A. 矩形　　　　B. 旗形　　　　C. 楔形
D. 圆弧形　　　E. 头肩形

(5) 热门股的特点有(　　)。
A. 交易量大　　　　　　　　B. 价格波动幅度大
C. 风险很大　　　　　　　　D. 变现能力强
E. 换手率高

(6) 除了 K 线类以外,技术分析方法还有(　　)类方法。
A. 切线　　　　B. 形态　　　　C. 指标
D. 波浪　　　　E. 盘口

(7) 下列看涨的 K 线及形态是(　　)。
A. 光头光脚阳线　　　　　　B. 倒 T 字形
C. 持续性缺口　　　　　　　D. 两阳夹一阴
E. 十字形

(8) 移动平均线特征为(　　)。
A. 在一段持续的上涨和下跌行情中,短期 MA 与长期 MA 之间的差距会拉大
B. 涨势或跌势趋于缓慢时,短期 MA 与长期 MA 会相互接近甚至交叉
C. 在一段持续的上涨和下跌行情中,长短期 MA 之间的差距会接近甚至交叉
D. 涨势或跌势趋于缓慢时,短期 MA 与长期 MA 之间的差距会拉大
E. 平均线反应灵活

(9) 能量潮 OBV 理论成立有(　　)依据。
A. 交易双方对股票价格的评价越不一致,成交量越大,因此可用成交量来判断市场人气的兴衰
B. 股价上升需要的能量大,因而要以成交量放大伴随
C. 股价波动有惯性可循,但变动到某一点后,总会改变方向
D. 股票价格走势是可以预测的
E. 股价下降成交量不一定很大

(10) 在技术指标中,市场人气型指标包括(　　)。
A. OBOS　　　B. PSY　　　C. ADL
D. MA　　　　E. OBV

3. 判断题

（1）技术分析是以证券市场的过去轨迹为基础，预测证券价格未来变动趋势的一种分析方法。（　）

（2）道氏理论认为，当日最重要的价格是开盘价。（　）

（3）股价持续上升到一定高度，买方力量基本用尽，股价即将下跌的状态叫超卖。（　）

（4）当上升趋势线跌破时，就是一个出货信号。在没有跌破之前，上升趋势线就是每一次回落的支持。（　）

（5）要维持下跌行情，就必须突破压力线的阻力和干扰，创造出新的低点。（　）

（6）支撑和压力区域的长度是区域持续的时间或它被触及的次数，长度越长，则其强度越大；支撑和压力区域高度越高，强度越大。（　）

（7）在切线分析中，先有轨道线后有趋势线。（　）

（8）技术分析中的缺口的形成必是当日开盘价出现跳空高开继续高走或是跳空低开继续低走的结果。（　）

（9）根据波浪理论，股票市场走势三类趋势的最大区别是时间的长短和波动幅度的大小。主要趋势持续时间最长，波动幅度最大。（　）

（10）技术指标有时也可以进行形态分析和切线分析。（　）

4. 综合分析题

图 6-55 是九芝堂（000989）某一段时间的日 K 线图，请运用所学的知识对该股作出综合技术分析，并提出操作建议。

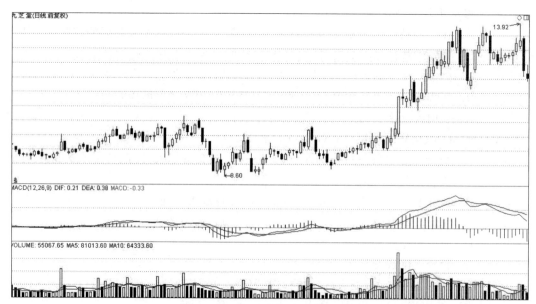

图 6-55　九芝堂（000989）日 K 线图

真 题 训 练

以下题目为证券从业资格考试改革前《证券投资分析》科目和改革后为证券分析师胜任能力考试《发布证券研究报告业务》中涉及本章内容的考题。

(1)【2010年5月真题·单选】( )是以证券市场过去和现在的市场行为为分析对象,应用数学和逻辑的方法,探索出一些典型变化规律,并据此预测证券市场未来变化趋势的技术方法。

  A. 宏观经济分析 B. 行业分析 C. 公司分析 D. 技术分析

(2)【2017年真题·单选】证券投资技术分析主要解决的问题是( )。

  A. 何时买卖证券   B. 购买证券的数量

  C. 构造何种类型证券组合 D. 购买何种证券

(3)【2010年5月真题·判断】市场行为涵盖一切信息的假设是进行技术分析最根本、最核心的条件。( )

(4)【2013年真题·多选】证券投资技术分析方法的要素包括( )。

  A. 证券市场价格的波动幅度 B. 证券的交易量

  C. 证券市场的交易制度   D. 证券的市场价格

(5)【2015年真题·单选】一般来说,量价关系的趋势规律是( )。

  A. 价升量减,价跌量增 B. 价高量低,价低量高

  C. 价高量高,价低量低 D. 价升量增,价跌量减

(6)【2010年5月真题·单选】K线起源于200多年前的( )。

  A. 中国 B. 美国 C. 英国 D. 日本

(7)【2010年5月真题·多选】以下说法中正确的有( )。

  A. 收盘价高于开盘价时为阳线 B. 收盘价高于开盘价时为阴线

  C. 收盘价低于开盘价时为阴线 D. 收盘价低于开盘价时为阳线

(8)【2010年5月真题·判断】K线分为阳(黑)线和阴(红)线两种。( )

(9)【2014年12月真题·判断】技术分析中,常见的切线有趋势线、轨道线、黄金分割线、甘氏线、角度线、平滑异同移动平均线。( )

(10)【2014年12月真题·判断】支撑线和压力线被改变的条件是它们被有效地、足够强大地股价变动突破。( )

(11)【2014年12月真题·单选】下列关于黄金分割线的论述,说法正确的是( )。

  A. 黄金分割线的每个支撑位或压力位相对而言是固定的

  B. 黄金分割线是水平的直线

  C. 黄金分割线注重支撑线和压力线的价位

  D. 黄金分割线注重达到支撑线和压力线价位的时间

(12)【2014年12月真题·单选】在形态理论中,一般一个下跌形态暗示升势将到尽头的是( )。

A. 喇叭形　　　　B. V形反转　　　　C. 三角形　　　　D. 旗形

(13)【2014年12月真题·单选】形态学中,大多出现在顶部,而且是看跌形态的是(　　)。

A. 三角形　　　　B. 头肩形　　　　C. 喇叭形　　　　D. W形

(14)【2014年12月真题·多选】在圆弧顶(底)形成的过程中,表现的特征有(　　)。

A. 形态完成、股价反转后,行情会持续较长时间
B. 成交量的变化都是两头多、中间少
C. 成交量的变化都是两头少、中间多
D. 圆弧形形态形成所花的时间越长,今后反转的力度就越强

(15)【2014年12月真题·判断】在圆弧顶或圆弧底形态的形成过程中,股票成交量的变化都是两头多、中间少。(　　)

(16)【2015年真题·判断】一般来讲,矩形形态是一种看跌的持续整理形态。(　　)

(17)【2013年真题·多选】缺口技术分析理论中,缺口常可分为(　　)。

A. 普通缺口　　　B. 突破缺口　　　C. 持续性缺口　　　D. 消耗性缺口

(18)【2014年12月真题·单选】(　　)一般在3日内回补,且成交量小。

A. 普通缺口　　　B. 突破缺口　　　C. 持续性缺口　　　D. 消耗性缺口

(19)【2014年12月真题·多选】波浪理论考虑的因素主要有(　　)。

A. 股价走势所形成的形态
B. 股价走势图中各个高点和低点所处的相对位置
C. 完成某个形态所经历的时间长短
D. 股价上涨或下跌的空间

(20)【2014年12月真题·单选】当K、D处在高位,并形成两个依次向下的峰,而此时股价还在一个劲地上涨,这叫(　　)。

A. 底背离　　　　B. 顶背离　　　　C. 双重底　　　　D. 双重顶

(21)【2014年12月真题·单选】技术分析主要技术指标中,(　　)的理论基础是市场价格的有效变动必须有成交量配合。

A. PSY　　　　　B. KDJ　　　　　C. OBV　　　　　D. WMS

(22)【2014年12月真题·单选】技术分析主要技术指标中,(　　)是预测股市短期波动的重要研判指标。

A. 趋势线　　　　B. 轨道线　　　　C. 百分比线　　　　D. OBV线

(23)【2014年12月真题·多选】下列属于超买超卖型指标的有(　　)。

A. KDJ　　　　　B. WMS　　　　　C. BIAS　　　　　D. ADL

(24)【2014年12月真题·判断】股票市场中的"死亡交叉"是指短期移动平均线向上突破长期移动平均时,形成的交叉。(　　)

(25)【2014年12月真题·判断】大势型指标只能用于研判证券市场整体形势,而不能用于个股。(　　)

第 7 章

证券投资收益与风险

学习目标

- 掌握证券投资收益的概念;熟悉股票和债券投资收益的来源与形式;掌握主要收益率指标的计算方法。
- 掌握证券投资风险的概念、特征与分类;熟悉风险的来源、作用机制和影响因素;掌握风险管理的概念;熟悉风险管理的方法和过程。
- 了解投资组合的概念与类型;掌握投资组合期望收益率、方差的计算。
- 理解投资收益与风险的关系;熟悉均值—方差准则、无差异曲线、投资效用函数、夏普指数的定义、作用以及应用。

课前导读

人们投资于证券,是为了获得收益,但与此同时又不可避免地面临着风险。投资收益是未来的,受政治、经济、社会、心理等诸多因素的影响,一般情况下是难以事先确定的,未来收益的不确定性就是投资的风险。收益和风险总是并存的,通常收益越高,风险越大。理性的投资者在追求高收益的同时,也要充分考虑投资的风险。在证券投资中,有价证券是一种虚拟资产,价格波动剧烈,在可能获得高收益的同时,也面临着巨大的投资风险。以中国股市为例,2001 年 6 月 14 日,上证综指达到历史最高的 2 245.42 点,由于受股权分置政策、通货紧缩、经济下滑等因素的影响,此后经历了长达 4 年的漫漫熊市,一直跌至 2005 年 6 月 6 日的 998.23 点,市场总体下跌 55.5%,投资者遭受巨大损失;此后由于国际经济复苏,股市一路高涨,经历了两年多历史上少有的大牛市,2007 年 10 月 16 日上证综指达 6 124.04 点历史新高,两年零 4 个月的时间上涨 513.5%,股民获得了丰厚的收益;随后由于美国"次贷危机"的影响,世界经济衰退,2008 年 10 月 28 日上证综指跌至 1 664.93 点,下跌 72.8%,股民遭受惨重损失。由于央行多轮宽松货币政策及场外配资入市的影响,自 2014 年 7 月开始,沪深 A 股走出一段快速上涨的"疯牛"行情。上证综指由 2014 年 7 月 21 日的 2 054.48 点,涨到 2015 年 6 月 12 日的 5 178.19 点,10 个多月的时间上涨 152.04%;此后,由于监管层对"两融"和"场外配资"的监管与清理的影响,股指开始暴跌,至 2015 年 8 月 26 日上证综指跌到 2 850.26 点,两个半月沪指暴跌 44.96%。从股市的惊涛骇浪中,中国股民对证券投资的风险和收益问题有了深刻的切身体验。收益和风险是贯穿证券投资学的两大核心问题,投资的理论和分析始终都是围绕着如何处理二者的关系而展开的。

本章主要介绍证券投资收益与风险的衡量方法,风险与收益的关系等有关内容。

7.1 证券投资收益及其衡量

7.1.1 投资收益的概念及计量方法

1. 投资收益的概念与构成

(1) 投资收益的概念

投资收益(investment return)又称投资报酬,是投资者进行投资所获得的利润,即投资过程中所获得的各种投资所得与投入本金的差额。在差额为正数的前提下,数值越大则收益越高,反之则收益就越小;差额为负值,则说明该项投资活动为负收益或净亏损。在投资过程中,投资者在期初要投入一定的货币资金,期末所获得的财富价值超过所投入的货币价值,这个增值额就是投资者的收益。投资收益是投资者放弃现期消费在未来时期所能获得的报酬,是基于投资所形成的资产而获取的回报。

小贴士 7-1

投资收益的衡量既可以用绝对数额——收益额表示,也可以用百分比收益——收益率表示。由于收益额没有考虑投入资本额,没有考虑获得收益的时间,不能直接比较投资总量不同的投资项目的收益水平,因此,投资收益通常用收益率的方式来表示。

(2) 投资收益的构成

投资收益是因投资而获得的价值增加(value added),也就是初始投资的价值增值额。投资者因出让资本的使用权或所有权可能得到多种货币收益,如利润、利息、股利以及通过资产交易获得的价差收益等。在证券投资中,投资收益主要表现为来自企业经营利润的利息、股利收入和资产交易价差收益。

证券投资收益一般分为当期收入(income component)和资本利得(capital gain)两部分。当期收入是证券持有收益,是指投资所引起的、由证券发行人支付给证券持有者的现金流入。投资者通过持有某种证券可自动获得发行人的分配性现金回报,当期收入包括股票的股息或红利收入、债券的利息收入。这部分收益可能为正值或0,但不会为负值。资本利得是证券交易收益,是指在证券市场上由于价格变动而获得的买卖证券的价差收入。在证券市场上,投资者通过低价购买某种证券而后又高价抛售可获得价差收益,这部分收益可能为正值或0,也可能为负值,当这部分为负值时,就是资本损失。

例 7-1 投资收益的构成举例:①按面值1 000元购买的债券,持有至期满,则只有当期收入(利息),没有资本利得。②按800元购买的面值为1 000元的债券,持有至期满,则同时具有当期收入和资本利得。③购买股票,持有6个月后出售,中间没有分配股利,则只得到资本利得(损失)而没有当期收入。④购买股票,持有16个月后出售,中间分配股利一次,则同时产生当期收入和资本利得。

2. 投资收益率的概念与种类

投资收益率(return on investment,ROI)又称投资报酬率,是指投资所获得收益额与投资总额的比率。在投资活动中,投资者在期初要投入一定的货币资金,期末所获得的财富价值超过所投入的货币价值,这个增值额是收益额,收益额与期初投入金额之比即为收益率。投资收益率的一般计算公式为

$$R = \frac{W_t - W_0}{W_0} \times 100\% \qquad (7.1)$$

式中,R 为投资收益率;W_0 为期初财富价值;W_t 为期末财富价值。

收益率反映了投资的收益能力和资产的使用效果,是一个可用来比较不同投资获利能力的重要指标。它在收益额和投资额的联系中既考虑了收益额,又考虑了投资额,是一个综合性的指标。投资收益率从不同角度看包括多种形式,主要有以下类型。

(1) 持有期收益率

持有期收益率(holding period return,HPR)又称期间收益率,是指投资者拥有一种金融资产期间所获得的收益率。它是投资者收益水平的一个测度,也是收益率的一种基本形式。持有期收益率是投资者在投资期间由于拥有某一资产所获得的全部收益与初始投资的比率,收益包括持有期间所获得的当期收入和资本利得两部分,其计算公式为

$$\text{HPR} = \frac{I_t + (P_t - P_0)}{P_0} \times 100\% \qquad (7.2)$$

式中,HPR 为持有期收益率;t 为投资期间;I_t 为持有期获得的现金收入,即当期收入;P_0 为期初市场价格;P_t 为期末市场价格;$P_t - P_0$ 为资本利得收入。

例 7-2 老王以 100 万元买了一只股票,两年后卖出得到 136 万元,在此期间他共收到了 4 万元的分红,老王投资于这只股票的收益率是多少?

解:$\text{HPR} = \frac{4 + (136 - 100)}{100} \times 100\% = 40\%$

持有期收益率有两个局限。一是持有期是指整个投资期,不是以年收益率的形式出现,这使得不同期限的投资收益率难以进行比较;二是使用的是单利,没有考虑现金流入的时间先后,忽略了货币的时间价值,计算出来的较长时期的收益率不可靠。要使不同投资期的收益率可以相互比较,解决办法是把持有期收益率转换成年收益率。

(2) 年收益率

年收益率(annual return,AR)是截取 1 年为一期,分期计算当年的持有期收益率。不同期限的持有期收益率应折合成年收益率,才能进行收益的比较和衡量。将不足或超过 1 年的持有期收益率转换成年收益率,有单利法和复利法两种方法,折算公式分别为

$$\text{AR} = \text{HPR} \cdot \frac{1}{n} \qquad (7.3)$$

$$\text{AR} = (1 + \text{HPR})^{\frac{1}{n}} - 1 \qquad (7.4)$$

式中,AR 为年收益率;HPR 为持有期收益率;n 为持有年数。如果持有期为 N 月,则有 $n = N/12$;如果持有期为 N 日,则有 $n = N/365$。

例 7-3 股票投资期限是 5 年,总收益率是 15%,而银行储蓄期限是 17 个月,总利率

为4%，试计算在采用单利法和复利法下，股票投资和银行储蓄的年收益率。

解：① 采用单利法时，股票投资的年收益率：$15\% \times \frac{1}{5} = 3\%$。

银行储蓄的年收益率：$4\% \times \frac{12}{17} = 2.82\%$。

② 采用复利法时，股票投资的年收益率：$(1+15\%)^{\frac{1}{5}} - 1 = 2.83\%$。

银行储蓄的年收益率：$(1+4\%)^{\frac{12}{17}} - 1 = 2.81\%$。

(3) 平均收益率

在资本市场上，各种投资工具的历年收益率过于庞杂，且处于不断的变化之中，只有经过统计整理才能提供有用的信息。若干时间单位组成的相关期间内的收益率可以通过平均收益率来衡量。平均收益率根据计算方法的不同，可分为算术平均收益率(arithmetic mean)和几何平均收益率(geometric mean)两种。

① 算术平均收益率。它是将某一资产的历年收益率进行算术平均而得出的一种平均收益率。这种方法计算简单，但比较粗略，存在很大的误差，当各期收益出现巨大波动时会呈明显的上偏倾向。算术平均收益率适用于各期收益率差别不大的情况，其计算公式为

$$\overline{R}_A = \frac{R_1 + R_2 + \cdots + R_n}{n} = \frac{1}{n}\sum_{i=1}^{n} R_i \tag{7.5}$$

式中，$\overline{R}_A$ 为算术平均收益率；R_i 为第 i 期的收益率；n 为期数（一般取1年）。

② 几何平均收益率。它是将某一资产的历年收益率进行几何平均而得出的一种平均收益率。这种方法是一种计算复利的方法，它考虑了资金的时间价值，能真实地反映投资者资产价值的变化。其计算公式为

$$\overline{R}_G = [(1+R_1)(1+R_2)\cdots(1+R_n)]^{\frac{1}{n}} - 1 = \left[\prod_{i=1}^{n}(1+R_i)\right]^{\frac{1}{n}} - 1 \tag{7.6}$$

式中，$\overline{R}_G$ 为几何平均收益率；R_i 为第 i 期的收益率；n 为期数（一般取1年）。

例7-4 如果投资者一项投资4年的收益率分别为10%，-5%，0和23%，则算术平均收益率和几何平均收益率分别是多少？

解：算术平均收益率为

$$\frac{10\% - 5\% + 0 + 23\%}{4} = \frac{28\%}{4} = 7\%$$

几何平均收益率为

$$[(1+0.1)(1-0.05)(1+0)(1+0.23)]^{\frac{1}{4}} - 1 = 1.065 - 1 = 6.5\%$$

采用算术平均数或几何平均数，取决于投资者的目的。前者是单期投资收益率的一般表现，若要预测下一期的收益率，算术平均数是最佳估计值；后者是衡量财富随时间的增长速度（年复利收益率），若要考察长期投资绩效，几何平均数更为适合。

(4) 时间权重收益率

时间权重收益率(time weighted return)也是计算复利的一种收益率，其计算公式为

$$\overline{R}_{TW} = [(1+R_1)(1+R_2)\cdots(1+R_n)] - 1 = \left[\prod_{i=1}^{n}(1+R_i)\right] - 1 \tag{7.7}$$

式中，$\overline{R}_{TW}$为时间权重收益率；R_i为第i期的收益率；n为期数(一般取1年)。

它与几何平均收益率的计算公式相比较，只缺少对总收入开n次方。因此，时间权重收益率也可以说是投资考虑复利的总收益率。

(5) 预期收益率

预期收益率(expected return)又称期望收益率，是把投资收益率的每一种可能出现的结果与各自发生的概率进行加权平均所得到的平均数。通常情况下，投资的未来收益率是不确定的，因为未来收益受许多不确定因素的影响，因而是一个随机变量。为了对这种不确定的收益进行度量，假定收益率服从某种概率分布，把所有可能出现的投资收益率按其可能发生的概率进行加权平均计算，这样就对这一投资未来可能出现的收益率有一个综合估计，这就是预期收益率。其计算公式为

$$E(r) = \sum_s p(s)r(s) \quad \text{或} \quad \int_s p(s)r(s) \tag{7.8}$$

式中，$E(r)$为预期收益率；$p(s)$为各种情况的概率分布函数；$r(s)$为各种情况下的收益率函数；s为各种情况的集合。

不同资产投资收益比较如表7-1所示。

表7-1　不同资产投资收益比较　　　　　　　　　　　单位：%

投资对象	萧条时期	繁荣时期	高通胀时期	低通胀时期	四期平均
商品指数	1	−6	15	−5	1.25
私人住宅	4	6	6	5	5.25
国库券(3个月期)	6	5	7	3	5.25
(长期政府)债券	17	4	−1	8	7.00
股票(蓝筹)	14	7	−3	21	9.75
股票(小型增长公司)	17	14	7	12	12.50
实物资产(商业)	9	13	18	6	11.50
白银(银块)	3	−6	94	4	23.75
钻石(1克拉投资级)	−4	8	79	15	24.50
黄金(金块)	−8	−9	105	19	26.75

例7-5　老张有1万元，准备投资于武钢股份这只股票，估计钢铁行业保持较快增长的概率为0.4，该股票的收益率估计可达15%，而钢铁行业表现不理想的概率为0.6，该股票的收益率估计只有5%。那么，老张投资于这只股票的预期收益率是多少？

解：$E(r) = 15\% \times 0.4 + 5\% \times 0.6 = 9\%$

(6) 名义收益率与实际收益率

名义收益率(nominal yield)是投资所获得的货币增值额与投入的货币资金总额的比率。它没有考虑通货膨胀对投资收益率的影响，因此不能反映实际收益的水平。实际收益率(actual yield, real return)是剔除了通货膨胀因素后的收益率。两者的关系式为

$$R_{\text{real}} = \frac{1 + R_{\text{nom}}}{1 + \pi} - 1 \approx R_{\text{nom}} - \pi \tag{7.9}$$

式中，R_{real}为实际收益率；R_{nom}为名义收益率；π为通货膨胀率。

例 7-6　某项投资的账面收益率为8%，当年通货膨胀率为5%，试求其实际收益率。

解：$R_{real} = \dfrac{1+0.08}{1+0.05} - 1 = 1.02857 - 1 = 2.857\%$

7.1.2 股票收益及其衡量

1. 股票收益的构成及影响因素

（1）股票收益的构成

股票收益是指投资者从购入股票开始到卖出股票为止，整个持有期间内的收入。股票收益由股利收入、资本利得收益和公积金转增收益三部分构成。

① 股利收入。股利是指股票持有者定期从股份公司中分取的盈利，包括股息和红利。股息就是股票的利息，是指公司按照票面金额的一个固定比率向股东支付的利息。红利（dividend）则是在上市公司分派股息之后，按持股比例向股东分配的剩余利润。获取股息和红利，是股民投资于上市公司的基本目的，也是股东的基本经济权利。股利的来源是公司的税后利润，税后净利润是公司分配股利的基础和最高限额。通常，股份有限公司在会计年度结算后，将一部分净利润作为股利分配给股东。其中，优先股股东是按固定的股息率先于普通股股东取得股息的，并且不受公司经营状况的影响；普通股股东通常不获取股息，而是获得红利，一般是支付了优先股的股息之后，再根据剩下的利润数额确定和支付，因而是不固定的，如果公司经营状况不佳甚至出现亏损，很可能分不到红利。股利作为股东的投资收益，可以有多种形式，即现金股利、股票股利、财产股利、负债股利和建业股利。

小贴士 7-2

② 资本利得收益。资本利得或称资本损益，是投资者在股票市场上低买高卖所赚取的差价收入。上市股票的市场价格经常处在波动之中，当投资者以高于买入价格将股票卖出时，就获得买卖差价收益，称为资本收益；当卖出价格低于买入价格时，就出现资本损失。由于上市公司的经营业绩是决定股票价格的重要因素，因此资本损益的取得主要取决于股份有限公司的经营业绩和股票市场的价格变化，同时与投资者的投资心态、投资经验及投资技巧也有很大关系。

③ 公积金转增收益。它是股票投资的资本增值收益，采取的形式是送股，送股的资金不是来自当年可分配利润，而是来自公司历年提取的公积金，即将公积金转化成股份资本分配给股东。公司的公积金来源有以下几项：一是股票溢价发行时，超过股票面值的溢价部分列入公司的资本公积金；二是依据我国《公司法》的规定，每年从税后利润中按比例提存部分法定公积金；三是股东大会决议后提取的任意公积金；四是公司经过若干年经营以后资产重估增值部分；五是公司从外部取得的赠与资产，如从政府部门、国外部门及其他公司等处得到的赠与资产。

小贴士 7-3

(2) 股票收益的影响因素

股票收益可分解为股票持有收益和股票交易收益两部分。前者是投资者通过较长时期持有某种股票而获取的股利收益,通常包括股息和红利;后者是投资者通过买卖股票而形成的价差收益。股票收益主要受公司业绩、股利政策、债权债务关系、股价变化、市场利率等因素的影响。

2. 股票收益度量的主要指标

股票收益度量的指标较多,较常用的有以下一些指标。

(1) 股利收益率

股利收益率又称股票的投资获利率,是指股份公司以现金形式派发给股东的股息和红利与股票市场价格的比率。通常情况下,股利收益率与股价变动保持正相关,但当投资者预期股息水平不变时,股票的获利率就与股票市价呈反向变动。该收益率可用于计算已得的股利收益率,也可用于预测未来可能的股利收益率。这一指标对长期持有股票的股东比较重要,对制定投资决策有一定帮助。其计算公式为

$$股利收益率 = \frac{D}{P_0} \times 100\% \tag{7.10}$$

式中,D 为现金股息;P_0 为股票买入价。

(2) 资本收益率

资本收益率(return on capital)又称资本利润率,是投资者买卖股票所获得的差价收入与股票买入价格的比率。它反映了资本利得收入给投资者带来收益的能力。资本收益率越高,说明公司业绩和发展前景越好,投资者的风险越小。其计算公式为

$$资本收益率 = \frac{P_t - P_0}{P_0} \times 100\% \tag{7.11}$$

式中,P_0 为股票买入价;P_t 为股票卖出价。

(3) 持有期收益率

持有期收益率是指投资者持有股票期间的股利收入和买卖差价之和与股票买入价的比率。股票没有到期日,投资者持有股票的时间短则几天,长则数年,持有期收益率就是反映投资者在一定的持有期内的全部股利收入和资本利得占投资本金的比重,它是投资者最关心的指标。其计算公式为

$$R_{h} = \frac{D + (P_t - P_0)}{P_0} \times 100\% \tag{7.12}$$

式中,R_h 为持有期收益率;D 为股息收入;P_0 为股票买入价;P_t 为股票卖出价。

(4) 持有期回收率

持有期回收率是指投资者持有股票期间的现金股利收入与股票卖出价之和与股票买入价的比率。该指标主要反映投资回收情况,计算的是投资本金的回收比率,可作为持有期收益率的补充指标。其计算公式为

$$持有期回收率 = \frac{D + P_t}{P_0} \times 100\% = 1 + R_h \tag{7.13}$$

式中,D 为股息收入;P_0 为股票买入价;P_t 为股票卖出价;R_h 为持有期收益率。

(5) 投资综合收益率

投资综合收益率是投资者一年内所能获得的全部收益与期初购买价格的比率。该指标全面地反映了投资收益的情况,而前四种指标仅仅是从股票投资收益的一个方面来进行衡量。它是反映股票综合投资收益的一项重要指标,其计算公式为

$$投资综合收益率 = \frac{D + P_u + G_a + G_b}{P_0} \times 100\% \qquad (7.14)$$

式中,D 为当年派发的现金红利;P_u 为股价上涨收益;G_a 为新股认购权收益;G_b 为无偿增资收益;P_0 为股票购买价格。

例 7-7 某投资者以 20 元/股买入某股票,持有两年后以 26 元/股的价格出售,持有期间共分得现金股利 1.8 元,则投资者投资于该股票所获得的股利收益率、资本收益率、持有期收益率、持有期回收率分别是多少?

解:股利收益率 $= \dfrac{D}{P_0} \times 100\% = \dfrac{1.8}{20} \times 100\% = 9\%$

资本收益率 $= \dfrac{P_t - P_0}{P_0} \times 100\% = \dfrac{26 - 20}{20} \times 100\% = 30\%$

持有期收益率 $R_h = \dfrac{D + (P_t - P_0)}{P_0} \times 100\% = \dfrac{1.8 + (26 - 20)}{20} \times 100\%$
$= 9\% + 30\% = 39\%$

持有期回收率 $= 1 + R_h = 1 + 39\% = 139\%$

7.1.3 债券收益及其衡量

1. 债券收益的构成及影响因素

债券收益主要由债券利息收入、资本利得收益和债券利息再投资收益三部分构成。这三部分又受不同市场因素的影响。

(1) 债券利息收入

债券利息收入是债券持有收益,即投资者持有某种债券而获取的债券利息。它是债券投资收益的主要部分。对于投资者来讲,债券利息是投资者凭手中持有的债券按规定向发行者领取的利息收入。只要发行者不破产,投资者的此项收益就有充分的保证。对于发行者来讲,债券利息是筹资者借取投资者资金用于生产或流通的成本,也是借用资金经运用后所获利润再分配的一部分。债券利率一般由发债人事先确定,并且一旦确定,便不再变动(浮动利率债券除外)。它既不像股票的红利(特指普通股)那样受公司经营状况的影响,也不像银行存款那样单纯由期限长短决定。债券利息收入取决于债券的票面利率和付息方式。债券利率的高低主要受债券期限长短、债券的发行价格、市场利率水平、债券的信用级别等因素的影响。

(2) 资本利得收益

资本利得收益是债券交易收益,即债券投资者通过债券市场获取的债券买入价格与卖出价格的差额。这种差价收益是由债券市场价格变动决定的。投资者根据对市场行情的分析,在低价时买进,在高价时卖出,就可以获得交易收益。与股票价格波动相比,债券

价格波动幅度要小得多。债券价格的升降主要受货币政策、利率水平、物价水平、汇率变动状况、新债券的发行数量等因素的影响。

(3) 债券利息再投资收益

债券利息再投资收益是指在债券偿还本金以前的期限内,投资者将定期所得的利息收入再进行投资而得到的利息收入。它是针对分次付息债券而言的,对于一次还本付息债券和贴现债券则不存在这种情况。再投资收益受以周期性利息收入作再投资时市场收益率变化的影响。此种收益一般不构成债券投资收益的主体,仅仅是其附属部分。决定再投资收益的主要因素是债券的偿还期限、息票收入和市场利率的变化。

2. 债券收益度量的一般性指标

衡量债券收益的指标就是各种债券收益率。债券收益率是指一定时期内债券投资收益与投资额的比率。为了便于比较,债券收益一般以年率为计算单位。债券收益率有多种形式,它们分别反映投资者在不同买卖价格和持有年限下的不同收益水平。

(1) 票面收益率

票面收益率(nominal yield)又称名义收益率、息票率,是印制在债券票面上的固定利率,即年利息收入与债券面额的比率。投资者如果将按面额发行的债券持有至期满,则他所获得的投资收益率与票面收益率是一致的。其计算公式为

$$Y_n = \frac{C}{M} \times 100\% \tag{7.15}$$

式中,Y_n 为票面收益率;C 为年利息收入;M 为债券面额。

由于债券的市场价格会发生一定幅度的变动,很难保持与债券面值完全一致,因而许多债券的发行价格要偏离债券的面值。如果发行价格高于债券面值,则称为溢价发行,此时投资的实际收益率会低于名义收益率;反之,若发行价格低于债券面值,则称为折价发行,此时投资的实际收益率会高于名义收益率。

(2) 直接收益率

直接收益率又称本期收益率、当前收益率(current yield),是指投资者每年利息收入与债券购买价格的比率。它是购买债券时所计算的预期收益率或现期可以取得的收益率。该收益率是对票面收益率的缺陷作了部分改进而得到的,它考虑到债券投资者的资本金可能并不等于面额,因而用真实的购买价格取代了债券面额。其计算公式为

$$Y_d = \frac{C}{P_0} \times 100\% \tag{7.16}$$

式中,Y_d 为直接收益率;C 为年利息收入;P_0 为债券购买价格。

直接收益率比票面收益率更有实际意义,因为它反映了投资者的投资成本带来的收益,反映了债券市场价格对其收益率的影响。但是,直接收益率也有不足之处,它也不能全面地反映投资者的实际收益,因为它忽略了资本损益,没有计算买入价格与到期还本额或到期前出售价格之间的差额。此外,直接收益率没有考虑时间因素,因此没有反映出投资者在债券持有期内的年均收益率,没有反映出不同期限的债券在收益上的差别,也无法反映债券溢价或折价出售造成的损益。

(3) 持有期收益率

持有期收益率(holding period yield)是指买入债券后持有一段时间，又在债券到期前将其售出而得到的收益率。持有期收益率是在某一特定持有期内的债券收益率，是投资者最关心的收益率。其计算公式为

$$Y_h = \frac{C + \frac{P_t - P_0}{n}}{P_0} \times 100\% \qquad (7.17)$$

式中，Y_h 为持有期收益率；C 为年利息收入；P_0 为债券购买价格；P_t 为债券卖出价格；n 为持有年数，$n = \frac{实际持有天数\ N}{365(或\ 360)}$。

(4) 到期收益率

到期收益率(yield to maturity)又称最终收益率，是指投资者在发行时买入或在二级市场上买入债券，一直保持到债券到期日为止时的收益率。到期收益率和持有期收益率的差别在于将来值的不同。其计算公式为

$$Y_m = \frac{C + \frac{M - P_0}{n}}{P_0} \times 100\% \qquad (7.18)$$

式中，Y_m 为到期收益率；C 为年利息收入；P_0 为债券购买价格；M 为债券的面额；n 为剩余偿还年限。

(5) 赎回收益率

赎回收益率(yield to call)是累积到首次赎回日止，利息支付额与指定的赎回价格加总的现金流量的现值等于债券发行价格的利率。它是债券发行人在债券规定到期日之前赎回债券时投资者所取得的收益率。赎回是指债券发行人在债券到期之前，提前偿还本金的行为，是债券发行人的一种权利。因为对投资者不利，所以很多债券都附有赎回保护条款，如果债券被赎回，发行人必须支付高于债券面额的溢价作为对投资者的补偿。赎回时溢价的多少视赎回的时间而定，一般来说，赎回时间越早，赎回溢价越高。其计算公式为

$$Y_c = \frac{C + \frac{F_c - P_0}{n}}{\frac{F_c + P_0}{2}} \times 100\% \qquad (7.19)$$

式中，Y_c 为赎回收益率；C 为年利息收入；P_0 为债券购买价格；F_c 为赎回价，即赎回时付给投资者的金额；n 为赎回年限。

例 7-8 某债券的面值为 1 000 元，票面利率为 5%，期限 4 年，现以 950 元的价格向社会公开发行，问：

① 若投资者在认购后持有至到期，则直接收益率为多少？

② 若投资者认购后持有至第 2 年年末，以 995 元市价出售，则持有期收益率为多少？

③ 投资者以发行价认购后持有至期满收回本金，则到期收益率为多少？

④ 若债券发行 2 年后，发行人以 1 050 元的价格赎回，第一赎回日为付息日后的第一个交易日，则赎回收益率为多少？

解：① 直接收益率 $Y_d = \dfrac{C}{P_0} \times 100\% = \dfrac{1\,000 \times 5\%}{950} \times 100\% = 5.26\%$

② 持有期收益率 $Y_h = \dfrac{C + \dfrac{P_t - P_0}{n}}{P_0} \times 100\%$

$$= \dfrac{1\,000 \times 5\% + \dfrac{995 - 950}{2}}{950} \times 100\% = 7.63\%$$

③ 到期收益率 $Y_m = \dfrac{C + \dfrac{M - P_0}{n}}{P_0} \times 100\%$

$$= \dfrac{1\,000 \times 5\% + \dfrac{1\,000 - 950}{4}}{950} \times 100\% = 6.58\%$$

④ 赎回收益率 $Y_c = \dfrac{C + \dfrac{F_c - P_0}{n}}{\dfrac{F_c + P_0}{2}} \times 100\%$

$$= \dfrac{1\,000 \times 5\% + \dfrac{1\,050 - 950}{2}}{\dfrac{1\,050 + 950}{2}} \times 100\% = 10.00\%$$

以上计算的收益率都是附息债券的单利收益率，没有考虑利息收入的时间价值。实际上，投资者可以将投资期间获得的利息再投资，以获取利息再投资收益。复利收益率不仅考虑了债券的利息收入和资本损益，还考虑了利息的再投资收益。复利收益率的计算方法是使预期现金流量的现值等于债券价格的利率，由于计算较复杂，这里不作介绍。

7.2 证券投资风险及其衡量

7.2.1 证券投资风险的概念与种类

1. 证券投资风险的概念与特征

(1) 证券投资风险的概念

证券投资风险(risk)是指由于金融变量的变动所引起的证券未来收益的不确定性(uncertainty)，即证券预期收益变动的可能性及变动幅度。不确定性就是偏离正常值(均值)的程度，即某一投资决策的实际结果与其预期结果不一致的可能性。不确定性是投资风险产生的根源，不确定性的程度越高，风险就越大。在证券投资活动中，投资者投入本金是当前行为，其数额是确定的；而取得收益是在未来，其数额是无法确定的。在持有证券资产期间，有很多因素可能使预期收益减少甚至使本金遭受损失。因此，证券投资的风险是普遍存在的。

证券投资风险可以从三个方面理解：①是由于经济主体进行证券投资活动而产生

的,如果没有参与投资就不涉及投资风险。②起因于未来的不确定性,这种不确定性意味着风险是否发生是不确定的,风险程度是不确定的,发生的时间是不确定的,发生后所带来的影响也是不确定的。③是因未来的不确定而给投资主体带来经济损失的可能性。这种经济损失只是一种可能性,并非必然。它具有双重性,既有损失的可能性也有收益的可能性。如果只有损失或只有收益,则是确定的,不能称为风险。对投资者而言,证券投资风险包括风险损失(loss)和风险报酬(gain)两个方面。

在现实生活中,我们会遇到各种各样的风险。证券市场是一个充满变化的市场,风险性是证券投资的基本特征,进行证券投资就不可避免地要遇到风险。风险按来源可分为自然风险和人为风险。自然风险是指由于自然力的不规则变化使社会生产和社会生活等遭受威胁的风险,如地震、水灾、火灾、旱灾、风灾、雹灾、虫灾以及瘟疫等。人为风险是指由于人类活动导致的风险,又分为政治风险、经济风险、社会风险、科技风险、道德和法律风险等。经济风险又包括市场风险、利率风险、购买力风险、企业经营风险和财务风险等。与证券投资相关的所有风险统称为总风险(total risk)。总风险按照其影响范围以及是否可以通过投资组合加以分散,分为系统风险与非系统风险两大类。

(2) 证券投资风险的特征

证券投资风险具有客观性、不确定性、不利性、相对性、可变性和对称性等特征。

① 客观性。证券投资风险的存在是不以个人的意志为转移的。因为决定风险的各种因素对风险主体是独立存在的,不管风险主体是否意识到风险的存在,在一定条件下仍有可能变为现实。此外,风险的客观性还表现在它存在于人类社会经济活动的各个角落,具有普遍性。随着科学技术的发展和生产力的提高,还会不断产生新的风险。投资者只能采取风险管理办法降低风险发生的频率和损失幅度,而无法彻底消除风险。

② 不确定性。风险是不确定的,否则就不能称为风险。风险的不确定性主要表现在空间上的不确定性、时间上的不确定性和损失程度的不确定性。人们不可能准确预测风险的发生。对于投资者来说,风险发生的可能性及其不利影响表现为复杂的概率分布特征,这使人们进行风险分析和预测有很大难度。

③ 不利性。风险一旦产生,就可能会给投资者带来损失,这是极为不利的。风险发生的可能性决定了损失发生的可能性。风险发生的概率越大,损失出现的概率越大。风险的不利性要求我们在认识风险的基础上,慎重决策,实施风险管理和控制,尽可能规避风险,将其不利性降至最低。

④ 相对性。风险的大小是相对风险承受力不同的主体而言的。即使在相同的风险情况下,不同的投资主体对风险的承受能力也是不同的。投资主体对风险的承受能力主要与收益的大小、投入的大小、风险主体的地位以及拥有的资源量有关。

⑤ 可变性。风险在一定条件下具有可转化的特性。世界上任何事物都是相互联系、相互依存、相互制约的,而任何事物都处于变动和变化之中,这些变化必然会引起风险的变化。例如,科学发明和文明进步,都可能使风险因素发生变动。风险的可变性包括风险性质的变化、风险量的变化、风险在一定条件下被消除、新风险的产生等内容。

⑥ 对称性。对投资者而言,风险和利益这两种可能性必然是同时存在的,投资者为实现一定的利益目标,必须以承担一定的风险为前提。风险是利益的代价,利益是风险的

报酬,高风险通常伴随着高收益。

2. 系统风险

系统风险(systematic risk)又称不可分散风险(undiversifiable risk)、不可回避风险,是指由于某种全局性的共同因素引起的投资收益不确定的可能性。这类风险因其来源于宏观因素变化对市场整体的影响,因而也称为"宏观风险"。系统风险有三个主要特点:①它是由全局性因素所引起的。系统风险来自政治、经济、社会等宏观因素。政治因素如政权更迭、战争冲突等;经济因素如利率、汇率、通货膨胀、宏观经济政策、金融与能源危机、经济周期循环等;社会因素如体制变革、所有制改造等。②它影响所有投资者的收益。这些因素以同样的方式对所有证券的收益产生影响,通常会对整个市场产生整体性的影响,即几乎所有证券的收益都会受到一定程度的影响,因而是与整个市场波动相联系的风险。③它不能通过投资组合来分散掉,是一种无法回避的风险。系统风险因素来自企业外部,是个别企业或行业无法控制和回避的,这些共同的因素会对所有企业产生不同程度的影响,投资者无法通过分散投资来回避或消除。系统风险主要包括政策风险、经济周期波动风险、利率风险、购买力风险和汇率风险等。

(1) 政策风险

政策风险是指政府有关证券市场的政策发生重大变化或是有重要的法规、举措出台,引起证券市场的波动,从而给投资者带来的风险。政府对本国证券市场的发展通常有一定的规划和政策,借以指导市场的发展和加强对市场的管理。政府应在尊重证券市场发展规律的基础上,运用法律手段、经济手段和必要的行政管理手段引导证券市场健康有序地发展。但是,在某些特殊情况下。政府可能会出台一些扶持或抑制市场发展的政策,制定出新的法令或规章,从而改变市场原先的运行轨迹。特别是在证券市场发展初期,证券市场不成熟、法规体系不健全、管理手段不充分,政府更容易较多地使用政策手段来干预市场。一旦出现政策风险,几乎所有的证券都会受到影响,因此属于系统风险。例如,2001年6月14日,沪指创下此前11年来新高2 245.42点,7月26日国有股减持新政在新股发行中正式实施,股市开始暴跌。进入长达4年的漫漫熊市。

(2) 经济周期波动风险

经济周期波动风险又称市场风险(market risk),是指由于证券市场行情周期性变动而引起的风险。这种行情变动是证券行情长期趋势的改变。它是金融投资中最普遍、最常见的风险,可由市场价格指数来衡量。①产生原因。证券市场行情受多种因素的影响,但决定性因素是经济周期的变动。②作用机制。经济周期的变动决定了企业经营环境和经营业绩的好坏,从而从根本上决定了证券行情,特别是股票行情的变动趋势。③影响。股票市场行情随经济周期的循环而起伏变化,其长期变动趋势可分为看涨市场(或称多头市场)和看跌市场(或称空头市场)两大类型。看涨市场从萧条阶段末期开始,经过复苏阶段到繁荣阶段,股价总体上呈现较快的上涨走势;而看跌市场从繁荣阶段末期开始,经过衰退阶段到萧条阶段,股价总体上呈现不断的下跌走势。证券市场的长期行情变动几乎对所有股票都会产生影响,即在整个看涨行情中几乎所有股票价格都会上涨,在整个看跌行情中几乎所有股票价格都会下跌,只是涨跌程度不同而已。④减轻方法。市场风险是无法回避的,投资者只能减轻其影响。减轻的方法就是顺势操作,投资于绩优股票或风险相对较小的债券。

(3) 利率风险

利率风险(interest rate risk)是指由于市场利率变动影响证券价格,从而引起证券投资收益变动的可能性。①产生原因。利率主要决定于货币市场的供求状况和中央银行的货币政策。利率是资金的价格,是调节货币市场资金供求的杠杆,由于受到中央银行的管理行为、货币政策、投资者预期等多种因素的影响,利率经常处于变动状态。②作用机制。利率从两方面影响证券价格。一是改变资金流向。当市场利率提高时,会吸引一部分资金流向银行储蓄、商业票据等其他金融资产,减少对证券的需求,使证券价格下降;当市场利率下降时,会吸引一部分资金流向证券市场,增加对证券的需求,刺激证券价格上涨。二是影响公司的盈利。利率提高,公司融资成本提高,在其他条件不变的情况下净盈利下降,派发股息减少,引起股票价格下降;利率下降,融资成本下降,净盈利和股息相应增加,股票价格上涨。③影响。利率变化对金融市场的影响迅速而直接,各种金融资产的价格都会灵敏作出反应。一般而言,利率与证券价格呈反方向变化,即利率提高,证券价格水平下跌;利率下降,证券价格水平上涨。利率风险对不同证券的影响是不相同的,它是固定收益证券和政府债券的主要风险,其对长期债券的影响大于短期债券。④减轻方法。利率风险也是无法回避的,减轻的方法是分析影响利率的主要因素,预测利率变化,提前采取行动。如预期利率将要提高时,可减少对固定利率债券特别是长期债券的持有。

(4) 购买力风险

购买力风险(purchasing power risk)又称通货膨胀风险(inflation risk),是指由于通货膨胀、货币贬值使投资者的实际收益水平下降的风险。①产生原因。其产生原因就是通货膨胀、货币贬值。无论何种投资都要受到通货膨胀的影响,因为投资中本金的收回以及收益的获得都是以货币的形式来实现的,尽管本金和收益的面值可以保持不变,但其购买力却会随价格水平的变化而升降。②作用机制。通货膨胀是各国经济发展中经常发生的经济现象。通货膨胀率的高低对市场利率和金融资产价格及其收益都会产生很大影响。通货膨胀使投资者所拥有货币的购买力下降,从而引起其实际投资收益率减少,即实际收益率=名义收益率-通货膨胀率。③影响。购买力风险影响所有投资,但不同证券受其影响的程度是不同的。一般而言,固定收益证券(包括优先股和债券)受通胀风险影响大;长期债券的通胀风险大于短期债券;普通股的通胀风险相对较小,因物价上涨会使部分企业名义收益提高,普通股票股东可得到较高收益,可部分减轻通货膨胀带来的损失。需要指出的是,购买力风险对不同股票的影响是不同的;在通货膨胀不同阶段,不同公司受通胀风险影响程度也不同,一般率先涨价的产品、上游产品、热销产品的此种风险较小。④减轻方法。主要有两种:一是投资于浮动利率债券,或将长期债权和优先股转换为普通股;二是投资于多种实物资产,如房地产、黄金、艺术品和其他各种类似的有价值的资产,这些资产的抗通胀能力强,其价值会随着通胀的上升而提高。

例 7-9 某投资者买了一张年利率为 10% 的债券。若一年中通货膨胀率为 5%,则实际收益率为 5%;若通货膨胀率为 10%,则实际收益率为 0;若通货膨胀率超过 10%,则实际收益率为负,投资者实际上没有收益反而蒙受损失。

(5) 汇率风险

汇率风险(exchange rate risk)又称外汇风险,是指由于不同货币之间的汇率变化所造成的投资收益发生变化的风险。汇率是各国货币间的兑换比率,它联系着各国之间的货币,反映各国货币价格的对比,以及各国生产成本和收益的比较。①产生原因。这类风险是因汇率变动所导致的。两国货币间的汇率主要由两国货币的相对购买力来确定,各国通货膨胀率的差异是决定汇率变化的基础。此外,国际收支状况、利率水平、金融政策以及政治、军事等因素都会影响汇率的变动。若投资者投资于以外币计价的资产,汇率变动会给其带来外汇收益或外汇损失。②作用机制。汇率变动使投资者所拥有的外币资产折算成本币的价值发生变化,从而引起其实际投资收益率的变化,即实际投资收益率=(1±名义投资收益率)×(1±汇率变动幅度)−1。如果实际投资收益率小于名义投资收益率,表明有外汇损失;如果实际投资收益率大于名义投资收益率,表明有外汇收益。③影响。汇率变动影响进出口企业的成本和利润,也影响金融市场上不同外币资产的价格变化。一般而言,投资于汇率呈上升趋势的外币资产会给投资者带来外汇升值收益,而投资于汇率呈下降趋势的外币资产会给投资者带来外汇贬值损失。④减轻方法。汇率的变化不可避免地给投资者带来外汇风险,减轻此种风险的方法:预期汇率的变动趋势,投资于汇率坚挺且呈上升趋势的硬货币资产。

小贴士 7-4

3. 非系统风险

非系统风险(non-systematic risk)又称可分散风险(diversifiable risk),是由某一局部或个别因素引起的,只对某个行业或个别公司的证券产生影响的风险。这种风险来自企业内部的微观因素,因而也称为"微观风险"。非系统风险有三个主要特点:①它由某一特殊因素所引起。非系统风险属于个别风险,是由个别企业或某个行业的可控因素带来的。这些因素一般来自公司自身,是由个别公司的一些重要事件引起的,如企业的管理问题、新产品试制失败、劳资纠纷、新竞争对手的出现等,因此它又被称为司个别风险(firm-specific risk)。②它只对某个行业或个别公司产生影响。非系统风险是某一企业或行业特有的那部分风险,与整个证券市场的价格不存在系统、全面的联系。它只影响某些证券的收益,是与整个资本市场的波动无关的风险。③它可以通过投资多样化来消除或回避,属可分散风险。非系统风险因素对各公司来说基本上是随机的,通过投资分散化(投资组合)可以消除其影响,一些证券收益的减少可由另一些证券收益的增加来抵销。非系统风险主要包括信用风险、经营风险、财务风险、流动性风险等。

(1) 信用风险

信用风险(credit risk)又称违约风险(default risk),是指证券发行人在证券到期时无法按期还本付息,致使投资者遭受损失的可能性。①产生原因。违约风险实际上提示了发行人在财务状况不佳时出现违约和破产的可能性,它主要受证券发行人的经营能力、财务状况、盈利水平、事业稳定程度、规模大小等因素的影响。②作用机制。证券发行人如果不能支付债券利息、优先股股息或偿还本金,即使是延期支付,投资者也会失去再投资和获利的机会,从而影响其利益。同时,违约或破产可能使证券价值下降、价格下跌,从而也使投资者遭受损失。另外,公司债券发行人未等债券到期即提前回收债券,也使投资者利息收入减少,这种情况又称赎回风险(call risk)。信用风险的一个显著特征是在任何情况下都不可能产生额外收益,风险后果只能是损失。③影响。债券、优先股、普通股都可能有信用风险,但程度有所不同。信用风险是债券的主要风险,因为债券是要按时还本付息的证券。一般认为,中央政府债券几乎无违约风险,除非出现政权不稳的情况。其他债券的信用风险从高到低依次为地方政府债券、金融债券、公司债券。大金融机构和国际性大公司的信用风险低于某些政府债券。由于公司债券的信用风险大,因此投资公司债券首先要考虑信用风险。股票没有还本要求,普通股股息也不固定,但仍有信用风险。优先股不仅有股息缓付、少付甚至不付的可能;而且,如果公司不能按期偿还债务,会立即影响股票的市场价格。因此,在债券和优先股发行时,还需进行信用评级。④减轻方法。投资者回避信用风险的最好办法是参考证券信用评级的结果。证券信用级别越高,信用风险越小;证券信用级别越低,违约的可能性越大。

(2) 经营风险

经营风险(operating risk)是指公司的决策人员与管理人员在经营管理过程中出现失误而导致公司盈利水平变化,从而引起投资者预期收益下降的可能性。①产生原因。企业管理与决策人员的经营不善或决策失误会导致企业经营状况变坏甚至濒临破产,从而使投资者遭受损失。经营风险来自内部和外部两个方面。企业内部因素包括项目投资决策失误,不注意技术更新,不注意市场调查,不注意开发新产品,销售决策失误,管理不善等;企业外部因素包括产品关联企业的不景气、竞争对手实力的变化、政府产业政策的调整等。经营风险主要来自公司内部的决策失误或管理不善。②作用机制。公司的经营状况最终表现于盈利水平的变化和资产价值的变化,经营风险主要通过盈利变化产生影响。③影响。经营风险对不同证券的影响程度不同,它是普通股的主要风险,公司盈利的变化既会影响股息收入,又会影响股票价格。当公司盈利增加时,股息增加,股价上涨;当公司盈利减少时,股息减少,股价下降。而优先股和债券的经营风险相对较小。因为优先股的股息率是固定的,盈利水平的变化对价格的影响有限。公司盈利的变化对债券利息的影响很小,因为公司债券的还本付息受法律保障,除非公司破产清理,一般情况下不受企业经营状况的影响,但公司盈利的变化同样可能使公司债的价格呈同方向变动,因为盈利增加使公司的债务偿还更有保障,信用提高,债券价格也会相应上升。④减轻方法。投资者购买普通股时,要关注上市公司的经营管理状况,选择绩优蓝筹股,回避绩差股和经营中出现问题的公司的股票。

(3) 财务风险

财务风险(financial risk)是指企业财务结构不合理、融资不当而导致投资者预期收益下降的风险。①产生原因。财务风险是由公司的资金困难引起的风险,形成财务风险的因素主要包括资本负债比例、资产与负债的期限、债务结构、债务的币种结构等。如果企业借债的规模过大、企业用短期负债投资于长期项目、长短期债务搭配不合理等,都会给企业经营造成较大的财务风险。②作用机制。负债经营是现代企业应有的经营策略,通过负债经营可以弥补自有资本的不足,还可以用借贷资金来实现盈利。股份有限公司的营运资金一般都来自发行股票、发行债券和借贷三个方面,其中,债务(包括银行贷款、发行债券、商业信用)的利息负担是一定的,如果公司的资金总量中债务比重过大,或是公司的资金利润率低于利息率,就会使股东的可分配利润减少,股息下降,从而使股票的财务风险增加。财务风险主要来自融资产生的财务杠杆作用,财务杠杆作用是一把"双刃剑",当融资后利润率大于利息率时,会给股东带来收益增长的效应;反之,则会造成收益减少。③影响。财务风险表明企业资金困难,它直接影响公司的经营效率和盈利水平,进而影响股票价格和债券本息的支付。因此,财务风险对债券和股票都有影响,但对股票影响更大。④减轻方法。投资者要关注公司有关负债和偿债能力的财务指标。公司财务风险的大小可以通过其借贷资金的多少来反映。借贷资金多,则风险大;反之,则风险较小。同时,公司的偿债能力越强,财务风险越小;反之,偿债能力越弱,财务风险也越大。

(4) 流动性风险

流动性风险(liquidity risk)是指由于流动性的不确定变化而使投资者遭受损失的可能性。流动性是指金融资产以合理的价格在市场上流通、交易及变现的能力。流动性风险是证券不易变现的风险。一种证券如果能够快速进行买卖而不引起价格的显著变化,就被认为具有流动性。投资者在选择持有资产形式时,除了考虑收益性外,还应保持一定的流动性,以减少流动性风险的发生。交易不活跃的小公司股票或债券的持有者常面临较大的流动性风险,因为若不给予较大的价格折让就无法快速将资产变现。交易活跃的政府债券和股票则没有流动性风险或风险很小。

7.2.2 证券投资风险的衡量方法

在投资活动中,风险是实际取得的收益与预期收益偏离的可能性及其可能程度,即未来收益的不确定性。所以,投资风险必然与收益率有关。在统计学上,所谓不确定就是偏离正常值(均值)的程度,投资风险的衡量就是将投资未来收益的不确定性加以量化,即通过计算资产未来收益的变动可能和幅度来衡量其风险的大小。在投资学中,风险一般用收益率的方差或标准差来度量。

1. 未来收益的概率分布

投资者在评价某一资产时,首先要考虑它能提供的未来收益水平,他们往往根据该项资产过去提供的收益水平和其他方面的信息对未来收入流量进行预测,以判断其未来收益水平。既然资产的未来收益是可能变动的,而风险又是其未来收益变动的可能性及幅度,因此可以通过未来收益变动的概率分布来研究风险的量。

影响风险变动的因素很多,我们可以把次要因素舍弃掉,假定资产的收益水平仅取决于经济环境的变化。如果把经济环境看成是离散型的随机变量(random variable),资产的实际收益就是这一随机变量的函数,可以表示为

$$R = f(S) \quad 或 \quad r = f(S) \tag{7.20}$$

式中,S 为经济环境;R 为资产的收益水平;r 为资产的收益率。

可以把某一资产的某一收益水平当作是一个随机事件,但在多次重复的相同经济条件下,这一收益水平会相对稳定地重复出现,这就是资产的特定收益水平在特定经济条件下发生的概率。

2. 预期收益

投资收益存在一定的不确定性,是一个随某种因素变化而变化的随机变量。那么,应该如何衡量不确定情形下的投资收益呢?一种可行的方法是进行情景分析(scenario analysis),即分析未来经济状况出现的各种情形,并预测每种情况出现的可能性大小,从而得到投资收益的概率分布。这个概率分布函数(probability mass function)表明了某一资产未来收益的变动范围及各种可能的收益水平,但是,要评估资产的未来收益还需要找到能代表各种收益水平的平均值指标——预期收益。这一指标可以用概率论中的期望值(expected value)来表示,因此可以用预期收益来衡量不确定情形下投资的收益水平。

预期收益(expected return)是以概率为权数的各种可能收益的加权平均值,其计算公式为

$$E(R) = \sum_{i=1}^{n} R_i P_i \tag{7.21}$$

式中,$E(R)$ 为预期收益;R_i 为各种可能的收益;P_i 为各预期值发生的概率;i 为各种可能收益的序号;n 为观察数,即可能收益的个数,满足 $\sum_{i=1}^{n} P_i = 1$。

例 7-10 有 A、B、C 三种股票可供投资者选择,它们的收益率随经济环境的改变而变动。经济环境依经济景气状况分为五种类型,它们在经济循环中按一定的概率出现。这三种股票相应的收益各有五种不同情况,其概率分布如表 7-2 所示。则 A、B、C 三种股票的预期收益分别为多少?

表 7-2 A、B、C 三种股票收益的概率分布

经济环境	发生概率	股票收益/元		
		A	B	C
Ⅰ	0.1	4.00	6.50	13.00
Ⅱ	0.2	6.00	7.00	11.00
Ⅲ	0.4	8.00	8.00	9.00
Ⅳ	0.2	10.00	9.00	7.00
Ⅴ	0.1	12.00	9.50	5.00

解: $E(R_A) = 4.00 \times 0.1 + 6.00 \times 0.2 + 8.00 \times 0.4 + 10.00 \times 0.2 + 12.00 \times 0.1 = 8.00(元)$

$E(R_B) = 6.50 \times 0.1 + 7.00 \times 0.2 + 8.00 \times 0.4 + 9.00 \times 0.2 + 9.50 \times 0.1 = 8.00(元)$

$E(R_C) = 13.00 \times 0.1 + 11.00 \times 0.2 + 9.00 \times 0.4 + 7.00 \times 0.2 + 5.00 \times 0.1 = 9.00(元)$

通过计算,我们得到这三种股票的预期收益。如果以预期收益作为评价标准,从这三种股票中选择一种作为投资对象,而它们的市场价格又同为每股 50 元时,显然投资者的最佳选择是 C 股票,因为它的预期收益高于 A 股票和 B 股票。但是仅以预期收益作为唯

一选择标准是不够的,因为预期收益只计算出证券未来收益的平均水平,并没有揭示出它们所含的风险量的大小。如例 7-10 中,A 股票和 B 股票的预期收益水平相同,都是 8.00 元,但它们的变动范围却不相同也就是说它们的风险水平不同。

3. 风险量的计算——方差和标准差

资产的未来收益是一个离散型的随机变量,预期收益是所有可能未来收益的取值中心,是投资者评价某项资产未来收益的主要指标。但是,未来实际收益并不一定等于预期收益,而可能高于、低于或等于预期收益,实际收益围绕预期收益波动。这种波动越大,投资风险也就越大。风险指标是判定投资优劣的另一个指标。

我们已经知道,投资风险是未来收益的变动可能性和变动幅度,其变动幅度可以表示为未来可能收益水平围绕预期收益变化的区间大小。因此,风险的量化可以用未来收益水平对预期收益的离散程度来表示。在概率论中,随机变量取值区间的大小,即概率分布的离散程度是用随机变量的方差(variance)或标准差(standard deviation)来表示的。方差或标准差越小,说明其离散程度越小;反之,离散程度越大。因此,我们可以借助资产未来收益的方差或标准差指标来衡量它的风险大小。

衡量某种资产风险水平的一般尺度是各种可能收益或收益率的概率分布的方差或标准差。方差是实际值与期望值之差的平方的期望值,用 Var 或 σ^2 表示;标准差是方差的算术平方根,是各数据偏离平均数的距离的平均数,用 SD 或 σ 表示。它们的计算公式为

$$\mathrm{Var}(R) = \sigma^2 = \sum_{i=1}^{n} P_i [R_i - E(R)]^2 \tag{7.22}$$

$$\mathrm{SD}(R) = \sigma = \sqrt{\mathrm{Var}(R)} \tag{7.23}$$

式中,Var(R) 和 σ^2 为收益率的方差;SD(R) 和 σ 为标准差。

在例 7-10 中,可以计算出 A、B、C 三种股票未来收益的方差和标准差:

$$\sigma_A^2 = \sum_{i=1}^{5} P_i [R_{iA} - E(R_A)]^2 = 4.8, \quad 则 \quad \sigma = \sqrt{4.8} = 2.191$$

$$\sigma_B^2 = \sum_{i=1}^{5} P_i [R_{iB} - E(R_B)]^2 = 0.85, \quad 则 \quad \sigma = \sqrt{0.85} = 0.922$$

$$\sigma_C^2 = \sum_{i=1}^{5} P_i [R_{iC} - E(R_C)]^2 = 4.8, \quad 则 \quad \sigma = \sqrt{4.8} = 2.191$$

在这三种股票中,C 股票的预期收益最高,B 股票的风险最小。如果在它们中再作一次选择,可做以下比较:①在 A 股票和 B 股票中,它们的预期收益相等,但 B 股票风险要小得多,因此应选 B 股票;②在 A 股票和 C 股票中,它们的风险相等,但 C 股票预期收益要高,因此应选 C 股票;③在 B 股票和 C 股票中,B 股票风险小于 C 股票,但 B 股票的收益也低于 C 股票,因此选择比较困难,在 B 股票和 C 股票中选择将取决于投资者对收益和风险的偏好程度。

例 7-11 假定投资于某股票,初始价格 100 美元,持有期 1 年,现金红利及预期期末价格的概率分布如表 7-3 所示,求该股票的预期收益、方差和标准差。

表 7-3　某股票预期价格和股息收益的概率分布

经济环境	发生概率	期末价格/美元	现金红利/美元
繁荣	0.25	140	4
正常	0.50	110	4
萧条	0.25	80	4

解：先计算出各种情况下的总收益率：

$$R_1 = \frac{140-100+4}{100} \times 100\% = 44\%$$

$$R_2 = \frac{110-100+4}{100} \times 100\% = 14\%$$

$$R_3 = \frac{80-100+4}{100} \times 100\% = -16\%$$

则预期收益 $E(R) = 0.25 \times 44\% + 0.50 \times 14\% + 0.25 \times (-16\%) = 14\%$

方差 $\sigma^2 = 0.25 \times (0.44-0.14)^2 + 0.50 \times (0.14-0.14)^2 + 0.25 \times (-0.16-0.14)^2 = 0.045$

标准差 $\sigma = 0.045^{\frac{1}{2}} = 0.212$

7.3　投资收益与风险的关系

7.3.1　投资收益与风险的一般关系

1. 投资收益与风险的互换关系

收益与风险是证券投资的核心问题。在证券投资中，收益和风险如影相随，投资者投资的目的是为了获得收益，但同时又不可避免地面临着风险，证券投资的理论和分析始终围绕着如何处理这二者的关系而展开。

收益与风险的基本关系：收益与风险相对应，即风险较大的资产，其要求的收益率相对较高；反之，收益率较低的投资对象，风险相对也较小。在一个有效率的市场上，收益与风险是相互联系着的，较高的收益一般也伴随着较大的风险。收益与风险大体上是一种正比例互换的关系，收益是风险的补偿，风险是收益的代价。但是，不能盲目地认为风险越大，收益就一定越高。收益与风险相对应的原理只是揭示收益与风险的这种内在本质关系：收益与风险共生共存，承担风险是获取收益的前提，收益是风险的报酬。收益与风险的这种本质联系可以用下面的公式表述：

预期收益率 = 无风险收益率 + 风险补偿

预期收益率（expected return）又称期望收益率，是指在不确定的条件下，投资者预测的某资产未来可实现的收益率。无风险收益率（risk-free return）是指把资金投资于某一没有任何风险的投资对象而能得到的收益率，是投资资金时间价值的补偿。风险补偿即风险收益率（risk return），是指投资者因承担风险而额外要求的风险补偿率，是投资者承担风险所应当获得的补偿。无风险收益率是一种理想的投资收益，一般把它作为一种基本收益率，再考虑各种可能出现的风险，使投资者得到应有的风险补偿。现实生活中不可能存在没有任何风险的理想资产，但可以找到某种收益变动小的资产来代替。在证券市场，短期国债通常被视为无风险证券，一般用短期国库券的利率作为无风险收益率。风险收益率的大小主要取决于风险大小和风险价格两个因素。在风险市场上，风险价格的高低取决于投资者对风险的偏好程度。在证券投资中，期望收益率扣除无风险收益率的差额即为风险收益率。

2. 不同证券的风险分析

在短期国库券无风险利率的基础上，可以发现以下几个规律。

第一，同一种类型的债券，长期债券利率比短期债券利率高，这是对利率风险的补偿。如同是政府债券，都没有信用风险和财务风险，但长期债券的利率要高于短期债券，这是因为短期债券没有利率风险，而长期债券却可能受到利率变动的影响，二者之间利率的差额就是对利率风险的补偿。

第二，不同类型的债券，种类不同、利率水平也不同，这是对信用风险的补偿。通常，在期限相同的情况下，政府债券的利率最低，地方政府债券利率稍高，其他依次是金融债券和企业债券。在企业债券中，信用级别高的债券利率较低，信用级别低的债券利率较高，这是因为它们的信用风险不同。

第三，在通货膨胀严重的情况下，债券的票面利率会提高，或是会发行浮动利率债券，这种情况是对购买力风险的补偿。

第四，不同种类的证券，收益率不同，如股票的收益率一般高于债券，这是对股票较高风险的补偿。因为股票面临的经营风险、财务风险和经济周期波动风险比债券大得多，必须给投资者相应的补偿。在同一市场上，许多面值相同的股票也有迥然不同的价格，这是因为不同股票的经营风险、财务风险相差甚远，经济周期波动风险也有差别。投资者以出价和要价来评价不同股票的风险，调节不同股票的实际收益，使风险大的股票市场价格相对较低，风险小的股票市场价格相对较高。金融衍生工具因为实行保证金交易，收益和风险都被放大若干倍，因此，其风险最大。不同投资工具风险的一般关系：金融衍生工具＞普通股＞证券投资基金＞优先股＞公司债券＞金融债券＞政府债券＞银行存款。美国在1926—1999年74年间主要证券的年收益率及通货膨胀率比较如表7-4所示。不同投资工具的风险—收益特征如图7-1所示。

表7-4 1926—1999年美国主要证券的年收益率及通货膨胀率比较　　单位：%

项　目	小公司股票	大公司股票	长期国债	中期国债	国库券	通货膨胀率
平均收益率	18.81	13.11	5.36	5.19	3.82	3.17
最小收益率	−52.71	−45.56	−8.74	−5.81	−1.59	−10.27
最大收益率	187.82	54.56	32.68	33.39	14.95	18.13
标准差	39.68	20.21	8.12	6.38	3.29	4.46

资料来源：Zvi Bodie, Alex Kane and Alan Marcus. Investments. Fifth Edition, McGraw Hill Irwin, 2002: 138-139.

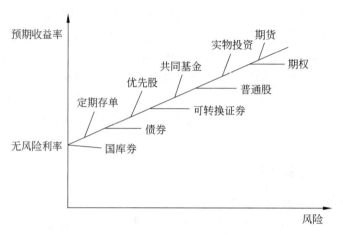

图 7-1　不同投资工具的风险—收益特征

风险与收益往往呈现相同的趋势,即高收益往往隐含着高风险,而高风险又会给投资者带来高收益。但是,风险与收益的关系并非如此简单,这种收益率对风险的替代只能粗略地、近似地反映两者之间的关系。实际上,投资收益与风险之间关系复杂,两者不一定成正比例关系,追求额外的风险不一定有额外的收益,具有相同的风险也不一定具有相同的收益。因此,对投资者而言,投资的基本目标是在一定的限制条件下,取得最大可能的利润。如果投资者的目标仅仅是取得高收益,是非常危险的,那样就忽视了非常关键的风险因素。为此,投资者必须尽可能地将风险置于控制之下,这就需要在投资过程中采取一系列措施,对投资风险进行科学管理,使风险降到最低限度。

7.3.2　证券投资风险管理

1. 投资风险管理的概念和方法

投资风险管理(risk management)是指证券投资者在投资过程中,对投资风险进行识别、衡量和分析,并在此基础上有效地控制与处置投资风险,用最低成本即用最经济合理的方法来实现最大资产安全保障的决策过程。在这里,风险管理的对象是证券投资风险,风险管理的主体是证券投资者(包括个人投资者和机构投资者),风险管理的基本目标是以一定的成本收获最大的资产安全保障。风险管理是一个独立的管理系统,并成为一门新兴学科。投资风险管理的主要途径是通过改变引起风险事故和扩大损失的各种条件,降低损失频率和损失程度,并事先做好吸纳风险成本的财务安排。风险管理的常用方法包括风险分散、风险对冲、风险转移、风险规避和风险补偿。

(1) 风险分散

风险分散是指投资者通过多样化的投资来分散和降低风险。马科维茨的资产组合管理理论认为,只要两种资产收益率的相关系数不为1,分散投资于两种资产就具有降低风险的作用。风险分散在证券市场上的应用较为广泛,将资产放在不同的投资对象上,例如、股票、债券、货币市场或者是基金,可把风险分散。投资分散于几个领域而不是集中在特定证券上,这样可以防止一种证券价格不断下跌时带来的金融风险。风险分散一般遵循以下原则:资金投向不同市场;运用基金投资组合;分散投资于不同资产。风险分散策略适用于非系统风险的管理,并且投资标的的收益率相关系数不为1的情形。需要说明的是,分散投资只能降低风险,不能将风险完全免除,同时,风险分散策略是有成本的。

(2) 风险对冲

风险对冲是指通过投资或购买与标的资产收益波动负相关的某种资产或衍生产品,来冲销标的资产潜在的风险损失的一种风险管理策略。风险对冲是管理利率风险、汇率风险、股票风险和商品风险非常有效的办法。与风险分散策略不同,风险对冲可以管理系统风险和非系统风险,还可以根据投资者的风险承受能力和偏好,通过对冲比率的调节将风险降低到预期水平。风险对冲必须遵守下列四项操作原则:①交易方向相反原则;②商品种类相同或相近原则;③数量相等或相近原则;④月份相同或相近原则。风险对冲模式一般包括股指期货对冲、商品期货对冲、套期保值和期权对冲。利用风险对冲策略管理风险的关键问题在于对冲比率的确定,这一比率直接关系到风险管理的效果和成本。

(3) 风险转移

风险转移是指通过购买某种金融产品或采取其他合法的经济措施,将风险转移给其他经济主体的一种风险管理办法。一般来说,风险转移的方式可以分为非保险风险转移和保险风险转移。非保险风险转移是指通过订立经济合同,将风险以及与风险有关的财务结果转移给别人。在经济生活中,常见的非保险风险转移有租赁、互助保证、基金制度等。保险风险转移是指通过订立保险合同,将风险转移给保险公司(保险人)。由于保险存在着许多优点,所以通过保险来转移风险是最常见的风险管理方式。需要指出的是,并不是所有的风险都能够通过保险来转移,因此,可保风险必须符合一定的条件。

(4) 风险规避

风险规避是指通过计划的变更来消除风险或风险发生的条件,保护目标免受风险的影响。风险规避并不意味着完全消除风险,所规避的是风险可能造成的损失。风险规避有两种途径:一是采取事先控制措施,降低损失发生的概率;二是采取事先控制、事后补救措施,降低损失程度。风险规避一般适用于两种情况:一是能够预测风险损失的类型及概率;二是损失已经发生,需要采取措施以规避更大的损失。风险规避的种类包括完全规避风险、风险损失的控制、转移风险和自留风险。风险规避策略的局限性在于它是一种消极的风险管理策略。

(5) 风险补偿

风险补偿又称作风险报酬或风险价值,是投资人因承担投资风险而要求的超过货币时间价值的那部分额外报酬。风险补偿不是被动等待风险发生后再进行风险承担,而是对可能造成的损失提前进行预判,并作出相应的补偿措施。风险补偿适用于那些无法通过风险分散、风险对冲、风险转移或风险规避进行管理,而且又无法规避、不得不承担的风险,投资者可以采取在交易价格上附加风险溢价,即通过提高风险回报的方式,获得承担风险的价格补偿。风险管理的一个重要方面就是对风险合理定价。

2. 投资风险管理的过程

投资风险管理是一个十分复杂的过程,根据金融风险管理过程中各项任务的基本性质,将整个金融风险管理分为六个阶段。

(1) 金融风险的度量

金融风险的度量,就是鉴别金融活动中各项损失的可能性,估计可能损失的严重性。它包括两方面的内容:①风险分析,包括分析各种风险暴露,如哪些项目存在金融风险,受何种金融风险的影响;分析各种资产和负债受到金融风险影响的程度;分析金融风险的成因和特征,分清哪些风险可以回避,哪些风险可以分散,哪些风险可以减少。②风险评估,包括预测和衡量金融风险的大小;确定各种金融风险的相对重要性;对未来可能发生的风险状态、影响因素的变化趋势作出分析和判断。

(2) 风险管理对策的选择和实施方案的设计

在完成准确的风险度量之后,管理者必须考虑金融风险管理策略。不同的金融风险,可以采取不同的策略。风险管理方法分为控制法和财务法两大类。控制法是指在损失发生之前,运用各种控制工具,力求消除各种隐患,减少风险发生的因素,将损失的严重后果减少到最低限度。财务法是指在风险事件发生后已经造成损失时,运用财务工具,对损失的后果给予及时的补偿,促使其尽快地恢复。

(3) 金融风险管理方案的实施和评价

金融风险管理方案确定后,必须付诸实施。金融风险管理方案的实施,直接影响着金融风险管理的效果,也决定了金融风险管理过程中内生风险的大小,因此,它要求各部门相互配合支持,以保证方案的顺利实施。金融风险管理方案的实施和评价是指不断通过各种信息反馈检查风险管理决策及其实施情况,并视情形不断地进行调整和修正,以此更加接近风险管理的目标。

(4) 风险报告

风险报告是指金融企业定期通过其管理信息系统将风险报告给其董事会、高级管理层、股东和监管部门的程序。风险报告应具备以下几方面的要求:①输入的数据必须准确有效,必须经过复查和校对来源于多个渠道的数据才能确定。②应具有实效性,风险信息的收集和处理必须高效准确。③对不同的部门提供不同的报告。近年来,监管部门采取措施要求金融企业改进风险报告和年报中的信息披露,金融工具的会计记账方法也逐步转向以公允价值为基础的更为科学的方法。

(5) 风险管理的评估

风险管理的评估是指对风险度量、选择风险管理工具、风险管理决策以及金融风险管理过程中业务人员的业绩和工作效果进行全面的评价。

(6) 风险确认和审计

风险管理的最后一个程序是确认金融企业正在使用的风险管理系统和技术是有效的。风险确认和审计主要是指内部审计和外部审计对风险管理程序的检查,这就要求内部审计中需要更高水平的专业技术,用于保证了解和检查风险管理职能的有效性。

3. 风险管理的发展趋势

随着世界经济与社会的发展，人们对于金融风险管理的认知越来越深刻，对风险规律研究日益深入。全面风险管理是现代风险管理理论的最新发展，主要始于20世纪90年代中后期的欧美国家。它是一种以先进的风险管理理念为指导，以全球的风险管理体系、全面的风险管理范围、全程的风险管理过程、全新的风险管理方法、全员的风险管理文化、全额的风险管理计量等全面的风险管理概念为核心的一种崭新的风险管理模式。目前已成为金融、电信等许多高风险行业研究的热点，它是保证管理活动持续发展和竞争优势的最重要方式，也体现了风险管理的发展趋势。

全面风险管理的本质是考虑企业所有风险因素和所有业务部门及其相关性，基于企业整体的风险管理，是相对于传统的单风险因素或单业务部门的风险管理而言的。其核心理念是用系统的、动态的方法进行风险控制，以减少项目过程中的不确定性。它不但使各层次的项目管理者建立风险意识，重视风险问题，防患于未然，而且在各阶段、各方面进行有效的风险控制，形成一个前后连贯的管理过程。全面风险管理有全过程的风险管理、全部的风险管理、全方位的风险管理、全面有效的组织措施四个方面的特点。

7.3.3 投资收益与风险间的权衡

投资的目的是为了获取收益，或者说是为了获取最大化的收益，但风险与收益正相关，要获取较大的收益，就要冒较大的风险；而冒较小的风险，获取的只能是较小的收益。风险与收益是一对矛盾，投资者需要在风险与收益间作出决策，即是执行高风险、高收益策略，还是低风险、低收益策略。任何投资者都必须充分树立风险意识，即怎样解决风险与收益之间的矛盾，其最终的决策结果应该是寻求风险与收益的平衡。因此，投资者在进行投资决策时应考虑两方面的问题：一是投资者个人对收益与风险的态度，即个人偏好；二是在投资者可接受的风险水平下可供选择的投资品种。投资决策的实质是投资收益与风险的权衡问题(problem of risk－return trade－off)。在投资理论中，投资者在收益与风险之间的权衡可通过均值—方差准则、无差异曲线、投资效用函数和夏普比率等来实现。

1. 风险溢价与风险厌恶

(1) 风险溢价

风险溢价(risk premium)又称风险收益，是预期收益减去无风险收益之后的差额，即预期的超额收益。在投资活动中，投资者的资金投入在前，获得收益在后，因此，投资者在进行投资决策时，只能对今后可能得到的收益进行估计。由于风险是收益的代价，收益是风险的补偿，因此，投资者希望得到的必要收益率应是建立在无风险利率和风险补偿基础上的，即投资者因承担风险希望获得额外的收益作为补偿，用公式表示即为

$$预期收益率 = 无风险利率 + 风险补偿 = 无风险收益率 + 风险溢价$$

风险是未来经济活动结果的不确定性，包括非系统风险和系统风险两大类。投资者应对这两种风险的基本做法：通过投资组合来分散非系统风险，通过风险溢价来弥补系

统风险带来的损失从而达到期望的报酬率。预期收益率超过无风险收益率的部分即为风险溢价,为投资的各种风险提供补偿。例如,股票的预期收益率为14%,若无风险收益率为8%,则投资于股票的风险溢价为6%。美国几种重要金融工具风险溢价的历史数据(1926—1999年)如表7-5所示。

表7-5　美国几种重要金融工具风险溢价的历史数据(1926—1999年)　　单位:%

证券种类	平均收益率	风险溢价	标准差
小公司股票	17.6	13.8	33.6
大公司股票	13.3	9.5	20.1
长期公司债券	5.9	2.1	8.7
长期政府债券	5.5	1.7	9.3
中期政府债券	5.4	1.6	5.8
美国国库券	3.8	0.0	3.2
通货膨胀	3.2	—	4.5

注:假设利息都作再投资且不计税收。

(2) 风险厌恶

风险厌恶(risk aversion)是指投资者在承受风险情况下其偏好的特征。它可以用来测量投资者为降低所面临的风险而进行支付的意愿。在降低风险成本与收益的权衡过程中,风险厌恶者在相同的成本下更倾向于作出低风险的选择。例如,当对具有相同的预期收益率的证券进行选择时,风险厌恶者一般选择风险最低的证券。

在现代投资理论中,通常假定理性的投资者是厌恶风险的。也就是说,必须有正的风险溢价存在,才能使风险厌恶的投资者投资于有风险的股票或者继续持有现有股票,而不是将资金全部投资于无风险资产。一个投资者的具体风险厌恶程度可根据其对风险溢价的要求来衡量,风险厌恶程度越高,要求的风险溢价就越高。根据风险厌恶程度不同,投资者可分为风险厌恶型(risk aversion)、风险中立型(risk neutral)和风险偏好型(risk lover)三种类型。风险厌恶型的投资者只愿意进行无风险投资。当他们准备进行有风险投资时,他们会要求有相应的风险报酬,即要求获得相应的超额收益或风险溢价。风险中立型的投资者按期望收益率来决定是否投资,风险的高低与其无关。风险偏好型的投资者是把风险看成一种乐趣,他们把风险的乐趣考虑在内,会使期望收益率上调。在生活中,风险厌恶、风险中立和风险偏好可以同时存在于同一个人身上,当所涉及的价值较小时,人们是风险中立甚至是风险偏好的,但是当涉及的价值很高时则可能表现为风险厌恶。投资所涉及的价值一般在个人或者家庭财产中占有较大的比重,因此一般假定投资中的主体对风险的态度是风险厌恶的。

2. 均值—方差准则

均值—方差准则(mean-variance criterion)是由马科维茨在1952年提出的风险度量模型。投资决策的两个核心问题是收益与风险。那么,如何平衡这两者、进行资产分配是市场投资者需要解决的问题。投资者的决策目标有两个:尽可能高的收益率和尽可能低的不确定性风险。最佳目标应是使这两个相互制约的目标达到最佳平衡。风险厌恶型的投资者承担风险是要报酬的,这个风险报酬就是超额收益或风险溢价。因此对于风险厌恶型的投资者来说,存在着选择资产的均值—方差准则:当满足下列(a)、(b)条件中的任何一个时,投资者将选择资产A作为投资对象:

(a) $E(R_A) \geqslant E(R_B)$ 且 $\sigma_A^2 < \sigma_B^2$;

(b) $E(R_A) > E(R_B)$ 且 $\sigma_A^2 \leqslant \sigma_B^2$。

均值—方差准则的最大优点在于,只要考虑投资收益的期望值与方差(标准差)便可以作出决策,也正因为如此,它成为投资分析中最著名的有效准则之一。根据均值—方差准则,投资决策的基本原则:在特定风险下,投资者会选择预期收益最大的方案;在特定预期收益下,投资者会选择投资风险最小的方案。这就是投资决策中的占优原则(dominance principle),占优原则示意图如图7-2所示。图中,资产B占优于资产A,因为资产B和资产A风险相同,而资产B的预期收益高于资产A;资产B占优于资产C,因为资产B和资产C的预期收益相同,而资产B的风险小于资产C;资产D占优于资产C,因为资产D和资产C风险相同,而资产D的预期收益高于资产C。但是,通过占优原则,无法比较资产A和资产C、资产B和资产D之间的优劣,因为这两组资产之间的预期收益和风险是同向递增的。在这种情形下,不同投资者可能作出完全不同的投资决策,结果取决于不同投资者的个人偏好。

3. 投资者无差异曲线

(1) 投资者无差异曲线的概念

无差异曲线(indifference curve)是使投资者得到相同预期效用的各资产组合点的轨迹。它反映了投资者对风险与收益的偏好,代表着投资者为承担风险而要求的风险补偿。按照占优原则,有些资产之间是不能区分优劣的,这些资产虽然承担较大的风险,但同时也带来了较高的预期收益率,这种预期收益率的增量可以看作是对增加风险的补偿。不同投资者对预期收益率和风险的偏好态度不同,因而对相同的资产组合会有不同的满意程度。在期望收益率—标准差平面上,如果将某一投资者满意程度相同的组合点连成一条曲线,这条曲线就是该投资者的无差异曲线。投资者无差异曲线如图7-3所示。

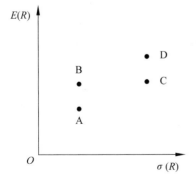

图7-2 占优原则示意图

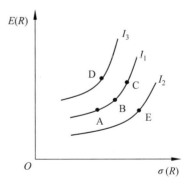

图7-3 投资者无差异曲线

(2) 投资者无差异曲线的性质

投资者无差异曲线作为衡量投资者效用水平的曲线,具有以下的重要性质。

① 一条无差异曲线上所有的点具有相同的效用值。无差异曲线说明高风险、高预期收益的组合与低风险、低预期回报的组合对投资者具有相同的吸引力。投资者对同一条无差异曲线上的投资点有相同的偏好。在图 7-3 无差异曲线 I_1 上,证券 A、B、C 都在同一条无差异曲线上,因此对某一特定投资者而言带来的效用是一样的。

② 一个投资者的无差异曲线有无数条。按照同一投资者的不同满意程度,可以分别绘出无数条无差异曲线,它们密布整个平面,这样,任何一个资产或组合都将落在某一条无差异曲线上。在图 7-3 中,有三条无差异曲线 I_1、I_2、I_3,同一条无差异曲线上具有相同的效用,每一条无差异曲线代表的效用水平是不一样的。

③ 任何两条无差异曲线不可能相交。落在同一条无差异曲线的资产或组合有相同的投资者效用,而落在不同的无差异曲线上有不同的投资者效用,因而,一个组合不会同时落在两条不同的无差异曲线上。可见,任意两条无差异曲线可以无限靠近,但是绝对不会相交。在图 7-3 中,三条无差异曲线 I_1、I_2、I_3 不会相交,否则不同曲线的效用就相同了。

④ 无差异曲线总是表现为向右上方倾斜且凸向横轴的曲线。投资者具有永不满足和风险厌恶的特性。随着风险的增加,要想保持相同的效用期望值,只有增加期望收益率,也就是说,必须给增加的风险提供风险补偿。可见,无差异曲线上各点的斜率为正,也即无差异曲线向右上方倾斜。同时,风险厌恶者的无差异曲线凸向横轴,即随着风险的增加,对于相同幅度的风险增加额,投资者所要求的风险补偿不断增加。因此,随着风险的增加,无差异曲线上各点的斜率越来越大。

⑤ 投资者总是偏好位于左上方的无差异曲线。在无差异曲线群中,无差异曲线的位置越高,预期收益率越高,它带来的满意程度就越高;无差异曲线的位置越靠左边,风险越小,它带来的满意程度也越高。可见,越往左上方的无差异曲线,其效用期望值越大,对投资者更有吸引力。在图 7-3 中,证券 D 的效用大于证券 A,证券 E 的效用小于 A,三条无差异曲线所代表的效用水平不同,即 $I_3 > I_1 > I_2$,因此,投资者更偏好无差异曲线 I_3 上的资产。

(3) 不同投资者的无差异曲线

不同理性投资者具有不同的风险厌恶程度,有的投资者有较高的风险厌恶,而另一些投资者可能只有轻微的风险厌恶,这意味着不同的投资者可能有不同的无差异曲线。无差异曲线的倾斜度反映了投资者对风险的态度,投资者对待风险和期望收益率的态度可以从他的无差异曲线的形状来分析。较陡峭的无差异曲线反映了投资者对风险持较保守的态度,即必须有收益的较大幅度提高才能促使他愿意承担较大的风险;相反,较平缓的无差异曲线则反映了投资者敢于冒险的精神,即为了获取额外的预期收益愿意承受较多的风险。不同风险厌恶程度的投资者的无差异曲线如图 7-4 所示。

4. 投资效用函数

投资效用函数(utility function)是指衡量投资者预期效用与风险和收益之间关系的数学关系式,它是投资者按照自己的主观偏好来评价各种投资品满足程度的度量尺度。

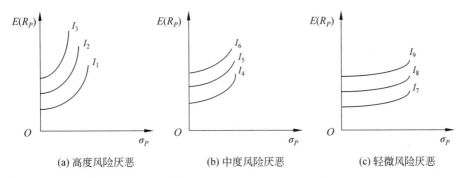

(a) 高度风险厌恶 (b) 中度风险厌恶 (c) 轻微风险厌恶

图 7-4 不同风险厌恶程度的投资者的无差异曲线

投资者进行投资的目的是获得预期效用的最大化,这种预期效用是投资者在投资过程中所获得的满足程度,满足程度越高,获得的效用越大。在确定性的条件下,投资者预期效用最大化等价于期望收益率最大化;在不确定性的条件下,投资者必须在风险与收益之间权衡。按照均值—方差准则,投资者的预期效用就是预期收益分布的平均值以及方差的函数。假定每一投资者都可根据资产或组合的收益与风险情况,来确定资产的效用数值,则投资效用函数的公式可表示为

$$E(U_P) = f[E(R_P), \sigma_P] \tag{7.24}$$

式中,$E(U_P)$ 为资产(组合)P 的预期效用;$E(R_P)$ 为 P 的期望收益率;σ_P 为 P 的标准差。

一般来说,在风险给定的情况下,效用函数的值随着期望收益率的增加而增加;在期望收益率给定的情况下,效用函数的值随着标准差的增加而减少。风险减少效用的程度取决于投资者对风险的态度。投资者越厌恶风险,对风险投资的妨碍就越大。金融界有一个广泛使用的投资效用计算公式为

$$U = E(R) - 0.5 A \sigma^2 \tag{7.25}$$

式中,U 为投资的效用值;$E(R)$ 为资产或组合的期望收益率;A 为投资者的风险厌恶指数;σ^2 为收益方差。

在式(7.25)中,投资者风险规避的程度是用风险厌恶指数 A 来表示的,风险厌恶程度不同的投资者可以有不同的指数值。若 A 越大,表示投资者越害怕风险,在同等风险的情况下,越需要更多的收益补偿;在 A 不变的情况下,若期望收益越高,效用越大;收益的方差越大,效用越小。可见,该公式隐含表达了投资效用随着期望收益的增加和风险的减少而增长的一般规律。从效用函数的角度来看,风险中立型是 $A=0$,风险偏好型是 $A<0$。对于风险厌恶的投资者,A 的典型值在 2~4,如 $A=4$ 为保守型投资者;$A=3$ 为温和型投资者;$A=2$ 为激进型投资者。在多种具有不同风险溢价的资产(组合)的选择中,投资者将选择效用值较大的资产。

例 7-12 如果股票的期望收益率为 10%,标准差 σ 为 21.21%,无风险资产——国库券的收益率为 4%,试问:在风险厌恶指数 $A=3$ 和 $A=2$ 的情况下,风险厌恶的投资者如何选择投资策略?

解:(1) $A=3$ 时,股票的效用值 $U = 10\% - 0.5 \times 3 \times 21.21\%^2 = 3.25\%$

即投资于股票的效用值为 3.25%,它比无风险报酬率 4% 稍低。在这种情况下,尽管

股票有6%(10%－4%)的风险溢价,一个风险厌恶的投资者会放弃股票而选择全部购买国库券的投资策略。

(2) $A=2$ 时,股票的效用值 $U=10\%-0.5\times2\times21.21\%^2=5.50\%$

即投资于股票的效用值为5.50%,它高于无风险报酬率4%,投资者就会接受这个期望收益,愿意投资于股票。

可见,投资者对风险的厌恶程度在投资决策中十分关键。

5. 夏普比率

对于风险与收益各不相同的资产,均值—方差准则可能无法判定如何选择,除可以采用计算其效用值 U 来比较外,还可以采用夏普比率(Sharpe rate)。夏普比率又称夏普指数,表示单位风险下获得的收益,其值越大,则资产越具有投资价值。其计算公式为

$$CV = \frac{E(R)}{\sigma} \tag{7.26}$$

式中,CV 为夏普比率;$E(R)$ 为资产或组合的期望收益率;σ 为标准差。

夏普比率是一个可以同时对收益与风险加以综合考虑的经典指标之一。夏普比率常被基金公司用于衡量金融资产绩效表现的标准化指标。夏普比率越大,说明基金单位风险所获得的风险回报越高。夏普比率为负时,按大小排序没有意义。

例 7-13 现有 A、B、C 三种证券投资可供选择,它们的期望收益率分别为 12.5%、25.0%、10.8%,标准差分别为 6.31%、19.52%、5.05%,请对这三种证券进行排序。

解:先计算三种证券的夏普比率:

$$CV_A = \frac{E(R_A)}{\sigma_A} = \frac{12.5\%}{6.31\%} = 1.981$$

$$CV_B = \frac{E(R_B)}{\sigma_B} = \frac{25.0\%}{19.52\%} = 1.281$$

$$CV_C = \frac{E(R_C)}{\sigma_C} = \frac{10.8\%}{5.05\%} = 2.139$$

则有

$$CV_C > CV_A > CV_B$$

所以,这三种证券按夏普比率排序为证券 C 最优,证券 A 次之,证券 B 最差。

7.4 投资组合的收益与风险

7.4.1 投资组合及其收益的衡量

1. 投资组合的概念和类型

(1) 投资组合的概念

投资组合(investment portfolio)又称资产投资组合,是指个人或机构投资者所拥有的由两种或两种以上资产所构成的集合。在现实经济生活中,投资者一般把资金按一定

比例分别投资于不同种类的资产,同时持有若干种实物资产或金融资产,也就是说,这些实物资产和金融资产一般都是作为一个投资组合的一部分被投资者所持有的。如个人或家庭一般同时拥有房地产、有价证券、银行存款等;公司则一般同时持有厂房、机器设备、银行存款和应收票据等资产。在投资组合中,如果只是证券,称为"证券组合";如果全部是债券或股票,则分别称为"债券组合"或"股票组合"。资产组合的目的:通过多样化来分散或减少风险,在适当的风险水平下获得最大的预期回报,或是在获得一定的预期回报的情况下使风险最小。

（2）投资组合的基本类型

美国是世界上组合种类比较"齐全"的国家。在美国,证券组合可以分为以下类型。

① 收入型证券组合。该组合追求基本收益（利息、股息收益）的最大化。能够带来基本收益的证券有附息债券、优先股及一些避税债券。

② 增长型证券组合。该组合以资本升值（未来价格上升带来的价差收益）为目标,它往往选择相对于市场而言属于低风险、高收益,或收益与风险成正比的证券。符合增长型证券组合标准的证券一般具有以下特征：收入和股息稳步增长；收入增长率非常稳定；低派息；高预期收益；总收益高,风险低。

③ 混合型证券组合。该组合是收入型和增长型进行混合而构成的证券组合,试图在基本收入与资本增长之间达到某种均衡,因此它也称为均衡组合。

④ 货币市场型证券组合。该组合是由各种货币市场工具构成的,如国库券、高信用等级的商业票据等,其流动性高、安全性强。

⑤ 国际型证券组合。该组合是投资于海外不同国家的做法,是组合管理的时代潮流。实证研究表明,这种证券组合的业绩总体上强于只在本土投资的组合。

⑥ 指数化型证券组合。该组合模拟某种市场指数,以求获得市场平均的收益水平。

⑦ 避税型证券组合。该组合通常投资于市政债券,这种债券免联邦税,也常常免州税和地方税。

2. 投资组合的构建

（1）构建投资组合的基本原则

一个优质的资产投资组合要求具有高流动性、平稳及较高收益、低投资风险等。构建投资组合应遵循以下基本原则。

① 安全性原则。它是指投资组合不要承担过高风险,要保证投资的本金能够按期全部收回,并取得一定的预期投资收益。安全性是投资者首先要考虑的一个问题。

② 流动性原则。它是指投资组合所形成的资产在不发生价值损失的前提下,可随时转变为现金,以满足投资者对现金支付的需要。投资所形成的资产有不同的流动性,流动性又影响到投资的安全性和收益性。

③ 收益性原则。它是指在符合安全性原则的前提下,尽可能地构建能够获取较高的投资收益率的组合。追求投资盈利是投资的直接目的,投资组合只有符合这一目标,才能使投资保值增值。

(2) 构建投资组合的方式

投资组合方式是指实现投资多元化的基本途径。构建投资组合可采取以下方式。

① 投资工具组合,是指不同投资工具的选择和搭配。选择何种投资工具,一方面应考虑投资者的资金规模、管理能力以及投资者的偏好;另一方面应考虑不同投资工具各自的风险和收益以及相互间的相关性。

② 投资期限组合,是指投资资产的长短期限的搭配。不同的投资工具所形成的资产的期限是不同的,同种投资工具所形成的不同的资产也会有不同的期限。投资期限组合主要应考虑:一是投资者预期的现金支付的需求,包括支付的时间和数量;二是要考虑不同资产的约定期限及流动性;三是经济周期的变化。

③ 投资区域组合,是指基金通过向不同地区、不同国家的金融资产进行投资,来达到分散投资风险、获得稳定收益的目的。区域组合主要考虑以下因素:一是各国资本市场的相关性;二是各国经济周期的同步性;三是汇率变动对投资的影响。

(3) 证券投资组合管理的基本步骤

证券投资组合管理的目标是实现投资收益的最大化,即使组合的风险和收益特征能够给投资者带来最大满足,实现这种目标有赖于有效和科学的组合管理内部控制。从控制过程来看,证券投资组合管理通常包括以下几个基本步骤。

① 制定证券投资政策。证券投资政策是投资者为实现投资目标应遵循的基本方针和基本准则,包括确定投资目标、投资规模和投资对象三方面的内容以及应采取的投资策略和措施等。投资目标是指投资者在承担一定风险的前提下,期望获得的投资收益率,应包括风险和收益两项内容。投资规模是指用于证券投资的资金数量。投资对象是指证券投资组合管理者准备投资的证券品种。第一步反映了投资组合管理人的投资风格。

② 进行证券投资分析。第二步主要是对证券投资组合管理第一步所确定的金融资产类型中个别证券或证券投资组合的具体特征进行的考察分析。证券分析方法有基本分析和技术分析两种,目的是明确这些证券的价格形成机制和影响证券价格波动的诸因素及其作用机制,发现那些价格偏离其价值的证券。

③ 组建证券投资组合。第三步主要是确定具体的证券投资品种和在各证券上的投资比例。在构建证券投资组合时,投资者需要注意个别证券选择、投资时机选择和多元化三个问题。

④ 投资组合的修正。第四步实际上是定期重温前三步的过程。随着时间的推移,过去组建的证券投资组合对投资者来说,可能已经不再是最优组合了。作为对这种变化的反映,投资者可能会对现有的投资组合作必要调整,以确定一个新的最佳组合。

⑤ 投资组合业绩评估。第五步是通过定期对投资组合进行业绩评估,来评价投资的表现。它关系到下一个时期组合管理的方向。对进行投资组合业绩评估时,不能仅比较投资收益,而是应该综合衡量投资收益和所承担的风险情况。

3. 投资组合收益的衡量

投资组合是由多种资产所构成的集合,投资组合的收益—风险权衡同个别资产一样也是通过对该投资组合的期望收益和标准差进行测量得出的。单个资产的收益和风险对投资组合的收益和风险的影响是相当重要的。我们可以通过寻找各种可能状况下的投资组合收益,然后计算期望收益。投资组合的期望收益就是该组合中各个资产的预期收益的加权平均数。其中,权重等于每一单项资产在整个组合总价值中所占的投资比例。其计算公式为

$$E(R_P) = E\left(\sum_{i=1}^{n} w_i R_i\right) = \sum_{i=1}^{n} w_i E(R_i) \tag{7.27}$$

式中,$E(R_P)$为投资组合的期望收益;n为组合中资产的数目;w_i为第i种资产的投资权重;$E(R_i)$为第i种资产的预期收益。

可见,投资组合的期望收益是各组合资产预期收益的一种线性组合,是权重w_i的线性函数。如果组合中资产权重变动,组合的期望收益将发生相应的变化。因此,要提高组合的期望收益,可用两种办法:一是改变组合中资产的品种;二是调整组合中各资产所占的比例。当然,随着资产组合收益率的变化,其风险也会发生相应的变化。

例 7-14 有一投资组合包含 A 股票、B 债券和 C 基金三种资产,它们的价值占资产组合总价值的比例分别为 40%、50%和 10%。A、B、C 的预期收益率分别为 12%、8%和 10%,则该组合的期望收益率为 $R_P = 0.4 \times 12\% + 0.5 \times 8\% + 0.1 \times 10\% = 9.8\%$。

由于每种资产在一定时期后的实际收益率与预期收益率可能不一致,因此,投资组合的实际收益率与期望收益率也会不同,从而要对投资组合的风险加以考虑。

7.4.2 投资组合风险的衡量

1. 资产组合效应

投资组合的期望收益率是构成组合的各资产期望收益率的线性组合,那么,投资组合的风险是不是也存在着这种关系呢?我们知道,投资风险可分为系统风险和非系统风险两种类型。其中,系统风险又称不可分散风险,它不能通过投资组合分散掉;非系统风险又称可分散风险,它可以通过购买多种证券加以抵销。因此,当投资者同时持有风险不同的几种资产时,他承担的风险有可能发生变化,因而不是简单地等于这几种资产风险的总和,因为通过资产组合,部分非系统风险被分散掉了。假设有 A、B 两种股票,它们的价格变动方向和变动幅度完全相同,如果投资者同时持有 A、B 两种股票,风险是不会降低的。再假设有 A、C 两种股票,它们的价格变动方向完全相反,这种完全相反的变动,使两种股票的风险相互抵销了。当然,这是两种极为少见的情况,大部分情况是介于这两者之间的,此时分散投资可使风险大量减少。

可见,资产组合的风险也可以分为可分散风险和不可分散风险。当投资者同时持有几种风险各不相同的资产时,他所承担的风险有可能部分被分散,使他承担的总风险小于分别投资于这些资产所应承担的风险。这种因分散投资而使风险下降的效果称为资产组合效应或资产多元化效应。投资组合的目的就在于:在收益一定的条件下,投资者承担的总风险减少。另外,一个资产组合的风险不是孤立地取决于组合中个别资产的风险,也不简单地等于组合中各种风险量的总和,而是取决于个别资产风险的相关程度。资产之间相互影响产生的收益的不确定性可用协方差 COV 和相关系数 ρ 来表示。

2. 投资组合中风险相关程度的衡量

方差和标准差度量的是单个资产收益的变动性,而协方差和相关系数度量的是两个随机变量之间的相互关系。在测量投资组合的风险时,协方差和相关系数用来测量组合中两个投资项目之间的相关程度,即衡量两个项目之间收益与风险的互动性。

(1) 协方差

协方差(covariance)是测量两个随机变量之间的相互关系或互动性的统计量。由于资产组合中两种资产的未来可能收益率可以看作是两个随机变量,因此,协方差被用于揭示一个资产组合中的两种资产未来可能收益率之间的相互关系。协方差是测度两种资产未来可能收益率之间相互关系的指标,即测度两个风险资产收益相互影响的方向与程度。协方差是两个资产收益率离差乘积的期望值,记作 COV_{AB} 或者 σ_{AB}。其计算公式为

$$COV_{AB} = \sigma_{AB} = \sigma_{BA} = \sum_{i=1}^{n} P_i [R_A - E(R_A)][R_B - E(R_B)]$$
$$= E\{[R_A - E(R_A)][R_B - E(R_B)]\} \qquad (7.28)$$

式中,COV_{AB}、σ_{AB} 为资产 A 与资产 B 的协方差;R_A、R_B 为资产 A 与资产 B 的各种可能收益率;$E(R_A)$、$E(R_B)$ 为资产 A 与资产 B 的预期收益率;P_i 为各种可能的概率;n 为观察数。

从式(7.28)可以看出,协方差是衡量两种资产之间收益互动性的一个测度。如果两种资产收益结果的变动方向一致,即 $R_A - E(R_A)$、$R_B - E(R_B)$ 分别大于零或分别小于零,则其协方差大于零;如果两种资产收益结果的变动方向相反,则其协方差小于零;如果两种资产收益结果的变动方向之间无任何关系,则其协方差为零。

协方差与方差的不同之处在于:方差是单个资产收益离差平方的平均值,在任何情况下都大于或等于 0;而协方差是两个资产各自离差之积的平均值,可为正数、0 或负数。投资组合的协方差衡量的是两个资产收益率之间的总体误差,而方差是协方差的一种特殊情况,即当两个变量相同的情况,有以下关系式:

$$COV_{AA} = \sigma_{AA} = \sum_{i=1}^{n} P_i [R_A - E(R_A)][R_A - E(R_A)] = \sigma_A^2 \qquad (7.29)$$

如果两个资产的收益正相关,其收益变动方向一致,即在任何一种经济状况下同时上升或同时下降,则它们的协方差为正值;如果两个资产的收益负相关,其收益变动方向不一致,即在任何一种经济状况下一升一降或一降一升,则它们的协方差为负值;如果两个资产的收益没有相关性,其收益变动方向之间无任何关系,则它们的协方差等于零。如果要分析一个由多种资产构成的投资组合的风险情况,则要分别分析组合中两两资产间的协方差,才能确定组合的总风险是否下降。

从协方差的计算公式可以看出,协方差反映的是两种资产收益协同变化的数量,其绝对值依赖于每种资产的实际收益率与自身预期收益率的偏离程度,不同资产组合的协方差是不可比的。因此,协方差的绝对数不能清楚反映两种资产收益间的相关程度,只有协方差的符号可以反映两种资产收益协同变动的方向,于是有了另一个统计指标——相关系数。

(2) 相关系数

相关系数(correlation coefficient)是反映两个随机变量之间相关关系密切程度的统计分析指标,用 ρ 表示。它是一个标准化的计量单位,取值在 ± 1 之间,可以更直观地反映两个随机变量间的相互关系。$|\rho|$ 值越大,则变量之间的线性相关程度越高;$|\rho|$ 值越接近 0,则变量之间的线性相关程度越低。

投资学中,相关系数也可用以衡量两种资产收益率的相关程度。协方差的数值大小难以在不同资产组合之间进行比较,为了更清楚地说明两种资产之间的相关程度,通常把协方差正规化,用相关系数来代替协方差。相关系数 ρ 是标准化后的协方差,它等于两种资产收益率的协方差除以各自收益率的标准差的乘积。其计算公式为

$$\rho_{AB} = \rho_{BA} = \frac{COV_{AB}}{\sigma_A \sigma_B} = \frac{\sigma_{AB}}{\sigma_A \sigma_B} \tag{7.30}$$

式中,ρ_{AB} 为资产 A 与资产 B 的相关系数;COV_{AB} 或 σ_{AB} 为资产 A 与资产 B 的协方差;σ_A 为资产 A 的标准差;σ_B 为资产 B 的标准差。

根据式(7.30),有以下关系式:

$$\rho_{AA} = \frac{COV_{AA}}{\sigma_A \sigma_A} = \frac{\sigma_A^2}{\sigma_A \sigma_A} = 1 \tag{7.31}$$

$$COV_{AB} = \sigma_{AB} = \sigma_{BA} = \rho_{AB} \sigma_A \sigma_B \tag{7.32}$$

相关系数是协方差的标准化。它是一个无量纲的数,从而摆脱了计量的影响,使得两种资产收益率间相关关系的测度从协方差的取值区间为 $(-\infty, +\infty)$,改变为相关系数的取值区间 $[-1, +1]$,这样就使得相关系数成为统一的尺度,通过其数值的大小来反映资产间的相关性。相关系数与协方差的特性相同,只是取值在 ± 1 之间。它可以更直观地反映两种资产收益率的相互关系,根据 ρ 的取值大小,把两种资产之间的风险相互关系分为五大类。

① $\rho_{AB} = +1$,表示两种资产的收益率完全正相关(perfectly correlated)。在这种情况下,它们的收益率存在线性关系,当受到相同因素的影响时,两者变动方向相同,变动幅度也相同,组合的风险是个别资产风险的加权平均,即不能减少风险。这种情形极为罕见。

② $0 < \rho_{AB} < +1$,表示两种资产的收益率正相关(positively correlated)。在这种情况下,当受到相同因素变化的影响时,资产 A 与资产 B 的收益率发生相同方向、不同幅度的变动,它们的风险只能在很小程度上相互抵销,分散投资有助于降低风险。这种情形最为常见。

③ $\rho_{AB} = 0$,表示两种资产的收益率不相关(uncorrelated)、完全无关或零相关。在这种情况下,当受到相同因素变化的影响时,资产 A 与资产 B 的收益率的变动方向和变动幅度没有任何确定的关系,分散投资有助于降低风险。这种情形也极为罕见。

④ $-1 < \rho_{AB} < 0$,表示两种资产的收益率负相关(negatively correlated)。在这种情况下,当受到相同因素变化的影响时,资产 A 与资产 B 的收益率发生方向相反、不同幅度的变动,它们的风险可以在一定程度上相互抵销,分散投资有助于降低风险。这种情形比较少见。

⑤ $\rho_{AB} = -1$,表示两种资产的收益率完全负相关(perfect negative correlated)。在这

种情况下,当受到相同因素变化的影响时,资产 A 和资产 B 的收益率发生方向相反、幅度相同的变动,其风险可以相互抵销,资产组合的风险可以实现较大限度的降低。这种情形也极为罕见。

3. 投资组合风险的计算

任何投资组合本身都可以作为一个单项资产来对待,因此,投资组合风险也可以用与单种风险资产的风险计量相类似的方法进行计算。一般投资组合风险是以"组合"期望收益率的方差和标准差来表示的。资产组合的方差和标准差不仅与其组合资产的方差和标准差有关,还与组合资产之间的相关程度——协方差有关。运用如同计算个别资产方差和标准差的方法,可以计算出投资组合的方差和标准差。作为风险测度的方差衡量是收益相对于它的预期收益的离散程度,资产组合方差的计算公式为

$$\sigma_P^2 = \sum_{i=1}^{n}\sum_{j=1}^{n}w_iw_j\text{COV}_{ij} = \sum_{i=1}^{n}w_i^2\sigma_i^2 + \sum_{i=1}^{n}\sum_{j\neq i,j=1}^{n}w_iw_j\sigma_{ij} \tag{7.33}$$

式中,σ_P^2 为资产组合的方差;σ_i^2 为资产 i 的方差;COV_{ij} 或 σ_{ij} 为资产 i 与资产 j 的协方差;w_i、w_j 分别为资产 i 与资产 j 在组合中所占的权重;n 为资产组合中资产的个数。

根据式(7.33),有以下关系式:

$$\sigma_P^2 = \sum_{i=1}^{n}w_i^2\sigma_i^2 + \sum_{i=1}^{n}\sum_{j\neq i,j=1}^{n}w_iw_j\sigma_{ij} = \sum_{i=1}^{n}w_i^2\sigma_i^2 + \sum_{i=1}^{n}\sum_{j\neq i,j=1}^{n}w_iw_j\rho_{ij}\sigma_i\sigma_j \tag{7.34}$$

$$\sigma_P^2 = \sqrt{\sum_{i=1}^{n}w_i^2\sigma_i^2 + \sum_{i=1}^{n}\sum_{j\neq i,j=1}^{n}w_iw_j\rho_{ij}\sigma_i\sigma_j} \tag{7.35}$$

从式(7.33)可以看出,投资组合的方差和标准差取决于组合中各种资产的方差与每两种资产之间的协方差。每种资产的方差度量每种资产收益的变动程度;协方差度量两种资产收益之间的相互关系。要计算一个投资组合的风险(方差或标准差),需要计算构成组合的每一种资产的方差或标准差,还要计算各资产间的协方差或相关系数。可见,投资组合的风险取决于三个因素:①投资组合中各种资产风险的大小;②投资组合中各项资产之间的相关系数;③各种资产投资比例的大小。

例 7-15 假设一个投资组合包括等权重的股票和债券,在三种经济状况下各自的收益率如表 7-6 所示。试求:

(1) 股票 A 和债券 B 的预期收益率与方差;
(2) 股票 A 和债券 B 的协方差与相关系数;
(3) 投资组合的期望收益率和方差。

表 7-6 某投资组合收益率的概率分布

经济状况	发生概率	收益率	
		股票 A/%	债券 B/%
经济衰退	1/3	−7	17
正常增长	1/3	12	7
经济繁荣	1/3	28	−3

解：(1) 股票 A 的预期收益率和方差分别为

$$E(R_A) = P_1 R_1 + P_2 R_2 + P_3 R_3 = \frac{1}{3} \times (-7\% + 12\% + 28\%) = 11\%$$

$$\sigma_A^2 = P_1[R_1 - E(R_A)]^2 + P_2[R_2 - E(R_A)]^2 + P_3[R_3 - E(R_A)]^2$$

$$= \frac{1}{3} \times [(-0.07 - 0.11)^2 + (0.12 - 0.11)^2 + (0.28 - 0.11)^2]$$

$$= 0.020\ 47$$

同理，债券 B 的预期收益率和方差分别为

$$E(R_B) = 7\%, \quad \sigma_B^2 = 0.006\ 67$$

(2) 股票 A 和债券 B 的协方差为

$$\sigma_{AB} = \sigma_{BA} = \sum P_i [R_{Ai} - E(R_A)][R_{Bi} - E(R_B)]$$

$$= \frac{1}{3} \times (-7\% - 11\%) \times (17\% - 7\%) +$$

$$\quad \frac{1}{3} \times (12\% - 11\%) \times (7\% - 7\%) +$$

$$\quad \frac{1}{3} \times (28\% - 11\%) \times (-3\% - 7\%)$$

$$= -0.011\ 67$$

股票 A 和债券 B 间的相关系数为

$$\rho_{AB} = \frac{\sigma_{AB}}{\sigma_A \sigma_B} = \frac{-0.011\ 67}{\sqrt{0.020\ 47} \times \sqrt{0.006\ 67}} = -0.998\ 7$$

(3) 投资组合的期望收益率和方差分别为

$$E(R_P) = 0.5 \times 11\% + 0.5 \times 7\% = 9\%$$

$$\sigma_P^2 = w_A^2 \sigma_A^2 + w_B^2 \sigma_B^2 + 2 w_A w_B \sigma_{AB}$$

$$= 0.25 \times 0.020\ 47 + 0.25 \times 0.006\ 67 +$$

$$\quad 2 \times 0.5 \times 0.5 \times (-0.011\ 67)$$

$$= 0.000\ 95$$

显然，组合的方差远远小于股票或债券的方差，说明投资组合的风险相对较小，通过资产组合可以规避部分非系统风险，分散投资可以达到降低风险的效果。

4. 多元化投资减少风险的原理

投资组合的风险与构成组合的各资产收益率之间的相关系数有很大的关系，投资组合可以降低风险。

为了简化推导，我们先讨论一个特殊的资产组合，假设：资产组合中有 N 种资产；每种资产的方差 σ_i^2 均相同，设为 σ^2；组合中资产间协方差的均值为 $\bar{\sigma}_{ij}$；每种资产占组合比例 w_i 均相同，即 $w_i = \frac{1}{N}$。将这些条件代入投资组合风险的公式，得到该特殊资产组合的方差为

$$\sigma_P^2 = \sum_{i=1}^{N} w_i^2 \sigma_i^2 + \sum_{i=1}^{N}\sum_{j\neq i, j=1}^{N} w_i w_j \sigma_{ij} = \sum_{i=1}^{N}\left(\frac{1}{N}\right)^2 \sigma^2 + \sum_{i=1}^{N}\sum_{j\neq i, j=1}^{N}\left(\frac{1}{N}\right)^2 \sigma_{ij}$$

$$= \frac{1}{N}\sigma^2 + \frac{N(N-1)}{N^2}\bar{\sigma}_{ij}$$

在该资产组合中,当组合中资产的种数 N 不断增加并趋向于无穷大时,$\frac{1}{N}$ 趋向于零,所以 $\frac{1}{N}\sigma^2$ 趋向于零;$\frac{N(N-1)}{N^2}$ 趋向于 1,所以 $\frac{N(N-1)}{N^2}\bar{\sigma}_{ij}$ 趋向于 $\bar{\sigma}_{ij}$,资产组合的风险收敛于一个有限数,即组合中资产之间协方差的均值 $\bar{\sigma}_{ij}$。

以上简单的推导说明,随着组合中资产种类的增加,单个资产的方差对组合方差的影响越来越小,当资产种类很多时,甚至可以忽略不计;资产之间的协方差对组合方差的影响则越来越大。单个资产的方差衡量的是非系统风险,它可以通过合理的组合分散掉,使总风险水平降低;资产之间的协方差衡量的是系统风险,它无法通过资产组合来分散。可见,当组合中资产种数增加时,组合的方差逐步下降,这就是组合的多元化效应(可推广至协方差、标准差不相等的一般情形)。只要组合中两两资产收益率间的相关系数<1,组合的风险一定小于组合中各种资产风险的加权平均数,多元化投资效应一定会出现。

5. 资产组合的总风险

投资组合能分散和化解部分风险,但不能分散和化解全部风险。下面我们就来看看资产组合的总风险的构成情况。资产组合的总风险可以用标准差来衡量,为了分析方便,这里用方差来进行讨论。资产组合的方差用公式表示为

$$\sigma_P^2 = \sum_{i=1}^{n}\sum_{j=1}^{n} w_i w_j \sigma_{ij} = \sum_{i=1}^{n} w_i^2 \sigma_i^2 + \sum_{i=1}^{n}\sum_{j\neq i, j=1}^{n} w_i w_j \rho_{ij} \sigma_i \sigma_j \tag{7.36}$$

从式(7.36)可以看出,资产组合的总风险是由两部分组成的,其右边第一项仅与各单个资产的风险及投资比例有关,这部分风险可通过组合来部分或全部抵销,称为可分散风险(非系统风险);右边第二项不仅与各单个资产的风险及投资比例有关,还取决于各资产之间的相关系数,这部分风险无法通过组合来消除,称为不可分散风险(系统风险)。任何资产组合的总风险都是由非系统风险和系统风险构成的。

本 章 小 结

本章知识点

本章主要阐述了投资收益及其衡量,投资风险及其衡量,投资收益与风险的关系,投资组合的收益与风险等相关知识,要求重点掌握股票和债券投资收益率的计算,投资风险的衡量方法,投资收益与风险间的关系、证券投资风险管理、投资组合的收益与风险的衡量方法等内容。本章内容基本框架如图 7-5 所示。

```
                          ┌ 证券投资收益及其衡量 ┌ 投资收益的概念及计量方法
                          │                    │ 股票收益及其衡量
                          │                    └ 债券收益及其衡量
                          │ 证券投资风险及其衡量 ┌ 证券投资风险的概念与种类
证券投资 ┤                                      └ 证券投资风险的衡量方法
收益与风险 │                    ┌ 投资收益与风险的一般关系
                          │ 投资收益与风险的关系 ┤ 证券投资风险管理
                          │                    └ 投资收益与风险间的权衡
                          └ 投资组合的收益与风险 ┌ 投资组合及其收益的衡量
                                               └ 投资组合风险的衡量
```

图 7-5　第 7 章内容基本框架

主要术语

投资收益	当期收入	资本利得	投资收益率
持有期收益率	年收益率	平均收益率	预期收益率
名义收益率	实际收益率	无风险收益率	风险收益率
必要收益率	股利收益率	资本收益率	持有期回收率
票面收益率	直接收益率	到期收益率	赎回收益率
投资风险	系统风险	政策风险	经济周期波动风险
利率风险	购买力风险	汇率风险	非系统风险
信用风险	经营风险	财务风险	流动性风险
均值—方差准则	投资者无差异曲线	投资效用函数	夏普比率
风险溢价	投资风险管理	投资组合	方差
标准差	协方差	相关系数	完全正相关
正相关	不相关	负相关	完全负相关

自 测 题

1. 名词解释

投资收益　　投资风险　　系统风险　　非系统风险　　投资者无差异曲线

2. 填空题

(1) 投资收益是投资者进行投资所获得的利润,一般分为_____和_____两部分。

(2) 股票收益由_____、_____和_____三部分构成。

(3) 投资风险是指投资未来收益的_____,分为系统风险和非系统风险两大类。

(4) 投资风险具有_____、_____、_____、_____和_____等特征。

(5) 收益是风险的_____,风险是收益的_____。

(6) 投资决策的实质是投资_____和_____的权衡问题。

(7) 夏普比率表示_____下获得的收益。其值越_____,则资产越具有投资价值。

(8) 资产组合的方差等于组成的每种资产的_____的加权平均与每两种不同资产之间的_____的加权平均之和。

(9) 协方差和相关系数都可用以衡量两种风险资产收益相互影响的_____,相关系数是协方差的标准化,取值在_____之间。

(10) 资产组合的目的是通过多样化来分散或减少风险。这种因分散投资而使风险下降的效果称为_____。

3. 单项选择题

(1) 以下不属于股票收益来源的是(   )。
    A. 现金股息   B. 股票股息   C. 买卖差价   D. 利息收入

(2) 某投资者以 10 元的价格买入某公司的股票,持有一年后以 10.2 元的价格卖出,其间分得现金股息 0.5 元,则该投资者的股利收益率是(   )。
    A. 4%   B. 5%   C. 6%   D. 7%

(3) 债券的年利息收入与债券面额的比率是(   )。
    A. 直接收益率   B. 到期收益率
    C. 票面收益率   D. 持有期收益率

(4) 债券投资中的资本利得收益是指(   )。
    A. 债券票面利率与债券本金的乘积
    B. 买入价与卖出价之间的差额,且买入价大于卖出价
    C. 买入价与卖出价之间的差额,且买入价小于卖出价
    D. 债券持有至到期获得的收益

(5) 以下投资风险中,不属于系统风险的是(   )。
    A. 市场风险   B. 利率风险   C. 违约风险   D. 购买力风险

(6) 以下各种证券中,受经营风险影响最大的是(   )。
    A. 普通股   B. 优先股
    C. 公司长期债券   D. 公司短期债券

(7) 以下关于证券的收益与风险,说法正确的是(   )。
    A. 投资者可以通过恰当的投资实现只有收益而不承担任何风险
    B. 一般来说,收益越高,风险就越小
    C. 投资者承担的风险越大,就必然能获得越高的收益
    D. 组合投资可以实现在收益不变的情况下,降低风险

(8) 投资者选择投资对象时,以下说法不正确的是(   )。
    A. 所面对风险相同的情况下,投资者会选择收益较低的资产
    B. 所面对风险相同的情况下,投资者会选择收益较高的资产

C. 当各资产预期收益相同时,投资者会选择风险较小的资产
D. 投资者的风险偏好会对其投资决策产生影响

(9) 以下关于不同债券的风险补偿,说法不正确的是( )。
　　A. 长期债券利率比短期债券利率高,是对利率风险的补偿
　　B. 不同债券的利率水平不同,是对利率风险的补偿
　　C. 发行浮动利率债券,可以实现对通货膨胀风险的补偿
　　D. 股票的经营风险和市场风险比债券大,所以股票收益率一般高于债券

(10) 以下各组相关系数中,组合后对于非系统风险分散效果最好的是( )。
　　A. 1　　　　　B. 0　　　　　C. -1　　　　　D. -0.5

4. 多项选择题

(1) 下列属于股票投资收益来源的有( )。
　　A. 分红　　　　B. 资本利得　　　C. 送股
　　D. 利息　　　　E. 固定股息

(2) 股票投资收益主要受( )等因素影响。
　　A. 公司业绩　　B. 股利政策　　　C. 债权债务关系
　　D. 股价变化　　E. 市场利率

(3) 下列关于股票持有期回收率,说法正确的有( )。
　　A. 持有期回收率一定是非负的　　　B. 持有期回收率一定小于1
　　C. 持有期回收率一定大于1　　　　D. 持有期回收率有可能等于1
　　E. 持有期回收率大于1时,股票投资收益率为正

(4) 下列可以成为债券投资收益来源的有( )。
　　A. 债券的年利息收入　　　　　B. 将债券以高于买入价格卖出
　　C. 债券的本金收回　　　　　　D. 公司利润分红
　　E. 利息再投资获得的收益

(5) 下列对债券投资收益率有影响的因素是( )。
　　A. 债券的票面收益率　　　　　B. 债券期限的长短
　　C. 公司盈利水平　　　　　　　D. 债券的发行价格
　　E. 市场利率水平

(6) 附息债券的各种收益率中,考虑了资本损益的包括( )。
　　A. 票面收益率　　B. 直接收益率　　C. 持有期收益率
　　D. 到期收益率　　E. 赎回收益率

(7) 下列属于系统风险的是( )。
　　A. 利率风险　　　B. 政策风险　　　C. 违约风险
　　D. 购买力风险　　E. 经济周期波动风险

(8) 下列属于非系统风险的是( )。
　　A. 购买力风险　　B. 信用风险　　　C. 经营风险
　　D. 财务风险　　　E. 汇率风险

(9) 下列对于风险厌恶型投资者的无差异曲线分析正确的有(　　)。
　　A. 无差异曲线越平坦,说明该投资者越偏好风险
　　B. 无差异曲线越平坦,说明该投资者越厌恶风险
　　C. 无差异曲线越陡峭,说明该投资者越偏好风险
　　D. 无差异曲线越陡峭,说明该投资者越厌恶风险
　　E. 无差异曲线形状与投资者风险厌恶程度无关
(10) 下列指标可作为投资风险的度量指标的有(　　)。
　　A. 方差 σ^2　　　　B. 标准差 σ　　　　C. 协方差 COV
　　D. 相关系数 ρ　　　E. 通货膨胀率 π

5. 判断题

(1) 股利收益率是指投资者当年获得的所有股息与股票市场价格之间的比率。(　)

(2) 优先股票的投资者可以在投资前预测到每年获得的股息数量。(　)

(3) 债券投资收益率是在一定时期内所得收入与债券面值之间的比率。(　)

(4) 对于附息债券,如果一个投资者以低于面值的价格购入该债券,那么该债券的直接收益率应该低于票面利率。(　)

(5) 债券的市场价格上升,则它的到期收益率将下降;如果市场价格下降,则到期收益率将上升。(　)

(6) 由于行业内产品更新换代或产业结构调整而使行业发生衰退的情况属于非系统风险。(　)

(7) 利率风险对于所有类型的股票的影响都是一样的。(　)

(8) 收益与风险间是一种正比例互换的关系。风险越大,投资收益一定越高。(　)

(9) 在任何情况下,资产组合的风险都可以得到不同程度的降低。(　)

(10) 一个良好的投资组合可以大大降低甚至完全消除所有的投资风险。(　)

6. 计算题

(1) 某投资者以 10 元/股买入某公司股票若干股,6 个月后分得现金股息 0.3 元/股,在分得现金股息 3 个月后将股票以 9.9 元/股的市价出售,则在此期间,该投资者投资于该股票的股利收益率、资本收益率、持有期收益率分别是多少?

(2) 某债券为附息债券,一年付息一次,票面金额为 1 000 元,5 年期,票面利率为 8%,投资者在债券发行后 2 年以 990 元的价格买入并持有到期,其到期收益率多少?

(3) 假定一个投资者在风险资产 X 和无风险资产 Y 两种投资工具间选择,风险资产 X 的预期收益率为 18.5%,标准差为 30%;无风险资产 Y 的收益率为 5%。
问题:
① 如果投资者只投资于无风险资产 Y,则其投资效用水平与风险厌恶系数 A 有何关系?

② 如果投资者的风险厌恶系数 $A=2$，则他将选择何种资产？
③ 如果投资者的风险厌恶系数 $A=4$，则他将选择何种资产？
④ 如果投资者的风险厌恶系数 $A=3$，则他将选择何种资产？

真 题 训 练

以下题目为证券从业资格考试改革前《证券投资分析》科目和改革后为证券分析师胜任能力考试《发布证券研究报告业务》中涉及本章内容的考题。

(1)【2010年5月真题·单选】假定某投资者以800元的价格购买了面额为1 000元、票面利率为10%、剩余期限为5年的债券，则该投资者的当前收益率为(　　)。
  A. 10%　　　　B. 12.5%　　　　C. 8%　　　　D. 20%

(2)【2010年5月真题·单选】甲以75元的价格买入某企业发行的面额为100元的3年期贴现债券，持有2年以后试图以10.05%的持有期收益率将其卖给乙，而乙意图以10%作为其买进债券的最终收益率，那么成交价格为(　　)。
  A. 91.58元　　　　　　　　B. 90.91元
  C. 在90.83元与90.91元之间　　D. 不能确定

(3)【2010年5月真题·判断】如果债券的市场价格高于其面值，则债券的到期收益率高于票面利率。(　　)

(4)【2010年5月真题·单选】某公司在未来无限时期支付的每股股利为1元，必要收益率为10%，现实市场价为8元，内部收益率为(　　)。
  A. 12.5%　　　　B. 10%　　　　C. 7.5%　　　　D. 15%

(5)【2013年12月真题·单选】(　　)主要用于衡量债券变现难易程度。
  A. 利率风险　　B. 流动性风险　　C. 汇率风险　　D. 赎回风险

(6)【2013年9月真题·单选】投资者投资本国债券时面临的风险不包括(　　)。
  A. 经营风险　　B. 再投资风险　　C. 购买力风险　　D. 汇率风险

(7)【2015年11月真题·组合选择】自然风险是指因自然力的不规则变化使社会生产和社会生活等遭受威胁的风险，下列属于自然风险的有(　　)。
Ⅰ. 火灾；Ⅱ. 价格的涨落；Ⅲ. 战争；Ⅳ. 虫灾。
  A. Ⅰ、Ⅳ　　B. Ⅰ、Ⅱ、Ⅳ　　C. Ⅱ、Ⅲ　　D. Ⅰ、Ⅲ、Ⅳ

(8)【2015年9月真题·组合选择】信用风险会受到发行人的(　　)等因素的影响。
Ⅰ. 经营能力；Ⅱ. 盈利水平；Ⅲ. 事业稳定程度；Ⅳ. 规模大小。
  A. Ⅰ、Ⅱ　　B. Ⅰ、Ⅱ、Ⅲ、Ⅳ　　C. Ⅲ、Ⅳ　　D. Ⅰ、Ⅱ、Ⅳ

(9)【2014年9月真题·组合选择】根据不同的投资者对风险的不同态度，理论上可以将投资者分为以下(　　)几种类型。
Ⅰ. 风险偏好型；Ⅱ. 风险中立型；Ⅲ. 风险模糊型；Ⅳ. 风险回避型。
  A. Ⅰ、Ⅱ、Ⅲ　　B. Ⅰ、Ⅲ、Ⅳ　　C. Ⅰ、Ⅱ、Ⅳ　　D. Ⅱ、Ⅲ、Ⅳ

(10)【2015年11月真题·组合选择】风险管理的过程包括(　　)。

Ⅰ．金融风险的度量；Ⅱ．金融风险管理方案的实施和评价；Ⅲ．风险报告；Ⅳ．风险管理的评估。

  A．Ⅰ、Ⅲ   B．Ⅰ、Ⅱ、Ⅲ   C．Ⅱ、Ⅲ、Ⅳ   D．Ⅰ、Ⅱ、Ⅲ、Ⅳ

(11)【2015年11月真题·组合选择】风险管理与控制的核心包括(　　)。

Ⅰ．风险限额的确定；Ⅱ．风险限额的分配；Ⅲ．风险监控；Ⅳ．风险的消除。

  A．Ⅰ、Ⅱ、Ⅲ   B．Ⅰ、Ⅱ、Ⅳ   C．Ⅰ、Ⅲ、Ⅳ   D．Ⅱ、Ⅲ、Ⅳ

(12)【2015年11月真题·组合选择】对冲机制是指交易者利用期货合约标准化的特征,在开仓和平仓的时候分别做两笔(　　)相同但方向相反的交易,并且不进行实物交割,而是以结清差价的方式结束交易的独特交易机制。

Ⅰ．品种；Ⅱ．数量；Ⅲ．价格；Ⅳ．期限。

  A．Ⅱ、Ⅲ、Ⅳ   B．Ⅰ、Ⅲ、Ⅳ   C．Ⅰ、Ⅱ、Ⅲ   D．Ⅰ、Ⅱ、Ⅳ

(13)【2014年3月真题·单选】运用组合投资策略,可以降低、甚至消除(　　)。

  A．市场风险   B．非系统风险   C．系统风险   D．政策风险

(14)【2010年5月真题·判断】无差异曲线向上弯曲的程度大小反映投资者承受风险能力的强弱。(　　)

(15)【2017年11月真题·单选】如果市场是有效的,则债券的平均收益率和股票的平均收益率(　　)。

  A．大体保持相对稳定的关系   B．两者没有任何关系

  C．保持相反的关系   D．大体保持相等的关系

(16)【2010年5月真题·单选】避税型证券投资组合通常投资于(　　),这种债券免缴联邦税,也常常免缴州税和地方税。

  A．市政债券   B．对冲基金   C．共同基金   D．股票

(17)【2010年5月真题·单选】下列属于指数化型证券投资组合特点的是(　　)。

  A．试图在基本收入与资本增长之间达到某种均衡

  B．信奉有效市场理论的机构投资者通常会倾向于这种组合,以求获得市场平均的收益水平

  C．模拟某种市场指数

  D．由各种货币市场工具构成

(18)【2010年5月真题·多选】货币市场型证券投资组合多投资于(　　)。

  A．普通股   B．市政债券

  C．国库券   D．高信用等级的商业票据

(19)【2010年5月真题·判断】证券间关联性极低的多元化证券投资组合可以有效地降低系统风险。(　　)

(20)【2015年3月真题·组合选择】货币市场型证券投资组合是由各种货币市场工具构成的,如(　　)。

Ⅰ．高信用等级的商业票据；Ⅱ．期权；Ⅲ．国库券；Ⅳ．指数期货。

  A．Ⅰ、Ⅲ   B．Ⅱ、Ⅲ   C．Ⅰ、Ⅱ   D．Ⅱ、Ⅳ

第8章

现代证券组合管理理论

学习目标

- 了解现代证券组合理论的形成与发展过程;了解证券组合理论的基本假设。
- 理解证券组合可行集和有效集的含义与一般图形;掌握有效证券组合的含义和特征;熟悉最优证券组合的决定原理;了解无风险借贷对有效集的影响。
- 了解资本资产定价模型的基本假设;理解市场组合、β系数的概念;掌握资本市场线、证券市场线的定义、图形及其经济意义。
- 了解套利定价理论的基本假设;掌握套利组合、因素模型的概念;能够运用套利定价方程计算证券的期望收益率;理解APT与CAPM的异同点。

课前导读

投资是现代人从事最多的经济活动。一般的投资项目较之银行储蓄有较高的回报率,但是相应也有风险。理性投资者在追求高利润的同时,往往会充分考虑投资的风险。他们可以把资金全部投向一种或几种少数收益较高的资产上,但高收益必然包含高风险。所以,精明的投资者会选择若干种资产加以组合,以分散其投资风险,避免过高风险和过低收益这两种极端情况的出现。组合投资,即"不把鸡蛋放在一个篮子里"的投资策略,目的是在一定风险水平下获得最大的预期收益,或者获得一定预期收益的情况下而使风险最小,这就是现代投资组合理论的基本内容。在进行多种资产投资时,必须确定资金该向何种资产投资及投资比例是多少,为此在投资之前必须对各种资产进行分析、估价。投资理论按研究方法的不同可分为两类:一类是传统的投资分析理论,它依靠非数量化的方法即基本分析和技术分析来选择证券或资产,构建和调整资产组合;另一类是现代投资组合理论,它采用定量分析方法,从收益和风险的权衡中来研究如何进行投资组合管理,主要由证券组合理论、资本资产定价理论、套利定价理论和有效市场理论组成。证券组合理论解释了投资者应如何构建有效的证券组合并选择最优组合;资本资产定价理论描述了风险和收益之间的关系并给出了风险资产定价模型;套利定价理论假设资产或组合的预期收益受多个因素的影响并给出了收益与若干个"要素"之间的线性关系;有效市场理论描述了市场效率的种类及其检验,是现代投资理论的基础。

本章将重点介绍证券组合理论、资本资产定价理论、套利定价理论的基本原理。

8.1 证券组合理论

8.1.1 现代证券组合理论的产生与基本假设

1. 现代证券组合理论体系的形成与发展

如何进行资产的合理配置是投资决策时所面临的一个核心问题,即投资者需要在不确定的环境下,在众多的金融资产(如股票、债券、外汇、衍生工具等)或实物资产(如厂房、机器设备、黄金、房地产等)中选择投资对象,并在资产持有期间不断进行调整,以建立和保持最佳的投资组合。

传统投资组合理论和分析方法存在明显的缺陷:一是选择证券种类及构成比例,多由投资者或"组合"管理者的主观判断所确定,没有一套精密计算的科学方法;二是无从确定"组合"所预期的最高收益和所能负担的最大风险;三是无法肯定回答证券要分散到怎样的程度才能达到高收益、低风险的最佳配置。为克服传统投资组合理论的缺陷,现代投资组合理论应运而生。现代投资组合理论(modern portfolio theory,MPT)是关于在收益不确定条件下投资行为的理论,它由美国经济学家哈里·马科维茨(Harry M. Markowitz)在1952年率先提出。该理论为那些想增加个人财富,但又不甘冒风险的投资者指明了一个获得最佳投资决策的方向。现代投资组合理论主要由投资组合理论、资本资产定价模型、套利定价理论、有效市场理论以及行为金融理论等部分组成。它们的发展极大地改变了过去主要依赖基本分析和技术分析的传统投资管理实践,使现代投资管理朝着系统化、科学化、组合化的方向发展。

1952年3月,马科维茨发表了《证券组合选择》的论文,标志着现代证券组合理论的开端。马科维茨对风险和收益进行了量化,建立了均值—方差模型,提出了确定最佳资产组合的基本模型。由于这一方法要求计算所有资产的协方差矩阵,严重制约了其在实践中的应用。马科维茨投资组合理论之后,威廉·夏普(William F. Sharpe)、约翰·林特纳(John Lintner)和简·莫辛(Jan Mossin)分别于1964年、1965年和1966年独立提出了各自的资本资产定价模型(CAPM)。由于CAPM的假设条件过于严格,使其在应用中受到一定局限。因此,对于CAPM的突破成为必然。1976年,罗斯(Stephen Ross)提出了一种替代CAPM模型的套利定价理论(APT),该模型不需要像CAPM那样作出很强的假定,从而突破性地发展了CAPM,直接导致了多指数投资组合分析方法在投资实践上的广泛应用。上述几个理论均假设市场是有效的,人们对市场能否按照定价理论进行定价的问题也产生了兴趣。1970年,尤金·法玛(Eugene Fama)提出了有效市场假说(EMH)。20世纪七八十年代以后,大量的博弈论和信息经济学模型应用于金融市场分析,行为金融理论诞生。行为金融理论突破了以前理论模型的"理性"分析框架和忽视投资者实际决策行为的局限,将人类心理与行为纳入金融的研究框架,为人们理解金融市场提供了一个新的视角。

小贴士 8-1

2. 马科维茨投资组合理论的基本假设

马科维茨的投资组合理论研究不确定性条件下个别投资者的投资行为,分析风险厌恶型的投资者个体在使其投资的预期效用达到最大化时的投资决策行为。投资组合理论包含两个主要内容:均值—方差分析方法和投资组合有效边界模型。如同经济学的其他理论一样,投资组合理论也是建立在一系列假设条件的基础上。马科维茨投资组合理论的基本假设如下。

(1) 投资者通过投资组合在某一段时期内的期望收益率和标准差来评价资产组合。

(2) 投资者是永不满足的(nonsatiation)。所有投资者都是永不满足的,即在一定的风险下,希望收益率越高越好。因此,当面临其他条件相同的两种选择时,投资者将选择具有较高期望收益率的投资组合。

(3) 投资者是风险厌恶的(risk averse)。投资者是理性的,都是风险厌恶者,即在收益一定的情况下,风险应尽可能小,只有提供足够的风险补偿,他们才愿意承担一定的风险。因此,当面临其他条件相同的两种选择时,投资者将选择具有较小标准差的投资组合。

(4) 单一资产都是无限可分的(infinitely divisible)。每种资产都是可无限细分的,投资者可以按一定比例购买一定数量的资产,即可以按任何比例投资。

(5) 投资者可以以一个无风险利率贷出(投资)或借入任何数量的资金。

小贴士 8-2

(6) 税收和交易费用成本均忽略不计。

8.1.2 证券组合的可行集和有效集

前面讨论了证券组合的收益和风险的衡量方法,并分析了投资组合分散风险的基本原理。那么,什么样的证券组合才是最有效的组合呢?换句话说,当投资者面临众多可以选择的证券或资产时,如何组合不同种类证券或改变投资比例,才能实现既定期望收益率下风险最小或既定风险下期望收益率最大的目标?马科维茨采用"期望收益率—方差投资组合模型"来解决证券的确定和选择问题。本小节主要讨论不存在无风险资产并且不允许卖空的情况下证券组合的选择问题。

1. 证券组合的可行集

在证券市场上,存在着许多种不同的证券,投资者可以形成的投资组合是无穷无尽的。例如,只投资于两种证券 A 和 B,只要不断地改变这两种证券的投资比重,所形成的投资组合数量就是无数的。而对于一个存在着众多资产的金融市场,可构成的投资组合就是无穷多了。可行集(feasible set)是所有可供投资者选择的投资组合所构成的集合,也称为证券组合的机会集(opportunity set)。一个证券组合是由组成的各证券及其权重所确定,证券组合的期望收益率是其成分证券预期收益率的加权平均,其风险是由其收益率的标准差来定义的。每种组合都有相应的期望收益率和风险,改变组合中证券的投资比重,组合的收益和风险也会随之改变,因此可以用"期望收益率—标准差"平面图上的一个点来表示一个证券组合,而证券可构造出的所有组合的期望收益和标准差的集合就是证券组合的可行集。

对于一个有 n 种证券的投资组合,其期望收益率和标准差分别为

$$E(R_P) = \sum_{i=1}^{n} w_i E(R_i) \tag{8.1}$$

$$\sigma_P = \sqrt{\sum_{i=1}^{n} w_i^2 \sigma_i^2 + \sum_{i=1}^{n}\sum_{j\neq i, j=1}^{n} w_i w_j \rho_{ij} \sigma_i \sigma_j} \tag{8.2}$$

式中,$E(R_P)$ 为证券组合的期望收益率;$E(R_i)$ 为第 i 种证券的预期收益率;σ_P 为证券组合的标准差;σ_i^2 为证券 i 的方差;ρ_{ij} 为证券 i 与证券 j 之间的相关系数;w_i、w_j 分别为证券 i 与证券 j 在组合中所占的权重;n 为证券组合中证券的个数。

由这两个公式确定的所有 $(E(R_P), \sigma_P)$ 代表的点构成的集合就是这 n 种证券组合的可行集。下面讨论在"期望收益率—标准差"平面图上,证券组合可行集的具体形状。为了分析方便,先分析两种证券构成组合的可行集,再将其推广到多种证券组合的情形。

2. 两种证券构成组合的可行集

对于由两种证券构成的组合,若已知两种证券的期望收益率、方差和它们之间的相关系数,则两种证券构成的组合的期望收益率和标准差分别为

$$E(R_P) = w_A E(R_A) + w_B E(R_B)$$

$$\sigma_P = \sqrt{w_A^2 \sigma_A^2 + w_B^2 \sigma_B^2 + 2 w_A w_B \rho_{AB} \sigma_A \sigma_B}$$

由于 $w_A + w_B = 1$,则有

$$E(R_P) = w_A E(R_A) + (1 - w_A) E(R_B)$$

$$\sigma_P = \sqrt{w_A^2 \sigma_A^2 + (1-w)^2 \sigma_B^2 + 2 w_A (1-w_A) \rho_{AB} \sigma_A \sigma_B}$$

当证券 A 的权重 w_A 改变时,可得到不同的 $(E(R_P), \sigma_P)$ 组合点,所有这些点就构成了两种证券在给定条件下的可行集。由于两种证券的相关系数为 $-1 \leqslant \rho_{AB} \leqslant 1$。因此,分别在 $\rho_{AB}=1$ 和 $\rho_{AB}=-1$ 时,可以得到证券组合的可行集的顶部边界和底部边界。其他所有的可能情况,均在这两个边界之中。

下面以一个具体组合来考察证券组合可行集的形状。假设有一个由证券 A 和证券 B 构成的两资产组合,证券 A 的预期收益率是 15%,标准差是 25%,证券 B 的预期收益率是 10%,标准差是 15%,则在不同相关系数下该组合的期望收益率和标准差如表 8-1 所示。

表 8-1 某两资产组合在不同相关系数下的期望收益率和标准差　　　　单位: %

证券 A 所占比重 w_A	证券 B 所占比重 w_B	组合的期望收益率 R_P	组合的标准差 σ_P				
			$\rho=1$	$\rho=0.5$	$\rho=0$	$\rho=-0.5$	$\rho=-1$
0	100	10	15	15	15	15	15
10	90	11	16	15	14	12	11
20	80	11	17	15	13	10	7

续表

证券A所占比重 w_A	证券B所占比重 w_B	组合的期望收益率 R_P	组合的标准差 σ_P				
			$\rho=1$	$\rho=0.5$	$\rho=0$	$\rho=-0.5$	$\rho=-1$
30	70	12	18	16	13	9	3
40	60	12	19	16	13	10	1
50	50	13	20	18	15	11	5
60	40	13	21	19	16	13	9
70	30	14	22	20	18	16	13
80	20	14	23	22	20	19	17
90	10	15	24	23	23	22	21
100	0	15	25	25	25	25	25

将表8-1中数据在"期望收益率—标准差"平面图上描出相应的证券组合点,便得出不同相关系数下两资产组合的可行集,如图8-1所示。我们可以看出以下重要性质:完全正相关的两种资产构成的可行集是一条直线;完全负相关的两种资产构成的可行集是两条直线,其截距相同,斜率异号;不完全相关的两种资产构成的可行集是一条二次曲线。

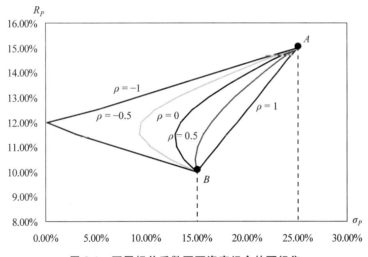

图8-1 不同相关系数下两资产组合的可行集

从图8-1可以看出,两种完全正相关资产构成的组合的可行集是连接这两个资产点(R_A,σ_A)和(R_B,σ_B)的一条直线(假定不允许买空卖空,即$0 \leqslant w_A \leqslant 1$),如图8-2所示。同时,两种完全负相关资产构成的组合的可行集是相交于纵轴的两条直线,当w_A等于一定比例时,可证明为$\sigma_B/(\sigma_A+\sigma_B)$时,$\sigma_P=0$,即纵轴上的截距$C$点,投资组合风险为0,非系统风险完全消除;当$w_A > \sigma_B/(\sigma_A+\sigma_B)$时,资产组合的可行集是$CA$直线;当$w_A < \sigma_B/(\sigma_A+\sigma_B)$时,资产组合的可行集是$CB$直线,如图8-3所示。不完全相关的两种资产($-1 < \rho_{AB} < 1$)构成资产组合的可行集都是二次曲线,如图8-4所示。

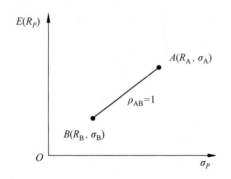

图 8-2 两种完全正相关资产组合的可行集

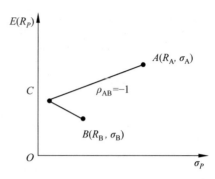

图 8-3 两种完全负相关资产组合的可行集

在各种相关系数下,两种风险资产构成组合的可行集如图 8-5 所示。由图可见,两种资产构成组合的可行集的弯曲程度取决于相关系数 ρ_{AB}。随着 ρ_{AB} 的减小,弯曲程度增加;当 $\rho_{AB}=-1$ 时,可行集呈折线状,也就是弯曲程度最大;当 $\rho_{AB}=1$ 时,可行集为一条直线,弯曲程度最小,也就是没有弯曲;当 $-1<\rho_{AB}<1$,可行集介于直线和折线之间,成为平滑的曲线,而且 ρ_{AB} 越小越弯曲。这表明,相关系数越小,在不卖空的情况下,证券组合的风险越小,特别是在完全负相关的情况下,可获得无风险组合。在不完全负相关或不相关的情况下,虽然得不到一个无风险组合,但可得到一个组合,其风险小于 A、B 中任何一个单个证券的风险。但在正相关较大的情况下,得不到一个不卖空的组合使得其风险小于单个证券的风险,其风险介于两个证券风险之间。可见,在不卖空的情况下,组合降低风险的程度由证券间的关联程度决定。

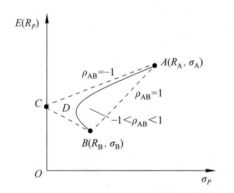

图 8-4 不完全相关两种资产组合的可行集

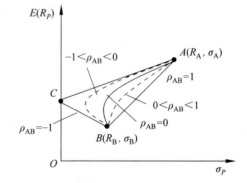

图 8-5 两种风险资产构成组合的可行集

3. 多种证券或资产构成组合的可行集

以上是两种证券投资组合的情形,当证券种类增至三种或三种以上,且各证券都是风险证券时,此时的投资可行集是一个二维的实体区域而不是一条曲线。我们先来分析三种证券组合的可行集。一般地,当资产数量增加时,要保证资产之间两两完全正(负)相关是不可能的,一般假设两种资产之间是不完全相关(一般形态)的。我们先将其中的两种资产组合起来,使之成为一个新的组合,再将这个新组合与第三种资产组合起来,这样就可得到三种资产组合的可行集。在图 8-6 中,先将证券 B 和证券 C 组合起来,它们构成的所有可能组合必然在曲线 BDC 上;然后在曲线 BDC 上任取一个组合点如 D,它与证券 A 构成组合的可行集为曲线 AD;如果把曲线 BDC 上所有点与证券 A 构成组合,则得到一个 BDCA 所围成的伞形区域,这就是三种资产组合的可行集。

同样,我们可以得到 n 种证券构成的组合的可行集为一个月牙形的区域(假设不允许卖空),如图 8-7 所示,阴影部分表示在组合中证券种数很多的时候,组合的机会集或可行集。或者说,阴影部分代表了一个其期望收益率和标准差之间所有可能产生的组合,区域中的左边界 GES 曲线凸向纵轴。

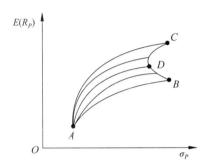
图 8-6　三种风险资产构成组合的可行集

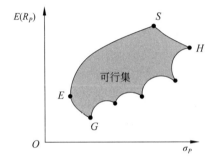
图 8-7　多种风险资产构成组合的可行集

可行集代表由一组 n 种证券所形成的所有组合,也就是说,所有可能的组合可以位于可行集的边界上或内部,而不可能位于可行集边界之外。可行集有一个重要的性质,就是其左边界是向左侧凸出的,因为任意两项资产构成的投资组合都位于两项资产连线的左侧。

4. 有效组合与证券组合的有效集

我们知道,风险厌恶者所追求的目标是收益尽可能的高,而风险尽可能的小,这两个相互矛盾的目标使得投资者在投资时应在风险和收益方面进行权衡。虽然有无数种可能的投资组合(可行集)可供选择,但投资者并不需要评估市场上现存的每一种证券组合,实际上,他只需在证券组合的有效集中作出评估和选择即可。

在可行集中,有一部分证券组合从风险水平和收益水平这两个角度来评价,会明显优于另外一些证券组合,其特点是在同种风险水平的情况下,提供最大预期收益率;在同种收益水平的情况下,提供最小风险,我们把满足这两个条件(均值—方差准则)的证券组合称为有效证券组合(efficient portfolio)。

有效集(efficient set)又称有效边界(efficient frontier),是由所有有效证券组合构成的集合,它是有效组合的集合(点的连线)。投资者的最优证券组合将从有效集中产生,而对所有不在有效集内的其他证券组合则无须考虑。

我们先来分析二元证券组合(A,B)下的有效边界。在图 8-8 中,当 $\rho_{AB}=1$ 时,可行集为一条直线,期望收益率提高,风险也增加。根据均值—方差准则,直线上的一点与其他点不明显占优,因此,组合的有效集与可行集一致;当 $\rho_{AB}=-1$ 时,可行集为一条折线,我

们画一条垂线 EF,在相同风险下,E 点组合期望收益率高于 F 点组合,因此,E 点组合优于 F 点组合,其他点类推,因此,组合的有效集为可行集中上方的一条直线。当 $-1<\rho_{AB}<1$,同理可知,组合的有效集为可行集平滑曲线上面的部分。总之,两种证券的有效集为其可行集中左上方的线。

下面,我们来分析多元证券组合下的有效边界。在图 8-9 中,我们在多元资产组合可行集平面上画一条水平线 PA 和一条垂线 PB。在 PA 线上的点期望收益率相同,但 P 点风险小于 A 点,因此,P 点组合优于 A 点组合。在 PB 线上的点风险相同,但 P 点期望收益率高于 B 点,因此,P 点组合优于 B 点组合,其他情形类推。这样,多元证券组合下的有效集就是其可行集左上方的边界线。

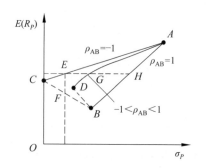

图 8-8　两种资产组合的有效集(有效边界)　　图 8-9　多种资产组合的有效集(有效边界)

在图 8-9 中,在整个可行集中,E 点为最左边的点(具有最小标准差)。从 E 点沿可行集左上方的边界直到整个可行集的最高点 S(具有最大期望收益率),这一边界线 EPS 即是有效集。在 EPS 曲线上有一个特殊点 E,它是上边界和下边界的交汇点,其风险在所有可行组合中最低,称为最小方差点(minimal variance point,MVP)。多元证券组合有效边界是一条向右上方倾斜、凸向纵轴的曲线,反映了高风险、高收益的关系。有效边界上的所有组合都是有效组合,投资者可以从有效证券组合中选择一个最优的组合。在有效边界以下和右边的任何组合都不是有效组合,投资者在决策时可不予考虑。

8.1.3　最优证券组合的决定

1. 最优证券组合的选择

有效集反映了风险与收益的权衡关系,即沿着这条边界从左到右移动,期望收益率增加,同时风险也相应增大。那么,投资者如何在有效组合中进行选择呢?有效边界上哪一点是最佳的呢?要解决这一问题,必须引入主观因素,即取决于他们对投资收益与风险的偏好程度。换句话说,投资者所面临的有效边界都是一样的,但只要两个投资者对待风险的态度有差异,或者说他们的无差异曲线不一样,那么,在风险与收益之间进行权衡的结果就会不同,投资者最终就会选择不同的证券组合。

投资者对收益与风险的偏好可用无差异曲线来描述。所谓无差异,是指一个相对较高的收益必然伴随着较高的风险,而一个相对较低的收益却只需承受较低的风险,它们对投资者的效用是相等的。对于不同的投资来说,无差异曲线的斜率是不同的,高度风险厌恶型投资者的无差异曲线较为陡峭;轻微风险厌恶型投资者的无差异曲线较为平坦。

最优证券组合(optimal portfolio)又称最佳证券组合,是指某投资者在可以得到的各种可能的证券组合中,唯一可获得的最大效用期望值的投资组合。由于假设投资者是风险厌恶型的,因此,最优证券组合必定位于有效边界上,其他非有效的组合可以首先被排除。可见,度量投资者风险偏好的无差异曲线与有效边界共同决定了最优的证券组合。由于风险厌恶型投资者的无差异曲线是递增的,凸向横轴的,而投资的有效边界也是递增的,并且凸向纵轴的,因此,无差异曲线与有效边界的切点是唯一的。如图8-10所示,投资者的无差异曲线与有效边界曲线相切于 P 点,P 点所表示的证券组合便是最佳的组合。有效集的上凸性和

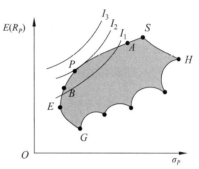

图 8-10 风险厌恶型投资者最优证券组合的选择

无差异曲线的下凸性决定了最优证券组合的唯一性。在切点上方的点不在有效边界上,市场上这类证券组合并不存在,它远离投资的有效边界,是不可获得和选择的。而在切点之外的可能组合不是有效组合,可以实现但投资者未获得最大效用。

虽然理性投资者都是风险厌恶的,但程度有所不同,因此,最终从有效边界上挑选哪一个证券组合,取决于投资者的风险规避程度。在图8-10中,轻微风险厌恶型投资者的无差异曲线较为平坦,其与有效边界的切点更接近于期望收益和风险均较大的证券组合点,如点 A;而高度风险厌恶型投资者的无差异曲线较为陡峭,其与有效边界的切点更接近期望收益和风险均较小的证券组合,如点 B。可见,对于更害怕风险的投资者,他在有效边界上的点具有较低的风险和收益。

2. 马科维茨证券组合理论的应用

(1) 证券组合理论在现代投资管理实践中的应用

马科维茨的证券组合理论为有效证券组合的构建和证券组合的分析提供了重要的思想基础与一整套分析体系,它对现代投资管理实践产生了重大影响,主要表现在以下方面:①马科维茨首次对风险和收益进行了精确的描述,解决了对风险的衡量问题,使投资学从一门艺术迈向科学。马科维茨提供了以均值—方差分析为基础的最大化效用的一整套组合投资理论。从此,同时考虑风险和收益成为描述投资管理目标缺一不可的两个参数。②证券组合理论关于分散投资的合理性的阐述为基金管理提供了重要的理论依据。投资组合的方差公式说明证券组合的方差并不是组合中各个证券方差的简单线性组合,而是在很大程度上取决于证券之间的相关关系。当组合中的证券数量较多时,投资组合的方差在很大程度上取决于证券之间的协方差。因此,投资组合的方差公式对分散投资的合理性不但提供了理论上的解释,而且提供了有效分散投资的实际指引。③马科维茨提出"有效证券组合"的概念,使基金经理从过去一直关注于对单个证券的分析转向了对构建有效证券组合的重视。④马科维茨的证券组合理论已被广泛应用到投资组合中各

主要资产类型的最优配置活动中,并被实践证明是行之有效的。

(2) 投资组合理论在应用上的问题

马科维茨的证券组合理论不但为分散投资提供了理论依据,而且也为如何进行有效的分散投资提供了分析框架。但在实际运用中,马科维茨模型也存在着一定的局限性和困难。一是当证券的数量较多时,计算量非常大,使模型应用受到限制;二是数据误差带来的解的不可靠性;三是解的不稳定性;四是重新配置的高成本。证券组合理论的这些缺点使马科维茨及其学生夏普努力寻求更为简便的方法,于是产生了资本资产定价模型(CAPM)。

8.2 资本资产定价模型

8.2.1 资本资产定价模型概述

1. 资本资产定价理论的提出

资本资产定价模型(aapital asset pricing model,CAPM)是由美国学者威廉·夏普(William F. Sharpe)、约翰·林特纳(John Lintner)和简·莫辛(Jan Mossin)等人在马科维茨证券组合理论的基础上发展起来的,主要研究证券市场中资产的预期收益率与风险之间的关系,以及在均衡状态下资本资产市场均衡价格的形成机制。它是现代金融市场价格理论的支柱,被广泛应用于投资决策和公司理财领域。

CAPM 针对资产风险与其收益率之间的关系给出了精确的预测,它解决的是所有人按照马科维茨证券组合理论投资下,资本资产是如何定价的问题。CAPM 阐述了市场均衡状态的形成,把资产的预期收益和预期风险之间的理论关系用一个简单的线性方程表达出来。CAPM 理论包括两个部分:资本市场线(CML)和证券市场线(SML)。前者揭示了经过投资多样化处理的有效证券组合的期望收益率与其总风险(标准差)之间的关系;后者则将任意证券或组合的期望收益率看作其系统风险的线性函数。该理论研究在不确定的情况下,资本市场中各种资本资产(包括证券、不动产、期权、贵金属等)的定价问题。本节仅讨论资本市场中有价证券的定价问题。

小贴士 8-3

2. CAPM 的假设条件

资产定价的核心问题在于确定当市场达到均衡时资产的定价,即资产组合及单个资产的期望收益率与风险之间的关系。为了弄清资产是如何定价的,需要建立一个模型即一种理论,并将注意力集中在最主要的要素上,因此,需要通过对投资者行为和市场环境做一些假设,来达到一定程度的抽象。CAPM 是在马科维茨证券组合理论的基础上发展起来的,因此马科维茨模型的假设(normative assumption)自然包含在其中,它们是:

(1) 投资者通过投资组合在某一段时期内的期望收益率和标准差来评价资产组合(expected return and standard deviation over a one-period investor horizon)。

(2) 投资者是永不满足的(nonsatiation)。

(3) 投资者是风险厌恶的(risk averse investor)。

(4) 单一资产都是无限可分的(assets are infinitely divisible)。

(5) 投资者可以以一个无风险利率贷出或借入资金(risk free asset exists)。

(6) 税收和交易费用成本均忽略不计(no taxes nor transaction costs)。

在这些假设的基础上，CAPM还附加了另外几个特有的假设条件(additional assumption)，这些条件包括：

(7) 所有投资者都有相同的投资期限，且只有一期(one period investor horizon for all)。投资决策是针对一个确定的阶段而言的，所有投资者处于同一单期投资期，即投资者的投资为单一投资期(one-period time horizon)。多期投资被看作是单期投资的不断重复。

(8) 对于所有投资者，无风险利率相同(risk-free rate is the same for all)。

(9) 对于所有投资者，信息是免费的且是立即可得到的(information is free and instantly available)。证券市场是一个"无摩擦市场"(frictionless market)，市场信息充分且可自由流动。

(10) 所有投资者具有相同的预期(homogeneous expectation)。所有投资者可以获得相似的信息源，对证券的评价和经济形势的看法都一致，具有相同的预期，即每个投资者对证券的预期收益率、标准差和协方差都有相同的估计，这样市场的有效边界就只有一条。

上述假设表明：①投资者是理性的，而且严格按照马科维茨模型的规则进行多样化投资，并将从有效边界的某处选择投资组合；②资本市场是完全有效的市场，没有任何摩擦阻碍投资。通过这些假设，模型将情况简化为一种极端的情形：投资者是理性的，资本市场是完全市场，每个人都有相同的信息，并对证券的前景有一致的看法，这意味着投资者以同一方式来分析和处理信息，所有人采取同样的投资态度。因此，通过市场上投资者的集体行为，可以获得每一证券的风险和收益之间均衡关系的特征。

8.2.2 资本市场均衡的实现

1. 引入无风险借贷时资产组合的有效边界

在马科维茨的证券组合理论中，可供投资者选择的都是风险资产，不允许投资者使用金融杠杆手段进行无风险借贷。然而，现实金融市场上可供选择的投资工具有很多，除风险资产外，还有无风险资产。投资者不仅购买风险资产，也经常对无风险资产进行投资；不仅可以用自有资金进行投资，也可以发挥财务杠杆的作用，使用借入的资金来进行投资，达到进一步分散投资、建立个人对风险和收益不同偏好的组合。可见，投资者在一个组合内，既可以选择有风险证券，也可以将风险资产与无风险证券(如国库券)构成组合。因此，有必要对马科维茨的证券组合理论加以扩展。下面讨论引入无风险证券，并允许投资者进行无风险借贷时，投资组合有效边界的确定及最优证券组合的选择。

(1) 无风险资产

无风险资产(risk-free asset)是指具有确定的收益率,并且不存在违约风险的资产。由于收益确定,无风险资产具有正的期望收益率,且其收益率的方差和标准差均为零。当然,无风险资产收益率与任一风险资产收益率之间的协方差及相关系数也为零。在现实经济中,无风险资产是不存在的。投资实务中通常将期限短的货币市场工具作为无风险资产,主要包括国库券(treasury bill)、银行存单(bank certificate of deposit,CD)和商业票据(commercial paper)等。通常把投资于无风险资产称为"无风险贷出"(risk-free lending),卖空无风险资产称为"无风险借入"(risk-free borrowing)。卖空无风险资产相当于以无风险利率借入一定数量的资金。

(2) 无风险资产与风险资产构成的投资组合

根据无风险资产的定义,无风险证券的期望收益率为一常数,收益率的标准差为零,对应坐标系(E,σ)中纵轴上的某一点。现考虑一个由风险证券和无风险证券构成的投资组合P。假设,新组合P包含n种证券,其中一种为无风险证券F,无风险利率为R_f,它在P中所占的比重为w_f;另外,$n-1$种证券都是风险证券,在P中所占的比重为$1-w_f$。这$n-1$种风险证券也可以视为一个风险证券组合T,它在整个投资组合P中类似于一种有风险的证券。假设T的期望收益率与标准差为已知,分别为$E(R_T)$与σ_T。

在无风险借贷条件下,w_f可以取正数,也可以取负数。当w_f大于0时,表示投资者将一部分资金投资于无风险资产F,将另一部分资金投资于风险资产组合T,这相当于以无风险利率R_f贷出一部分资金,这时,F与T的投资比重w_f和$1-w_f$都大于0而小于1。这种投资组合称为"贷出性投资组合"。而当w_f小于0时,表示投资者卖空F,或者说以无风险利率R_f借入一部分资金,并把所获得的资金与初始自有资金一起投资于T,这时,w_f小于0,而T的投资比重$1-w_f$大于1。这种投资组合称为"借入性投资组合"。而当w_f等于0时,表示投资者将所有的资金全部投资于T,即不存在"无风险借贷机会",在前面章节中已经讨论了这种情形。应该注意,无论是上述三种情况的哪一种情况,F与T的投资比重之和都等于1,即$w_f+w_T=1$。

下面分析存在无风险借贷机会时,新投资组合P的收益与风险的衡量。根据投资组合的相关公式,投资组合P的期望收益率及风险(标准差)分别为

$$E(R_P) = w_f R_f + (1-w_f)E(R_T) \tag{8.3}$$

$$\sigma_P = \sqrt{w_f^2 \sigma_f^2 + (1-w_f)^2 \sigma_T^2 + 2w_f(1-w_f)\rho_{fT}\sigma_f\sigma_T} = (1-w_f)\sigma_T \tag{8.4}$$

将式(8.3)、式(8.4)联立,消去w_f,可以推出以下函数关系式:

$$E(R_P) = R_f + \frac{E(R_T)-R_f}{\sigma_T}\sigma_P \tag{8.5}$$

由式(8.5)可以看出,当存在无风险借贷机会时,投资组合的期望收益率与其风险(标准差)之间的关系变成了线性关系,即各种不同比重的无风险资产F与风险资产组合T构成的投资组合可以用一条连接这两项资产的直线FT来表示,如图8-11所示。这条直线被称为资本配置线(capital allocation line,CAL)。

CAL是一条连接无风险资产与风险资产的射线。一般地,对于由无风险资产与风险资产(组合)形成的任何投资组合,其期望收益率和标准差都落在连接它们的直线上。可

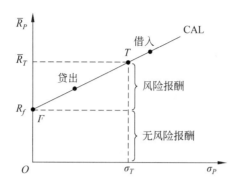

图 8-11 资本配置线——无风险资产与风险资产构成的投资组合

见,CAL 描述了引入无风险借贷后,将一定的资本在某一特定的风险资产组合 T 与无风险资产 F 之间分配,从而得到所有可能的新的组合的预期收益与风险之间的关系,即 CAL 是由无风险资产与风险资产构成投资组合的可行集。

(3) 允许无风险借贷条件下的有效边界及最优投资组合的决定

在允许卖空的条件下,由于引入了无风险借贷,投资者既可以将一部分资金投资于无风险资产,将其余部分投资于风险资产;也可以通过卖空无风险资产而将所得资金投资于风险资产。投资者将无风险资产加入已经构成的风险资产组合(风险基金)中,形成了一个"无风险资产+风险基金"的新组合,这些增加的投资机会大大改变了原有的有效边界,从而使投资者的最优投资组合发生改变。

引入无风险资产后,新的可行投资组合将包含无风险资产与所有可行的风险资产组合的再组合,而风险资产组合也可以视为一种风险资产。于是,无风险资产与所有可行的风险资产组合的再组合就是从无风险资产发出的经过该风险资产组合的一系列射线。无风险资产与有效边界内任一点构成的直线都是可供选择的组合,如图 8-12 所示,可以将 F 点与原来风险资产可行集中的每一点相连,风险资产组合边界及其右侧的任何一点与 F 点的连线均对应着一条资本配置线,它们构成了新的可行集。

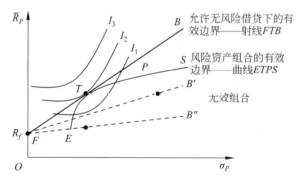

图 8-12 无风险借贷条件下的有效边界及最优投资组合的决定

无风险资产与效率边界相切的直线是引入无风险资产后的效率边界。在图 8-12 中,在新的可行集中,有一条从 F 点发出的射线 FB 与原来有效边界相切于 T 点,通过 T 点

的射线 FTB 的斜率是所有资本配置线中的最大者,构成了新的有效边界,这条线又被称为资本市场线。其他射线如 FB' 与 FB'' 上的组合就是无效组合,因为直线 FTB 上任何一点所代表的投资组合在风险相同的情况下,期望收益率都要高于直线 FB' 与 FB'' 上各点所代表的投资组合;或者在收益相同的情况下,风险都要低于直线 FB' 与 FB'' 所代表的投资组合。存在无风险借贷机会时,投资的有效边界与投资者的无差异曲线相切,切点所代表的投资组合即为该投资者的最优投资组合。在图 8-12 中,无差异曲线 I_2 与 FTB 相切于 T 点,则 T 点所代表的组合是该投资者的最优投资组合。

2. 分离定理

根据假定,所有投资者对风险资产的预期收益率、标准差和协方差都有着相同的看法(同质预期假设),因此,每一投资者都具有相同的有效边界。由于投资者可按相同的无风险利率自由借贷,因此,所有投资者确定的切点资产组合相同。这意味着所有投资者都面对相同的线性有效边界,都将在同一有效边界选择他们的投资组合。他们各自选择线性有效边界上不同投资组合的唯一原因是他们拥有不同的无差异曲线(对风险的偏好不同)。当用风险资产与无风险资产进行组合时,所有投资者都会选择相同的风险资产组合,然后将它与无风险资产进一步进行组合。可见,所有的投资者,无论他们的风险规避程度如何不同,都会将切点组合(风险组合 T)与无风险资产 F 混合起来作为自己的最优投资组合。也就是说,无须事先确知投资者偏好,就可以确定风险资产最优投资组合。因此,每个投资者的投资组合中都将包括一个无风险资产 F 和相同的风险资产组合 T,剩下的唯一决策就是怎样筹集投资于 T 的资金,这取决于投资者规避风险的程度,如图 8-13 所示。如果投资者是风险规避者,他将以一部分资金投资于无风险资产 F,将剩下的资金投资于切点风险资产组合 T,即在 FT 线段上某一点(如 N)形成投资组合;如果投资者为了追求较高收益率而愿意承担较高风险,他可能将所有资金全部投资于切点风险资产组合 T,T 点是有效组合中唯一一个不含无风险资产而仅由风险资产构成的组合;而如果投资者是一个风险偏好者敢冒高风险,他可能以无风险利率借入资金并将其与自有资金一起投资于切点风险资产组合 T,即在射线 TB 上某一点(如 P)所形成的投资组合。

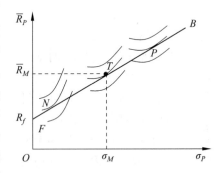

图 8-13 分离定理与不同投资者最优资产组合的确定

可见,投资者风险资产组合的最优构成完全由市场确定,与其对收益与风险的偏好程度无关,即投资者的最佳风险资产组合 T,可以在并不知晓投资者对风险和收益的偏好时就加以确定。资本资产定价模型的这一特性被称为"分离定理"(separation theorem),它最早由美国芝加哥大学教授詹姆士·托宾(James Tobin)于 1958 年提出。

3. 市场组合

根据分离定理,每一个投资者的投资组合中,最佳风险资产组合 T 与该投资者对风险和收益的规避程度无关,即他们都选择切点风险资产组合 T 作为其投资组合中的风险证券组成部分。如果每个投资者都购买风险资产组合 T,而风险资产组合 T 中并不包含市场上所有的风险证券,则没有投资者会购买风险资产组合 T 中所不包含的风险证券。从而,这些证券的市场价格会下降,导致其期望收益率上升,而这又会刺激投资者对这些证券的需求。这种调整一直持续到风险资产组合 T 中包含市场上的所有风险证券时才会结束。因此,当市场达到均衡时,每一种风险证券在风险资产组合 T 中都会有一个非零的比例。这是资本资产定价模型的又一重要特性。

市场通过证券价格的变动,最终达到均衡状态。在市场均衡时,投资者对每一种风险资产都愿意持有一定的数量;每种风险资产供求平衡,价格为均衡价格;无风险利率水平正好使得对资金的借贷量相等。此时,切点风险资产组合 T 包含了市场上所有的风险证券,而且每种证券的投资比例必等于各种证券总市值与全部证券总市值的比例。习惯上,人们将切点风险资产组合 T 称为市场组合(market portfolio),并用 M 代替 T 来表示。市场组合 M 是对整个市场的定量描述,代表整个市场。全体投资者作为一个整体,其所持有的风险证券的总和所形成的整体组合在规模和结构上恰好等于市场组合 M。当证券市场达到均衡时,最优风险资产组合 T 就是市场组合 M,投资者选择市场组合就等价于选择了最优风险资产组合。市场组合的期望收益率就是市场上所有证券的加权平均收益率。市场组合中,各单项证券的非系统风险会相互抵消,剩下的是证券投资活动中无法避免的风险,即系统风险。因此,市场组合可以提供最大限度的资产多元化效应。

在 CAPM 中,市场组合具有核心作用。从理论上看,市场组合不仅包括普通股,还涵盖所有的风险证券,如货币市场工具、公司债券、投资基金、金融期货期权等。然而,现实证券市场上并不存在一个能将流通中的所有风险证券都包含在内的资产组合。在投资实务中,一般用市场上某种指数所对应的证券组合作为市场组合的近似替代。在美国,绝大多数投资者和证券分析师都将 S&P500 指数作为市场组合的近似物。

8.2.3 资本资产定价模型的导出及应用

资本资产定价模型(CAPM)是基于风险资产期望收益均衡基础上的资产定价模型。CAPM 模型研究整个资本市场的集体行为,考察各资本资产的价格和供求关系问题,分析在均衡状态下资本资产市场均衡价格的形成机制。市场均衡是如何达到的呢?投资者根据各种风险资产的预期收益率构造投资组合,如果市场价格发生变动,预期收益率也将发生改变,导致其最优资产组合的变化,进而导致对风险资产需求的变化。当在某一组证券价格(或期望收益)下,个人投资决策产生的加总需求与市场供给相等,市场就达到了均衡。

1. 资本市场线

通过上述分析可知,一种由无风险资产与风险资产组合构成的新组合的线性有效边界是从无风险资产所对应的点 F 出发,经过市场组合对应点 M 的一条射线 FM,它反映了市场组合 M 和无风险资产 F 的所有可能组合的收益与风险的关系。这条线性有效边界称为资本市场线(capital market line,CML)。资本市场线最早由威廉·夏普提出,它描述了当证券市场达到均衡时,有效组合的期望收益率与风险之间的关系。

(1) 资本市场线方程

在数学上,CML 是一条经过无风险资产 $A(0, R_f)$ 和市场组合 $M(\sigma_M, E(R_M))$ 的一条直线,如图 8-14 所示,其方程式为

$$E(R_P) = R_f + \frac{E(R_M) - R_f}{\sigma_M} \sigma_P \tag{8.6}$$

式中,$E(R_P)$、σ_P 分别为有效组合的期望收益率和标准差;$E(R_M)$、σ_M 分别为市场组合的期望收益率和标准差;R_f 为无风险利率。

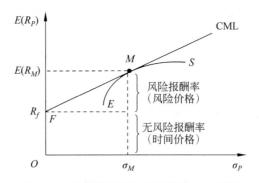

图 8-14 有效投资组合定价的资本市场线

例 8-1 在证券市场上,无风险利率为 5%,市场组合的期望收益率为 10%,市场组合的期望收益率的标准差为 20%,证券组合的标准差为 50%。试求:①该市场的资本市场线的方程式。②证券组合的期望收益率。

解:根据已知,有 $R_f = 5\%$,$E(R_M) = 10\%$,$\sigma_M = 20\%$,$\sigma_P = 50\%$,则

① CML 的方程式为

$$\begin{aligned} E(R_P) &= R_f + \frac{E(R_M) - R_f}{\sigma_M} \sigma_P \\ &= 5\% + \frac{10\% - 5\%}{20\%} \sigma_P \\ &= 5\% + 0.25 \sigma_P \end{aligned}$$

② 证券组合的期望收益率为

$$E(R_P) = 5\% + 0.25 \sigma_P = 5\% + 0.25 \times 50\% = 17.5\%$$

(2) 对 CML 的解释

资本市场线(CML)是资本配置线(CAL)的一个特例,它表明在均衡状态下,任何一个最优组合都是由市场组合 M 与无风险资产 F 构成的。CML 的实质就是在允许无风险借贷下的无风险资产与风险资产构成的组合的有效边界,它反映了当资本市场达到均衡时,投资者将资金在市场组合 M 和无风险资产 F 之间进行分配,从而得到所有有效组合的预期收益和风险的关系。所有有效组合都可视为无风险证券 F 与市场组合 M 的再组合。位于 CML 上的组合提供了最高单位的风险回报率,在金融世界里,任何资产组合都不可能超越 CML。由于单个资产一般来说并不是最优的资产组合,因此,单个资产也位

于该直线的下方。

CML 指出了用标准差表示的有效组合的风险与回报率之间的关系是一种线性关系。CML 向右上方倾斜,意味着投资者想要获得更高的期望收益率就必须承担更多的风险。CML 的截距 R_f 为无风险证券利率,它被视为资本的时间价格;CML 的斜率 $[E(R_M)-R_f]/\sigma_M$ 就是单位风险的溢价,这一报酬风险比率反映了承担单位风险所要求的收益率,因而被称为风险的市场价格。市场组合的期望收益与无风险利率之差 $[E(R_M)-R_f]$ 为市场组合的风险溢价。可见,在资本市场上,时间和风险都是有价格的,而它们价格的高低将由供需力量的对比决定。需要说明的是,CML 上的投资组合只有系统性风险。因为除了全部持有无风险资产的点 F 之外,所有有效组合中的风险证券组合都是市场组合 M,而 M 包含了所有风险证券,是经过充分投资分散化(well-diversification)处理的,非系统风险已被充分"处理"掉了。因此,市场不再为非系统风险而给予风险补偿。

(3) 投资者对最优证券组合的选择

资本市场线(CML)是无风险证券与风险证券组合的有效边界线,它是有效组合的集合,理性的投资者可以选择上面任意一种组合进行投资,实际中,某个投资者如何选择取决于他的风险偏好,如图 8-15 所示。风险厌恶程度高的投资者将选择靠近 F 的投资组合;风险厌恶程度低的投资者将选择 M 点右上方的投资组合。其中,F 点是投资者将所有资金全部投资于无风险证券的情况,这时将有一个较低的报酬率 R_f;M 为市场组合点,是投资者将所有资金全部投资于风险证券的情况,投资者可以得到较 R_f 高的预期收益率 $E(R_M)$;在 F 与 M 之间的点是投资者同时投资于风险证券与无风险证券的情况,即风险证券的权重大于 0 而小于 1,投资者可获得介于 $E(R_M)$ 和 R_f 之间的报酬率 $E(R_L)$;在 M 右上方的点是投资者借入无风险资产并将借入资金与本金全部投资于风险资产的组合,即风险证券的权重大于 1,投资者可获得的预期收益率为 $E(R_B)$。在这几种不同的情况下,投资的风险是伴随着收益率的提高而逐渐增大的。

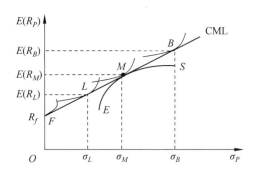

图 8-15 资本市场线与投资者最优证券组合的选择

2. 证券市场线

资本市场线揭示了在资本市场均衡状态下,由市场组合与无风险证券所构成的有效组合的期望收益率与风险之间的关系,其中风险是以标准差来衡量的。CML 方程描述了有效组合如何按其风险的大小均衡地被定价的。由于只有有效组合位于 CML 上,无效组合或单个证券(单个风险证券本身就是一个非有效的组合)分散地位于 CML 下方,因此,CML 提供的定价关系不适合单个证券及无效组合。夏普经过研究,提出可用证券市场线(security market line,SML)来界定所有证券风险与收益率的关系,而无论这个证券是个别证券,还是有效或无效的证券组合。CAPM 的最终目的是要对证券进行定价,因此,应由 CML 推导出 SML。SML 要回答的是:当市场达到均衡时,任意资产(或组合)的预期收益率和风险之间的关系。

(1) 证券市场线的推导

证券市场线有许多推导方法,这里仅说明夏普所使用的推导方法。在图 8-16 中,M 是市场组合;R_f 为无风险利率;i 是任一证券。设 D 是证券 i 与市场组合 M 构成的新投资组合,w 为投资于证券 i 的投资比重,$1-w$ 为投资于市场组合 M 的比重。

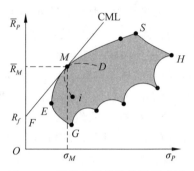

图 8-16 证券市场线的推导示意图

则新组合 D 的期望收益率与标准差分别为

$$\overline{R}_D(w) = w\overline{R}_i + (1-w)\overline{R}_M$$

$$\sigma_D(w) = \sqrt{w^2\sigma_i^2 + (1-w)^2\sigma_M^2 + 2w(1-w)\sigma_{iM}}$$

则

$$\frac{d\overline{R}_D}{dw} = \overline{R}_i - \overline{R}_M; \quad \frac{d\overline{R}_D}{dw} = \frac{w(\sigma_i^2 + \sigma_M^2 - 2\sigma_{iM}) - \sigma_M^2 + \sigma_{iM}}{\sigma_D}$$

组合 D 上任一点的斜率为

$$\frac{d\overline{R}_D}{d\sigma_D} = \frac{d\overline{R}_D}{dw} \cdot \frac{dw}{d\sigma_D} = \frac{(\overline{R}_i - \overline{R}_M)\sigma_D}{w(\sigma_i^2 + \sigma_M^2 - 2\sigma_{iM}) - \sigma_M^2 + \sigma_{iM}}$$

令 $w=0$,则可得

$$\left.\frac{d\overline{R}_D}{d\sigma_D}\right|_{w=0} = \frac{(\overline{R}_i - \overline{R}_M)\sigma_D}{\sigma_{iM} - \sigma_M^2}$$

证券 i 与 M 的组合构成的有效边界为 iM,iM 不可能穿越资本市场线(CML),当 $w=0$ 时,$D=M$,这样 $\sigma_D=\sigma_M$,则曲线 iM 的斜率必等于 CML 的斜率,所以有

$$\frac{(\overline{R}_i - \overline{R}_M)\sigma_D}{\sigma_{iM} - \sigma_M^2} = \frac{(\overline{R}_i - \overline{R}_M)\sigma_M}{\sigma_{iM} - \sigma_M^2} = \frac{\overline{R}_M - R_f}{\sigma_M}$$

解得

$$\overline{R}_i = R_f + \frac{\sigma_{iM}}{\sigma_M^2}(\overline{R}_M - R_f) \tag{8.7}$$

式(8.7)即为夏普所推导的证券市场线,这是用协方差表示的 SML。它是一条经过 $F(0, R_f)$、$M(\sigma_M^2, E(R_M))$ 两点的直线,如图 8-17(a)所示。

在式(8.7)中,令 $\beta_i = \frac{\sigma_{iM}}{\sigma_M^2}$,则 SML 的方程又可表示为

$$\overline{R}_i = R_f + \beta_i(R_M - R_f) \tag{8.8}$$

这是用 β 系数表示的 SML,其中,β 是回归系数,代表了证券 i 对市场组合风险的贡

献度。市场组合的 β 值为 1,无风险证券的 β 值为 0,即 $\beta_M = \frac{\sigma_{MM}}{\sigma_M^2} = \frac{\sigma_M^2}{\sigma_M^2} = 1$,$\beta_f = \frac{\sigma_{fM}}{\sigma_M^2} = \frac{\rho_{fM}\sigma_f\sigma_M}{\sigma_M^2} = \frac{0}{\sigma_M^2} = 0$。可见,SML 是经过 $F(0,R_f)$、$M(1,E(R_M))$ 两点的直线,如图 8-17(b) 所示。

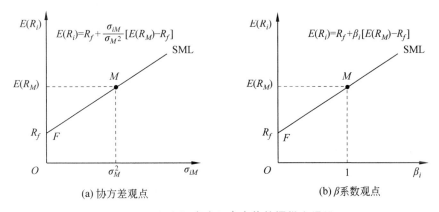

图 8-17　任意证券或组合定价的证券市场线

（2）CAPM 的基本表达式及解释

前述分析是针对单个证券 i 在市场均衡时得到的 SML。同样可以证明：在市场均衡时,由单个证券构成的任一证券组合 P 也位于 SML 上;由无风险资产与市场组合构成的有效组合也位于 SML 上。SML 实际上揭示了市场上所有风险资产的均衡期望收益率与风险之间的替代关系。这些风险资产包括单个证券、无效证券组合以及有效证券组合。即任意证券或证券组合都将位于 SML 上。由于用协方差来表示风险不符合投资学上的习惯用法,故一般采用相对协方差的概念,即 β 系数。CAPM 的一般形式为

$$E(R_i) = R_f + [E(R_M) - R_f]\beta_i \tag{8.9}$$

式中,$E(R_i)$ 为资产 i 的预期回报率;R_f 为无风险利率,通常以短期国债的利率近似替代;$E(R_M)$ 为市场组合 M 的预期市场回报率,通常用股票价格指数收益率的平均值来代替;β_i 为贝塔系数,即资产 i 的系统风险。

如果以 β 为横轴、期望收益率为纵轴,在平面坐标图中用图示法将各证券期望收益率与协方差（或 β）之间的关系表示出来,则所有证券将位于同一条直线上,这样一条描述证券期望收益率与风险之间均衡关系的直线就是 SML,如图 8-17(b)所示。SML 必然经过无风险资产 $F(0,R_f)$ 和市场组合 $M(1,E(R_M))$ 两点。SML 以 R_f 为截距,以 $E(R_M) - R_f$ 为斜率。因为斜率是正的,所以 β 越高的证券,其期望回报率也越高。SML 的斜率 $E(R_M) - R_f$ 是市场风险溢价（market risk premium）,表示风险价格。而 β 代表了证券 i 对市场组合风险的贡献度,表示证券的风险。可见,衡量证券风险的关键是该证券与市场组合的协方差而不是证券本身的方差。

由 CAPM 的方程式可知,风险资产的收益由两部分构成：一是无风险资产的收益 R_f;二是市场风险溢价收益 $E(R_M) - R_f$。它表明：①风险资产的收益率高于无风险资产的收益率。②只有系统风险需要补偿,非系统风险可以通过投资多样化减少甚至消除,因

而不需要补偿。③风险资产实际获得的市场风险溢价收益取决于 β_i 的大小,β_i 值越大,则风险溢价就越大;反之,β_i 越小,则风险溢价就越小。当证券或投资组合的 $\beta_i=1$ 时,这时 $E(R_i)=E(R_M)$,它表示该证券或投资组合的风险与整个市场的风险相同,其波动与整个市场的波动一致,其预期收益率等于市场平均预期收益率。当 $\beta_i \geqslant 1$ 时,$E(R_i) \geqslant E(R_M)$,它表示该证券或投资组合的风险大于整个市场的风险,其波动大于整个市场的波动,其预期收益率大于市场平均预期收益率。当 $\beta_i \leqslant 1$ 时,$E(R_i) \leqslant E(R_M)$,它表示该证券或投资组合的风险小于整个市场的风险,其波动小于整个市场的波动,其预期收益率小于市场平均预期收益率。CAPM 表明,在市场均衡状态下,证券期望收益率与风险之间存在正相关线性关系,风险大的证券将具有较高的期望收益率,而风险低的证券则期望收益率也低。

例 8-2 假定证券市场上,无风险利率为 6%,市场上所有股票的平均报酬率为 10%,某公司股票的 β 系数为 2.0,则该证券的预期收益率为多少?

解:根据已知,有 $R_f=6\%$,$E(R_M)=10\%$,$\beta_i=2.0$,则

$$E(R_i) = R_f + [E(R_M) - R_f]\beta_i = 6\% + (10\% - 6\%) \times 2.0 = 14\%$$

该公司股票预期收益率只有达到或超过 14% 时,投资者方可进行投资;小于 14%,则不应购买该股票。可见,β 值可替代方差作为测定风险的指标。

3. β 系数

β 系数(beta coefficient)是某种证券的收益的协方差与市场组合收益的方差的比率,可视为证券收益变动对市场组合收益变动的敏感度。其计算公式为

$$\beta_i = \frac{\sigma_{iM}}{\sigma_M^2} = \frac{\rho_{iM}\sigma_i\sigma_M}{\sigma_M^2} = \frac{\rho_{iM}\sigma_i}{\sigma_M} \tag{8.10}$$

式中,β_i 为证券 i 的贝塔系数;σ_{iM} 为证券 i 与市场组合收益率间的协方差;σ_M^2、σ_M 为市场组合 M 收益率的方差与标准差;ρ_{iM} 为 i 与 M 收益率间的相关系数。

β 系数是威廉·夏普提出的风险衡量指标,被用来反映资产组合风险与市场整体风险的相关关系,即用来反映系统风险对资产的影响。β 系数表示了资产的回报率对市场变动的敏感程度(sensitivity),体现的是某个证券对市场组合风险的贡献度。也就是说,如果一只证券的价格和市场的价格波动性是一致的,那么这只证券的 β 值就是 1.0;如果 β 值是 1.5,就意味着当市场上升 10% 时,该证券价格则上升 15%,而市场下降 10% 时,其价格也会下降 15%。β 系数是通过统计分析同一时期市场每天的收益情况以及单只股票每天的价格收益来计算得出的。对于投资组合,其系统风险也可以用 β 系数来衡量。任何资产组合的 β 系数等于单一资产 β 系数的加权平均,权数为每种资产在组合中的投资比重。其计算公式为

$$\beta_P = \sum_{i=1}^{n} w_i \beta_i \tag{8.11}$$

式中,β_P 为投资组合的贝塔系数;w_i 为第 i 种证券在投资组合中所占的比重;β_i 为第 i 种证券的贝塔系数;n 为投资组合中证券的种类数。

β 值可正可负,其绝对值越大,说明单项证券收益率的波动程度越高。市场组合的 β

系数等于1,表示市场组合反映了所有风险资产的平均风险水平;β系数大于1,表明某风险资产的风险水平超过市场平均风险水平,为高风险的进取型证券;β系数小于1,表明某风险资产相对于市场组合波动水平不敏感,其风险水平低于平均风险水平,为低风险的防御型证券;β系数等于0,表明某风险资产不存在系统风险,而只存在非系统风险,且通过分散化投资能予以化解。总之,β值是个别资产相对于市场组合的风险测度,反映了证券的系统风险。在一般情况下,将某个具有一定权威性的股指(市场组合)作为测量股票β值的基准。

例 8-3 某公司持有由 A、B、C 三种股票构成的证券组合,它们的 β 系数分别为 2.0、1.0、0.5,它们在证券组合中所占的比重分别为 60%、30%、10%,试确定这种证券组合的 β 系数;如该公司为降低风险和风险报酬,出售部分 A 股票,买进部分 C 股票,使 A、B、C 三种股票在证券组合中所占比重变为 10%、30% 和 60%,试计算此时的 β 系数。

解:根据已知,$\beta_A=2.0, \beta_B=1.0, \beta_C=0.5, w_A=0.60, w_B=0.30, w_C=0.10$,则

(1) 调整前的证券组合的 β 系数为

$$\beta_P = w_A\beta_A + w_B\beta_B + w_C\beta_C = 2.0 \times 0.60 + 1.0 \times 0.30 + 0.5 \times 0.10 = 1.55$$

(2) 调整后,$w'_A=0.10, w'_B=0.30, w'_C=0.60$,则证券组合的 β 系数为

$$\beta'_P = w'_A\beta_A + w'_B\beta_B + w'_C\beta_C = 2.0 \times 0.10 + 1.0 \times 0.30 + 0.5 \times 0.60 = 0.80$$

4. 资本市场线与证券市场线的关系

CML 和 SML 这两条直线都服务于资本资产定价模型,两者都描述了风险资产在均衡状态下期望收益率与风险之间的关系,SML 是由 CML 导出的,它们有相一致的地方,但两者之间也存在明显的区别。

(1) 两者适用范围不同

CML 描述的是有效组合如何均衡地被定价,反映了有效组合的预期收益率与风险之间的关系。而 SML 描述的是所有资产和组合(包括无效组合与有效组合)如何均衡地被定价,反映了所有证券或证券组合的期望收益率与风险之间的依赖关系。可见,SML 是 CML 的推广,CML 本质上是 SML 的一个特例。

(2) 两者度量风险的指标不同

CML 反映的是有效组合的预期收益率与其全部风险(标准差)之间的关系,衡量风险的指标是方差或标准差,它是对资产总风险(包括系统风险和非系统风险)的衡量,所以在图形中以总风险 σ 为横坐标。而 SML 反映的是单项资产或任意资产组合的期望收益率与其所含的系统风险(而非全部风险)之间的依赖关系,衡量风险的指标是 β 值,它仅仅是对有价证券或金融资产所涉及的系统风险的衡量,所以在图形中以市场风险 β 为横坐标。

(3) 两者在几何图形中的位置不同

CML 给出的是市场组合与无风险证券构成的组合的有效集,任何资产(组合)的期望收益都不可能高于 CML。而 SML 给出的是单个证券或者任意组合的期望收益,它是一个有效市场给出的定价。在资本市场均衡时,所有证券和组合都可以在 SML 上找到对应的点。因此,有效组合可同时位于 CML 和 SML 上,而非有效组合(无效组合和单个证券)的对应点只能位于 SML 上、CML 下。因为单个证券的总风险中有一部分是没有回

报的非系统风险,而有效组合的总风险中不包含非系统风险,因此有效组合能获得较高的期望收益率。CML 和 SML 的区别如表 8-2 所示。

表 8-2　CML 和 SML 的区别

项　目	CML	SML
适用对象	有效组合	单项资产或任意组合(无论有效与否)
风险衡量方法	标准差 σ	贝塔值 β
测度的风险	全部风险(包括系统风险和非系统风险)	仅系统风险
几何图形	有效组合位于 CML 上,单个证券和无效组合在 CML 的下方	所有的证券和组合均在 SML 上

5. CAPM 的理论意义与应用

资本资产定价模型是建立在一系列假设条件的基础上的。尽管这些假设条件与现实存在着一定的差异,但由于其较强的可操作性与灵活性,模型得到了广泛的应用。CAPM 在现代金融理论中占据着主导地位,而且对模型假设条件的逐步放宽构成了现代金融理论研究的热门领域,其理论意义在于三个方面:一是可用来进行证券估价和资产组合业绩评估;二是可用来评价证券的相对吸引力;三是可用以指导投资者构建证券组合。

CAPM 不是一个完美的模型,但是其分析问题的角度是正确的。它提供了一个可以衡量风险大小的模型,来帮助投资者决定所得到的额外回报是否与其中的风险相匹配。在投资实务中,CAPM 主要应用于资产估值、资金成本预算以及资源配置等方面。

8.3　套利定价理论

8.3.1　套利定价理论概述

1. 套利定价理论的提出

资本资产套利定价理论(the arbitrage theory of capital asset pricing),简称套利定价理论(arbitrage pricing theory,APT),是由斯蒂芬·罗斯(Stephen Ross)于 1976 年创立的。他试图建立一个假设条件更少、解释能力更强的资本资产定价模型。

前面讲述的资本资产定价理论,分析了证券组合的可行集、有效边界和最优组合,并推导出了资本市场线和证券市场线及相应的经济意义。所有模型与曲线的推导分析都以证券或组合的预期收益率和风险作为基础,即采用均值—方差分析(mean-variance analysis)的方法。CAPM 解释了个别资产预期报酬率的结构——由无风险收益率和系统风险溢价组成。建立在均值—方差分析基础上的 CAPM 是一种理论上相当完美的模型,但实际上却只有理论意义,实际意义不大,因为其对投资者及市场的假设条件太多、太严格。CAPM 在实证中并没有获得支持,不少学者质疑 CAPM 只采用单一因素(即市场风险)来解释个别证券的预期报酬率的可行性。

1976年，罗斯在《经济理论杂志》上发表了经典论文"资本资产定价的套利理论"，提出了一种新的资本资产定价模型。他利用套利原理推导出市场均衡状态下的资本资产定价关系，即 APT 理论，从新的角度来探讨资产的定价问题。APT 理论用套利概念定义均衡，不需要市场组合的存在性，而且所需的假设比 CAPM 更少、更合理。

小贴士 8-4

2. APT 的理论假设和研究思路

（1）APT 模型的基本假设

CAPM 是建立在一系列假设之上的非常理想化的模型，这些假设包括马科维茨建立均值—方差模型时所作的假设，这其中，最关键的假设是同质性假设。而 APT 模型所作的假设少得多。APT 模型与 CAPM 一样，有以下几个假设：①投资者是收益的不满足者，追求投资收益的最大化。②投资者是风险的厌恶者，回避风险。③市场是完全的，交易成本为 0。④投资者在同一风险水平下，选择收益率较高的证券；在同一收益水平下，选择风险较低的证券。但是，CAPM 中的一些假设没有包括在 APT 模型之中。包括：①单一投资期；②不存在税收；③投资者可以无风险利率自由地借入和贷出资金；④投资者以收益率的均值和方差为基础选择投资组合。

APT 模型不同于 CAPM 的基本假设：①影响证券价格的因素不仅有风险，还有其他一些因素，但是对于一个充分多元化的组合而言，只有几个共同因素需要补偿；②具有相同风险和收益率的证券不能有两种或两种以上价格，即一价定律（the law of one price）；③每个投资者都会去利用不增加风险而能增加组合预期收益率的机会。利用这种机会的具体做法就是使用套利组合。如果市场处于不均衡状态，市场上就有投资者可以利用的套利机会，而随着套利者的买进和卖出，套利空间将逐渐缩小直到消失，市场则进入均衡状态，从而形成均衡价格。

（2）APT 模型的研究思路

APT 模型的出发点是假设资产的收益率与未知数量的未知因素相联系，其核心思想是对于一个充分多元化的组合而言，只需几个共同因素就可以解释风险补偿的来源以及影响程度。罗斯从无风险套利原理的角度考察了套利与均衡，推导出均衡市场中的资本资产定价关系，建立了套利定价理论（APT），以新的视角来解释个别资产预期报酬率。该理论研究问题的思路：①一个实际的市场是否已经达到均衡状态；②如果市场未达到均衡，投资者会如何行动；③投资者的行动会如何影响市场，最终使之达到均衡；④均衡状态下，证券的期望收益率由什么决定。

APT 模型导出了与 CAPM 相似的一种市场关系。APT 模型以收益率形成过程的多因子模型为基础，认为证券收益率与一组因子线性相关，这组因子是代表证券收益率的一些基本因素。事实上，当收益率通过单一因子（市场组合）形成时，将会发现 APT 模型形成了一种与 CAPM 相同的关系。因此，APT 模型可以被认为是一种广义的 CAPM，为投资者提供了一种替代性的方法，来理解市场中的风险与收益率间的均衡关系。套利定价理论与现代证券组合理论、资本资产定价模型、期权定价模型等一起构成了现代金融学的理论基础。

8.3.2 因素模型

1. 因素模型概述

因素模型(factor model)又称指数模型(index model),是揭示任一证券的收益率与一个或数个共同因素相互关系的统计模型。该模型试图提取那些系统地影响所有证券价格的主要力量,是描述证券回报率是如何生成或产生的一个统计模型。因素模型是根据收益生成过程,通过回归分析建立收益和风险关系的资本资产定价模型,建立在证券关联性基础上。它认为,证券间的关联性是由于某些共同因素的作用所致,不同证券对这些共同的因素有不同的敏感度。这些对所有证券的共同因素就是系统风险,因素模型正是抓住了对这些系统因素对证券收益的影响,并用一种线性关系将其表示出来。因素模型中的因素常以指数形式出现(如 GNP 指数、股价指数、物价指数等),所以又称指数模型。

因素模型由威廉·夏普在 1963 年提出,是 APT 模型的基础,其目的是找出这些因素并确认证券收益率对这些因素变动的敏感度。模型表明,资本资产的收益率是各种因素综合作用的结果,诸如 GDP 的增长、通货膨胀的水平等因素的影响,并不仅仅只受证券组合内部风险因素的影响。依据因素的数量,因素模型可以分为单因素模型和多因素模型。若只选择单一因素时,称为单因素模型,一般以市场收益率为因子。若选择两种因素时,则称为双因素模型。因素模型就统计学上的意义而言,就是回归方程式,因此,单因素模型事实上就是一元回归方程式,多因素模型就是多元回归方程式。

2. 单因素模型

(1) 单因素模型的一般形式

单因素模型(single-factor model)又称单指数模型(single-index model, SIM),它是假设证券收益率只受一种主要因素的影响,或者说其他因素的影响并不显著。它是最简单的一种因素模型,计算公式为

$$R_i = a_i + b_i F + \varepsilon_i \tag{8.12}$$

式中,R_i 为第 i 种证券的收益率;F 为影响证券收益率的单一要素;a_i 为零因子;b_i 为证券 i 的收益率对要素的敏感度(sensitivity);ε_i 为随机误差项。

若把经济系统中的所有相关因素作为一个总的宏观经济指数,如 GDP 的预期增长率是影响证券回报率的主要因素,并假设证券的回报率仅仅取决于该指数的变化,除此以外的因素是公司的特有风险——残余风险,则可建立以宏观经济指数变化为自变量,以证券回报率为因变量的单因素模型。

考虑 t 时期的证券收益率与要素 t 时刻的值的关系,单因素模型的一般形式为

$$R_{it} = a_i + b_i F_t + \varepsilon_{it} \tag{8.13}$$

式中,R_{it} 为证券 i 在 t 时期的收益率;F_t 为宏观因素在 t 期的值;a_i 为当因素取值为零时证券的收益率;b_i 为证券 i 对因素的敏感度;ε_{it} 为一个均值为零的随机误差项。

单因素模型有以下假设。

① 收益率的生成过程由上述回归方程描述。这意味着证券的收益率与某一个指标

间具有相关性,证券的收益率和因素之间的关系是线性的。

② 随机误差项的均值为零,即对每一证券 i,$E(\varepsilon_{it})=0$。

③ 每一证券的随机项(残差)与宏观因素不相关。这意味着因素的结果对随机误差的结果没有任何影响,这样保证了因素是回报率的唯一影响因素,即 $COV(\varepsilon_{it},F_t)=0$。

④ 证券 i 与 j 的残差不相关。这意味着一种证券的随机误差结果对任意其他证券的随机误差结果不产生任何影响。换句话说,两种证券的回报率仅仅通过对因素的共同影响而相关联,即 $COV(\varepsilon_{it},\varepsilon_{jt})=0$。

如果上述假设不成立,则单因素模型不准确,应该考虑增加因子或者采取其他措施。

(2) 单因素模型中证券的收益与风险

根据单因素模型,任何一个证券的收益都由三部分构成:①a_i 是宏观因素期望变化为零时的收益,是投资者对证券的期初收益;②b_iF_t 是系统性风险收益,即随整个市场运动变化不确定性(非预期的)的收益,且变化的敏感度是 b_i;③ε_{it} 是与国内生产总值无关因素的作用,是非系统风险收益,即只与单个证券相关的非预期事件形成的非预期收益。根据式(8.13),可以计算出证券 i 的期望收益率、方差及与证券 j 之间协方差的数值。

$$E(R_i) = a_i + b_i E(F)$$

$$\sigma_i^2 = b_i^2 \sigma_F^2 = \sigma^2(\varepsilon_i)$$

$$\sigma_{ij} = COV(R_i, R_j) = COV(a_i + b_iF + \varepsilon_i, a_j + b_jF + \varepsilon_j) = b_ib_j\sigma_F^2$$

因素模型是一个描述证券收益生成的模型,ε_{it} 为非系统风险所给予的补偿,a_i+b_iF 为系统风险所给予的补偿,其中,u_i 为宏观因素均值为零时证券的期望收益率。证券的方差式中,σ_F^2 为因素的方差;$\sigma^2(\varepsilon_i)$ 为随机误差项的方差,代表公司的特有风险,是由随机项带来的非系统风险,$b_i^2\sigma_F^2$ 为系统风险,是由宏观因素的不确定性导致的系统风险。

(3) 单因素模型的特例——市场指数模型

在实际应用过程中,常把证券市场指数作为影响证券价格的单因素,此时的单因素模型被称为市场指数模型。典型的单因素模型为威廉·夏普的市场指数模型,市场指数模型实际上是单因素模型的一个特例。

市场指数模型是表示某种证券的收益率与市场指数收益率之间的关系模型,它假设股票在某一特定时期内的收益率与同一时期证券市场指数(如标准普尔500指数)的收益率线性相关,即如果行情上扬,则很可能该股票价格会上升;市场行情下降,则该股票很可能下跌。夏普应用回归分析法来决定每种股票的风险特性,他指出,一种证券或证券组合的收益由两部分构成:受市场影响的那部分收益和由证券本身特点所决定的那部分收益。他以各种证券"β"的大小来说明其受市场影响的程度,以 ε 来表示证券价格只由证券本身诸因素所决定的那部分,以一个股票指数代替单因素模型中的宏观影响因素,用市场指数模型的方程表示这一关系为

$$R_i = a_i + \beta_i R_M + \varepsilon_i \tag{8.14}$$

式中,$R_i=E(R_i)-R_f$ 为股票超过无风险收益率的超额收益率;a_i 为当市场超额收益率为零时的期望收益率,是股票收益率与市场指数收益率之间线性关系的截距项;β_i 为股票 i 对宏观因素的敏感程度,即贝塔系数,是股票收益率与市场指数收益率之间线性关系的

斜率项；$R_M = E(R_M) - R_f$ 为同期市场收益率超过无风险收益率的超额部分；ε_i 为随机误差项，表示股票的收益率中没有被市场模型完全解释的部分。

由式（8.14）可知，某一证券的实际收益率由两部分构成：一部分为系统收益率，它是能用证券市场指数收益率解释的部分；另一部分为非系统收益率，它独立于市场指数收益率而取决于公司特有的一些因素，如不利的司法诉讼、日益严重的劳资纠纷、出乎意外的市场旺销与突然降临的自然灾害等。

CAPM 是市场指数模型的一个特例，CAPM 是所有股票的 a 的期望值为零的单指数模型，其中的市场组合收益率实质上就是一个单因素，以市场组合收益率的风险补偿来作为宏观经济指数。因素模型不是一个资产定价的均衡模型，而 CAPM 是基于均衡的定价模型，预期回报率由 CAPM 决定，实际回报率由单因素模型决定。

3. 多因素模型

多因素模型（multiple factor model）假设证券的预期收益率受多个因素影响，用公式可以表示为

$$R_{it} = a_i + b_{i1}F_{1t} + b_{i2}F_{2t} + \cdots + b_{in}F_{nt} + \varepsilon_{it} \tag{8.15}$$

式中，R_{it} 为证券 i 在 t 时期的收益率；F_{jt} 为第 j 个对证券回报率具有普遍影响的因素在 t 时期的值；a_i 为当所有影响因素取值为零时证券 i 的预期收益率；b_{ij} 为证券 i 对第 j 个因素的敏感度；n 为影响证券回报率的因素的个数；ε_{it} 为随机误差项。

单因素模型将股票收益的不确定性简单地分为系统风险与非系统风险两部分，而且把系统风险限制在单一因素内。实际上，用市场收益来概括的系统风险受多种因素影响，如 GDP、经济周期、利率、通货膨胀率等，不同的因素对不同股票的影响力是不同的。因此，单因素模型难以把握公司对不同的宏观经济因素的反应。多因素模型可以给出影响收益因素的更好描述。运用每个因素在每一时期的超额收益率对股票的超额收益率进行多元回归，估计股票收益率对每一因素的敏感度系数，可得出多因素模型。每一模型都选择简单、最重要的因素，以回归残值方差估计公司的特有风险。

在多因素模型中，同样有相似的假设，有以下关系式：

$$E(\varepsilon_{it}) = 0$$
$$\text{COV}(\varepsilon_{it}, F_{jt}) = 0, j = 1, 2, 3, \cdots, n$$
$$\text{COV}(\varepsilon_{it}, F_{jt}) = 0, i \neq j$$

多因素模型中，最常见的是双因素模型（double factor model），方程式为

$$R_{it} = a_i + b_{i1}F_{1t} + b_{i2}F_{2t} + \varepsilon_{it} \tag{8.16}$$

式中，F_{1t}、F_{2t} 为对证券收益率有重大影响的因素，如 GNP 的增长率和通货膨胀率等。双因素模型下，证券 i 的回报率的均值、方差和与证券 j 的协方差分别为

$$E(R_i) = a_i + b_{i1}E(F_1) + b_{i2}E(F_2)$$
$$\sigma_i^2 = b_{i1}^2\sigma_{F_1}^2 + b_{i2}^2\sigma_{F_2}^2 + 2b_{i1}b_{i2}\text{COV}(F_1, F_2) + \sigma^2(\varepsilon_i)$$
$$\sigma_{ij} = \text{COV}(R_i, R_j) = \text{COV}(a_i + b_{i1}F_1 + b_{i2}F_2 + \varepsilon_i, a_j + b_{j1}F_1 + b_{j2}F_2 + \varepsilon_j)$$
$$= b_{i1}b_{j1}\sigma_{F_1}^2 + b_{i2}b_{j2}\sigma_{F_2}^2 + (b_{i1}b_{j2} + b_{i2}b_{j1})\text{COV}(F_1, F_2)$$

与单因素模型不同，多因素模型考虑了对证券收益产生影响的多个具体因素，如国内

生产总值、利率水平、通货膨胀率、汇率水平、石油价格水平等,更加清晰明确地解释了系统风险,从而有可能展示不同股票对不同因素有不同的敏感性,这可能会使精确性得以提高。一些学者分别提出了不同因素的多因素模型。多因素模型对现实的近似程度更高,这一简化形式使得证券组合理论广泛应用于实际成为可能,尤其是20世纪70年代以来计算机的发展和普及以及软件的成套化和市场化,极大地促进了现代证券组合理论在实践中的应用。

8.3.3 套利定价模型

1. 套利与套利组合

(1) 套利与一价法则

套利(arbitrage)是指利用相同实物资产或证券在两个市场之间定价的不一致性进行资金转移,从中赚取无风险利润的行为。典型的套利投资是以较高的价格出售某种证券,而同时以低价购进相同的证券期货。这种套利行为将使投资者可以在不增加风险和投资额的情况下赚取收益。由于套利行为的存在,必将使同种资产或证券的价格趋于相同而达到均衡。套利机会不仅仅局限于同一种资产(组合),对于整个资本市场,还包括那些"相似"资产或资产组合构成的近似套利机会,即投资者可以用"相似"证券或证券组合进行套利活动。

因素模型表明:具有相同的因素敏感性的证券或组合,除了非因素风险以外,将以相同方式行动。因而,具有相同的因素敏感性的证券或组合必然要求相同的预期收益率。否则,套利机会就存在,投资者就会利用这些机会进行买入、卖出,最终将使套利空间消失,市场达到均衡。均衡的资本市场是不存在无风险套利机会的。如果市场上存在套利机会,只要有极少数投资者知晓,他们就会进行大量交易促使套利机会消失。因此,套利定价模型表述的是不存在无风险套利机会的均衡模型。

例 8-4 以下是利用不同工具进行套利交易的几个实例。

A. 远期合约中的套利

假设现在 6 个月即期年利率为 10%(连续复利,下同),1 年期的即期利率是 12%。如果有人将今后 6 个月到 1 年期的远期利率定为 11%,则存在套利机会。

套利过程:①交易者按 10% 的利率借入一笔 6 个月期资金(假设 1 000 万元),到期本息 $=1\,000\times(1+10\%)^{0.5}=1\,048.81$(万元)。②签订一份远期利率协议,该协议规定该交易者可以按 11% 的价格在 6 个月后从市场借入资金 1 048.81 万元(偿还第一笔借款)。③按 12% 的利率贷出一笔 1 年期的款项金额为 1 000 万元。④1 年后收回 1 年期贷款,得本息 $1\,000\times(1+12\%)=1\,120$(万元),并用 $1\,048.81\times(1+11\%)^{0.5}=1\,104.99$(万元)偿还远期合约中借入资金的本利,投资者无本金无风险的净收益为 $1\,120-1\,104.99=15.01$(万元)。

B. 股票市场的套利

假设市场上有四种股票 A、B、C、D,在三种环境下的收益率如表 8-3 所示。

表 8-3　股票 A、B、C、D 在三种环境下的收益率

经济环境及其概率	好(1/2)	中(1/4)	坏(1/4)
A	−0.20	0.20	0.40
B	0.00	0.70	0.30
C	0.90	−0.20	−0.10
D	0.15	0.23	0.15

套利步骤：①买入 A、B、C 三种股票的等权重资产组合；②卖出同等资金的股票 D，构造一个套利组合 Z，则套利组合 Z 在各种经济环境中的收益率如表 8-4 所示。

表 8-4　套利组合 Z 在各种经济环境中的收益率

经济环境及其概率	好(1/2)	中(1/4)	坏(1/4)
(A+B+C)÷3	0.7÷3	0.7÷3	0.6÷3
−D	−0.15	−0.23	−0.15
净收益	0.25÷3	0.01÷3	0.15÷3

套利结果：无论市场环境如何变化，投资者的净收益均为正。

一价法则又称一价定律，其内容是相同证券在不同市场(或同类证券在同一市场)的定价水平应相同。一价法则隐含的意思：如果一只证券的回报能通过其他证券的组合合成创造出来，该组合的价格与基础证券的价格肯定是相等的。根据该法则，两种具有相同风险的资产(组合)不能以不同的期望收益率出售，如果一个投资者可以构建出一个有确定利润的零投资组合，套利机会就出现了。一价法则的成立意味着套利机会的消失；相反，当一价法则被违背时，就会出现明显的套利机会。一般来讲，一个完全竞争、有效的市场总是遵循一价法则或无套利原则(non-arbitrage principle)。

(2) 套利组合

根据 APT，投资者将尽力发现构造一个套利组合(arbitrage portfolio)的可能性，以便在不增加风险的情况下提高组合的预期报酬率。利用因素模型，我们可以构造非均衡市场资产的套利组合。依照套利的定义，套利活动必须是无风险且有利润，同时又不占用资产的，所以，对于多个资产的套利组合，必须同时满足以下三个条件：①它是一个不需要追加投资的组合。②该组合既没有系统风险，也没有非系统风险，即套利组合对任何因素都没有敏感性。③当市场不均衡时，套利组合的收益>0；当市场均衡时，套利组合的收益为零。依据这三个基本条件，套利组合相应地具有以下三个基本特征。

① 零投资。套利有自融资(self-financing)功能，套利组合是一个不需要投资者额外资金的组合，套利组合中对一种证券的购买所需要的资金可以由卖出别的证券来提供，这意味着套利组合中各种证券的权重之和为零。

② 无风险。套利组合不具有风险，对任何因素都没有敏感性，因为组合对某一因素的敏感性正好等于组合中各证券对该因素敏感性的加权平均。在因素模型条件下，因素波动导致风险，因此，无因素风险就是套利组合对任何因素的敏感度为零。

③ 正收益。套利组合的期望收益率必须是正值。

这三个特征可用数学公式表述为

$$w_1 + w_2 + \cdots + w_n = \sum_{i=1}^{n} w_i = 0 \tag{8.17}$$

$$b_{Pj} = w_1 b_{1j} + w_2 b_{2j} + \cdots + w_n b_{nj} = \sum_{i=1}^{n} w_i b_{ij} = 0, j = 1,2,3,\cdots,k, n > j \tag{8.18}$$

$$E(R_P) = w_1 E(R_1) + w_2 E(R_2) + \cdots + w_n E(R_n) = \sum_{i=1}^{n} w_i E(R_i) > 0 \tag{8.19}$$

式中,w_i 为投资者的套利组合中证券 i 的权重;n 为套利组合中证券的个数;b_{ij} 为证券 i 对因素 j 的敏感程度;k 为风险因素的个数;$E(R_i)$ 为证券 i 的预期收益率。

在这三个方程中,满足前两个等式的任何一组解将成为潜在的套利组合,即满足自融资和无风险套利条件。符合上述三个方程的组合便是套利组合。由于用来确定组合中投资比例的条件公式只有式(8.17)和式(8.18),在资产种类较多时,可以先确定某些资产的投资比例,再求出套利组合。下面用例子来说明套利组合的设计。

例 8-5 假设证券市场上三种证券 A、B、C 的预期收益率仅受因素 F 影响,它们的预期收益率分别为 10%、15%、18%,它们对因素的敏感系数分别为 0.6、1.8、3.0,试求套利组合 $\widetilde{P} = \{w_A, w_B, w_C\}$ 的预期收益率。

解:由式(8.17)和式(8.18)可知,各种证券的投资比例应该满足:

$$\begin{cases} w_A + w_B + w_C = 0 \\ 0.6 w_A + 1.8 w_B + 3.0 w_C = 0 \end{cases}$$

上面两个方程可以把潜在的套利组合识别出来。注意到:两个方程要解三个比例系数,这意味着有无限多组满足这两个方程的 w_A、w_B 和 w_C。作为确定一个组合的方法,考虑先给 w_A 随意地赋予一个值,如 -0.2,这样就形成两个方程两个未知数的情形,则方程变为

$$\begin{cases} -0.2 + w_B + w_C = 0 \\ -0.12 + 1.8 w_B + 3.0 w_C = 0 \end{cases}$$

解之,得 $w_B = 0.4, w_C = -0.2$。

因而,具有这样一个权数的组合便是一个潜在的套利组合。为了证实这个候选组合是否真的是一个套利组合,还需要确定它的预期收益率。如果其预期收益率为正,那么一个套利组合就识别出来了。

求组合 $\widetilde{P} = \{-0.2, 0.4, -0.2\}$ 的预期收益率,有

$$E(R_P) = (-0.2) \times 10\% + 0.4 \times 15\% + (-0.2) \times 18\% = 0.40\% > 0$$

因为是一个正数,所以 $\widetilde{P} = \{-0.2, 0.4, -0.2\}$ 是一个合格的套利组合。

由上面确定的套利组合可知,购买证券 B,其资金来自出售证券 A、C,买卖这些证券的具体金额为组合的现市值乘以套利组合的权重。总之,套利组合不需要任何额外的资金,没有任何因素风险,却能增加预期收益,这对理性的投资者无疑是具有吸引力的。

2. 套利与均衡

通过前面的分析可以看出,当套利机会出现时,投资者就会通过低买高卖赚取差价收

益。这时,使套利机会存在的那些证券的定价是不合理的,市场上对这些证券的需求与供给就处于非均衡状态,其价格就为非均衡价格。随着套利的进行,这些证券的价格会随供需的变化而发生上升或下跌。当达到某种水平使套利机会不再存在时,套利者的套利行为就会终止,市场将处于均衡状态,各种证券的定价就处于合理水平。此时,市场不存在任何套利机会,这就是套利与均衡的关系,它是资本市场理论的一个基本论点。根据定义,套利是没有风险的,所以,投资者一旦发现套利机会就会设法利用,并随着他们的买进和卖出消除这些获利机会,正是这种套利行为推动着有效市场的形成。

每个投资者都想使用套利组合在不增加风险的情况下增加组合的收益率,但在一个有效率的均衡市场中,不存在无风险套利的机会。因此,如果市场是有效的,套利机会将立即消失。因为,当套利机会存在时,每个发现套利机会的投资者,都会不考虑风险厌恶与财富状况,尽可能地拥有更多套利组合的头寸,大量头寸的存在将导致价格上涨或下跌,无须很多投资者参与就能够带来足够的压力促使价格恢复均衡。可见,套利行为将导致一个价格调整过程,使同一种资产的价格趋于相等,最终套利机会消失,市场达到均衡。

3. APT 模型

(1)套利定价模型的形式

套利定价理论认为,个别证券的预期收益率在市场均衡时是由无风险利率与风险溢价所构成的,并且预期收益率会与多个因素"共同"存在线性关系。如果假定只有单个系统因素影响证券的收益,得到的模型称为单因素套利定价模型;如果假定多种因素影响证券收益,得到的模型称为多因素套利定价模型。根据上面对套利行为及其影响的分析,可以得出结论:在一个有效率的市场中,当市场处于均衡状态时,不存在无风险的套利机会。依据假定,对于一个充分多元化的组合而言,只有几个共同因素需要补偿。因此,证券 i 与这些共同因素的关系可用公式表示如下:

$$E(R_i) = \lambda_0 + b_{i1}\lambda_1 + b_{i2}\lambda_2 + \cdots + b_{im}\lambda_m \tag{8.20}$$

式中,$E(R_i)$ 为证券 i 的预期收益率;m 为影响证券报酬率的因素的数量;$b_{i1},b_{i2},\cdots,b_{im}$ 分别为证券 i 的报酬率对于因素 $1,2,\cdots,m$ 的敏感度;λ_0 为常数,代表无风险利率;$\lambda_1,\lambda_2,\cdots,\lambda_m$ 均为常数,分别代表因素 $1,2,\cdots,m$ 所提供的风险溢价。

从形式上看,APT 模型有如 CAPM 的扩大,它认为个别证券的预期报酬率应由更多宏观经济因素来解释,且当个别风险已被有效分散、证券市场达到均衡时,其预期报酬率将由无风险利率和许多特定因素所提供的风险溢价构成。然而,它却是由一种完全不同的方式推衍出来的,即认为市场均衡是由投资者通过反复"套利"来实现的。

(2)APT 模型的经济含义

在套利定价方程中,常数 $\lambda_0,\lambda_1,\lambda_2,\cdots,\lambda_m$ 该如何解释呢?我们首先考虑一个因素敏感度为 0 的组合,即无风险组合,其期望收益率为无风险利率,根据式(8.20),若 $b_{ij}=0(j=1,2,\cdots,m)$,即上式退化为无风险资产,即意味着 $E(R_i)=\lambda_0=R_f$,代入式(8.20)得

$$E(R_i) = \lambda_0 + b_{i1}\lambda_1 + b_{i2}\lambda_2 + \cdots + b_{im}\lambda_m = R_f + \sum_{j=1}^{m} b_{ij}\lambda_j$$

若 $b_{ij}\neq 0$,则期望收益率 $E(R_i)$ 随着 b_{ij} 的增加而增大,所以 λ_j 是因素 F_j 的风险价格。

对于 λ_j，可以考虑一个充分分散化的组合，这个组合只对因素 j 具有单位敏感度，而对其他因素无敏感度，即 $b_j=1, b_k=0(k=1,2,\cdots,m,$ 且 $k\neq j)$。这样的组合称为一个纯因素组合，用 P_j 表示，其期望收益率 $E(R_{Pj})$ 用 δ_j 表示。则组合 P_j 的期望收益率为

$$E(R_{Pj})=\delta_j=\lambda_0+b_{i1}\lambda_1+b_{i2}\lambda_2+\cdots+b_{im}\lambda_m=R_f+\lambda_j$$

所以，$\lambda_j=\delta_j-R_f, j=1,2,\cdots,m$。可见，常数 λ_j 是对因素 j 具有单位敏感度的纯因素组合的预期超额收益率——期望收益率超过无风险利率的部分，称为因素 j 的风险溢价。纯因素组合对某一因素有单位敏感度，而对其他任何因素都无敏感度，它应该包含足够多的证券，它的非因素风险（非系统风险）为 0。因此，套利定价方程可写为

$$\begin{aligned}E(R_i)&=\lambda_0+b_{i1}\lambda_1+b_{i2}\lambda_2+\cdots+b_{im}\lambda_m\\&=R_f+b_{i1}(\delta_1-R_f)+b_{i2}(\delta_2-R_f)+\cdots+b_{im}(\delta_m-R_f)\end{aligned} \quad (8.21)$$

式中，$E(R_i)$ 为证券 i 的预期收益率；m 为影响证券报酬率的因素的数量；$b_{i1},b_{i2},\cdots,b_{im}$ 分别为证券 i 的报酬率对于因素 $1,2,\cdots,m$ 的敏感度；λ_0 为常数；$\lambda_1,\lambda_2,\cdots,\lambda_m$ 均为常数，分别代表因素 $1,2,\cdots,m$ 所提供的风险溢价；R_f 为无风险利率；$\delta_1,\delta_2,\cdots,\delta_m$ 为因素 $1,2,\cdots,m$ 的纯因素组合的期望收益率。

式(8.21)就是 APT 模型的表达式。式中的 λ_j 代表证券 i 对因素 j 每单位敏感度的超额预期收益率，即第 j 个系统风险的价格。λ_j 值可为正，也可为负。为正时，随 b_j 值增大，实际的收益率就会增加；为负时，随 b_j 值增大，实际的收益率就会下降。公式表明：投资者希望能对所有影响证券收益的系统风险因素取得相应补偿，证券的期望收益率等于无风险收益率加上各个因素的风险补偿（风险价格×因素敏感度）；资产对风险因素的敏感度（因子载荷）越大，则其应得到的风险补偿越大。

（3）对 APT 的进一步说明

正是由于 APT 模型涉及"多因素"，故又称为多因素模型。但 APT 模型本身并未说明何谓"多因素"。据 APT 的解释，每个特定因素对个别证券的影响程度不一，如石油价格对石化工业的影响度必然较食品工业要高，而小麦价格对食品工业的影响度也必然较石化工业要高。罗斯等人归纳出四个主要因素可以解释大部分证券的报酬率：工业活动的产值水平、通货膨胀率、长短期利率的差额、高风险与低风险公司证券报酬率的差异。另外，APT 模型与 CAPM 具有一致性，若只有一个风险因子，且纯因子组合是市场组合，则 APT 模型与 CAPM 的结果是一致的。但是，若纯因子组合不是市场组合，APT 模型与 CAPM 的结果可能不一致。

例 8-6 假设 APT 模型中有 2 个风险因素，A、B、C 三种证券对因素 1 的敏感度分别为 1.8、−1.0、2.0，对因素 2 的敏感度分别为 0.5、1.5、−1.0，因素 1 和因素 2 的风险溢价分别为 4% 和 6%。根据 APT 模型，回答问题：①求这三种证券的风险溢价。②某投资者分别用 2 000 元、1 500 元、2 500 元资金购买 A、B、C 证券，计算这一投资组合 P 对两个风险因素的敏感度及预期风险溢价。③某投资者只有 1 000 元的投资资金，有上述三种证券可供选择，试构建两个只对因素 1 敏感投资组合 P_1 和 P_2，并比较两者的风险溢价。

解：根据已知条件，有：$b_{A1}=1.8, b_{B1}=-1.0, b_{C1}=2.0, b_{A2}=0.5, b_{B2}=1.5, b_{C2}=-1.0, \lambda_1=\delta_1-R_f=4\%, \lambda_2=\delta_2-R_f=6\%$，则

① 根据两因素 APT 模型 $E(R_i)=R_f+b_{i1}\lambda_1+b_{i2}\lambda_2$，有
$$E(R_A)-R_f=b_{A1}\lambda_1+b_{A2}\lambda_2=1.8\times4\%+0.5\times6\%=10.2\%$$
$$E(R_B)-R_f=b_{B1}\lambda_1+b_{B2}\lambda_2=-1.0\times4\%+1.5\times6\%=5.0\%$$
$$E(R_C)-R_f=b_{C1}\lambda_1+b_{C2}\lambda_2=2.0\times4\%-1.0\times6\%=2.0\%$$

② 根据已知，三种证券权重分别为
$$w_A=\frac{2\,000}{2\,000+1\,500+2\,500}\times100\%=33.3\%$$
$$w_B=\frac{1\,500}{2\,000+1\,500+2\,500}\times100\%=25.0\%$$
$$w_C=\frac{2\,500}{2\,000+1\,500+2\,500}\times100\%=41.7\%$$

故
$$b_{P1}=w_Ab_{A1}+w_Bb_{B1}+w_Cb_{C1}=1.8\times33.3\%-1.0\times25\%+2.0\times41.7\%$$
$$=1.183\,4$$
$$b_{P2}=w_Ab_{A2}+w_Bb_{B2}+w_Cb_{C2}=0.5\times33.3\%+1.5\times25\%-1.0\times41.7\%$$
$$=0.124\,5$$
$$E(R_P)-R_f=b_{P1}\lambda_1+b_{P2}\lambda_2=1.183\,4\times4\%+0.124\,5\times6\%=5.48\%$$

③ 投资组合 P_1 和 P_2 只对因素 1 敏感，故其对因素 2 的敏感度为 0，则有
$$b_{P2}=w_Ab_{A2}+w_Bb_{B2}+w_Cb_{C2}=0.5w_A+1.5w_B-1.0w_C=0$$
$$w_A+w_B+w_C=1$$

a. 对投资组合 P_1，取 $w_A=40\%$，即用 400 元（$1\,000\times40\%$）购买证券 A，可得
$$w_B=16\%,\quad w_C=44\%$$
$$b_{P1}=w_Ab_{A1}+w_Bb_{B1}+w_Cb_{C1}=1.8\times40\%-1.0\times16\%+2.0\times44\%=1.44$$
$$E(R_P)-R_f=b_{P1}\lambda_1+b_{P2}\lambda_2=1.44\times4\%+0\times6\%=5.76\%$$

b. 对投资组合 P_2，取 $w_A=20\%$，即用 200 元（$1\,000\times20\%$）购买证券 A，可得
$$w_B=28\%,\quad w_C=52\%$$
$$b_{P1}=w_Ab_{A1}+w_Bb_{B1}+w_Cb_{C1}=1.8\times20\%-1.0\times28\%+2.0\times52\%=1.12$$
$$E(R_P)-R_f=b_{P1}\lambda_1+b_{P2}\lambda_2=1.12\times4\%+0\times6\%=4.48\%$$

4. APT 模型与 CAPM 的比较

APT 模型与 CAPM 都是有关金融市场资本资产定价的理论模型，两者既有相同之处，又有明显的区别。相同点表现在：①二者在理念上相似，都主张在市场达到均衡时，个别证券的预期报酬率可由无风险报酬率加上风险溢价来决定；②二者都说明了风险与报酬之间的理性原则——更多的系统风险，更高的预期报酬；③两者都是均衡模型，CAPM 强调证券市场上所有证券的供需达到均衡，APT 模型要求市场处于均衡状态从而使证券价格不存在套利机会；④当只有一个共同因素（如市场收益率）影响证券的收益时，两者一致。从某种意义上说，CAPM 是 APT 模型的一个特例。

两者之间的区别表现在以下方面。

① APT模型大大简化了CAPM的假设条件。与CAPM一样,APT模型假定:拥有相同预期的投资者都是风险厌恶者,市场不存在交易成本。但是,APT模型的限制条件不那样严格,其最基本的假设是证券收益率受某些经济因素的共同影响。

② 理论依据不同。APT模型建立在无风险套利的原理上,认为市场在不存在套利机会时达到均衡,证券价格正是因为投资者不断进行套利活动而实现均衡的。CAPM以均值—方差模型为基础,考虑所有投资者以相同方式选择投资组合时,如何确定证券价格。

③ 市场均衡的形成缘由不同。CAPM中,投资者具有相同的预期,当证券定价不合理时,所有投资者都会改变投资策略,调整资产组合。CAPM假定在投资者共同行为的影响下,市场重新回到均衡状态。按照APT,不需要所有投资者都对不合理的证券价格产生反应,即使只有几个投资者的套利行为也会使市场尽快回到均衡状态。

④ CAPM纯粹从市场组合的角度来探讨风险与报酬的关系,市场组合居于不可或缺的地位(若无此,则其理论瓦解),认为经济体系中的全面性变动(市场风险)才是影响个别证券预期报酬率的唯一因素。APT模型却认为,不止一个经济因素会对个别证券的报酬率产生影响,即使在没有市场组合的条件下仍成立。所以APT模型的适用性更强。

⑤ 若纯因子组合不是市场组合,则APT模型与CAPM不一定一致,CAPM仅仅是APT模型的特例。当且仅当纯因子组合是市场组合时,CAPM与APT模型等价。

本 章 小 结

本章知识点

本章主要阐述了证券组合理论、资本资产定价模型、套利定价理论等相关知识,要求重点掌握最优风险资产组合的决定原理,利用CAPM对证券进行定价,利用APT模型对证券进行定价等内容。本章内容基本框架如图8-18所示。

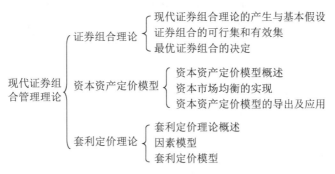

图8-18 第8章内容基本框架

主要术语

证券组合理论	可行集	有效组合	有效集(有效边界)
最优证券组合	资本资产定价模型	无风险资产	资本配置线(CAL)
分离定理	市场组合	资本市场线(CML)	证券市场线(SML)

β系数　　　　　套利定价理论　　　　因素模型　　　　　单因素模型
多因素模型　　　套利　　　　　　　套利组合　　　　　纯因素组合

自 测 题

1. 名词解释

最优证券组合　　市场组合　　β系数　　套利　　纯因素组合

2. 填空题

(1) 1952 年，_____发表《证券组合选择》一文，标志着现代投资理论的产生。

(2) 现代投资组合理论主要由_____、_____、_____、有效市场假说以及行为金融理论等组成。

(3) 有效集又称_____，是由所有_____构成的集合。

(4) 资本市场线（CML）是无风险资产与风险资产有效边界_____的直线，它是在允许无风险借贷下的无风险资产与风险资产构成的组合的_____。

(5) 资本配置线（CAL）形成由无风险资产与风险资产构成投资组合的_____；证券市场线（SML）描述了_____的期望收益率与风险之间的线性关系。

(6) CAPM 实际上是市场均衡条件下的_____，而 APT 模型则是无套利假定下的_____。

(7) CML 方程说明有效组合的期望收益率由两个部分构成：一部分是_____；另一部分是对承担风险的补偿，通常称为_____。

(8) 套利组合相应具有_____、_____和_____三个基本特征。

(9) APT 建立在_____原理上，CAPM 以_____模型为基础。

(10) 套利定价理论（APT）是由_____于 1976 年创立的，他利用套利原理推导出市场均衡状态下的资本资产定价关系，从新的角度来探讨资产的定价问题。

3. 单项选择题

(1) 现代证券组合理论的创始者是（　　）。
　　A. 哈里·马科维茨　　　　　　　　B. 威廉·夏普
　　C. 斯蒂芬·罗斯　　　　　　　　　D. 尤金·法玛

(2) 反映投资者收益与风险偏好的曲线是（　　）。
　　A. 证券市场线　　B. 证券特征线　　C. 资本市场线　　D. 无差异曲线

(3) 在资本资产定价模型中，风险的测度是通过（　　）进行的。
　　A. 个别风险　　　B. 贝塔系数　　　C. 收益的标准差　　D. 收益的方差

(4) 对于市场组合，下列说法不正确的是（　　）。
　　A. 它包括所有证券

B. 它在有效边界上

C. 市场组合中所有证券所占比重与它们的市值成正比

D. 它是资本市场线和无差异曲线的切点

(5) 下列关于资本市场线的说法,不正确的是( )。

 A. 资本市场线通过无风险证券和市场组合两个点

 B. 资本市场线是可达到的最好的市场配置线

 C. 资本市场线也叫证券市场线

 D. 资本市场线斜率总为正

(6) APT 与 CAPM 的不同之处在于( )。

 A. 更重视市场风险   B. 把分散投资的重要性最小化了

 C. 认识到了多个非系统风险的因素   D. 认识到了多个系统性因素

(7) 在( )情况下,会出现期望收益率为正的零投资资产组合。

 A. 投资者只承受收益减少的风险   B. 定价公平

 C. 投资机会集与资本配置线不相切   D. 存在无风险套利机会

(8) 反映证券组合期望收益水平和单个因素风险水平之间均衡关系的模型是( )。

 A. 单因素模型   B. 特征线模型

 C. 资本市场线模型   D. 套利定价模型

(9) 在不允许卖空的情况下,当两种证券的相关系数 ρ 为( )时,可以通过按适当比例买入这两种风险证券,获得无风险的证券组合。

 A. -1 B. -0.5 C. 0   D. 0.5

(10) 在资本资产定价模型假设下,当市场达到均衡时,市场组合 M 成为一个有效组合;所有有效组合都可视为( )。

 A. 无风险证券 F 与市场组合 M 的再组合

 B. 无风险证券 F 与单个风险证券的组合

 C. 风险证券相互之间的组合

 D. 市场组合 M 与单个风险证券的组合

4. 多项选择题

(1) 马科维茨模型的理论假设主要有( )。

 A. 证券收益具有不确定性,其概率分布服从于正态分布

 B. 投资者通过期望收益率和标准差来评价资产组合

 C. 投资者是永不满足的

 D. 投资者是风险厌恶的

 E. 税收和交易费用成本均忽略不计

(2) 在马科维茨均值—方差模型中,投资者共同偏好规则的内容包括( )。

 A. 如两种证券具有相同的收益率方差,投资者将选择期望收益率较高的组合

 B. 如两种证券具有相同的收益率方差,投资者将选择期望收益率较低的组合

 C. 如两种证券具有相同的期望收益率,投资者将选择方差较大的组合

D. 如两种证券具有相同的期望收益率,投资者将选择方差较小的组合

E. 投资者以期望收益率最大化为原则

(3) 下述关于可行集的描述,正确的有(　　)。

A. 可行集可能是平面上的一条线

B. 可行集可能是平面上的一个弯月形的区域

C. 可行集就是投资者有效边界

D. 可行集由所有有效组合构成

E. 可行集由所有可以实现的组合构成

(4) 投资者在选择自己最满意的证券组合时应考虑(　　)。

A. 有效边界

B. 自己的无差异曲线

C. 期望收益率

D. 单个证券的风险

E. 无风险利率

(5) 关于资本市场线 CML,下列说法正确的有(　　)。

A. CML 是所有有效组合的预期收益率和风险关系的组合轨迹

B. CML 是从无风险资产出发经过市场组合的一条射线

C. 风险厌恶程度高的投资者会选择市场组合 M 点右上方的资产组合

D. 风险厌恶程度低的投资者会选择市场组合 M 点右上方的资产组合

E. CML 是资本市场上所有资产或组合的集合

(6) 资本市场线 CML 表明(　　)。

A. 有效组合的期望收益率与风险是一种线性关系

B. CML 的截距为无风险收益率

C. CML 的斜率反映了承担单位风险所要求的收益率

D. 在资本市场上,时间和风险都是有价格的

E. 位于 CML 上的组合提供了最高单位的风险回报率

(7) 关于 SML 和 CML,下列说法正确的有(　　)。

A. 两者都表示有效组合的收益率与风险的关系

B. SML 表示所有证券或组合的收益风险关系,CML 则只适合于有效组合

C. SML 以 β 描绘风险,而 CML 以 σ 描绘风险

D. CML 在 SML 的上方,SML 不可能超过 CML

E. SML 是 CML 的推广

(8) 下面关于 β 系数的陈述,正确的有(　　)。

A. β 系数反映证券或者组合的收益水平对市场平均收益水平变化的敏感性

B. β 系数是衡量证券承担系统风险水平的指数

C. β 系数的绝对值越大,表明承担的系统风险越小

D. β 系数的绝对值越小,表明承担的系统风险越大

E. β 系数是衡量证券承担总体风险水平的指数

(9) CAPM 的理论意义在于（　　）。
　　A．决定个别证券或组合的预期收益率及系统风险
　　B．用来评估证券的相对吸引力
　　C．用于指导投资者构建证券组合
　　D．是进行证券估价和资产组合业绩评估的基础
　　E．为评价市场效率提供了依据
(10) 套利定价模型不同于 CAPM 的假设前提有（　　）。
　　A．影响证券价格的共同因素可能有一个以上
　　B．具有相同风险和收益率的证券，不能有两种或两种以上的价格
　　C．每个投资者都会极力构建套利组合
　　D．市场是完全的，交易成本为零
　　E．投资者可以无风险利率自由地借入和贷出资金

5. 判断题

(1) 对于不同的投资者而言，其投资组合的效率边界也是不同的。　　（　）
(2) CAPM 认为资产组合收益可以由系统风险得到最好的解释。　　（　）
(3) 通过将 75% 的投资预算投入国库券，其余 25% 投向市场组合，可以构建贝塔值为 0.75 的资产组合。　　（　）
(4) 贝塔值为零的证券的预期收益率是零收益率。　　（　）
(5) 在熊市到来之际，投资者应选择低 β 系数的证券或组合以减少因市场下跌而造成的损失。　　（　）
(6) 与 CAPM 相比，APT 不要求关于市场组合的限制性假定。　　（　）
(7) 有效边界上的点对应的证券组合称为有效组合。　　（　）
(8) 投资者最满意的有效组合是无差异曲线簇与有效边界的切点所在的组合。
　　　　（　）
(9) 资本市场线和证券市场线均是无风险利率与市场组合的连线，因此两者并无本质区别。　　（　）
(10) APT 揭示了均衡价格形成的套利驱动机制和均衡价格的决定因素。　　（　）

6. 计算题

(1) 某证券市场上无风险利率为 5%，市场组合的期望收益率为 10%，标准差为 5%，某投资组合的标准差为 8%，要求：①写出资本资产定价模型的方程；②计算该投资组合的期望收益率。

(2) 假设无风险收益率为 8%，市场的期望收益率为 16%。如果某一只股票的 β 系数是 0.7，根据 CAPM，该股票的期望收益率是多少？如果另一只股票的期望收益率是 24%，则它的 β 系数是多少？

(3) 某投资者准备投资购买甲、乙两家公司的股票，甲股票的价格为 5 元/股，乙股票的价格为 8 元/股，计划分别购买 1 000 股。假定目前无风险收益率为 6%，市场上所有股

票的平均收益率为10%，甲公司股票的β系数为2.0，乙公司股票的β系数为1.5。要求：①写出资本资产定价模型的方程；②计算甲、乙公司股票的必要收益率；③计算该投资组合的综合β系数；④计算该投资组合的必要收益率。

(4) 假设市场组合由A、B、C构成，有关数据：①各自所占比重分别为0.1、0.5和0.4；②预期收益率分别为0.12、0.08和0.16；③方差分别为0.035、0.067和0.05；④协方差分别为$COV(R_A, R_B) = 0.043$，$COV(R_A, R_C) = 0.028$，$COV(R_B, R_C) = 0.059$；⑤市场无风险利率$R_f = 0.03$。求均衡状态下的CML方程。

真 题 训 练

以下题目为证券从业资格考试改革前《证券投资分析》科目和改革后为证券分析师胜任能力考试《发布证券研究报告业务》中涉及本章内容的考题。

(1) 【2010年5月真题·单选】证券组合管理理论最早是由（　　）系统地提出。
  A. 詹森   B. 马科维茨   C. 夏普   D. 罗斯

(2) 【2010年5月真题·多选】证券组合管理的意义在于（　　）。
  A. 消除风险
  B. 最大化收益
  C. 在保证预定收益的前提下使投资风险最小化
  D. 在控制风险的前提下使投资收益最大化

(3) 【2010年5月真题·判断】证券组合理论认为，投资收益是对承担风险的补偿。承担风险越大，收益越高；承担风险越小，收益越低。（　　）

(4) 【2010年5月真题·单选】（　　）可以近似看作无风险证券，其收益率可被用作确定基础利率的参照物。
  A. 短期政府债券   B. 短期金融债券
  C. 短期企业债券   D. 长期政府债券

(5) 【2014年12月真题·单选】完全正相关的证券A和证券B，其中证券A的期望收益率为20%，证券B的期望收益率为5%。如果投资证券A、证券B的比例分别为70%和30%，则证券组合的期望收益率为（　　）。
  A. 5%   B. 20%   C. 15.5%   D. 11.5%

(6) 【2010年5月真题·判断】证券A和证券B组成的证券组合P，在不相关的情况下，可以得到一个无风险组合。（　　）

(7) 【2010年5月真题·单选】关于有效证券组合，下列说法中错误的是（　　）。
  A. 有效证券组合一定在证券组合的可行域上
  B. 在图形中表示就是可行域的上边界
  C. 上边界和下边界的交汇点是一个特殊的位置，被称作"最小方差组合"
  D. 有效证券组合中的点一定是所有投资者都认为最好的点

(8) 【2010年5月真题·判断】两种证券组成的投资组合其可行域是一条组合线，而

由三种证券组成的投资组合其可行域是坐标系中的一个区域。（　　）

（9）【2010年5月真题·判断】可行域满足一个共同的特点：左边界必然向外凸或呈线性，也就是说不会出现凹陷。（　　）

（10）【2014年12月真题·单选】关于最优证券组合，下列说法正确的是（　　）。

　　A. 最优证券组合是收益最大的组合

　　B. 最优证券组合是效率最高的组合

　　C. 最优证券组合是无差异曲线与有效边界的交点所表示的组合

　　D. 相较于其他有效组合，最优证券组合所在的无差异曲线的位置最高

（11）【2010年5月真题·判断】资本资产定价模型假设之一是资本市场没有摩擦。所谓"摩擦"是指市场对资本和信息自由流通的阻碍。（　　）

（12）【2014年12月真题·单选】关于β系数，下列说法错误的是（　　）。

　　A. β系数是由时间创造的

　　B. β系数是衡量证券承担系统风险水平的指数

　　C. β系数的绝对值数值越小，表明证券承担的系统风险越小

　　D. β系数反映了证券或组合的收益水平对市场平均收益水平变化的敏感度

（13）【2014年12月真题·多选】关于β系数，下列说法正确的有（　　）。

　　A. β系数是衡量证券承担非系统风险水平的指数

　　B. β系数反映了证券或组合的收益水平对市场平均收益水平变化的敏感度

　　C. β系数的绝对值越大，表明证券承担的系统风险越大

　　D. β系数的绝对值越大，表明证券承担的系统风险越小

（14）【2010年5月真题·单选】关于套利组合，下列说法不正确的是（　　）。

　　A. 该组合中各种证券的权数满足 $x_1+x_2+\cdots+x_n=1$

　　B. 该组合因素灵敏度系数为零，即 $x_1b_1+x_2b_2+\cdots+x_nb_n=0$

　　C. 该组合具有正的期望收益率，即 $x_1E(r_1)+x_2E(r_2)+\cdots+x_nE(r_n)>0$

　　D. 如果市场上不存在（找不到）套利组合，那么市场就不存在套利机会

（15）【2014年12月真题·多选】所谓套利组合，是指满足（　　）条件的证券组合。

　　A. 组合中各种证券的权数和为0

　　B. 组合中因素灵敏度系数为0

　　C. 组合具有正的期望收益率

　　D. 组合中的期望收益率方差为0

参 考 文 献

[1] 中国证券业协会.金融市场基础知识[M].北京:中国财政经济出版社,2017.
[2] 中国证券业协会.证券市场基本法律法规[M].北京:中国财政经济出版社,2017.
[3] 汪昌云.投资学[M].3版.北京:中国人民大学出版社,2017.
[4] 张中华.投资学[M].3版.北京:高等教育出版社,2014.
[5] 邢天才.证券投资理论与实务[M].2版.北京:中国人民大学出版社,2014.
[6] 杨德勇,葛红玲.证券投资学[M].3版.北京:中国金融出版社,2016.
[7] 张鸣.投资管理[M].3版.大连:东北财经大学出版社,2011.
[8] 中国证券业协会.证券市场基础知识[M].北京:中国财政经济出版社,2012.
[9] 中国证券业协会.证券交易[M].北京:中国财政经济出版社,2012.
[10] 中国证券业协会.证券投资分析[M].北京:中国财政经济出版社,2012.
[11] 中国证券业协会.证券投资基金[M].北京:中国财政经济出版社,2012.
[12] 中国证券业协会.证券发行与承销[M].北京:中国财政经济出版社,2012.
[13] 孙可娜.证券投资理论与实务[M].3版.北京:高等教育出版社,2015.
[14] 吴晓求.证券投资学[M].4版.北京:中国人民大学出版社,2015.
[15] 张玉明.证券投资学[M].2版.上海:上海财经大学出版社,2017.
[16] 赵文君,赵学增,齐欣.证券投资基础与实务[M].2版.北京:清华大学出版社,2014.
[17] 魏娜.实用证券投资教程[M].沈阳:东北大学出版社,2010.
[18] 田剑英.投资学[M].北京:中国财政经济出版社,2011.
[19] 宋国良.投资管理[M].北京:清华大学出版社,2007.
[20] 亚历山大·埃尔德.以交易为生[M].符彩霞,译.北京:机械工业出版社,2010.
[21] 罗伯特·D.爱德华兹,约翰·迈吉,W.H.C.巴塞蒂.股市趋势技术分析[M].郑学勤,朱玉辰,译.北京:机械工业出版社,2010.
[22] 威廉·F.夏普,杰弗里·V.贝利.投资学[M].5版.北京:中国人民大学出版社,2018.
[23] 滋维·博迪,艾伦·J.马库斯.投资学[M].10版.北京:机械工业出版社,2017.
[24] William F Sharpe, Gordon J Alexander, Jeffery V Bailey. Investments[M]. 5th ed. Upper Saddle River: Prentice Hall, 1999.
[25] Zvi Bodie, Alex Kane, Alan J Marcus. Investments[M]. 5th ed. New York: McGraw Hill Companies, Inc., 2002.